U0553193

王春晖　主编

从哈军工走来

溯源集·军工往事

1953·2023

哈尔滨工程大学出版社

人民出版社

代序一：传承红色基因　铸就国家栋梁

哈尔滨工程大学党委书记　高　岩

《光明日报》2020 年 1 月 2 日

"不忘初心、牢记使命"主题教育开展以来，哈尔滨工程大学认真学习贯彻习近平总书记重要讲话和重要指示批示精神，按照"守初心、担使命，找差距、抓落实"总要求，牢牢把握"为党育人、为国育才"使命定位，寻找初心，用忠诚报国传承"哈军工"红色基因，勇担使命，以建设一流大学履行立德树人职责，很好地践行了"以祖国需要为第一需要，以国防需求为第一使命，以人民满意为第一标准"的"三个第一"价值追求。

加强党的领导，以祖国需要为第一需要

哈尔滨工程大学以开展"不忘初心、牢记使命"主题教育为重要契机，在回望"哈军工"光辉办学历程中寻找初心。"哈军工"从建立、发展壮大到分建的历史，就是一部以祖国需要为第一需要的历史，集中体现了对祖国"忠诚"这个不散的"魂"。中国高等教育当前阶段，办好社会主义大学，为建设社会主义现代化强国提供强大支撑，就是国家的最急迫需要，也是大学当前最重要的使

命。如何办好社会主义大学？习近平总书记指出，办好我国高等教育，必须坚持党的领导，牢牢掌握党对高校工作的领导权，使高校成为坚持党的领导的坚强阵地。

主题教育期间，学校党委从守初心、担使命的政治高度，进一步强化对完善党委领导下的校长负责制这一党对高校根本领导制度的认识，将"贯彻执行党委领导下的校长负责制"作为重点调研主题，由党委书记亲自带队开展调研，形成调研报告，党委班子集体交流讨论，凝聚共识。学校党委将党委领导下的校长负责制的"学"与"做"，贯穿主题教育的集中学习、专项调研、重点对照、整改落实各环节，进一步厘清了党委书记与校长的职责定位与事权关系，修订议事规则、强化沟通酝酿、严肃会议纪律，对党委班子建设存在的问题进行全面整改。学校党委的凝聚力、向心力不断增强，谋全局、议大事的能力水平不断提高，党对学校的领导得到进一步加强。学校党委牢牢把握"培养社会主义建设者和接班人"的根本任务，将培育和弘扬社会主义核心价值观落实到教育教学和管理服务各个环节，以培养时代新人的实际成效体现对党忠诚、践行责任使命的担当。

突出责任担当，以国防需求为第一使命

开展"不忘初心、牢记使命"主题教育期间，学校处级干部以"读书班"的形式，强化集中学习研讨。学校设计了"为国家战略需求提供更有力的人才支撑和智力支持"的研讨主题，引发了党员干部的热烈讨论，进一步深化了思想共识。对于一所具有红色基因

和光荣传统的工科大学而言，只有在服务国家重大战略需求中作出更大贡献，才能体现自身价值。作为行业特色型大学，哈尔滨工程大学必须坚持特色发展，服务"船海核"行业领域，培养具有爱国情怀、乐于为国防系统和行业奉献的"顶用"人才，这是我们神圣而光荣的使命。

哈尔滨工程大学始终将服务国家战略需求作为自觉的价值追求，坚持为"三海一核"（即船舶工业、海军装备、海洋开发、核能应用）领域发展服务。学校坚持"视野宽、基础厚、能力强、素质优、可靠顶用"的人才培养目标，以学生发展为中心，突出人才培养的"三海一核"特色属性，突出学生创新思维和实践精神培养，致力于培养一流工程师、行业领军人才和科学家。学校培养的毕业生怀有强烈的报国情怀，对国防系统和行业具有很高的认可度。据统计，"十二五"期间有70%的毕业生进入船、海、核、国防系统；国防科技工业系统"两总"人才中，学校毕业生居全国高校第四位；我国船海核领域的11位院士，船舶工业系统40%的高级技术人才，核工业集团60%的首席科学家毕业于哈尔滨工程大学。一批批栋梁之材从这里培养出来，投入到建设中国特色社会主义现代化强国的征程中，为国防和行业领域倾心奉献，践行忠诚报国之志。

强化思想政治工作，以人民满意为第一标准

学校党委围绕为党育人、为国育才开展主题教育。服务师生、让人民满意，是主题教育的最终落脚点。学校党委紧紧抓住新中国成立70周年这个重要时间节点，通过组织策划一系列活动，引导

党员干部和师生群众把爱党爱国爱社会主义统一起来。通过"我和我的祖国"师生文艺演出，讴歌新中国成立70年来取得的举世瞩目的历史成就，激励广大师生走在前、作表率、善作为、敢担当的决心。"与祖国共成长"校史图片展，展示了作为"哈军工"传人的哈工程人始终践行"三个第一"价值追求，与祖国共同发展进步的艰苦成长历程。"我向祖国表白""我与国旗同框"等活动，点燃了广大师生热爱祖国、奉献祖国的爱国激情。

学校党委充分利用主题教育中丰富的教育资源，扎实推进党支部"三个一"活动（一次志愿服务、一件实事好事、一次组织生活会），全校133个教职工党支部、1800余名党员参与完成各类志愿服务活动169次，累计服务时间400余小时，受益学生数千人，成为学校推进全员全过程全方位育人体制机制建设的新亮点，取得了很好的社会反响。一堂堂生动的党课、思想政治课、爱国主义教育课，使得广大师生爱国热情空前高涨，进一步增强"四个意识"、坚定"四个自信"、做到"两个维护"。近日，学校学生自发在校园的"军工操场"上，用冰雪"铸造了"两艘航空"雪舰"，表达自豪感、爱国情，引发了全国大学生的强烈共鸣，相关新闻报道被广泛转载，关注人次突破1亿，有力传播了爱国主义正能量。这既是学校思想政治工作的成效，也是"三个第一"价值追求的体现。

哈尔滨工程大学通过开展"不忘初心、牢记使命"主题教育，更加坚定了通过"三个第一"的价值追求，践行为党育人、为国育才的决心，建设特色鲜明世界一流大学。

代序二：稳扎稳打"三海一核" 培养国家 关键领域紧缺人才

哈尔滨工程大学校长　姚　郁

《瞭望》2021 年 1 月 18 日

在远离大海的哈尔滨，在地处高寒的中国东北角，"国防七子"中唯一一所船海特色高校——哈尔滨工程大学（下称哈工程），始终以追求服务国家"三海一核"（船舶工业、海军装备、海洋开发、核能应用）领域战略需求为使命担当，打造了一批国之重器，培养了一大批"为船、为海、为国防"的杰出人才，为海洋强国贡献了力量与智慧。

这里产生过我国第一艘试验潜艇、第一部舰载计算机等数十项"共和国第一"。建校初期还有 200 余名共和国将军、50 余名省部级以上领导干部、39 名中国科学院和中国工程院院士，以及数千名高级工程师和教授从这里走出。近 30 年来，哈工程又向"三海一核"领域和国防系统输送了 5 万余名毕业生。

"国家需要什么就干什么"

哈工程师生传承着鲜明的"以忠诚为境界，以船海为特色"的精神气质。这一气质的练就与这所学校的办学历程相关。学校60余年的风雨变迁始终与新中国命运息息相关，她的前身是新中国第一所高等军事技术学校——中国人民解放军军事工程学院，即"哈军工"。她培养的13届学员成才率极高，她的科研也有力推进了新中国海军现代化建设的历史进程，很好地诠释了高校对社会的贡献。1970年，她以海军工程系为主体在原址组建了哈尔滨船舶工程学院，即"哈船院"。当年的学校领导集体在困境中克服各种困难，缔造了国内一流的船海核学科，创造了一大批高端科研成果，解决了诸多领域人才短缺和断档问题，支撑了国防科技事业和经济社会发展。

今天的哈工程传承红色基因，坚守"为船为海为国防"的使命担当，积淀形成深厚的"三海一核"特色优势，"以祖国需要为第一需要，以国防需求为第一使命，以人民满意为第一标准"的办学境界更是内化为师生自觉的价值追求。

高校是科技第一生产力、人才第一资源和创新第一动力的结合点。作为船海核领域的重要创新力量，学校聚焦国家急迫需要和长远需求，主动谋划布局，充分发挥海洋强国战略中"国家队"的作用，发挥科研在"双一流"建设中的"先行军"作用，面向国家和国防需求，发挥优势、拓展布局，提供高质量科技供给。为此，学校主要在承担重大科研任务、打造国之重器、强化基础研究和前沿创新、提升创新策源能力、推进高质量科研平台建设、探索推进机制体制创新等方面不断探索和尝试。

2020年，全国第六家、海洋领域唯一创新工作站——水下智能技术协同创新工作站获批建设。协同创新工作站的建立充分彰显了学校在特色优势领域围绕国家战略主动谋划布局的能力。作为另一个服务国家战略的平台，复杂动力学与控制创新中心也已通过评审。创新中心不但是校内科研团队跨学科的协同，更是全国范围内跨行业的大协同，是新形势下新型举国体制的体现。要想抓住未来，就必须从"我会干什么就干什么"的站位转换成"国家需要什么就干什么"，更加注重原始创新，更加注重需求导向和问题导向、更加注重方向引领，引导广大教师做真科研，把科研成果应用于祖国的海洋国土和国家急需。通过创新适应未来社会发展，目的是以增量创新带动存量变革，这就是我们这所行业特色型大学应该承担的历史使命。哈工程人的血脉中有这样的基因，这也是我们要在新时代交好的历史答卷。

培养船海核关键领域紧缺人才 拓展布局未来人才培养

哈工程作为一所行业特色型大学，站在新的历史起点上，更需要客观冷静地认清形势，走出一条科技和人才培养自立自强之路，为国防事业产出高水平的科研成果，为国家培养船海核关键领域的紧缺人才。培养这些紧缺人才的关键是建设一流的教师队伍。哈工程为此推出了"师资队伍建设20条"，涉及加强教师理想信念教育、深化专任教师分类发展、构建创新领军人才特区政策等多方面内

容。为引导教师在世界科技前沿、新兴领域及解决"卡脖子"问题等方面开展持续深入研究，学校还加大了经费投入和政策性供给，力求重点培育与引进一批具有"领跑"潜质的中青年学术带头人和后备青年人才。同时，重点扶持一批潜心教育教学的学术骨干，充分调动全校教师教书育人的积极性，培育造就一支育人水平高超的教师队伍。学校还进一步完善了博士后管理制度，建立了具有竞争力的博士后人员薪酬待遇体系，使之成为聚集、培养、选拔优秀青年教师的蓄水池。注重以重大重点项目为牵引，推动青年人才主动融入学术圈，扩大学术影响力。

哈工程曾经培养了我国首艘国产航母副总设计师孙光甦，"蛟龙"号首席潜航员、我国多型潜水器总师叶聪等一批船海核领域一流工程师、行业领军人才和科学家。未来的人才培养，我们不会改变哈工程多年坚守培养行业关键领域紧缺人才的初心使命，也不会改变培养"视野宽、基础厚、能力强、素质优、可靠顶用"毕业生的定位，我们会大胆推进人才培养改革，适应人才需求新变化，回应国家关切和社会关切。

前　　言

　　1953 年 9 月 1 日开学的哈军工（全称中国人民解放军军事工程学院）是我国高等军事技术教育和国防现代化的奠基之作。毛泽东主席为哈军工的成立颁发训词，周恩来总理亲自主持召开筹建哈军工的联席会议。承载强国安邦使命的哈军工在办学实践中，奠定了我国高等军事技术教育三级的发展格局，培育扶持了一批高水平的军事工程学院，建设了当时我国最前沿的一些军事技术学科，形成了一套完整的、在今天仍然具有普适性的高等军事技术教育理念，培养了一大批高等军事技术人才，打造了"两弹一星"事业的人才库，创造了诸多国防科技的"共和国第一"。

　　2013 年 11 月 5 日，习近平总书记视察国防科技大学（哈军工分建高校之一），并发表重要讲话。习近平总书记指出："哈军工在艰难困苦中奋起，在艰辛探索中前进，为我国培养高级军事技术人才、发展先进武器装备发挥了开创性作用。以哈军工为基础，分建出军地多所高校，但形散神不散。哈军工是我国国防科技和高等教育史上的一座丰碑，哈军工传统值得发扬光大。"哈军工在办学中

形成的忠诚使命、胸怀大局、甘于奉献、勇攀高峰的精神，与"两弹一星"精神、东风精神、马兰精神、银河精神同出一脉，血肉相连，成为不朽的中华民族精神当中的重要一笔，滋养着我国军事技术教育事业和国防科技事业的过去、现在和未来。

哈尔滨工程大学从哈军工海军工程系一路走来，寻根溯源，这所大学的主体学科、办学特色、大学精神，都是从哈军工开始孕育、发展而来的。哈军工历史是哈尔滨工程大学扬帆起航的起点，哈军工精神是哈尔滨工程大学坚守共产党人初心的力量之源，哈军工文化是哈尔滨工程大学勇担立德树人使命，服务国家"三海一核"事业的红色基因。

同时，作为哈军工祖庙的守护者，哈尔滨工程大学人深知，哈军工精神与文化不仅仅属于哈军工人，更是国家的宝贵精神财富。因此，哈尔滨工程大学党委高度重视哈军工文化的传承创新工作，将其视为神圣的社会责任来担当。多年来，在这项不易短时间看到成果的文化传承创新工作上勇于投入，舍得投入，倾力投入，建成了哈军工文化园、哈军工纪念馆、哈军工研究中心，即"一园一馆一心"物质文化载体，致力于将"一园一馆一心"建设成为追忆展示哈军工历史、传承创新哈军工精神的物质载体，凝聚哈军工校友及关心向往哈军工人士的情感纽带，收藏哈军工史料实物、研究哈军工历史文化的机构，进而将哈尔滨工程大学打造成为哈尔滨市红色旅游线路的军工一站、黑龙江省爱国主义教育的重要基地、工业和信息化部推进军工文化建设的优秀示范、全国传承红色文化基因的特色组成。

　　2020 年 4 月 30 日，哈尔滨工程大学党委书记高岩在新学期工作布置会上强调，学校从哈军工海军工程系一路走来，发展实践中形成了"哈军工"精神、"三海一核"办学特色、"三个第一"价值追求，现在要更加注重创新文化建设，把创新文化建设作为一项长期的重点工作来抓，让创新文化成为学校发展的不竭动力。同年 5 月 26 日，在北京参加全国人民代表大会的高岩书记接受了《光明日报》记者的采访。采访中他谈道："哈尔滨工程大学毕业生身上具有一种敢为的自信、必成的劲头、开放的眼界、合作的气度。""大学的精神和文化对学生影响至深。""老一辈科研工作者秉持祖国需要为第一需要的使命担当，认识世界和改造世界的境界追求，以及求真务实的工匠精神，成为哈尔滨工程大学独特的精神品格，影响和熏陶了一代代青年学子的科研观和世界观。""未来，我们要继续发扬和传承哈军工红色文化基因，为党育人、为国育才。"

　　编者结合自身在传承创新哈军工红色文化服务育人方面的理论研究与实践成果，梳理编研了哈尔滨工程大学以及哈军工后裔、哈军工校友在哈军工文化传承创新方面的成果，编研成册，以飨读者。全书分为三册。上册为"溯源集·军工往事"，以编年体的方式，展现哈军工从创建、发展直至分建的办学历史，深入挖掘哈军工在人才培养、科学研究中以"祖国需要为第一需要、以国防需求为第一使命"的大学精神。中册为"赓续集·军工编研"，集合了公开发表的以哈军工为题材的论文和文章，为哈军工文化在当代的传承创新、不断发展提供理论研究方面的借鉴。下册为"物化集·

军工风范",梳理编辑了在传承创新哈军工文化遗存方面的物化成果,包括展馆、展览、书籍、电视片、景观、国家文物、文创产品等,为哈军工红色文化的创新性发展、创造性转化奠定物质基础。

坚定秉持、积极践行哈军工文化,创造性转化、创新性发展哈军工文化,使哈军工文化在更广阔的范围、更大的空间产生积极的作用与影响,是哈军工后裔传播、创新先进文化的使命担当。《从哈军工走来》集结的这些成果是对哈尔滨工程大学以及哈军工后裔传承创新哈军工红色文化育人成果的高度浓缩。通过"溯源集"对哈军工历史的梳理,奠定哈军工文化育人的基础;通过"赓续集"集合后人对哈军工文化的理论研究成果,内在推动哈军工文化的创新性发展;通过"物化集"拓宽哈军工文化传播的载体途径,实现对哈军工文化的创造性转化。通过对溯源、赓续、物化这样一个完整的文化育人逻辑链条的编研,挖掘哈军工文化在未来更加深厚持久的文化内力,服务立德树人。

编者希望更多关注热心哈军工文化传承创新事业的人们,在实践中创造出更多哈军工文化传承创新的延展面、延长线、延伸点,让哈军工的红色基因代代相传,让后人在哈军工红色文化的滋养中受益终生。

目　　录

上　篇　哈军工的岁月变迁

下 篇　哈军工人和他们的故事

上 篇
哈军工的岁月变迁

20 世纪 50 年代，一场双方武器装备优劣悬殊的国际性局部战争——朝鲜战争，督促新中国建设现代化国防的理想必须尽快付诸实施。中国人民解放军军事工程学院（简称"军工"，1966 年以后简称"哈军工"）①，这是周恩来总理亲自敲定的名字，是我国第一所高等军事技术院校。对于新中国来说，建设这样一所学校满载了强国安邦的渴望。

　　哈军工的任务是培养部队急需的军事技术装备工程师。陈赓等创建者们仅用一年时间，就让满载强国安邦渴望的哈军工在冰天雪地的北国拔地而起。在我国高等教育发展史上，哈军工高起点、高速度的创建是绝无仅有的：党中央、政务院②、中革军委③将哈军工列为国家第一个五年计划重点建设项目，由国家领导人直接安排学院建设，中革军委决定学院党委执行兵团级党委权限，隶属中革军委和各总部直接领导，代表当时世界高等军事技术教育前沿水平的苏联顾问团来到学院工作，这些都使哈军工从创建之初就汇聚了一

---

① 本书在一般描述时用"哈军工"，涉及具体历史时用"军工"。
② 即中央人民政府政务院。1954 年 9 月，中华人民共和国国务院成立，不再设立中央人民政府政务院。
③ 即中央人民政府人民革命军事委员会，是新中国成立初期成立的国家最高军事领导机关。1954 年 9 月 20 日一届全国人大一次会议通过的《中华人民共和国宪法》规定，不再设立中央人民政府人民革命军事委员会。

大批优势资源，站在了良性发展的主动位置。

哈军工创建之初，按军兵种设置了空军、炮兵、海军、装甲兵和工兵五个工程系。1959年，忠诚的哈军工人在自己发展的鼎盛时期选择了"尖端集中、常规分散"的分建道路，留下了空军、海军两个老系以及新成立的导弹工程系，创建了原子、电子两个新系，后又成立了计算机系。1966年，哈军工退出部队序列。1970年，哈军工再次分建，艰难曲折地开始以崭新的历史形式存在并发展。哈军工光荣而出色地完成了自己的历史使命，被载入我国国防科技事业的史册，成为中国高等军事工程技术教育的一个里程碑。

哈军工的创立，体现了以毛泽东同志为核心的第一代中央领导集体果断而有远见决策的正确性。哈军工以特有的方式为我国高等军事技术教育事业作出了重大贡献，为中国高等军事技术教育体系的形成起到了奠基性的作用，是中国高等军事技术教育的一个重要里程碑，对后来我国高等军事技术教育的格局产生了深远影响。几经变迁，哈军工已经淡出了历史舞台，但她的名字却永远留在了新中国国防科技事业的史册上，也铭刻在一代创业者的青春记忆里。哈军工丰厚的精神和物质遗产，以及在亚洲乃至世界范围内产生的影响已成为哈军工后继者的宝贵财富。

1952年 因战而生 临危受命

中国人民志愿军抗美援朝战争的第二年，武器装备和技术的落后使新中国发展国防科学技术、培养技术军官的需要变得更加迫切。中共中央、中央人民政府人民革命军事委员会（简称中革军委）主席毛泽东批准创办军事工程学院，并火线换将，将正在朝鲜战场指挥作战的陈赓召回北京，任命他为军事工程学院院长兼政治委员。我国历史上第一所军事工程技术院校——中国人民解放军军事工程学院（简称"军工"）开始筹建。

1950年6月25日，朝鲜战争爆发。6月27日，美军驻太平洋第七舰队侵入我国台湾海峡，公然干涉我国内政。9月15日，以美国为首的"联合国军"在仁川登陆，并很快进抵"三八线"。此前，美军飞机不断侵入我国东北边境领空，轰炸扫射，造成我国财产损失和人员伤亡。在这严峻时刻，中国党和政府毅然作出"抗美援朝、保家卫国"的历史性决策，10月19日，中国人民志愿军跨过鸭绿江，开始了中国人民伟大的抗美援朝战争。

抗美援朝战争，历时两年零9个月，先后历经5次大的战役。

1953 年 7 月 27 日，战争双方签署《朝鲜停战协议》。至此，中国人民的抗美援朝战争胜利结束。从陈赓的日记中不难看出，当时志愿军和"联合国军"的武器装备对比是悬殊的，差距之大在世界战争史上也是罕见的。这些都深深牵动着我国高层领导的心，也坚定了我国加速发展军事技术及现代化武器装备的决心。

战争期间，党和国家领导人决定创办一所军事工程技术院校培养人才，发展军事技术。经过周密调研与论证，1952 年 3 月 18 日，解放军代总参谋长聂荣臻和副总参谋长粟裕向中革军委呈送了《关于成立军事工程学院的报告》(以下简称《报告》)。《报告》对学院成立的必要性、迫切性作了详细阐述，提出了一个初步建院方案：在军事技术力量缺乏、各军兵种不可能同时开办各自的高等工程技术学院的情况下，军事工程学院应是在中革军委直接领导下的一所综合性的高等技术学校。学院按军兵种设置空军、炮兵、海军、装甲兵、工兵 5 个工程系，按照兵器装备设置 23 个专科。每个系都是未来有关军兵种单独的高等技术院校的基础和雏形。毕业生分配去向：一是到各兵种任军事工程师，二是到国防工厂任验收成品的军代表，三是到中革军委机关负责技术工作，四是留校深造后任教师。确定远离前线、濒临松花江、工业发达、大学较多的哈尔滨为校址所在地。《报告》经林彪、周恩来、朱德审阅同意，送达毛泽东。26日，中共中央、中革军委主席毛泽东批示"同意，退粟裕办"。

由于当时国内条件的限制，创办军事工程学院需要聘请苏联专家进行指导。6 月 3 日，解放军副总参谋长粟裕向中革军委副主席周恩来呈送《关于军事工程学院聘请苏联顾问的报告》，并草拟周

恩来致苏联部长会议副主席兼国防部长布尔加宁《关于军事工程学院聘请苏联顾问的函》，经周恩来审批后发出。一个月后，苏联政府派出以奥列霍夫空军中将为首的四人专家组来到北京，对总参谋部提出的建院初步方案进行论证和修订。8月5日起，陈赓和徐立行等陪同苏联专家对上海、南京、大连、沈阳、长春、哈尔滨等地进行了20余天的考察。考察结束，中苏两国专家共同研究提出了一个具体的建院方案。

以奥列霍夫为首的苏联专家考察组认为：中国是有高技术人才的，要充分认识现有的师资力量。华东军区司令部军事科学研究室的专家们知识渊博、精通专业，依靠他们，学院所需的基础课完全可以开设，苏联只需帮助解决开设专业课的问题。考察组认为，到第一个五年计划完成后，学院可以分建成5个学院。这个建议为军工后来的发展方向和办学方略埋下了伏笔。

为了尽快开始办学，1952年6月23日，毛泽东签署确定全国应办的军事院校的番号及调整方案。方案指出，拟将军事工程学院设在哈尔滨，要求1953年9月1日开学，并决定以中国人民解放军第二高级步兵学校、华东军区司令部军事科学研究室和志愿军第三兵团的部分干部为组织基础，筹建军事工程学院。

筹建学院之初，党和国家领导人决定由陈赓来担任首任院长兼政治委员。1952年6月，任志愿军代司令员的陈赓接到中央电令，回到北京，即向中革军委报到，要求安排向毛主席和周总理汇报前线情况。6月23日，毛泽东、周恩来、朱德、彭德怀在中南海怀仁堂召见陈赓。听完陈赓的汇报后，毛主席说："我们要建立一所高等军事技术院校，培养技术军官。这次调你回来，就是要你来当这个院长兼政委。"陈赓没有丝毫思想准备，连忙站起来说："不行不行，我是行伍出身，办学与打仗隔行，我恐怕办不好。"毛主席说："你办不好，谁能办好？有困难找总理给你解决，还有苏联顾问的帮助，凭你陈赓的才智和干劲，一定能干好。"周总理也说："你住过黄埔军校，办过红军步兵学校，还带过红军干部团。你干不了，别人恐怕连你这点经验也没有。"事情就这么定下了。陈赓不再推辞，欣然受命。其实，在朝鲜战场时，亲眼看着战士们用手榴弹打榴弹炮，用燃烧弹打坦克车，建设现代化人民军队的想法早就在陈赓心中落地生根了。从此，陈赓举起了我国培养国防科技人才的大旗。7月8日，中革军委主席毛泽东签发命令，任命陈赓为中国人民解放军军事工程学院院长，免去其三兵团司令员兼志愿军第二副司令员及总高级步校校长职务。

8月22日，中革军委批准成立军事工程学院筹备委员会。学院筹建的大幕拉开。筹委会主任委员陈赓，副主任委员徐立行、张述祖、李懋之，委员有张衍、胡翔九、黄景文、任新民、沈正功、赵子立。随后，以陈赓为领导的学院筹委会于9月1日在北京恭俭胡同1号（现为59号）开始办公。陈赓在筹委会第一次会议上讲："中国人民解放军军事工程技术学院已'怀胎'，明年'出世'，它将在我国建军史上占有重要地位。学校名称为了隐晦一点，我们决定就叫军事工程学院，不要'技术'两字，这是周恩来总理的意见。实际上，我们学院的任务是培养军事技术装备工程师，学员毕业后就能掌握驾驭新式武器装备的各种复杂技术，对技术武器装备要会

7

管理，会使用，会维护修理。没有大批技术干部，就不能建设现代化国防。"

为了能够快速筹建军事工程学院，9月5日，在中南海居仁堂，周恩来总理主持召开筹建军事工程学院的联席会议，希望与会领导能够大力支持军事工程学院的建设。时任华东军区司令员陈毅、国家财政经济委员会副主任兼财政部部长薄一波、中央组织部部长兼政务院人事部部长安子文、高等教育部副部长钱俊瑞、建筑工程部部长陈正人、总参谋部副总参谋长粟裕、总政治部副主任萧华、总政干部部副部长徐立清、总后勤部部长杨立三、空军司令员刘亚楼、海军司令员萧劲光、炮兵司令员陈锡联、装甲兵司令员许光达、工程兵司令员陈士榘等新中国初期的军政要员参加了会议。中革军委苏联总顾问波特鲁塞夫斯基上将列席会议。

周恩来总理说："同志们，经毛主席批准，中央调陈赓同志回国担任即将成立的军事工程学院院长兼政治委员。今天政务院召开有关部委和军委各总部、各军兵种负责人的会议，就是为了集中力量，协调关系，落实党中央和毛主席的决定……朝鲜战场给了我们血的教训，增加了我们加速搞国防现代化的紧迫感。党中央和毛主席正是从国防现代化这个历史要求出发，下决心建一所各兵种综合性的军事工程技术学院……今天在座的各位，应该协助陈赓同志尽快把这所大学办起来，使她早出军事工程师，为实现国防现代化输送人才。对于军工学院要人、要钱、要东西，有关部门要尽可能慷慨支援。"

周总理讲完话，陈赓就站起来，微笑着环顾一周，双手抱拳，娓娓道来："各位政府大臣，各位将军元帅，兄弟我才疏学浅，诚惶诚恐接受了中央决策的这个史无前例的任务，实在寝食难安，压力很大，竭诚祈求各位军政首长，大力扶持兄弟一把。"从周恩来总理到各位与会首长，都被陈赓逗乐了，会场气氛一下子活跃起来。陈赓收敛笑容，又接着说："我说的不是俏皮话，实在是肺腑之言。今天总理亲自主持这个联席会议，是给我们搭个台子，让我们筹委会亮亮相。会后，筹委会各个口儿的负责人就直接向在座各位首长当面汇报请示工作了。我们虽说是直属军委的院校，但也是直属各军兵种的院校，除了军委赋予我们的任务外，每个工程系都要向自己的军兵种首长汇报请示工作，接受领导，希望各军兵种首长多加指导，陈赓我先向你们致敬了！"语毕，陈赓向大家敬了一个军礼。随后，陈毅、薄一波等与会领导先后作了简短的表态性发言，均表示全力支援办好军事工程学院。

在中国高等教育史上，由政务院总理亲自主持、召集如此多的军政要员专门研究一所大学的建设问题，尚无二例。如果说，在中南海怀仁堂对陈赓的任命是军事工程学院建院的起点，那么这次运筹军事工程学院具体建设问题的居仁堂会议，则是军事工程学院筹建工作的开始。

在周恩来总理主持的筹建军事工程学院的联席会议上，陈毅将华东军区司令部军事科学研究室交给了陈赓。这个研究室是一个"聚宝盆"，汇聚了当时国内的一批顶尖人才。对于求贤若渴的军事工程学院来说，这个"聚宝盆"成为学院一个重要人才库。张述祖是华东军区司令部军事科学研究室主持科研工作的副主任，在军事

工程学院筹委会中主要负责聘请教授工作。1952年9月，他提出一个拟从全国各高校聘请的教授、专家名单，共62人，筹委会报请周恩来总理审批。10月6日，周恩来批示"请邓（小平）副总理办理"。在科技人才匮乏的新中国成立初期，这些知名教授、专家都被各单位视若瑰宝。即使在今天，知名度高的教授、专家也都是所在单位的宝贝。要把他们从多年从事的工作岗位和习惯了的生活环境中抽出来，调到远在北方高寒地区新建的学校去，谈何容易！在周恩来总理的亲切关怀和高教部的大力支持下，到1953年初，军事工程学院从全国各地调进78名教授、专家，又从部队抽调了232名大学毕业生来校任助教，初步汇聚了自己的师资队伍。此前，早在学院向中革军委呈送的招收学员及请调师资问题的报告中就曾强调，"筹建工作的中心环节是培养师资"。

学院筹委会成立之后，为尽快抽调师资，1952年9月16日，中革军委批准学院成立临时党委，陈赓、徐立行、李懋之、张衍、胡翔九、黄景文6位同志为党委委员，陈赓为书记。图为中革军委批准学院成立临时党委的批文

关于师资，陈赓坚持"只要有才华，尽量

挖过来；只要有能力，尽量发挥作用"。陈赓院长求贤若渴，甚至不惜"刀下抢人才"。请调教授、专家名单中有一位国内有名的弹道专家沈毅，在调来军事工程学院前，因为某些原因被判死刑，缓期两年执行。陈赓求贤心切，为此找到当时负责"三反""五反"运动的主要领导薄一波和最高人民法院院长董必武商量，可否让此人到军事工程学院戴罪立功。薄一波打趣说："你老陈真是爱惜人才，'死刑犯'都敢要！你敢要我就敢给。"在新中国成立初期人才稀缺的年代，陈赓爱才心切，敢于救下一个"死囚"，为军事工程学院的教学科研服务，这件事成为军事工程学院重视、珍惜人才的一个脍炙人口的故事，流传至今。

　　1952 年 9 月 22 日，中革军委向全军下达《关于调查登记大学、专科学校学生及各种技术人才的指示》，为军事工程学院调集生源做准备。9 月下旬，陈赓主持召开学院招生工作会议，会议决定成立 8 个招生工作组，分别到六大军区、特种兵部队以及军委直属部队招生。11 月底，中革军委下达为军事工程学院抽调 300 名助教及 1000 名学员来校学习与工作的指示。指示强调："为加速现代化国防军的建设，军委创办军事工程学院，培养各军兵种高级军事工程师和技术人员，决定从部队中抽调大学、专科以上理工科学生1000 名，赴军事工程学院学习。"

　　1952 年底，经过对高中毕业和大学一二年级肄业的青年干部进行考试，共录取学员 1010 名，后实际报到 987 名。学院招收的第一期学员大多在部队经过几年实际工作的锻炼，思想觉悟、组织性与纪律观念方面都有一定的基础，但所学课程遗忘较多。在 987

名学员中，大学一二年级肄业的 365 人，高中毕业的 369 人，高工毕业的 165 人，高中、高工肄业的 88 人。由于学历不同、文化程度参差不齐，学院成立预科，在本科教育开始前，对他们进行了数理化等基础课程的补习，为进入本科学习奠定基础。

与此同时，在党和国家领导人的亲切关怀下，学院的筹建工作紧锣密鼓地开展起来。1952 年 6 月，学院筹委会 200 人的先遣队赶到哈尔滨，采取借、租、换等方式，在南岗、道里、道外、沙曼屯、马家沟等地筹得住房 20 余处。10 月，学院建委会部分同志到哈尔滨看校址，最后选定在哈尔滨市南岗区东北部的文庙街、一曼街北部这个全市地形的最高点建设学院。初步勘察后，确定院区范围东至橡胶厂，西至极乐寺和苏联红军烈士陵园，北至太平桥边界，南至马家沟河南岸，其中还有一座东北仅有的宫殿式建筑——文庙，面积共计 3500 余亩。由于建院任务紧迫，中央人民政府政务院命令卫生部将哈尔滨医科大学的 4 万多平方米的校舍移交军事工程学院使用，其中包括哈医大的王字楼、马蹄楼、工字楼、致知楼四座大楼。

11 月 26 日，学院筹委会向中革军委呈报校舍建设初步计划，拟于 1953 年建 10 万平方米，1954 年建 15 万平方米，1955 年全部完成。12 月 5 日，中革军委批准，军事工程学院营房建筑委员会（建委会）正式组建。主任李懋之，委员有徐立行、张述祖、张复明、张友亮、高庆魁、高步昆、殷之书、沈正功。另聘请周明鸂为建委会顾问。建委会提出的基建方针是"长期打算，坚固耐用，正规要求，经济适用"。

由于学院营房处于筹建状态，且首批顾问即将来院，为解决他们的住房问题，1952 年 11 月 4 日，先期抵达哈尔滨的徐立行向陈赓报告，随着中长铁路的移交，中长铁路局的苏联专家陆续回国，他建议陈赓院长设法把苏联专家住的大和旅馆要过来，给即将来院的苏联顾问住。陈赓次日清晨就拿着报告去找周恩来总理。当时，周总理正在会议室主持会议，陈赓就坐在会议室门旁边等着。大约等了 1 个小时，陈赓发现周总理离开座位从会议室的侧面出去上厕所，于是他快步跟上，站在厕所门口等候。周总理刚从厕所出来，陈赓就将报告递了上去。周总理半开玩笑地对陈赓说："你阿赓真有办法，找到厕所来办公，这是你的一大发明，应该写到你的自传里去。"针对报告，周总理指示："请滕代远部长（铁道部部长）与陈赓面谈，电话即告哈尔滨铁路局局长余光生同志，务须按照军事工程学院所需房子借给他们，并将结果告诉我。"在周总理的支持下，学院苏联顾问的住房问题得到了圆满解决。

11 月中旬，按照中革军委通知，各军兵种将持有的各式武器装备和重要军用器材，陆续调拨给学院。当时学院已收集到的大型武器装备有 T34 坦克、自行火炮、米格

学院筹委会在北京的最后一次会议决定，1952 年 12 月 1 日起，启用"中国人民解放军军事工程学院关防"。筹委会正式迁往哈尔滨办公。图为学院关防的印模

飞机等。各军兵种表示，所管理武器装备的教材，包括技术和战术部分也都不对学院保密，尽量拨给。1953年6月，学院召开仪器设备采购工作会议，研究改进仪器设备的供应方法。截至1953年底，学院共采购仪器设备8万余件，教具8000余件，从中革军委请领的车辆和武器、装备1万余件。学院的教学仪器设备有了一定的储备，基本可以满足教学所需。

1952年12月1日，学院筹委会迁往哈尔滨。12月11日，陈赓在老教师座谈会上讲话，阐明了办军事工程学院的重要意义以及知识分子在学院的地位、作用和党对知识分子的政策。他鼓励已经来院的专家、教授做学院的主人，要求大家转变临时做客的观念，同心协力办好学院。他说："在学院建设中，你们是一根柱子，军队的干部也是一根柱子，只有依靠这两根柱子，学院才能办好。"这次讲话与12月5日学院第一次办公会议及12月9日全体党员干部会议上的讲话可以称作陈赓的就职演说，他提出的"两老办院"，即"既要承认长征二万五，也要承认十年寒窗苦"的思想，为军事工程学院的办学指明了方向。

来到哈尔滨之后，陈赓院长首先来到道里区斜纹二道街看望专家、教授们。经过深入调查后，他总结出老教师来哈尔滨需要过的三关，即"山海关、家庭关、军队关"。他以战略家高屋建瓴的目光，审慎地观察着老教师们思想和感情上的波动，不放过一点小事，不允许部下们对党的知识分子政策有任何的疏忽和懈怠。年底的一天，陈赓院长冒雪看望刚回国的周明鸂教授，他是钱学森的同学和挚友。他对周教授说："你们都是乘着大轮船漂洋过海去留学，学成后又乘着大轮船归国的。我们的国家刚刚解放，条件还不好，我想等条件好了，咱们自己也造一条漂亮的大船，把学院的科学家都请到船上，船上有音乐，有鲜花和好酒，让这条船在大海上漂一漂……"谈到老教师的一些思想问题，陈赓征询道："你在老教师中有威信，为了把教师们团结起来，咱们计划成立一个教师协会，或者叫教育工作者协会，你就来当这个协会的主席如何？"

多年后，从国防科技大学副校长位置上退下来的周明鸂教授仍然清晰地记得当年陈赓与他雪夜谈心的情景。他在回忆录中写道："我的心被融化了，被陈赓的心融化了，从陈赓身上，我看到共产党人捧向科学家们的是一颗赤诚的心！"

1953年　三边并举　两老办院

在新中国刚刚成立、百废待兴的年代，要在一年内建成一所高水平的军事工程院校，面临着一无师资、二无校舍、三无教材设备、四无办学经验等诸多困难。以陈赓为首的学院党委提出了"边建、边教、边学"的三边建院方针，坚持依靠老教师、老干部的"两老办院"思想，在苏联顾问的指导和帮助下，使我国第一所高等军事工程技术教育学府如期屹立在了世界的东方。

1953年1月26日，中革军委通知学院党委暂时执行兵团级党委权限，随后批准成立中共军事工程学院委员会。

中共军事工程学院委员会书记：陈赓

中共军事工程学院委员会委员：陈赓、徐立行、李懋之、张衍、徐介藩、曾焜、张文峰、黄景文、赵唯刚、吴振挺、屈兴栋

中共军事工程学院党委纪律检查委员会书记：张衍

中共军事工程学院党委纪律检查委员会副书记：贺达

中共军事工程学院党委纪律检查委员会委员：张衍、李懋之、曾焜、张文峰、吴振挺、贺达、陈怡、邓易非、沙克、安守田

2月21日，中革军委命令，军事工程学院隶属于中革军委和总参谋部、总政治部、总后勤部直接领导。学院下设6个部，5个系，23个专科专业，24个本科专业。在中革军委明确学院的编制序列后，学院各级组织机构相继建立，主要领导干部先后任命。

此前2月18日，学院图书馆——文庙开始对教员、学员开放。图书馆编制了中外文兼容的图书分类法及分类、书名、著者三套卡片目录，拟定了工作细则。现为黑龙江省民族博物馆的哈尔滨文庙，是中国三大孔庙之一，是我国东北地区现存建筑规模最大、保存最完好、建筑等级最高、建筑规制最全的一座祭祀孔子的庙宇。哈尔滨文庙始建于1926年，建成于1929年，建筑面积5674平方米。

2月28日召开的学院首次党委会讨论并通过了《关于执行教育任务中几个主要问题的决定草案》，对军事工程学院的培养目标、中心任务、学习苏联、知识分子工作、干部工作、党的建设、工作作风7个方面作了原则规定，是军事工程学院早期最重要的纲领性文件。《决定》规定了军事工程学院的培养目标首先是"对党高度忠诚""有高度的组织性、纪律性""工作积极、英勇顽强"，然后才是"精通技术"。

《关于执行教育任务中几个主要问题的决定草案》的通知

政治上好，技术上好，"又红又专"才是合格人才。同时学院非常重视对学员军事素养的培养，从入学开始就严格进行军事训练，还结合专业进行诸兵种协同作战的战术教育，培养学员坚韧不拔、百折不挠的毅力和意志。学院首次党委会明确指出对知识分子的基本方针是："大胆使用、加强教育、发挥其长、克服其短，从教育提高着眼，达到巩固团结的目的。"

学院首次党委会还根据陈赓的提议通过了以陈赓、徐立行、张衍、李懋之四人为党委常委的决定。徐立行、张衍、李懋之是军事工程学院创建发展中军事教育、政治工作、后勤保障的"三驾马车"。

3月10日，学员大队成立，下设6个学员队、2个助教队，并

"103" 工地开工典礼大会

全面开始文化补习教育。正在筹建中的高等数学、普通物理、普通化学、投影几何4个教授会的教员承担文化补习教育任务。教材是老教师参考苏联十年制中学教材临时编写的，讲课的都是名牌大学毕业的教授和副教授。即使这样，学院教务处还是安排了试讲。名教授"屈尊"讲中学课程，还要再试讲一次，在中国高校界是极为罕见之举。可是为了保证教学质量，老教师们放下架子，不讲面子，准备得非常认真。

3月15日，军事工程学院建委会、哈尔滨市设计院、松江省建筑工程公司三方签署了军工基建合同。4月25日，举行了103工地开工奠基典礼，揭开了校园基建工程序幕。松江省①建筑工程公司5000多名工人和学院80名施工质量检查人员并肩劳动。学院建设的第一栋建筑是八一楼，陈赓院长在开工典礼上铲土奠基。

5月29日，建委会扩大会议在王字楼礼堂召开，研究五栋大楼的建筑方案。这是苏联顾问来到学院之后参加的第一个重要会议。与会者针对是建一栋综合大楼还是建五栋大楼，大楼是"火柴盒"式的还是"大屋顶"式的展开了讨论。会议最后决定：采取五个系各建一栋教学楼的方案，建筑造型采用中华民族的传统风格。

我国传统建筑风格的显著特征是大屋顶和脊兽。脊兽一般有三种形式：一是鸱尾（鸱吻），在正脊两端；二是仙人骑凤，在四条垂脊的檐角尖端处；三是神兽（蹲兽），在四条垂脊端头的后面。正脊和四条垂脊，正脊两端的鸱尾加上四条垂脊檐角尖端处的仙人骑

---

① 1945年置，省会在牡丹江市。辖境在今黑龙江东南部和吉林东部。1949年省会改为哈尔滨市。1954年撤销。

风合在一起，被后人习惯性地称为"五脊六兽"。为了使建筑造型体现民族传统风格，又避免古建筑传统脊兽的迷信色彩，建委会在设计时进行了古建筑脊兽的改革。

军事工程学院建筑的"五脊六兽"是建委会的一个技术人员陈星浩设计出来的。他建议，把五栋教学大楼四个垂脊上的蹲兽改成各系的装备：空军系改成一列飞机，炮兵系改成一列大炮，海军系用舰艇，装甲兵系用坦克，工兵系用吊车。大楼正脊上的龙头换成虎身。龙是虚无的，虎是实在的猛兽，他设计的虎首回眸仰视、虎尾弯弯上翘的模样很有气势。之后，建委会又研究将檐角的仙人骑凤改换成解放军骑马，威风凛凛，很振奋人心。大楼脊兽改革的方案完成后，请示陈赓院长。陈赓看了草图，十分满意，并说这个老虎设计得很好！谁要是来侵犯我们，老虎就狠狠地一口把他咬住了。

此前5月13日，以奥列霍夫中将为首席顾问的苏联顾问团第一批成员8人来到中国，在北京受到朱德总司令的宴请，随后到达哈尔滨。其余成员分别是副首席兼科学教育顾问依·依·叶果洛夫上校、空军工程系主任顾问勒·维·费道罗夫、炮兵工程系主任顾问尼·比·贝日科、海军工程系主任顾问波·德·季莫非耶夫、装甲兵工程系主任顾问彼·尼·卡普斯金、工兵工程系主任顾问亚·波·舍尔巴科夫、合同战术教授会顾问谢·克·舒里加。

苏联顾问团经过短期调查研究，提出了各专业四年制教学计划、各专业应设的教研室名称以及应配的教学人员名额的意见，草拟出《军事工程学院教学过程组织基本条例（草案）》，还对校舍建

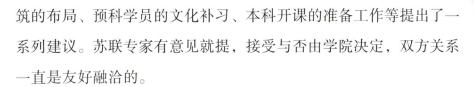

筑的布局、预科学员的文化补习、本科开课的准备工作等提出了一系列建议。苏联专家有意见就提，接受与否由学院决定，双方关系一直是友好融洽的。

关于学院毕业人数的问题，中革军委副主席彭德怀给毛泽东主席一份《关于军事工程学院今后每年毕业学员人数计划的报告》。1952年5月15日，毛泽东批示："每年以毕业800人为限"。这是毛主席给军事工程学院第一个正式的书面批示。8月6日，彭德怀来军事工程学院视察，检查学院筹建工作。其间，彭德怀住在陈赓家（陈赓坚持把学院最好的楼房作为老教师的宿舍，而自己住在没有围墙的小平房里）。彭德怀称赞陈赓与群众同甘共苦，为干部作出了榜样。

建院之初，基础课教学是第一要务，学院成立了10个基础课教授会。学院党委在办学实践中，充分发挥知识分子的作用，对高级知识分子尤为重视，让教授、专家主持教学工作，并尽可能安排正职。陈赓院长一下子任命了这么多知识分子，在当时的年代是需要极大勇气的。陈赓对老教师们说："我是枪杆子出身，赳赳武夫，不懂技术，办学校就拜托诸位了，将来有功劳是你们的，有错误就打我陈赓的板子。"

1952年8月26日，毛泽东主席为学院成立暨第一期学员开学颁发《中央人民政府人民革命军事委员会训词》。训词对学院的办学宗旨、培养目标、工作与学习作风等提出了具体的要求，成为军事工程学院办学的指导思想。训词中说："中国人民解放军军事工程学院的创办，对于我国的国防事业具有极重大的意义。……

1953年9月1日，学院院报《工学》创刊，刊名由毛泽东主席题写。图为《工学》创刊号

今天我们迫切需要的，就是要有大批能够掌握和驾驭技术的人，并使我们的技术能够得到不断的改善和进步。军事工程学院的创办，其目的就是为解决这个迫切而光荣的任务。"

军工开学前的一系列工作准备就绪，开学在即，陈赓再一次进京见毛主席，请示工作。处理完军工事务后，他向毛主席提出请求："军工学院9月1日开学，请主席写个训词，并为学报起个名字。"毛主席听罢，笑了笑说："哎呀，我现在也是个官僚主义者，不常写东西。训词就先请萧向荣主任先起草一个吧，我再修改修改。不要写得太长，要突出办学院的意义，要发扬我们军队的好传统。至于校报的名字嘛，南京军事学院的报纸，我给他们起了个'军学'二字，你们叫《工学》好了，只两个字，就不抓别人的公差喽，我来写吧！"毛泽东起身去书房，

军工开学大典

张宗逊副总参谋长在陈赓院长的陪同下检阅学员队伍

找到一方宣纸，用手展平，随手从笔筒中抽出中号狼毫毛笔，在砚台中蘸了一下，"工学"两字一挥而就，飘逸、洒脱，典型的毛体风格。毛主席俯身又在纸上横竖写了三个"工学"，对陈赓说："我圈了一个，你们自己再选个满意的吧。"从此，这个报名被军工及其后人沿用至今。

9月1日下午2点45分，军事工程学院成立暨学院第一期开学典礼隆重举行。陈赓在日记中写道：这是一个"永远值得我们纪念和庆祝的日子"。开学典礼上，首先由张宗逊副总参谋长宣读毛主席训词，向学院授"八一"军旗，并致辞。陈赓院长代表学院接受了军旗并答辞。答辞中说："我接受了我们学院的战斗旗帜以后，请允许我向毛主席和中央人民政府人民革命军事委员会提出保证：我们全院人员将永远保持这面光荣的、伟大的、战无不胜的'八一'军旗，作为我们军人的英勇与荣誉的象征。中央人民政府人民革命

军事委员会给予我们军事工程学院的任务，是为了建设正规化的国防军而培养对党对国家具有高度忠诚、英勇顽强、积极负责、克服困难、坚决执行命令、有高度的组织性纪律性、精通现代军事科学技术的各兵种军事工程师及国防技术人员，以适应祖国国防建设的需要。当我们领受这一伟大而艰巨的任务的时候，我代表全院人员向您提出保证……我们全院人员一定能坚守自己神圣的职责，团结一致，克服困难，发挥高度的积极性创造性，加强组织性纪律性，虚心诚恳，不骄不躁，保证完成毛主席和中央人民政府人民革命军事委员会所给予我们的光荣任务。"

第一期学员开学时学院系及专业设置表

代号	系	专业科目名称	学员人数（不含试读生）/人
一系	空军工程系	航空工程科	235
		航空兵器科	
		电气和特设科	
		无线电工程科	
		机场建筑科	
		气象科	
二系	炮兵工程系	炮兵步兵兵器科	154
		炮兵弹药科	
		火药与炸药科	
		炮兵射击指挥仪科	
		炮兵雷达科	
		火箭兵器科	

续表

代号	系	专业科目名称	学员人数（不含试读生）/人
三系	海军工程系	海道测量科	83
		舰炮与弹药科	
		鱼雷和水雷科	
		无线电通信科	
		造船科	
四系	装甲兵工程系	坦克科	105
		汽车科	
五系	工兵工程系	部队工程科	102
		筑城科	
		工程机械科	
		电气机械科	

　　1953 年到 1960 年，学院的系和专业全部是按军兵种兵器、装备建设的需要设置的，主要任务是为各军兵种培养维护、修理现代化技术兵器和装备的军事工程师。随着兵器、装备的更新发展及新兵种的建立，学院的系和专业也进行了调整和充实，增加了一些按学科设置的系和专业。1961 年以后，学院的任务改变为主要为国防研究机关培养尖端技术的研究、设计、制造人才和各军兵种所需的技术干部。

　　1953 年 9 月 5 日，学院公布了《教学组织工作条例》，条例对教学的组织领导、具体实施，对各级教学人员的职责，对教学的目的、要求、任务与方法等都作了明确规定。条例成为学院教学工作的准绳，在此条例基础上，学院很快建立起各项教学制度，包括教师指导学员作业（讲课、实验、学习等）制度、学员独立作业（完

成报告作业、准备课堂讨论、课程设计、毕业设计等）制度、教学过程检查制度等。

10月15日，学院在新生大队基础上成立了预科，专门针对第二期以后的新生进行入伍教育和文化补习教育。预科结束经考试合格才能升入本科学习。

10月31日，在陈赓院长倡导下，经总政治部批准，学院成立由教授专家组成的"教育工作者协会"。周明鸂为主任委员，朱起鹤、卢庆骏、梁守槃、任新民、戈果为副主任委员。初期的教育工作者协会只限非军籍的教师参加，会员209名。1954年扩大到全校教师，任务也由政治学习和文化活动扩大到教学科研，各系都成立了分会，会员增加到1570人。同时制定了《教师工作者协会章程（草案）》，提出教育工作者协会是院政治部和市教育工会领导下教学人员的群众性组织，并明确了教育工作者协会的基本任务是以马克思列宁主义教育会员，使会员不断地提高政治觉悟与思想水平，紧密地团结在党的周围，发挥积极性与创造性，以保证教学任务的完成。

1954年　大师引领　借鸡生蛋

军事工程学院通过举办助教培训班、副博士讨论班，在大师的引领下，迅速培养起自己的师资队伍。既要成为培养军事工程干部的教学中心，也要成为军事科学技术思想的研究中心，这是苏联顾问给学院的建议。这个建议使学院认识到科学研究对提高教师业务水平的重要意义。学院的一份报告中写道："教学与科研是两件并重的事情。只有开展科学研究，才能使学院成为军事科学技术的最高学府。"

办大学没有老师不行。此时，已有两届学员入校的学院师资严重缺乏，学院对各系教授会最急需的教师人数进行了核查，提出一个请调500名专业教师的方案。当陈赓向周恩来总理汇报时，总理说："500人数量太大，国家没有那么多教授给你们，只能给几只母鸡，自己去下蛋；给点种子，自己去培养。"最后周总理指示，分批从全国抽调120人给学院，由教育部与学院具体商定。大师引领、借鸡生蛋，成为学院能迅速培养起大批专业教师的一条宝贵经验。

　　1月28日下午，学院第一届教学方法研究会开幕。上级机关和军内外兄弟院校50多名代表参加了会议。研究会主题为"半年来教学方法上的几个问题"，提出教学工作必须遵循的四条原则：要以高度的思想理论水平讲课、要在教学工作中发扬集体主义精神、要贯彻理论联系实际的原则、要培养学员的独立工作能力。应邀参会的各个高等院校的代表深深感叹，学院正式开学不到两年，却已基本步入正规化的教学之路。此后，学院每年都召开一次教学方法研究会，总结交流经验，提高教学质量。

　　2月27日，中革军委任命中朝前方联合铁道运输司令部司令员兼政委刘居英为军事工程学院副院长。

▌1954年6月1日，学院举行实习工厂成立和试车典礼。实习工厂厂房8914平方米，先后购置设备168台，调配职工156名。图为陈赓院长在实习工厂试车典礼上讲话

7月1日，首批入党教师宣誓大会举行，4名教师在党旗下庄严宣誓，以后每年都有一批优秀教师入党。到1956年，已在教师中发展中共党员140名。

▍陈赓与奥列霍夫检阅入营部队

7月11日上午9时，学院举行野营教育入营典礼。奥列霍夫曾在1953年向陈赓建议建立野外作业场，目的在于为各系的专业教育和全院军事教育解决野外演习和作业场地问题。后哈尔滨市人民政府将哈市郊外柞树林（原日本人建的双榆树飞机场）及周围地区划拨给军工作为野营训练场。陈赓院长与首席顾问奥列霍夫检阅参加野营入营典礼的部队。奥列霍夫穿上了中国人民解放军的军装，表现了他对中国人民、对军工的深厚情感，赢得入营部队的热烈欢迎。野营教育是军工教育计划中的一个重要组成部分，内容有

合同战术、射击、筑城、地形、工程测量等。学院非常重视野营教育，因为这是最接近实战的教学，是将理论和实际结合的重要教育环节。

8月30日，刘居英副院长向全院传达得到军委批准的教学计划。这个计划是仿照苏联军事工程技术院校五年或五年零八个月的教育计划拟定的，因部队急需技术干部，故将学制压缩到四年。总学时为5200—5400学时，比国内一般大学多600—700学时，专业课程也多于国内其他大学。该计划曾送毛泽东主席审阅。毛主席在上面用毛笔写了"照发"两个字。在共和国高等教育历史上，只有军工的教学计划经毛主席审阅过。

▌1953年10月1日，学院参加哈尔滨市国庆五周年工农兵大游行，接受省市领导检阅。图为学员方队通过市政府大楼

　　国庆节前，军委调陈赓兼任解放军副总参谋长的命令已下，陈赓院长的工作重点将转移到北京。他委托刘居英副院长主持学院工作。

　　11 月 19 日，学院成立教学方法指导委员会，并颁发了《教学方法指导委员会工作条例》。委员会主席是曹鹤荪，委员由 14 位经验丰富、学术造诣深的老教师组成。委员会的任务是指导教学方法的改进，研究各教授会的教学经验，审查教学大纲。委员会的工作范围是：第一，研究及改善各门课程的相互联系；第二，研究各门课程的教学大纲；第三，正确地组织各个教学方式，组织制定及审查各种教学方法的指示；第四，研究各个教授会的教学工作总结，以便推广好的经验；第五，研究和改善学员独立作业组织与计划中的问题；第六，协助各教授会及系教育科组织教学方法的报告会。

　　奥列霍夫对学院领导建议：学院教学工作已经走上了轨道，但是科学研究工作还没有开展。目前学院虽然没有广泛开展科学研究的条件，但应根据现有条件，规定可能开展的科学研究工作的范围和方式。随后，他又对学院科研课题的范围和学员参加科研活动的问题提出建议。奥列霍夫的建议引起学院的重视。学院党委提出"紧密结合教学，适当解决国防工业生产中的技术问题"的科研方针。学院科教部要求各教授会制订下一年度科研计划，并同时指出："科学研究是高等学校教学的基础。没有科学研究工作就不可能完成教学任务，必须大力开展，不应有一个教员例外。"

学院贯彻落实了奥列霍夫的建议，科教部在学年总结中再次强调："必须广泛开展科研工作，才能完成培养军事工程干部、发展军事技术思想两重任务。高等学院教师只有从事科学研究，才能不断提高科学水平，从而提高教学质量，否则就会逐渐落伍退化成为中等技术学院的教师。"

为了更好地开展科学研究工作，学院制定了《科学研究工作条例》，明确了学院科学研究工作的基本任务、方向、科学研究计划的制订和批准的程序、科学研究工作计划完成情况的检查等问题。

于是按照学院的要求，共有 8 个教授会拟订出 1955 年科学研究工作计划，提出了 43 个研究课题。虽然当年只完成了科研任务

▎空军工程系建成的 1.5 米闭口单回路式风洞

的 38%，但是有些成果非常有价值。在科学研究的同时，有效提高了教学质量和学术水平。

11 月 20 日，空军工程系建成一座 1.5 米开口单回路式风洞，并试车成功。12 月 30 日，又建成一座 1.5 米闭口单回路式风洞。这是新中国成立后我国最早建成的两座实用型低速风洞。建造两座低速风洞的方案是由空军工程系空气动力学教授会的岳劼毅、马明德、庄逢甘、罗时钧四位教授共同制订的，马明德为风洞建设总指挥。该方案得到院、系领导和苏联专家的支持。马明德在国内没有先例、技术资料缺乏、技术条件较差的情况下，带领助教、实验员画出 400 余张图纸，安装承台设备，精心指导木工刻制出 12 片木质螺旋桨叶，还自制仪器设备，为国家节省了大量资金。在建设风洞实验室的过程中，不仅提高了教师的业务水平，还为国家培养了一批能够熟练驾驭、维护、修理风洞的技术力量。

学院不仅重视教学科研工作，也十分重视文艺体育等文化活动的开展，于本年 12 月成立了体育运动委员会，并召开了首届冰上运动会。

12 月 13 日，中革军委任命志愿军三兵团政治部主任刘有光为军事工程学院副政治委员兼政治部主任。

12 月 30 日，奉总参谋部电示，学院启用"一零三部队"代号，同时启用"中国人民解放军一零三部队"和有关部门代号公章。

这一年学院的基建工作进展很快，到年底，五个系的教学大楼和部分学员宿舍、食堂竣工，总面积 176000 平方米。当年建设这

五栋大楼，是在新中国刚成立不久，第一个五年计划刚刚开始，百业待兴的背景下进行的。大楼的建设者们本着坚固、适用、美观、大方的原则，高效率地完成了建设任务。这些建筑经受住了历史的考验，成为军工历史的见证者，如今依然优雅端庄、气势恢宏地屹立在军工大院里，成为军工永远的标志性建筑。

1955 年　教书教人　确保质量

　　学院的本科教学仅经历了两年，便开始了研究生的培养。学院要求教师"教书教人"，即不仅要向学员传授科学技术知识，还要培养学员的革命品质；不仅在课堂上传授马克思主义的立场、观点、方法，还要在实践中成为学员的表率。学院确立了"确保质量、宁缺毋滥"的研究生选拔原则，要求严格挑选，宁可少，但要好。在办学过程中，"教书教人、确保质量"沉淀为学院办学的光荣传统之一。

　　1955 年 1 月 8 日，学院举行风洞实验室开幕典礼，并在实验室大楼刻石留念。刘居英副院长宣读了陈赓院长兼政委签署的嘉奖令，给

刘居英给马明德教授颁奖

予为建设两座风洞作出突出贡献的人员马明德教授，实验员邓士贻，技工吴相亭、姜延栋、黄振远、张志敏，实习工厂钳工车间副主任左雪农，钳工张旗中嘉奖。

风洞实验被誉为现代飞机、导弹、火箭等研制定型和生产的"绿色通道"。军工风洞群的建设是空军工程系空气动力学教授会立足我国航空工业发展实际作出的大胆实践。在无经验可循、技术人员缺乏、资金物资保障有限的条件下，从1954年到1963年，历时近10年，先后建成了从低速、跨音速到超音速，整体配套的8座风洞，形成了当时国内第一个大型风洞群，初教5、歼教-1、初教-6、歼-6等均在这里吹风助飞。军工风洞群为我国航空工业现代化、为中国新型飞机研制作出了历史性的贡献。

空气动力学实验室的落成为学院的实验室建设开了一个好头，各系陆续建成一些专业实验室，随后，学院颁布了《专业教授会实验室条例》，规定了实验室的编制、机构、任务和各类人员职责。这个条例成为指导学院实验室建设的基本文件。

在科研顺利开展之际，为了检验预科学习期满后的学员学习情况，进行入学考试，学院颁布了《入学考试办法》，说明了考试办法制定的原因，并同时成立了入学考试委员会：由院长、副院长、副政委、政治部副主任、科教部正副部长、物质保障部部长、干部处处长、各系及预科主任组成。以院长为主任委员，副院长、副政委为副主任委员。委员会职责为领导与监督整个入学考试、政治审查及体格检查工作，审议学员的录取分系，整个入学考试结束后，作出工作总结。入学委员会下设考试、政治审查及体格检查三个委员会。

同年，学院颁布了《考试及测验实施办法》。军工的考试形式共经历了三个时期：1953—1957 年，采用口试的方式，成绩分为优、良、及格、不及格四个等级；1958—1962 年，采用口试或笔试加口试的方式，理论性强的课程采用口试，计算性强的课程采用笔试；1962 年后取消口试，全部采用笔试。口试考试一人一试，单独抽取试题卡，在黑板上答题，主考教员现场给应试学员评分，非常严格。

为了加强师资力量，学院党委从加强教师队伍建设、提高青年教师素养、增强教学科研后劲的战略目标出发，作出了培养研究生的决定。奥列霍夫建议："用培养研究生的形式建立学院自己的培

┃ 一期学员钟山院士在军工读书时参加口试考试

养科学教育干部的制度。"为此，学院科教部制定了《研究生班暂行条例（草案）》，明确了研究生班的基本任务、招生章程、学员的培养等方面的问题，同时"确保质量、宁缺毋滥"的原则贯穿于军工研究生工作的始终。当时全国高等院校培养研究生的工作均处于起步阶段，军队院校更是如此。

学院首批选出三位硕士生导师——赵国华教授、胡寿秋教授和慈云桂教授，并招收海军工程系研究生 3 名，研究生专业分别为鱼雷武器及鱼雷射击指挥仪、无线电收发报设备、雷达。1956 年，没有招收研究生的空军工程系、炮兵工程系、装甲兵工程系和工兵工程系又招收研究生 15 名，学院的研究生专业由 3 个增加到 16 个，研究生培养工作不断深入。

为加强基础课和专科基础课，平衡学员课业负担，于 1955 年 2 月，学院党委作出《关于制定五年制教育计划与修订四年制教育计划的指示》。9 月，中革军委批准，从第三期学员开始，学院学制改为五年。学员毕业授军事工程师，分配到部队任专业工程师、领导机关任工程技术干部、军工厂任军事代表、研究部门任研究员、学院任教育工作。教育计划修订之后，学院增加了 7 个专科，由建院时的 23 个专科增加到 30 个专科。

1955 年 5 月 13 日，《人民日报》刊登文章《关于胡风反党集团的一些材料》，随后，"肃反"（"肃清反革命分子"）运动在全国开展起来。7 月 21 日，学院开始历时 15 个月的"肃反"运动。根据陈赓的意见，学院的"肃反"运动走的是重证据、重调查研究的道路。"肃反"运动开始，军工确定了 300 多个重点审查对象，但运动后期定案、作结论十分慎重，该否定的不实之词就否定，相当多的干部和学员放下了沉重的政治包袱，90多人的陈年老账和历史悬案，都在"肃反"中得以澄清。

9月27日，中南海怀仁堂，中国人民解放军将官授衔典礼举行。解放军副总参谋长、军事工程学院院长兼政委陈赓被授予大将军衔。国务院总理周恩来签署命令，授予学院刘居英、刘有光、唐铎、贺振新、唐凯少将军衔。9月29日，国防部长彭德怀签署命令，授予学院张衍等9人大校军衔，授予张国良等30人上校军衔。

▍陈赓院长宣读授衔命令

在中国人民解放军将官授衔典礼之后，学院于11月18日举行军人授衔典礼，陈赓院长代表国务院总理周恩来、国防部长彭德怀宣读授衔命令。

新中国成立之初，在帝国主义的核威胁之下，党和国家领导人坚定决心要发展我国的导弹事业。1955年10月，在毛泽东、周恩来的直接关怀下，钱学森回到了阔别多年的祖国。为使他尽快了解国内的建设情况，中科院安排他参观国内重工业城市，于11月23日抵达哈尔滨。在北京的陈赓闻听此事，凌晨乘飞机赶回了哈尔滨。陈赓当晚在军工苏联专家住所大和旅馆的顿河餐厅宴请了钱学森。席间，陈赓与钱学森谈起了火箭问题。这次交谈，点燃了我国火箭工程事业的星星之火。陈赓表态，为了搞中国自己的火箭，军工要人出人，要物出物。

钱学森在军工参观火箭教授会时，固体火箭点火试车试验引起了他的极大兴趣，他与教授会副主任任新民就固体火箭燃料配方问题交流起来。多年以后，两位"两弹一星"元勋回想起在军工21号教学大楼里的会面，仍感慨万千。

钱学森参观结束后，军工任新民、周曼殊、金家骏三位教员给国防部写了一封信，提出研制我国火箭的建议。1956年元月，军工三位教员的建议书已经摆在了彭德怀的办公桌上，引起了中央军委领导的高度重视。这份建议书表达了以陈赓为首的军工人准备把导弹科研项目推上马的坚定决心。

钱学森在期刊《神剑》2001年第6期发表了文章《"中国"两个字最重要》。文章中说："回国后第一个和自己说起导弹的人是陈赓。"

1955年12月2日，经中央军委批准，学院成立院长咨询机构——院务委员会。委员会的任务是审查和讨论全院的教学工作、

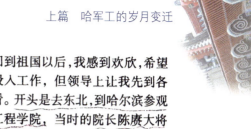

"中国"两个字最重要

□ 钱学森

回到祖国以后，我感到欢欣，希望早日投入工作，但领导上让我先到各地看看。开头是去东北，到哈尔滨参观军事工程学院，当时的院长陈赓大将专程从北京赶回哈尔滨接见我，他问我的第一句话是："中国人搞导弹行不行？"我说："外国人能干的，中国人为什么不能干？"陈赓大将说："好！就要你这一句话。"谁知这一句话，决定了我这一生从事火箭、导弹和航天事业的生涯。现在回想起来，当时我冒说一句可以搞导弹，但是真正干起来，困难真多呀。因为新中国成立不久，从经济到技术，各方面的条件与现在比，相差是很远很远的。然而，原子弹、导弹，这两项尖端技术终于被我们攻克了，而且是以很快的速度搞成的。原因何在？

▎钱学森发表的文章

科学研究工作及其他工作中的重大问题，工作计划包括：讨论审查科学研究工作计划，翻译出版工作计划，课程设计、毕业设计的准备与实施，研究生培养等。第一届院务委员会委员 105 名，主任委员为陈赓，副主任委员有刘居英、刘有光、徐立行，李天庆、商燮尔为秘书。

41

1956 年　重视学术　进军科研

1956 年 1 月 14 日周恩来总理作的《关于知识分子问题的报告》，
在中国共产党历史上第一次明确地将知识分子问题和发展科学技术

▌军工第一届科学技术研究会议开幕式

的极端重要性提出来。学院迅速掀起了"向现代科学进军"的热潮，学术刊物《工学》学报创刊，军事科学技术研究协会成立，教员、学员都投入到科学研究、学术研究的洪流中。

2月29日，学院召开第一届科学技术研究会议。会议明确提出了学院科研工作的基本任务和方向，同时要求各教授会制订科研工作的长远规划，通过科研活动和学术论文，提高教师的学术水平。同时，要求组织学员参加科研活动。

此次会议，经过院系两级严格推选，从全院教师的论文中精选出20位教员的论文进行宣读。这些论文代表了当时军事工程学院的最高学术水平。数十年后，这20位教师中很多都成为两院院士。

▌军工全体教师会议开幕式

　　3月12日，学院召开临时党委第二次党员代表会议。学院党委副书记刘有光在会上作了《院党委对知识分子工作的报告》，传达中央知识分子会议精神。会议发出向科学进军的号召，并明确学院向科学进军的任务是"提高教学质量、开展科学研究、扩大专家队伍"。

　　3月26日到4月3日，学院召开全体教师会议，动员全体教师响应党中央号召，发挥潜力，向科学进军，圆满完成"提高教学质量、开展科学研究，提高老教师、大力培养新教师、扩大专家队伍"的任务，要求新教师要虚心向苏联专家学习科技知识，号召老教师以带徒弟的方式培养青年教师。

　　本年，学院参加科研的教师259人，学院与全国19个工厂、8所院校、3个研究所签订了科学研究协议和合同，帮助国防生产部门解决大小技术问题58项。协议与合同执行过程中，学院与兄弟单位在相互学习、相互帮助中得到了成长。

　　科研活动不仅在教师中开展，同时在高年级学员中也逐步开展起来，学院成立了军事科学技术协会和炮兵、海军、工兵三个工程系的分会。学院颁布了《学员军事科学技术协会条例》，规定协会的基本任务是：培养学员阅读教材和科技文献的能力；培养学员对各种科学资料的独立总结能力以及准备学术报告的能力；引导学员以批判的态度对待各种学术问题的研究，并进行广泛讨论；吸收学习最好的学员进行科学研究工作，加深所学的专业知识；培养他们在科学研究和实验方面的独立工作能力。

　　学院参加科研的学员503名。空军工程系学员组成34个科研小组，提出 42 项课题；炮兵工程系学员组成 25 个科研小组，完成 37 项课题的研究任务；海军工程系学员组成 17 个科研小组，提出研究课题 49 个，其中 11 项取得成果；装甲兵工程系学员组成 6 个科研小组，开展研究的同时培养了独立研究问题的能力；工兵工程系学员组成 16 个研究小组，完成 24 项研究课题。

5 月 10 日至 25 日，军工第一次党代会召开，正式代表 326 名，列席代表 109 名。大会的主要任务是：总结学院临时党委成立三年来，以教学为中心的各项工作；发扬民主、增强团结，改善领导方法，改进工作作风；制订今后工作规划和选举院党委会、党的监察委员会。

学院第一次党代会开幕式

会议作出决议：教师应通过各个教学环节和学员各项活动，指导学员独立工作方法，进行品德教养，以树立教师对学员全面负责

的观念。

7月21日，在王字楼礼堂举行了教师入伍宣誓暨授衔仪式，刘居英宣读了国防部长彭德怀的两个命令：国衔军字第371号命令，授予梁守槃等20名军官军衔；国衔军晋字第18号命令，给予庄逢甘等10名军官军衔晋级。

11月24日，学院体育馆落成，并举行了开馆典礼。体育馆总面积8713平方米，包括竞赛馆、练习馆、游泳池等，当时其规模和设施在全国都处于领先水平。

12月9日，学院先进工作者暨优秀学员大会开幕，1612名先进工作者和优秀学员参加了大会并受到表彰。

建院初期，国内极缺军事工程技术的通用教材，加上新专业的不断增加，教学计划、课程设置、教学大纲频繁变动，学院编写教材的任务十分繁重。当时解决教材的重要途径是一选二编，以编为主，随编随印；基础课、专业课的教材在苏联有关军事工程技术院校教材的基础上，结合学院的具体情况，由教研室自编讲义，然后逐步整理为正式教材。随着时间的推移和教学内容的相对固定，各门课程的教材则根据专业的培养目标和教学大纲的要求进行编写，力求反映先进的科学技术水平，充分利用科学研究工作的新成果。在编写的组织上，选编结合、严格审查，保证教材的质量。学院的教材绝大多数都是教员自己编写而成的。通过自编教材，既满足了教学的需要，又锻炼和培养了大批教师，为学科建设打下了坚实的基础。

至1956年末，学院共编制教学大纲700种，编写教材、讲义

2252 种，印制教科书及其他书籍 2590 种。教材的印刷全部由本院印刷厂承印。经统计，截至 1956 年，学院翻译各种外文资料 338 种，对学院的教材建设形成了有益的补充。

1956 年，中央军委决定组建国防部第五研究院。五院是我国"两弹一星"事业的摇篮。学院在人才稀缺的情况下，仍以大局为重，毅然同意将担任重要教学任务和教学组织领导工作的任新民、庄逢甘、刘有光、卢庆骏等知名教授、专家调往五院。这些教授和专家为创建和发展我国的航天事业作出了重要贡献。

▎空军工程系 102 教授会教员欢送梁守槃（前排左二）去五院（导弹研究院）工作留影

1957年　崭露头角　真刀真枪

军工的第一期学员在本年完成了教育计划规定的全部课程，进入实习和毕业设计阶段。他们凭借着自己的真才实学，崭露头角，得到了实习单位及军委首长的高度评价，打赢了针对部队急需解决的技术问题而展开的毕业设计这场真刀真枪的"战斗"。这些学员成为军工人才培养的第一批硕果。

实习中，很多学员都将所学用于实践：

学员杨斌、胡学美、彭风绍、鲍世期——在沈阳空军机场用雷达准确预测了苏联最高苏维埃主席团主席伏罗希洛夫访华的天气；

学员李世彤——在北京南苑机场观测到冷风切面，建议停飞，保护了飞行员的安全；

学员孙英华——在空军某部解决爆破留底问题，编制出新的爆破施工法；

学员刘尚清——在618厂实习发明了"束机焊条焊接"新工艺；

学员夏启振——设计出"喷漆室"，直接帮助工厂解决了长期未解决的技术难题；

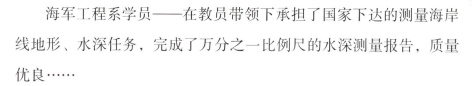

海军工程系学员——在教员带领下承担了国家下达的测量海岸线地形、水深任务，完成了万分之一比例尺的水深测量报告，质量优良……

毕业设计中：

学员黄刚强——设计了航空雷达识别系统，提高了我军当时同类设备的战术性能和保密性能；

学员梅硕基——设计出中心陀螺仪，为海军增添了新设备；

学员王成科——设计的100毫米无后坐力炮由701厂专家评审后，认为设计思想先进、有创造性，答辩委员会建议供国家设计部门参考；

学员谢群——设计的180毫米舰炮，操作系统全部实现了自动化，海军司令部有关领导闻讯高兴地说："这正是我们海军当前需要解决的问题"；

学员徐定远——设计的汽车结构，布局合理、紧凑，性能较以前的产品更为优良；

学员霍恩俊——设计的移动式排锯，结构新颖，不仅排除了排锯作业的主要障碍，而且具有可迅速安装的优势……

实习后，学员开始进行毕业设计。毕业设计可以说是学员完成规定的课程学习之后，第一次独立开展工作，是对学员独立工作能力和综合运用所学知识能力的一次检验。在毕业设计中，各系都及时组织检查，据统计，独立工作能力比较强的学员约占40%，独立工作能力较差的学员约占7%。

事实上，第一期学员毕业设计的课题早在1956年就由各教授

会与苏联专家拟制出来，并分别征求了各军兵种的意见。毕业设计的 694 个课题中很多是一些部队急需解决的技术课题，是一次真刀真枪的"战斗"。各系都召开了庄重的毕业设计课题分发大会，由系首长亲手把课题逐个交给学员，系首长充满信任和期待的目光使得每个学员信心倍增。

为更好地检验学员毕业设计，学院成立了第一期学员毕业答辩委员会，从军内外 22 个单位邀请了 55 位专家、学者来院参加毕业设计答辩。经过毕业答辩的检验，在参加答辩的 654 名学员中，有 214 名取得优等成绩，有 277 名取得上等成绩，占答辩人数的

军工第二届科学技术研究会议开幕

75%。还有 7 个设计被评为优秀设计。

1957 年 2 月 6 日，学院召开第二届科学技术研究会议。参加会议的有军委、各军兵种、各高等学校和有关单位的代表，学院的院、部、系领导干部及教学人员。此次会议提交论文 45 篇，数量比第一届多一倍，理论和实际结合紧密，有一部分完全适合部队的需要。会后根据专家意见，军工成立了电子科学技术委员会，李芘为主任，周祖同、刘景伊、慈云桂为副主任。

3 月 27 日，苏联顾问团首席顾问奥列霍夫因心脏病突发不幸逝世，终年 55 岁。按照协议，他早该回国了，但他一定要等第一

▌学院为奥列霍夫举行的追悼会

期学员毕业，看看毕业生质量以后再走。就在奥列霍夫即将看到在自己亲手指导下培养出来的中国军事工程师走出校门、奔赴部队时，却不幸逝世。

4月24日，中共中央副主席朱德视察学院，并在体育馆的检阅台上对全院师生发表讲话。他勉励全院学员努力学习、永远向前。他说："只要我们学习得好，就可以使我军成为一支不可战胜的军队，帝国主义也就要衡量衡量，不敢随便侵略我们。国家对你们的要求是学好本领，保卫祖国、保卫世界和平；如果帝国主义发了疯，竟敢破坏社会主义阵营，他从哪里打来，我们就从哪里打出去，那就是消灭帝国主义的时候到了。他们不侵略我们，我们也不会打出去；这就保卫了我们的祖国，保卫了世界和平。希望同志们在政治上、文化上、科学上特别是军事科学上，要努力学习，要超过这个时代的帝国主义，这样，才能够达到保卫祖国、保卫世界和平的目的。"

5月18日，陈赓起草《关于军工与装甲兵司令部联合组成中国人民解放军院校参观团出访苏联、波兰、捷克的报告》，旨在学习办学经验、索取技术资料，商谈建立对口学术联系的问题。5月19日，周恩来总理批复："同意。人数如能核减至十四五人更好。"此前，学院将科教部分建为教务部和科学研究部，进一步突出了科学研究的地位，加强对科学研究的组织领导。

5月30日，刘居英率中国人民解放军院校参观团访问苏联、波兰、捷克三国军事工程院校。参观团于8月10日回国。10月28日，刘居英向全院人员汇报了参观收获，主要从所访问国家军事工程院校的发展历程、组织编制、学术委员会、培养目标、专业设置、教育计划等方面进行了总结。

8月1日，学院召开庆祝建军30周年暨授勋授奖大会。学院领导把勋章、奖章授予在战争年代为人民解放事业建立功勋的干部。学院被授予二级"八一勋章"的1人，三级"八一勋章"的3人；被授予二级"独立自由勋章"的15人，三级"独立自由勋章"的17人；被授予一级"解放勋章"的5人，二级"解放勋章"的10人，三级"解放勋章"的19人；被授予"八一奖章"的3人，"独立自由奖章"的65人，"解放奖章"的639人。

奋战在江堤上的学院官兵

　　继 1956 年的洪水后，1957 年夏，洪魔再次侵袭哈尔滨。从 7 月 9 日到 9 月 17 日，学院从将军到学员、从职工到家属，先后出动 10 万多人次参加哈尔滨市的防洪抢险，出色地完成了任务，涌现出一批防洪模范，受到地方党委和政府的表扬，有 1466 人立功受奖。其中，一等功 10 人，二等功 190 人，三等功 1266 人。毛泽东主席为学院颁发的训词，是军工的指导思想和办学指南。训词中说："保持和发扬中国人民解放军的光荣传统，特别是全心全意为人民服务的精神和自我牺牲的英雄气概，这在你们学院，是和全军一样，必须充分领会和一刻不可忘记的。"1956 年、1957 年两战洪魔的实际行动，正是军工人践行训词中所倡导的全心全意为人民服务的精神和自我牺牲的英雄气概的最好证明。本年的抗洪中，哈尔滨防汛指挥部将最严重的一段险堤加高加厚和防险抢险任务交给了学院。这段江堤经高水位多日浸泡，早已经是千疮百孔了，几小时就被冲出一个大口子，渗漏、管涌、滑坡，险情不断。如果不守住这段险堤，全市多日的抗洪成果将功亏一篑。学院抗洪技术指导组组长殷之书在水利工程上颇有建树。面对滑坡险情，建议放弃填土的传统方法，采用挖导渗沟，排水导渗。在 20 多个昼夜抢险中，殷之书指导大家排除了 2 个特大险情，8 个中等险情，解决了管涌穿堤的可怕问题。军工人运用科学精神和专业知识去战胜天灾，为哈尔滨市的抗洪胜利立下了赫赫战功。

　　战胜洪水后，哈尔滨市修建了一座高大的防洪纪念塔，时任市长吕其恩对刘居英副院长说："纪念塔上解放军的塑像中就有你们军工人的形象。"由于军工全院出动保护当时防汛最险要的一段江堤东大坝（马家沟外江堤），后来东大坝便被哈尔滨人以军工的代号为名，改称 103 大堤。军工与哈尔滨同呼吸、共命运的往事被世人永远铭记。

到 1957 年底，学院的教学工作走完了一个完整的周期，全院 5 个系建成 36 个专业，101 个教授会，399 个实验室，2 个校办工厂。除校图书馆外，还在 5 个系各建了一所图书室。学院有教授 30 名、副教授 43 名、讲师 260 名，为四个年级的学员共开出各类课程 395 门，其中有 180 门为新中国军事教育历史上从未开过的军事工程技术课程。

1958 年　雏鹰展翅　猛攻尖端

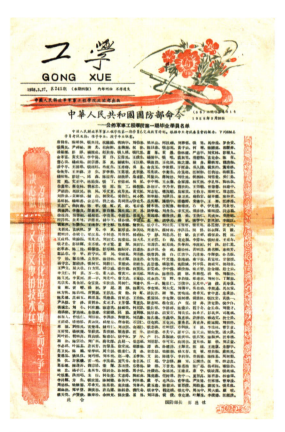

《工学》报刊登的军工学员毕业的国防部命令

在"鼓足干劲、力争上游、多快好省地建设社会主义"的总路线号召下，学院因势利导，提出了"面向部队搞科研"。由于同部队改进武器装备的实际需要紧密结合，学院的技术革新注入了强大的内推力，得以迅猛发展，形成了建院以后空前活跃的"大搞科研、猛攻尖端"的热潮，并诞生了以我国第一艘水翼艇、第一台军用电子计

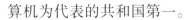

算机为代表的共和国第一。

1958年1月16日，中央军委第139次会议决定，任命谢有法为军事工程学院代理政治委员，到学院主持工作。5月1日，国务院总理周恩来任命谢有法为军事工程学院政治委员，免去陈赓兼政治委员的职务。

3月26日，学院举行第一期学员毕业典礼大会。国防部长彭德怀签署国防部命令，准予636名学员毕业，授予636人毕业证书。国防部副部长李达上将在大会上宣布了国防部批准军事工程学院第一期学员毕业的命令，并在讲话时指出：军事工程学院第一期学员毕业是中国人民解放军建军以来第一次由我们自己的学校培养出这样大批的军事技术干部。我受委托，代表中央军委、毛主席、国防部长彭德怀元帅、人民解放军各总部以及在京的各军兵种领导机关，向我们毕业的同志和全院的同志致以热烈的祝贺。

在第一期学员毕业典礼举行之际，陈赓院长由于身体的原因无法亲自到场参加，于3月25日，病中的陈赓院长给军工第一期毕业学员写了一封信，寄托自己对他们的无限希望。他在信中写道：

亲爱的第一期全体毕业学员同志们：

今天是你们的毕业典礼，我因病不能参加，非常抱歉。

成批地、正规地培养各军种、兵种具有高级技术知识的军官，在我军历史上还是第一次，在此以前，我们没有条件这样做，中华人民共和国成立以后，毛主席号召我们，要把我军建设成为一支优良的、现代化的革命军队，开始了我军由低级阶

段向高级阶段的过渡。随着国家经济建设、文化建设的蓬勃发展，和处在今天的原子、火箭时代，我们就有可能，而且必须积极地运用各种科学技术成就，以加速我军的现代化建设。

你们是学院的第一期毕业生，跟着来的还有第二期、第三期……我们要继续培养我军的技术干部，加强军队的技术力量。我军是一支人民的革命军队，以为人民服务为宗旨。因此，各种先进的科学技术，必须由忠于社会主义事业的人来掌握。我们的技术军官不仅要精通业务，而且必须具备为社会主义、为人民服务的思想品质。政治是统帅，政治是灵魂，我们的目标是"又红又专""红透专深"。你们在毕业前对这个问题展开过辩论，并已初步得到解决。今后仍应继续鞭策自己，加强思想改造，明确树立为人民服务的人生观，不断提高业务水平，真正成为一个又红又专的技术军官。

几年来，你们在学校学到了很多理论，这是非常必要的。今后，如何运用理论去解决各种实际问题，又从实际中进一步提高理论，就成为你们的重要任务了。理论只有通过实践，才能得到验证，才能得到发展。也只有这样的理论，才是真正的、有用的理论。要圆满地解决这个问题，使理论和实践密切地结合起来，必须坚决防止骄傲情绪。要重视体力劳动和感性知识，要虚心向广大官兵学习，要从群众的发明、创造、合理化建议中吸取养料，以求不断提高自己解决实际问题的能力。只有精通理论，并具有丰富实践经验的干部，才能称得起精通某项业务的专家。

最后，祝贺你们学习顺利，并预祝你们愉快地走上工作岗位，鼓起干劲，为祖国和我军的现代化建设贡献出自己的力量。

1958年8月1日，学院36项技术革新和技术革命成果汇报展览在北京展出。在京养病的陈赓院长无比高兴，他不顾病体，反复到展览室观看，并把当时在京的党中央和中央军委的领导人周恩来、刘少奇、朱德、陈云、邓小平、林伯渠、彭德怀、刘伯承、叶剑英、陈毅、粟裕、黄克诚以及军委各总部、各军兵种的负责人都请去观看。

8月7日，学院向军委上报了《关于军事工程学院成立导弹专业组织计划的报告》。9月10日，军委批准学院空军工程系建立导弹专业，同时同意学院在炮兵工程系设防原子、防化学两个专业。此前1958年3月，中央军委决定在军工开办防化兵工程系，由化学兵部所属的化学兵学校的一批干部教员到军工炮兵工程系，暂编为该系7、8、9科，作为筹建防化兵工程系的基础。

8月13日，学院举行第一届党代会第二次会议，传达贯彻军委扩大会议精神。本次会议通过了《军事工程学院教学改革方案(草案)》，其中对学院的组织体制作了调整，将全院组织层次由院、系、专科、年级四级改为院、系、专科三级。教授会改称教研室。本次教改方案的基本精神是加强政治课的比重，增加劳动时间，增加在校学员人数，改毕业设计为任务设计等。

9月2日至11日，国防部长彭德怀第二次视察学院。他到呼

兰河看了水翼艇和气垫船试验，乘水翼艇在河上航行一圈。他说："搞科学研究，不要怕失败，从失败到成功是客观规律。"视察后彭德怀向中央写了《视察军事工程学院等单位工作的报告》，报告主要是对军事工程学院办学成绩的肯定："哈尔滨军事工程学院经过五年多的摸索，建立了一所规模很大的国防工程学院，为我军培养了一大批工程技术干部，摸出了一些办军事技术院校的经验。""这次在军事工程学院，着重看了新技术研究设计工作。两三个月来，学院基本上树立了'以我为主''大胆创造'的思想，结合我国的地形、气候特点和我军的战略战术，独立地进行了国防科学技术的研究设计工作，已经设计成功一些新式武器和战斗器材，并且有些已经达到了或者超过了国际先进水平。"报告说："我国国防科学研究人员的队伍，目前看来并不算小，单以军事工程学院来说，经过了四五年的经营，规模很大，在远东来说，可能是唯一的。"

9月16日，国务院副总理邓小平等领导视察学院。听到空军工程系研制"东风113"遇到困难，他指示说："失败一百次，搞成功了，就是胜利。"

军工的重要成果之一是海军工程系试制成功的第一台军用电子计算机。早在1957年10月8日，海军工程系教员柳克俊起草了《关于发展舰用电子计算机，研究试制供快艇用的快速电子指挥仪的报告》，这份报告点燃了中国人自主研制计算机的第一把火。1958年9月28日凌晨4点，"331"组的年轻人一片欢呼，中国历史上第一台军用电子计算机的科研样机（代号"331"）诞生了！主要研究人员有：柳克俊、胡克强、胡守仁、陈福接、卢经友、耿惠民、张玛娅、盛建国等，柳克俊任课题组长。当时他们的平均年龄只有 25 岁。一个月设计出草图，四个月就使计算机问世，这不能不说是一个奇迹。

然而柳克俊并没有沉浸在成功的喜悦中，在海军工程系领导黄景文、邓易非的大力支持下，他开始思考如何使计算机能够适应海军的海上作战环境，缩小体积，减少功耗，并使其具有很强的抗震动和抗冲击能力。系里随即成立"901"研制组，研制组的任务就是研制舰用电子计算机，以解决鱼雷快艇攻击指挥问题。通过艰辛努力，研制组终于在 1961 年研制出了用国产半导体三级管制成的第一台军用半导体计算机。随后到海上进行试验。经过 6 次出海、18 个航次的试验和多次改进，该机指挥鱼雷射击，取得了理想的效果，定型生产后装备部队。军用电子计算机从第一代（真空管式）进入第二代（半导体式），军工人前后仅用了 3 年时间。

研制组研制"331"计算机时，我国的计算

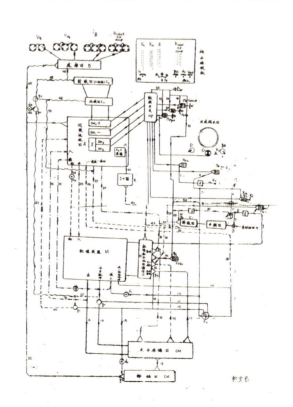

柳克俊的原始设计草图

机事业还是一片空白，在国内搜集相关的计算机资料非常困难，研究人员手中只有一些俄文和英文的计算机科普读物。为了给研制组的同志们培训计算机知识，柳克俊编写了333讲义。他们一边开办讲座，大家共同学习计算机原理，一边搜集资料，制订方案。苏联顾问听说柳克俊带着一群和他一样大的"毛头小伙子"要搞军用计算机，耸肩摇头，好心劝说："听我说，聪明的小伙子，计算机不是谁都能搞的，要有顶尖专家才能动手呢，你们这些同志是不是想得太简单了？"他建议先派人去苏联学习，走仿制的路。柳克俊谦虚地笑笑，说："数字计算工具的祖先'算盘'就是中国人发明的。中国有五千年的文化，中国人是勤劳、智慧的，中国人为什么不能搞计算机？"事实证明，他们成功了。

11月12日，海军工程系在北京海军大院俱乐部单独办了一个科研成果展览，展品有"331"计算机、水翼艇等20余项。院长陈赓又请来周恩来和贺龙、陈毅、徐向前、罗荣桓等前往观看。陈赓看了"331"计算机，决心在海军工程系办电子计算机专业，他说："计算机都做出来了，办专业就有条件了。"回顾历史，当年陈赓作出设立计算机专业这个决策是具有前瞻性的，没有这一决策，就不会涌现出后来的"441-B""银河"巨型机那样的重大科技成果，也不会涌现出那么多中国杰出的计算机科学家。

根据总参指示，1958年8月起，军工开始接收越南留学生。首批40名越南留学生到校参加预科学习。学院在预科设立了越南留学生队，对外称"湖南队"。后成立了越南留学生系。军工把培养越南留学生作为自己崇高的国际主义义务去履行，从1958年到

1966 年，先后招收 7 批共 183 名越南留学生。学院尽可能地为越南留学生创造优于中国学员的生活学习条件。1960 年，时值三年困难时期，越南劳动党主席胡志明访华，在哈尔滨召见军工的越南留学生。当他听说学院把给中国学员的猪肉让给越南留学生吃时，非常感动，指示越南留学生不能继续享受这种待遇，要和中国学生同甘共苦。学院领导对胡志明的心情表示理解，但对越南留学生的待遇一如既往。

　　一批一批越南留学生从军工顺利毕业，回国后走向了重要的工作岗位。越南留学生对军工怀有深厚的感情，成立了军工越南校友会，保持着与母校的联系。40 年后，军工越南留学生阮德心来哈尔滨工程大学看望老师。2013 年哈军工纪念馆开馆，越南校友返校参加，空军工程系 13 期毕业生张庆珠为纪念馆捐赠了自己曾任越南国防部部长时的中将肩章。

1959 年　尖端集中　常规分散

　　集中力量建设一所综合性的军事工程学院，是各军兵种没有条件分别建立高等技术院校所采取的措施。早在学院建院方案中就曾提出，各系应尽量包括未来各军兵种教学组织的全部雏形，在条件基本具备时单独成立学院。随着军事技术的发展，全军只办一所军事工程学院已不能满足国防需要。于是军工选择了"尖端集中、常规分散"的发展道路。军工的分建为中国高等军事技术教育体系的形成起到了奠基性的作用。

　　学院根据军委院校长会议精神修订教学计划，从本年开始，一直延续到1961年结束。修订后的教学计划实践性教学大幅度增加，毕业设计改为结合"真刀真枪"的科学研究任务进行。这项改革对于理论联系实际、提高教学质量、促进科学研究、提高教师的学术水平和科研能力具有重要意义。

教学计划修订的主要内容列表

修订的项目	内容的变化
学制	由五年改为五年半至六年
培养目标	由培养维护修理的军事技术干部改为培养研究与设计的军事技术干部
新特点	生产劳动正式列入课程；实践教学大幅度增长；思想政治教育加强；毕业设计改为结合科研任务进行

此前 1958 年 3 月，学院在空军工程系设第 7 科（导弹原子科），系主任唐铎兼任 7 科主任，主持专业的筹建工作。本年秋，学院开始招收第一批导弹专业学员。这些学员成为我国第一批投身"两弹一星"事业的科技工作者。

《中共中央关于增加全国重点高等学校的决定》手抄件

1959 年 1 月 23 日，国防部五院院长，著名科学家钱学森第二次来到军工，主要是为了导弹工程系成立后同五院的合作问题与学院领导交换意见。当天下午，钱学森以《火箭技术的发展》为题，给军工的领导以及空军工程系 7 科干部、教员和学员们作了一场学术报告。2 月 15 日，中央军委批准军事工程学院以空军工程系第 7

科（导弹原子科）为基础，并入炮兵工程系的火箭专业，成立导弹工程系。

这是中国第一个导弹工程系，下设弹体发动机、自动控制、无线电遥控遥测、飞行力学和射击原理、特种武器 5 个专业。戴其萼先为系副主任，后任主任，李开湘为系政治委员。

为了导弹工程系的教学，陈赓院长派人在军工大院抢建了一栋大楼——导弹大楼，放置中国最早的教学导弹 1059（我国从苏联引进的第一枚弹道导弹）。

在学院成立导弹工程系，朝着"尖端"迈进之时，1959 年 3 月，中央决定设置全国重点高等学校 20 所，旨在保证一部分学校能够培养高质量的科学技术干部和理论干部，更有力地提高我国高等学校的教育质量和科学水平。军事工程学院跻身其中。在正式办学后的第七年就成为全国重点大学，学院的创建者和建设者们为此付出了艰辛的努力。

7 月 12 日，海军工程系教员恽良等设计的气垫船"33 艇"在旅顺顶着五级风浪首次长航成功，使我国成为世界上第一个气垫船长航成功的国家，比同年 7 月 25 日横渡英吉利海峡成功的由英国科克莱尔发明的气垫船早 13 天。

军工根据中央军委的统一部署，在全院举行了"反右倾、鼓干劲、实现今年的继续跃进"大会。此时身在北京的陈赓院长，担心老教师在"反右倾"运动中受打击，指示刘居英带领学院七级以上教师在运动期间外出参观，于 11 月 6 日出发，到长春、吉林等地整整参观了一个多月，于 12 月 15 日返回学院。这次运动中，军工尽量缩小了打击面，保护了教师。陈赓用自己的实际行动温暖了老教师的心，也为后人留下了一段感人肺腑的佳话。

依据国家对人才的需求情况以及学院的发展状况，11 月 19 日，陈赓给中央军委写报告，提出学院分建、改建的建议。报告中说："由于我军技术装备和科学研究工作的迅速发展，对工程技术干部的需要日益增大……无论尖端或常规，今后所需工程技术干部的数量都会增长很快，全军只办一所综合性学院无论如何不能满足需要，势在必分。从现实可能性看，军事工程学院常规武器各系已具有一定规模，分建的条件已经基本具备。"在陈赓的倡导下，我国军事技术院校的一次重大调整工程开始启动，这标志着中国国防科技教育事业迈上了一个新的台阶。

中央军委第五次办公会议原则上同意陈赓提出的分建、改建建议，并提出分建、新建工作的指导方针是"尖端集中、常规分散""双方兼顾、照顾尖端"。12 月 31 日，中央军委第十五次办公会议针对军事工程学院的分建、改建作出决定，并将其作为军委常委会议文件第六号下发：将军事工程学院的炮兵工程系、装甲兵工程系、工兵工程系分出，分别成立炮兵、装甲兵、工程兵工程学院；海军、空军各新建一所工程学院，并将军事工程学院的军械科学研究所拨给炮兵建制。

经过这样的调整之后，我军培养技术干部的体制形成三级：中级技术学校，培养一般技术干部；新建的军兵种工程学院，培养维护、使用工程师；军事工程学院专门培养研究、设计、制造工程师。从此，军事工程学院成为我军尖端科技人才培养的摇篮。

　　12月23日，周恩来总理在哈尔滨主持东北三省协作会议期间视察学院。他在体育馆游泳池观看了海军工程系无线电遥控舰艇模型表演。几条船模在池中前进，表演各种战术动作。最后一项是模拟舰对空导弹射击，游泳池棚顶的吊灯为假设敌机，只见一枚"导弹""嗖"的一声飞离船模，准确击中吊灯的铁罩，发出"咣当"的声音。周总理看到舰对空导弹准确地击中目标，高兴地鼓掌，连声称赞。

1960 年　改建新建　自力更生

　　这一年军工进入了建院以来最为艰难的一段时期。分建中迁出17 个专科、541 名教员，约占原有专业、教员的 45%。按照中央军委第五十四次办公会批准的 1960—1962 年建设规划纲要，学院等于要在短时间内改建新建一所规模更大、技术水平更高的全新的军事技术学府。面对苏联专家撤走和国家三年困难时期的局面，学院上下齐心协力、自力更生，闯过了难关。

　　1960 年 1 月 11 日，学院党委召开扩大会议，传达中央军委关于调整军事工程学院任务的决定。学院领导指出：分建中要以大局为重，搞好团结，学院在师资和设备方面应尽量考虑各兵种院校的困难，满足他们的需要。军工人就是这样毫无保留地支援了一批军事工程学院的建立。

　　6 月 1 日，炮兵工程系及系属军械研究所开始分批迁往武昌，与武昌高级军械学校合并，建立炮兵工程学院。后迁往南京孝陵卫，现为南京理工大学。9 月 22 日，工兵工程系分批迁往西安，与长沙迁去的工程兵学校合并，建立工程兵工程学院。后迁往南

京，现为解放军理工大学工程兵工程系。11 月开始，装甲兵工程系分批迁往西安，成立装甲兵工程学院。后迁往北京，现为解放军装甲兵工程学院。

学院改建新建所遇到的最大困难是缺乏师资。为保证教学，学院需要教师 1600 名，缺额 900 名。学院请求国家调拨 559 名大学毕业生作为师资培养对象，只批准 140 名，实到 120 名。后经中央军委批准，从学院第三、四、五、六期学员中拔出 432 名"青苗"，分到各系的专业教研室和教务部所属各基础课教研室培训，边教边学，"在战斗中成长"。

在改建新建、政治运动不断，又适逢国家三年困难时期的情况下，军工各级干部以身作则，吃苦在先，做克服困难的模范。根据院党委的决定，照顾的顺序是教师、学员和多子女的老工人，然后才是机关干部和一般职工。老教师们每天保证有一两个鸡蛋，每月有两斤猪肉，十斤黄豆。军工的院、部、系干部经受住了严峻的考验，没有一个人多分和多拿一点东西，没有一个人损公肥私，没有一个人在经济问题和物质利益面前倒下去。

在改建新建的同时，为提高在职干部的文化水平，学院对在职干部进行集训，补习文化知识。1960 年 2 月 27 日，学院召开在职干部文化教育先进单位暨积极分子大会。全院参加在职学习的干部 1510 人。学院按学习水平发给了相应的证书。

4 月 11 日，国防部第五研究院院长钱学森致信国防科委秘书长安东，针对军事工程学院调整后专业设置的问题建议：在原计划设的五个系之外，再设一个"技术数学"（或名"工程数学"）系。

这个系分别设置两个专业：其中计算数学专业为国防科学技术培养使用电子计算机的程序设计人员，也培养战术计算机械化的人员；运筹学专业为国防科学技术培养武器使用理论、战术计算理论、后勤物资调度理论的人员。钱学森在信的最后写道"能不能本年秋天即开始招生"，足见我国的导弹事业对这方面人才的迫切需求。时任学院院长兼国防科委副主任的陈赓批示道："这样的专业，对军事科学是不可缺少的。我意：在五个系外另成立一个工程数学系，请刘、谢考虑，着手准备。因为这门专业你们已有基础。"

5月4日到10日，学院召开第二届党代会，大会通过了《深入教育革命，进行教学改革》的决议。大会以分建、改建工作为主要议程，号召全院人员为完成分建、改建任务，培养又红又专的研究设计军事工程师而努力。

6月1日，在炮兵工程系迁出后留下的三个防化兵专业的基础上，学院成立防化兵工程系，刘君杰为系

中国人民解放军总参谋部防化学兵部（函）

（60）防化务学第 4 9 1号　秘密等级

主送：军事工程学院

抄送：军事工程学院六系

批办：

同意你院六系扩编为五个专科

关于你院六系由现有三个专科扩编为五个专科问题，我部同意。特此函告。

此 致

总参谋部防化学兵部同意防化兵系专科扩编的批复

71

主任，赵阳为系政委，李民为系副主任。设化学战剂、化学兵器、化学防护、剂量探测、原子防护5个专科。到1961年，该系完成80%的课程准备，调进一批优秀教员，招收了500多名新生。1960年8月迁往长春，成立防化兵学院。后迁北京，现为解放军防化指挥工程学院。

7月12日，学院政治部、教务部联合下发《关于继续深入教学改革工作的指示》，要求立即掀起一个群众性的教学改革运动，改革的重点是教学内容和课程体系，同时对教学制度、教学计划、专业设置等进行改革。

在教改工作深入开展之际，因为历史的原因，中苏两党关系紧张。在这个背景下，7月，苏联政府单方面决定立即召回在华工作的全部苏联专家，单方面废除了两国签订的经济技术合作各项协议。在学院的苏联专家于8月2日至15日全部撤离。院领导以礼相待，按照规定宴请、赠礼，并派人把他们安全地送至国界。多年后，从军工回国的苏联专家回忆起在军工的生活，均深感受益良多。从1953年4月到1960年8月，来军工工作的苏联专家累计141名。

聘请苏联专家与顾问，是创办军工的重要条件之一。新中国成立初期，完全依靠自己的力量快速建起一所综合性高等军事技术学府是非常困难的。毛泽东主席在为学院颁发的训词中指出："向苏联学习，这是我们建军史上的优良传统，无论任何时候、任何部门，都应当如此。这点，对于你们这个学院，有更加重要的意义。我们必须学习苏联的先进科学和技术知识，学习苏联军事工程建设的丰富经验，学习苏联顾问同志高度的爱国主义和国际主义精神。"从学院选址到专业设定，苏联专家都全程参与、指导。学院领导设首席顾问，各系配系主任顾问，专业教授会配专家，帮助制订教学计划、辅导和培训教师。我们在苏联顾问专家的身上，不仅看到了高度的国际主义精神，还学到了先进的科学技术知识。他们的高尚品格，军工人永远不会忘记。

为庆祝建院 7 周年，学院举行盛大阅兵。谢有法政委作了《迎接新任务，争取新胜利》的报告，鼓励全院师生自力更生。在庆祝建院 7 周年阅兵式上，新成立的导弹工程系方队走向主席台接受检阅。

10 月 1 日，为了适应保密要求，便于对外联系，根据总参电示，学院开始改用 9042 部队番号。

为了发展尖端专业，10 月，海军工程系指挥仪与电子计算机科组建，并且制定了《电子计算中心规划草案》，草案中写道：近代快速电子数学计算已经成为军事科学研究的首要工具，它的作用之广真是史无前例，为了尽快地发展我军的科学研究工作，让我院变成强大的军事科学研究中心之一，急需尽快地建立起适合军事科学研究的电子数字技术中心，它的建成将对我院的科学研究工作产生深远的影响，并对教学工作尤其是对专业相近的单位起到极其良好的作用。

11 月 8 日，病中的陈赓院长在教育长徐立行写给他的信上，亲笔给学院常委写了一段话，主要是针对学院当时应该做的工作提出建议：（1）抓思想；（2）发挥老教师的积极性；（3）培养更多更

好的青年知识分子，组成科学队伍，防止青年骄傲，看不起老教师；（4）大力抓好科学研究工作，要搞些成就，这是我们要卧薪尝胆、发奋图强、孜孜以求的大事，要大力提倡；（5）要改善教师、学生的生活，这一点学院做得比较好，但不能满足，要亲自抓，不能丝毫疏忽；（6）要给教授、教员、学生充分研究和自习的时间。其中重要的一条就是大力抓好科学研究工作。

1961年 将星陨落 光启后人

就在分建后的军工开始按照新的培养目标、新的教学计划教学，迎来一个崭新的开始之时，学院首任院长兼政委陈赓不幸逝世。陈赓为中国人民的解放事业及国防科技、教育事业献出了毕生精力，立下了卓越功勋，身躯虽逝、精神永存。他留给军工后继者的宝贵精神财富已经成为光照后人前行的不竭动力。

1961年3月16日，陈赓院长因心脏病突发，不幸在上海逝世，享年58岁。3月25日下午，首都各界人民在中山公园举行公祭陈赓大会，周恩来、邓小平等党和国家领导人到中山纪念堂吊唁陈赓。陈赓的逝世，在国际上引起很大反响。苏联、朝鲜、越南、匈牙利、波兰军界均来电悼唁。

军工人为了悼念老院长，写了不少文章和诗歌。其中曾石虞教授写了一首深情的七律诗，寄托怀念和哀思之情：

> 百战勋名素所钦，得瞻尤觉范仪新。
>
> 乐言脱险怀同志，笑对殷伤见赤心。

屡胜总推袍泽力，临群长是语情真。

党风党性如天色，风雨晨昏照引人。

5月19日，学院召开全院毕业设计座谈会。副院长刘居英在讲话中明确了教学与科研的关系，即学院的科研任务与国家实际任务的关系、理论性课题与工程技术课题的关系、当前的研究任务与探索性预研任务的关系。同时提出了"一主、二辅、三结合"的方针，即学院应以教学为主，科研与生产为辅，实行领导干部、教员、学员三结合，使用单位、设计单位、生产单位三结合，领导、技术干部、工人三结合。针对学员毕业设计中存在的重实际、轻理论，重使用、轻培养的倾向，刘居英指出：在毕业设计中，教学和科研应以教学为主，两者紧密结合；毕业设计的目的是使学员综合运用和巩固提高所学知识，发挥学员的创造性，培养学员独立解决军事工程技术问题和进行研究设计的能力，考核学员的军事工程技术素养。7月24日，国务院总理周恩来任命刘居英为军事工程学院院长。同年11月，学院又召开了两次教学会议，进一步总结教学与科研工作的经验，提出"以教学为中心，积极开展科学研究"的方针，明确指出科研要强调与专业建设结合。明确教学与科研的关系，是刘居英对学院教学与科研关系走向及学院发展方向的重要贡献。

为了更好地开展尖端研究，1961年8月，军事工程学院举行了原子工程系和电子工程系成立大会。原子工程系以导弹工程系中的原子科为基础，合并了海军工程系的核动力专业，祝玉璋为系主任，贺达为系政治委员，朱起鹤教授为系副主任。电子工程系由空军、海军、炮兵三个工程系中的雷达、无线电专业集中而成，杜鸣珂为系主任，赵阳为系政治委员，慈云桂教授为系副主任。

学院党委号召"老系帮新系""老系带新系"，克服建系初期的师资和教材缺乏的困难。军工人自力更生，以再次创业的精神和开天辟地的干劲，千方百计地完成了新建任务。学院开始按照研究、设计、制造工程师这个新的培养目标，新的系及专业科目格局开展教学，迎来了一个新的开始。

改建新建后学院的系及专科设置表

	代号	系名称	专业科目名称
系、专科的设置	老一系	空军工程系	飞机设计科
			航空发动机科
			空气动力科
			航空武器科
			空空导弹科
			飞机自动化科
			飞机电器设备科
	新二系	原子工程系	内爆装药设计科
			炸药化学与工艺科
			核装药及引爆装置科
			核爆炸测试分析科
			核动力装置科
	老三系	海军工程系	舰艇设计科
			舰船动力科
			舰艇导弹发射装置及舰艇电器设备科
			海军导弹指挥仪科
			舰艇综合导航科

续表

系、专科的设置	老三系	海军工程系	水声物理及水声设备科
	新四系	电子工程系	雷达科
			导航科
			无线电通信科
			军用电子计算机科
			微波工程科
			无线电基础科
	新五系	火箭工程系（导弹工程系）	弹道式导弹设计科
			带翼式导弹设计科
			火箭发动机科
			导弹飞行射击原理及飞行测试科
			弹道式导弹自动控制系统科
			带翼式导弹自动控制系统科
			导弹无线电遥控系统科
硕士专业			空气动力学、舰艇设计、电子计算机

　　由上表不难看出，很多专业科目都是 20 世纪 60 年代的尖端专业。那时核武器问世才十几年，中国还没有原子弹，军工却已敢为天下先地成立了原子工程系，设置了核爆炸、核动力等专科。1960年 11 月，中国第一枚国产近程导弹"东风一号"刚刚试制成功，次年学院的火箭工程系已经设置了火箭发动机、导弹自动控制等专科。学院教师王孝先编写的《核物理》、陆垛编写的《核武器杀伤破坏因素》，成为我国早期核武器试验时必读的参考书；张若琪编写的《内爆力学讲义》、欧阳昌宇编写的《原子核反应堆理论纲要》，成为我国原子专业的第一批专业教材。

　　军工在"尖端集中、常规分散"的办学方略指引下，新建了导弹、原子、电子、计算机等"尖端"系及专业，培养了一大批国防科技事业发展急需的专业人才，为我国"两弹一星"事业的起步准备好了人才库。军工前三期毕业生中有 29% 分配到五院，第四到第八期毕业生中有 63% 分配到五院、六院（航空研究院）、九院（原子能科学研究院）、十院（雷达电子技术研究院）工作。从五院到十院，从东风基地到马兰基地，军工人成为我国"两弹一星"事业的先行者、亲历者和见证者。

1962 年　优中选优　及时瘦身

在全国争办"万人大学"的背景下，军工产生了一批学习上的"困难户"。为保证人才培养质量，学院采取"一刀切"的办法，通过考试处理了一批不合格的学员。同时，学院确定了"宁缺毋滥、一视同仁"的招生原则，招收的 600 多名学员，录取分数与北京大学齐平。严格的录取工作保证了生源的质量，为军工的人才培养工作奠定了基础。

1962 年 1 月 13 日，学院海军工程系的海岸炮、舰炮指挥仪、鱼雷、水雷、舰船消磁 5 个专业移交给海军，并入海军工程学院，并调走助教以上教员 28 名，实验室干部 25 名，学员 11 个班共 201 名（包括 1 名越南学员）。

2 月 19 日，学院颁发《军事工程学院教学工作暂行条例（草案）》，规定学院工作必须以教学为中心，教学质量的高低是衡量各项工作好坏的根本标志，促进教学质量的不断提高，应成为学院各项工作的出发点和归宿。4 月 8 日，院党委下发《教师进修工作的指示》，规定全体教师，无论是老教师还是青年教师，都要"积极而有计划地进修""迅速提高业务水平和学术水平";要求学术较高、业务能力较强的教师，在完成教学任务的同时，进一步加强理论基础，积极参加科学研究，掌握本学科最新的知识。教师进修的实践表明，业务进修与工作需要紧密结合，边教边学，边学边用，是教师提高业务水平的有效途径。

5月26日，国务院总理周恩来任命李开湘为学院副政委。6月18日，周恩来总理第二次视察学院，在大礼堂休息时听取了学院领导的简要汇报，到体育馆观看了全国甲级篮球赛的一场比赛。周总理没有在替他准备好的位置上就座，而是到观众席和几位老教师坐在了一起。

1962年初，学院向中央军委和国防科委呈送了《关于改变招生办法的请示报告》，旨在改变军工采用组织保送的招生办法。5月，教育部、军委总政治部联合发出《关于军事工程学院1962年暑假招生工作的通知》，规定学院招生采取"提前选拔、参加统考、单独录取"的办法。学院召开招生工作会议，刘居英在讲话中说："招收学员质量的好坏，影响到培养学员的质量，这是我们几年来的经验教训之一。原料不好，再花力气也培养不出好学生。我们的原则就是宁缺毋滥、一视同仁。"军工派出10个招生工作组，刘居英还亲赴上海，与清华大学蒋南翔校长展开了抢尖子"大战"。重视教学质量、严把生源关，这是军事工程学院人才培养理念的集中体现。

这一年，学院从全国招收高中毕业生600多名，录取成绩与北京大学相同，仅比清华大学低0.3分。军工在招生过程中，真正做

到了一视同仁，有十多位中央和军委高级领导干部子女，成绩只差几分甚至 0.5 分，都没有被学院录取。本年考进军工的干部子女共76 名，占招生总数的 12.7%，他们都是硬碰硬考上来的。

此前 1961 年 7 月 26 日，周恩来总理在总政治部关于干部子弟在军工学习的表现汇报材料上作出重要批示："所有入校学生必须经过严格考试，毫无例外。"《关于军事工程学院 1962 年暑假招生工作的通知》是以周总理批示为基础下发的文件。

1962 年 7 月 15 日，学院代号由 9042 部队改为总字 943 部队。学院从建院起一共使用过三个代号，分别是 103、9042、943。

由学院所用的三个代号可知，军事工程学院是国家保密单位。军工大院分生活区、教学区，设有大门和警卫，凭证进出。学员所学课程中涉及保密内容的，必须记在专门的保密本上，与教材一同存放在保密包中，交由保密室统一保管。学员外出实习时，都用保密箱装保密资料。

1962 年，国家把一项绝密级的科研任务下达到军工，希望学院研制出能够测量原子弹爆炸后的光辐射和冲击波效应的仪器。学院研制成功的这两个仪器光荣地参加了我国第一颗原子弹爆炸的检测任务。

11 月 5 日至 20 日，空军工程系召开教学工作会议，中心议题是发挥教师在教学过程中的主导作用。103 教研室罗时钧教授根据自己的实践经验，对教师主导作用作了精辟的概括，他说："教师的主导作用是既管教，又管学；既教书，又教人。"

12 月 15 日至 23 日，学院召开第三届学术报告会（前两届名为科学技术研究会），在 11 个专业分组会上共有 130 人宣读了 129 篇论文和报告。

在全国高校"大跃进"、争办"万人大学"的背景下，各军兵种干部部门领导纷纷提出"跃进计划"，要求军工在 3 年内向各军兵种输送 5 万工程师。1960 年，军工招生 2909 名，1961 年又招生 2240 名，不仅数量剧增，而且很多学员是以跃进标兵、养猪模范、生产能手的身份被保送到军工的，学习成绩较差。尽管从 1961 年开始学院增加了教学时间，加强对这部分学员的辅导，学员也是拼命用功，但仍然改变不了学习上的被动局面。

为了保证人才培养质量，这一年学院领导采用劝退和考试的办法，处理了一批学习成绩不合格或者学习十分吃力、经动员自愿退学的学员。这个事件在军工的办学史上被称为"泻肚子"。

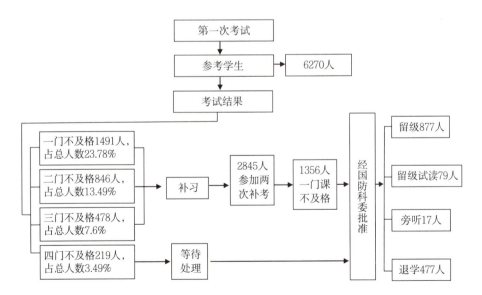

1963 年　又红又专　典型引路

陈毅元帅来到军工，在军工操场发表著名讲话，号召学员走"又红又专"的道路。学院在人才培养工作中注重将学员思想道德与专业知识技能相统一，把军工学子打造成为社会主义建设者和接班人中特色鲜明、出类拔萃的群体之一。1963 年，59–111 班学员凭借着坚持不懈的努力，把学习成绩从全年级最差变为全年级之冠，为全院树

1963 年 4 月 10 日，国务院副总理兼外交部长陈毅给院长刘居英写了一封信，要求对他的儿子陈丹淮（61–571 班学员）和一切青年学员严加管教。图为陈毅给刘居英的信

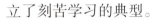

立了刻苦学习的典型。

军工的历史上，曾有一个特殊的现象，就是学员中高干子女比较多。无论从数量还是家长级别，他们都是备受人们关注的群体，成为迄今为止我国高校中独一无二的特例。学院和革命父辈对他们的要求一直非常严格。

1961年夏，陈毅的儿子陈丹淮高中毕业，考入军工。陈毅为尽父辈教诲之责，提笔作诗，对孩子提出严格具体的要求与期望。没多久，陈毅的"示儿诗"便在军工不胫而走，在学员中传抄。许多学员把这首诗作为革命老前辈给自己的座右铭，也有很多学员家长将其作为教育子女时引用的经典。新中国第一任铁道部部长滕代远的儿子滕久明考上军工时，滕代远就抄录陈毅的"示儿诗"给儿子，让他背下来，照着诗中的要求去做人。

示　儿　诗

小丹赴东北，升学入军工。写诗送汝行，永远记心中。

汝是党之子，革命是吾风。汝是无产者，勤俭是吾宗。

汝要学马列，政治多用功。汝要学技术，专业应精通。

勿学纨绔儿，变成百痴聋。少年当切戒，阿飞客里空。

身体要健壮，品德重谦恭。工作与学习，善始而善终。

人民培养汝，报答立事功。祖国如有难，汝应作前锋。

试看大风雪，独有立青松。又看耐严寒，篱边长忍冬。

千锤百炼后，方见思想红。深夜拂纸笔，灯下细沉吟。

再写几行诗，略表父子情。儿去靠学校，照顾胜家庭。

儿去靠组织，培养汝成人。样样均放心，为何再叮咛？
只为儿年幼，事理尚不明。应知天地宽，何处无风云？
应知山水远，到处有不平。应知学问难，在乎点滴勤。
尤其难上难，锻炼品德纯。人民培养汝，一切为人民。
革命重坚定，永作座右铭。

1963 年 5 月 14 日，学院召开教师会议，刘居英作了题为《把少而精教学原则贯彻到修订教学大纲中去》的讲话。

▍1963 年 5 月上旬，沈阳军区雷锋事迹巡回报告团来院宣传雷锋事迹，掀起了学院学习雷锋的高潮。各系都涌现出了一批关心集体、助人为乐、见义勇为的先进人物。图为雷锋事迹巡回报告团在军工演讲

　　为了贯彻刘居英院长讲话，学院修订了教学计划。修订后的教学计划，学制由原来五年半和六年一律改为五年。与原计划相比，由于学制缩短，各类课程教学时数都有所减少。

电子工程系副主任慈云桂教授（左二）指导青年教员对电子计算机进行研究

　　学时缩短，教师的业余时间增多，更多的教师把时间投入到科研工作中。本年参加科研的教师达到全院教师的三分之一，有60%的教授和副教授参加科学研究工作。

　　6月18日，国务院副总理兼外交部长陈毅来院视察，在大操场向全院师生员工讲话，号召学员走"又红又专"道路。陈毅说："军事工程学院从成立到现在，有很大的进展，规模一天天大起来，也更健全了，教学的质量也提高了。学院毕业了五期学员，接收的单位还表示满意，这是个好事。""你们的条件，按全国各大学来说，是最好的，虽然不能说是第一，至少是第一流的。你们的教学成绩，也应该是第一流的。要你们超过一切，当然不可能，但是总要有几个长处，总要有几个突出的项目，总要有一批优秀的学生。要学生中间每一个人都是最优秀的，也不可能，但要按高标准来要求自己，要作好社会主义事业的接班人，把科学实验提到新的水平，提到新的中国水平，新的世界水平，超过世界水平。""学

校嘛，就应该是学习第一，功课第一；当然不是说读死书，学校规定的活动，还是要参加，但总要以学习为主。因为一个人能不能成为有用之才，就是靠初中三年、高中三年、大学四五年，决定的就是这几年。你是龙，就飞天，是蛇，就钻茅草，就决定在这几年。""我希望你们全体同学，依靠党，依靠组织，依靠自己的努力，把学习、工作、身体都搞好，成为社会主义祖国有用的人，在科学技术上成为尖端人物，要超过我们的前辈，要在前人成就的基础上，有所创造，有所发展，从尖端走到更高的尖端。"

9月1日，院庆10周年大会上，刘居英院长作工作总结报告。他从政治上建校、以教学为中心等八个方面回顾了学院10年来的办院工作，并总结了三条提高师资素质的经验：一是以老带新，使新教师在教学实践中提高，在战斗中成长；二是积极组织教师进修，以在职进修为主，离职进修为辅，保证时间，持之以恒；三是贯彻"双百"方针，开展科学研究，使教学与科研相辅相成，又出人才又出成果。

9月18日，《工学》报刊登文章《沿着又红又专的大道前进》。文章记录了空军工程系59-111班的先进事迹。作为在"大跃进"期间入学的59-111班学员，文化程度参差不齐，学习成绩是年级最差的。凭借着自觉的学习热情、克服困难的信心和勇气，该班把学习成绩从全年级最差变为全年级之冠，成为全院学习的典型。文章总结了59-111班学习的四条经验：一是为革命而学习，将学习视为党交给我们的战斗任务，学院就是战场；二是不甘落后，勇打翻身仗，不放过一点一滴可学习的时间；三是自觉培养严格、严谨、严密的作风，自己给自己出难题；四是关心国家命运，为国分忧，互相帮助。

▋刘居英院长在建院 10 周年大会上讲话

　　11 月 22 日，学院召开学员队政治思想工作会议，分析学员思想情况，研究改进学员队思想的工作方法。院长刘居英作了题为《培养良好班风》的报告。他说："班风好比土壤和气候，学员好比青苗。有什么样的土壤和气候，就长什么样的庄稼。良好班风有两方面的内容，一是良好的政治风气，二是良好的学习风气。培养良好班风的办法是树立典型，用典型带动一般。"之后，各系都培养、树立了良好班风的典型。有典型引路，全院形成了一股良好的政治、学习风气。

在新疆塔克拉玛干大沙漠深处，有一个被时任国防科委主任张爱萍命名为"马兰"的地方，这就是中国核武器试验基地，即21基地。离马兰35千米的红山是基地研究机关——核武器研究所所在地。1963年3月，刚组建不久的21基地急需科研人员开展工作，军工原子工程系58级核爆炸杀伤因素测试分析专业的45名学员奉命提前毕业，其中38名分配到基地研究所。1963年夏，又有100多名原子工程系学员毕业，除了一个人分到基地外，其余则分到核工业研究院（即九院）。红山上千名大学生中，军工学员就占了三分之一。他们在红山脚下落地生根，成为21基地最重要的一支科研骨干力量。

1964 年　首次核爆　学院立功

党中央号召全国都要学习解放军，先后有北京大学、清华大学等 80 多所地方院校近 500 人到学院参观，学习军工的思想政治工作经验，一时间军工声名鹊起。同年，我国第一颗原子弹爆炸成功，军工人参加了从第一次核爆炸起的所有核武器试验。学院也因研制出我国第一颗原子弹试验所需的"光辐射测量仪"、"冲击波电测仪"和"冲击波机测仪"而荣立集体二等功。

2 月 1 日，《人民日报》发表《全国都要学习解放军》的社论，号召全国都要学习解放军。社论中写道："解放军热爱国家、热爱人民、热爱社会主义，对无产阶级的事业无限忠诚。他们日日夜夜警惕地守卫着社会主义的祖国，捍卫着世界和平。党和国家哪里需要，他们就热情地奔赴哪里；他们到哪里爱哪里，就全心全意地保卫它，而且用他们的心血来建设它。他们大公无私，为公忘私，专门利人，毫不利己，甚至把自己的青春和自己的生命贡献给社会主义。学习解放军，就要始终忠于祖国，忠于人民，忠于无产阶级的革命事业，奋不顾身地投入社会主

义建设的火热斗争中，把自己最大力量献出来。就要始终如一地站稳无产阶级的立场，在阶级斗争的风浪中能看得清、站得稳、顶得住。就要在最困难最危险的情况下，坚定不移，毫不动摇。就要树立不断革命的思想，把社会主义革命坚决进行到底。反对停滞不前，蜕化堕落。就要对革命的敌人有高度的仇恨，在对敌斗争中，英勇顽强，宁死不屈。就要全心全意为人民服务，把个人利益无条件地服从革命利益。就要坚决执行党的路线、方针和各项政策，并且向一切违背党的路线、方针、政策的倾向作不调和的斗争。"

《全国都要学习解放军》的社论发表后，全国先后有 80 多所兄弟院校近 500 人到学院参观，学习军工的思想政治工作经验。当时全国工业战线的样板大庆油田，也派出干部到学院学习思想政治工作经验。

2 月 21 日，学院党委下达学习郭兴福教学法的指示，并树立了本院学习郭兴福教学法的先进典型——张金槐。4 月 4 日，学院召开全院教师会议，动员向张金槐学习，掀起"远学郭兴福，近学张金槐"的热潮。8 月 2 日，《光明日报》刊登介绍军工教员张金槐教学经验的文章《大学毛主席著作，改进教学方法》。

5 月，国防科委决定将学院第七、八号风洞编入"国家队"，即列为国家实验室，承担国家重大型号试验任务。

1964 年 8 月，第一次核武器实验进入倒计时状态。主控室里只有 3 名技术人员，其中负责主控台的操作手将负责按下引爆原子弹的最后一个按钮。现场总指挥张爱萍将军选中了军工毕业生韩云梯作为主控台起爆手。紧急刹车按钮是为了在起爆前 10 秒内出现异常时，中断试验使用的。针对紧急刹车预演中有时出现误动作的现象，韩云梯提出了一个将紧急刹车按钮由主控台移到监视台上的方案，被采纳。韩云梯成为第一次核爆炸中在主控室中的军工人。在中国国防现代化发展的历程中，军工人光荣地参加了从第一次核爆炸前的所有核武器试验。

1964 年 10 月 16 日，当我国第一颗原子弹爆炸的时候，军工有 3 位教员见证了红色蘑菇云升上蓝天的庄严时刻。他们是承担研制测量原子弹爆炸后光辐射和冲击波效应仪器的赵伊君、花栅、傅信礼。军工因研制出光辐射测量仪、冲击波电测仪、冲击波机测仪，获集体二等功。赵伊君、花栅、傅信礼 3 个军工人获个人三等功。

第一颗原子弹在罗布泊爆炸成功，试验现场有三个单位获得集体一等功。由军工人王锡仁带队参与的伽马有线遥测站，在爆后半个小时最先测得了放射性污染的数据，成为获奖单位之一。这个团队成员王锡仁、沈元信、曾祥云、徐百顺、齐玉简、钱建复、邱永廷、蒋新义等都曾是军工的学员。

遵照毛泽东主席的指示和总政治部通知，院党委分批组织全院学员、教师、干部到农村参加为期 6 至 10 个月的社会主义教育。暑假前夕，学院决定让 63 级 500 多名学员前往绥化、双城、阿城等县参加社会主义教育。

本年，按照中央军委指示，学院空军工程系的气象和机场建筑两个专业 100 余人迁往西安空军工程学院。

▌ 学员在机械师的指导下检查和清扫飞机天线

1965 年　下乡教育　山雨欲来

对军工学员来说，参加社会主义教育的真正意义是了解农村、了解农民，经受生产劳动和艰苦生活的锻炼。学院在 1964 年 10 月、1965 年 8 月、1966 年 2 月，分三批组织 11646 名学员、干部、教师分赴黑龙江省的阿城、拜泉、巴彦等地参加社会主义教育。从总体上看，军工人重视深入群众、注重调查研究，严格的组织纪律性和政策观念给当地干部、群众留下了良好的印象。

1 月 22 日，电子工程系完成我国第一台晶

▎参加社会主义教育的学员帮老乡缝被子

体管通用电子计算机 441-B 的研制工作。国防科委所属 17 个研究院所的技术人员来院学习后纷纷仿制，441-B 遍地开花，占当时全国计算机总量的三分之一。后按国防科委指示，学院又仿制了 3 台送新疆大漠的 20 基地、甘肃酒泉戈壁的 21 基地、吉林西部草原的 31 基地。康鹏发明的电路使研究 441-B 过程中一系列技术难关被攻克，因此被视为中国计算机的重大发明。

▎图为 441-B 原理样机

8 月，国防科委请求中央军委改变军事工程学院的军事性质，以便使之成为与国防科委所管辖的 8 所地方院校性质相同的学校。9 月 16 日，军委办公厅通知国防科委"军事工程学院的改制问题，林（彪）副主席已同意"。10 月 21 日，中共中央中发（65）620 号文件中说："军事工程学院等三所院校集体转业，不再列入军队序列。军事工程学院改称'哈尔滨工程学院'，1966年1月1日执行。"12月19日，军委办公会议讨论决定，由于组建领导班子、调整交流干部、移交武器装备、接转供给关系等需要一定时间，军事工程学院等学院改制问题推迟到1966年4月1日执行。

在学院拟定的研究生培养十年计划的基础上，1964年，学院党委决定继续扩大研究生招生数量，共招收研究生13名，分别来自哈工大、上海交大、北大、浙大、中山大学等；导师有马明德、胡振渭、孙本旺、刘景伊、吴守一、赵国华、卢庆骏、慈云桂。这些研究生分布在飞机飞行力学、航空发动机原理、金属学、微分方程、信息论、脉冲技术、舰艇流体力学、概率论、电子计算机9个专业。1965年学院录取最后一批研究生共12名，与1964年录取的研究生编成一个研究生班，由教务部科研处管理，政治生活由党支部领导，行政生活由上级指定行政班长负责，学习、研究则在导师指导下，在各自的教研室进行。从1955年到1965年，学院共招收6批50名研究生，人数虽少，却在研究生培养工作中起到了开路的作用。学院招收研究生的指导思想是严格挑选，宁缺毋滥。有些专业有招收研究生计划，教师和设备也很好，但因考题偏难，考试成绩不好，一名未招。学院对研究生的要求很严，在研究生培养过程中随时注意考察，发现问题就严肃处理，毫不姑息。

除自己培养研究生外，1958年和1960年，学院还向苏联先后派出两批23名教员（大部分为助教，也有个别讲师和一、二期毕业生）到苏联茹可夫斯基空军工程学院、克雷洛夫海军工程学院、

古比雪夫工程学院、莫斯科装甲坦克兵学院、莫斯科化学防护学院等院校攻读副博士学位。这些人先后取得副博士学位回国，充实到学院的师资队伍中。

1965年底，受国防科委第七研究院的邀请，海军工程系副教授邓三瑞带助手王旭到国防科委第七研究院19所，与该所签约，为09工程（核潜艇工程）承担两个重要研究课题。后来邓三瑞成为09工程的总顾问。

1965年，海军工程系教员卢侃等在旅顺口外和青岛胶州湾海面参加声呐站干扰海上试验；姚兰带领6名毕业生在沈阳某军工厂参加空投无线电声呐浮标的研制任务；杨士莪在七院2所参加低噪声螺旋桨课题的研究……院内外的大协作是这一时期科研工作的一大特点。虽然受到社会主义教育运动的影响，但学院仍有25项重点科研项目的研究在继续。

1966 年　改制更名　集体转业

1966 年 4 月 1 日，军事工程学院改名为哈尔滨工程学院，全院军人集体转业。所有现役军人都摘下了自己军装上的帽徽和领章，留给军工人的只有那泛黄的军装和军装上深深的肩章印记。

关于军工改制这段历史，迄今为止仍然没有找到确切的描述。有人认为是受到林彪主持军委工作时期"左"倾思想对军队现代化建设的干扰，有人认为是军工分建时因改"维护使用与研究设计兼顾"为"研究设计"的培养目标使学院与部队的关系日渐疏远，也有人认为是受到了当时大部分军工性质的科研院所纷纷退出部队序列、划归国防科委这个大气候的影响……无论是什么原因，最终的结果是军工近 2 万名军人一夜之间变了身份。

3 月，为适应学院体制改变的需要，学院及时调整了各级领导班子，国防科委决定，刘居英留任院长兼党委书记，张文峰、曹鹤荪任副院长，卓明、贺达任党委副书记。学院改变体制后，仍属国防科委领导，学院后勤供应自 4 月 1 日起由地方政府负责。3 月 29 日，国防科委主任聂荣臻签发第 189 号命令，任命了学院的院、

系、部行政领导干部。

改制后，学院的编制序列和干部配备情况如下。

学院领导：

院长兼党委书记　刘居英

副　院　长　张文峰　曹鹤荪

党委副书记　卓　明　贺　达

院机关部处：

政 治 部 主 任　沙　克

政治部副主任　杨寿增　王　坚

教　育　长　戈　果

副 教 育 长　赵本源

教务部

　部　　长　冉　萍

　党委书记　杨　川

　副 部 长　王序卿

　党委副书记　韩洪明

院务部

　部　长　雷立德

　党委书记　李煦明

　副部长　杨进

　副部长兼供应处处长　申东初

　党委副书记　郑梅亭

基础课部

主　任　孙本旺

党委书记　王炜

副主任　张凤岗　朱起鹤　龚家鹿

党委副书记　张士尧

学院各系：

航空工程系

党委书记　曹守裕

副主任　吴正峰　潘光明　周明瀠　马明德　常维新

党委副书记　许润生

原子工程系

代理主任　姜国华

党委书记　于贞杰

副主任　杨全翠　欧阳昌宇

党委副书记　李宝元

舰船工程系

主　任　冯　捷

党委书记　王松如

副主任　马庆魁　顾懋祥　李　靖

党委副书记　亓　琪

电子工程系

党委书记　倪　伟

副主任　高　勇　王水斌　郭景秀

党委副书记　李景山

火箭工程系

    主　任　王　俊

    党委书记　姚亚新

    副主任　张良起　郭普明

电子计算机系

    主　任　慈云桂

    党委书记　张景华

    副主任　夏常平　喻克曜　胡守仁　董　玮

    党委副书记　刘越庭

外国留学生系

    主　任　李敏

实验工厂

    厂　长　尚文浩

    党委书记　刘东平

    副厂长　欧阳

    党委副书记　侯　军

4月学院下发文件，成立了电子计算机系，由慈云桂任主任。

1966年学院改制后新的系及专业科目设置情况如下。

	飞机设计科
	航空发动机科
航空工程系	空气动力科
	航空武器科
	空空导弹科
	飞机自动化科

续表

航空工程系	飞机电器设备科
原子工程系	内爆装药设计科
	炸药化学与工艺科
	核装药及引爆装置科
	核爆炸测试分析科
	核动力装置科
舰船工程系	舰艇设计科
	舰船动力科
	舰艇导弹发射装置及舰艇电器设备科
	舰艇综合导航科
	水声物理及水声设备科
电子工程系	雷达科
	导航科
	无线电通信科
	微波工程科
	无线电基础料
火箭工程系	弹道式导弹设计科
	带翼式导弹设计科
	火箭发动机科
	导弹飞行射击原理及飞行测试科
	弹道式导弹自动控制系统科
	带翼式导弹自动控制系统科
	导弹无线电遥控系统科
电子计算机系	导弹指挥仪科
	电子计算机科

　　根据黑龙江省委的部署，学院8月11日召开"文化大革命"誓师动员大会，党委决定，停课一周搞运动，并成立院"文化大革

命"领导小组。

"文化大革命"初期的军工，运动是比较文明和理性的，学院党委态度开明，不想与群众对立，也不愿意让群众之间相互斗争。后来，学院相继成立"军工红色造反团"（简称"造反团"）、"军工八八红旗战斗团"（简称"八八团"）、"东方红战斗团"三个组织。

7月22日，中共中央、国务院中发（66）373号通知指出：当前生产建设和国防尖端技术迫切需要解决的科研课题必须保证按计划完成。该通知让军工人坚定了前进的方向，在"文化大革命"岁月中始终坚持科学研究工作，虽受影响，却从未间断。

10月、11月，军工学员开始到全国各地大串联。"文化大革命"中，军工学生走遍神州大地，新疆戈壁大漠、青藏雪域高原、云南西双版纳，到处留下了他们的足迹。大串联使本来不为社会熟知的保密院校名扬天下，"哈军工"的名字由此传开，成为世人对学院的简称。

1967年　寒夜惊雷　动荡加剧

1967年1月9日，一些军工学子写了一张《树立毛泽东思想的绝对权威——给江青同志提几点意见》的大字报。在这背后，我们看到一批在"文化大革命"中有自己独立思考的年轻人。虽然他们的质疑和抵制有特定原因，但这张大字报依然可以视为中国青年学生质疑"文化大革命"的寒夜惊雷。这张大字报被上纲为"反革命"大字报，徐卫河、周涛等6人因此被捕入狱。

1月31日晚，"黑龙江省红色造反者大联合、大夺权誓师大会"召开。2月18日，哈军工"红色造反者革命委员会"成立。正当"造反团"与"八八团"两派斗争进行得如火如荼之际，"八八团"自行宣布解散。"八八团"解散之后，"造反团"内部分离出两个派别：拥护革委会的一派称"山上派"，反对革委会的一派称"山下派"。两派斗争公开化。

7月16日，《人民日报》发表社论《永远跟着毛主席在大风大浪中前进》，提出复课闹革命。7月17日，院革命委员会发出通告，要求私自外出的师生限期回校复课。

　　10 月 19 日，院广播台广播了 14 日中共中央、国务院、中央军委、中央"文革"小组《关于大中小学复课闹革命的通知》和周总理在接见首都红代会代表时关于"大专院校要上课"的讲话。23日，两派各请教员上课。

1968 年　曲折前行　大浪淘沙

在"全国一片红"的背景下，有很多科研任务中止了。按照毛泽东主席提倡的知识分子到农村去、由工农兵给他们以再教育的指示，哈军工第十期、第十一期毕业生先后离校，各赴农场，接受"再教育"。大浪淘沙始见金，学员们凭借吃苦耐劳的品质，利用所学知识解决实际问题的能力，得到了群众的广泛认可。

1968 年 5 月 25 日，中共中央转发《北京新华印刷厂军管会发动群众开展对敌斗争的经验》，要求各地"有步骤地有领导地把清理阶级队伍这项工作做好"，并且注意总结本地区的经验。此后，全国陆续开展了"清理阶级队伍"运动，简称"清队"。院革命委员会于 3 月下旬开始"清队"。"清队"一直延续到 1969 年 3 月九大召开之前。后经核实，在"清队"中被立案审查的有 557 人，制造了"反革命教授集团"等多起冤案。

马明德教授便是一位受到迫害的教授。1979 年 1 月 22 日，在为其举行的追悼会上，时任国防科委副主任钱学森致悼词。悼词中这样写道：

今天，我们怀着十分沉痛的心情，深切悼念我党的好党员、人民的优秀教师、著名的空气动力学家和风洞技术专家马明德教授。

十年前，由于黑龙江省潘复生等人推行林彪、"四人帮"假左真右的反革命修正主义路线的残酷迫害，马明德同志被非法隔离，受到种种法西斯手段的严重折磨和摧残，不幸于一九六九年一月十三日被迫害致死，终年五十三岁。

马明德教授，一九一五年十二月生于安徽省滁县，一九四九年参加革命，一九五六年七月参加中国人民解放军，一九六一年十二月加入中国共产党。马明德同志参加革命后，历任华东军区军事科学研究所研究员，中国人民解放军军事工程学院教授、空气动力学教研室主任兼空气动力实验室主任、专科主任、空军工程系副主任，兼任国防科委航空技术委员会委员、空气动力学专业组副组长、国防部第五研究院科技委员会特邀委员等职务，曾被选为全国第四届政治协商委员会委员。

马明德同志热爱伟大领袖毛主席，对敬爱的周总理、朱委员长等老一辈革命家有着深厚的无产阶级感情。他热爱祖国、热爱党、热爱社会主义。他参加革命二十年来，在党的领导下，认真学习马列主义和毛泽东思想，敢于同错误路线进行斗争，积极参加历次政治运动。即使在"文化大革命"期间，被非法隔离受到严刑逼供的情况下，仍对林彪、"四人帮"的迫害进行斗争。

马明德同志长期献身于国防科学技术事业，有强烈的革命事业心，工作积极肯干，认真负责，对技术精益求精，刻苦钻研、努力学习国内外先进科技成就，对我国航空科学技术事业和学院的教学与科学研究，特别是对风洞试验基地的建设作出了重大的贡献。他在军工风洞群的建设中，自力更生，艰苦创业，敢于攻关，富于献身精神。克服了各种困难，取得了优异成绩，受到学院嘉奖，得到科委的重视。敬爱的周总理到学院视察时，曾听取了马明德同志的汇报，并给予高度的赞许和亲切的鼓励。马明德同志到北京参加国庆观礼，受到了伟大领袖毛主席的亲切接见。

马明德同志在长期的科学教育工作中积极贯彻毛主席的教育路线，坚持理论联系实际，为我国培养航空和空间技术的高质量人才付出了辛勤的劳动。他非常重视和关心对科研人员和教学人员的合理使用和提高培养。在传授知识时，诲人不倦；在帮助同志时，循循善诱；在谈论问题时，深入浅出；在解答疑难时，百问不厌。差不多国内有重要空气动力设备的学校和基地，都能找到他的足迹；现在在这些园地上都有他的学生在继续完成他未竟的事业。

马明德同志生活简朴，作风正派，光明磊落，为人正直，对人热情，平易近人，爱护青年，关心同志，注意团结，联系群众，在全院广大教师、干部和在全国航空技术界，享有较高的威望。

马明德教授的不幸逝世，使我们失去了一位好同志、好

党员、好老师、好专家，这不仅是我校的重大损失，也是我国国防科学技术事业的损失。今天，我们沉痛悼念马明德同志，一定要化悲痛为力量，深揭狠批林彪、"四人帮"反党集团及其假左真右的反革命修正主义路线，拨乱反正，彻底肃清真流毒；一定要高举毛泽东思想的伟大旗帜，认真学习马列主义、毛泽东思想，坚持无产阶级专政下的继续革命；一定要尽快完成学校体制的改变，加强学校各方面的建设，迅速将学校建设成一座适应国防尖端科学技术现代化需要的高级军事技术学府；一定要把学校工作的重心转变到教学和科研方面来，为培养高水平高质量的科学技术人才和完成更多更艰巨的科研任务而作出更大的贡献；一定要团结在以华国锋同志为首的党中央周围，解放思想，勇于创新，钻研业务，积极工作，为贯彻执行党的十一大路线，实现新时期的总任务，提前完成社会主义现代化而共同奋斗。

马明德同志，安息吧！

1968年5月4日，学院向国防科委呈送《关于建议将军事工程学院原海军工程系转回海军充实加强海军技术力量的报告》

5月18日，院革命委员会同意政治委员会的请示，决定正式恢复出版《工学》报（《工学》报曾一度休刊），作为院革命委员会的机关报。

7月8日，院革命委员会抽调近100人参加了毛泽东思想宣传队。他们根据省、市革命委员会的统一安排，分别赴民主等4个公社，开展工作。

1969 年　战略内迁　二次分建

1969 年 3 月，苏联军队入侵乌苏里江主航道中国一侧的珍宝岛，造成严重流血事件。中国边防部队被迫进行自卫反击作战。10 月，黑龙江省革命委员会要求哈军工向五常县山区作战备疏散。年底，国防科委又传达中央军委的指示，为了防止敌人突然来袭，包括哈军工在内的一批院校都要内迁。哈军工迎来刚刚分建不到 5 年后的第二次变迁。

8 月，根据黑龙江省革命委员会指示，全院 763 名干部参加"赴边疆毛泽东思想宣传队"，分别进入合江地区的桦川、桦南、汤原、宝清、依兰、集贤、富锦等 7 个县开展宣传工作。

10 月 5 日，哈尔滨工程学院革命委员会向国防科委提交《关于军工学院当前战备工作几个问题的报告》，提出了在战备工作中面临的最大的问题是在什么地方进行建设的问题，以及大型设备迁移、三线建设经费筹备问题。

12 月 4 日，国防科委副主任罗舜初传达中央军委指示："根据毛主席的思想，东北是前线，哈尔滨是重工业区，交通枢纽，是第一线，为了防止敌人的突然袭击，军委决定学院要内迁，到三线去办学……这是国家的需要。"12月20日，国防科委传达中央军委指示：根据尖端集中、常规分散和实行三结合的原则，一批院校要分建。经国防科委和各总部、军兵种协商后决定：哈军工主体（院直领导机关、4个系及基层单位）内迁到长沙；航空工程系迁往西安，并入西北工业大学；原子工程系迁往重庆，组

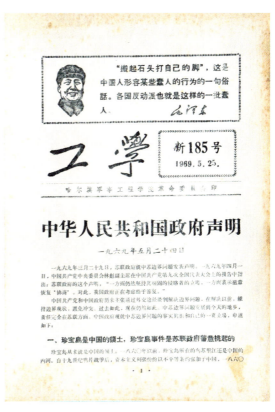

"搬起石头打自己的脚"，这是中国人形容某些蠢人的行为的一句俗话。各国反动派也就是这样的一批蠢人。　毛泽东

工 学　新185号　1969.5.25.

哈尔滨军事工程学院革命委员会印

中华人民共和国政府声明

一九六九年五月二十四日

1969年3月2日，苏联军队对我国珍宝岛进行武装挑衅，激起我国人民强烈抗议。3月13日，全院师生员工举行示威游行，强烈抗议、愤怒声讨，誓用鲜血和生命保卫祖国神圣领土。图为刊登珍宝岛事件中国政府声明的《工学》报

建重庆工业大学；舰船工程系暂留哈尔滨，改名船舶工程学院；风洞实验室改名风洞研究所。

在"文革"中，学院广大教职员工经过观察和思索，逐步对"文革"采取怀疑、观望以至于抵制的态度。学院参加科研工作的同志以国家、民族利益为重，不计较个人荣辱、安危、得失。很多教师在接受群众组织审查、批斗后，摘掉"大高帽"，走进实验室，继

| 5月16日，全院师生集会，庆祝毛泽东塑像（一号楼门前）胜利落成。图为军工革命委员会直属第一毛泽东思想学习班在毛泽东塑像前合影

续完成国防尖端技术迫切需要解决的课题。

航空工程系空气动力学专家罗时钧教授，受到"隔离审查"后，在家休养，躺在床上仍坚持指导科研组教师提出的攻关难题，完成"歼-8""歼-9"飞机的空气动力吹风试验。电子计算机系慈云桂教授，白天接受群众组织批斗，晚上坚持进行科研实验。经过3年努力，终于将441-B Ⅲ型机研制成功，交付部队使用。这台机器是我国较早的有管理程序、能够多通道程序运行、系统结构比较先进的计算机。

1966年至1969年，学院承担科研任务136项，完成100项，受到中央军委及总参谋部、国防科委、海军、空军、炮兵、装甲兵、工程兵司令部及使用单位的赞扬和好评。

441–D 数据处理机由电子计算机系陈有刚等 3 人和国防科委 20 基地、天津电子仪器厂等单位合作研制成功。该仪器应用"东三""东五"进行数据处理，缩短了数据处理时间，节约了人力，缩短了试验周期，加快了我国导弹试验的进程，受到使用单位好评。

1969 年 6 月，学院研制生产的"441–B Ⅲ中型通用电子数字计算机"交付国防科委第 20、21、31 试验训练基地使用。

1965 年 12 月开始，海军工程系 307 教研室承担海军"核动力潜艇水声通信识别机"战备科研试制任务。"文化大革命"一度影响了科研任务的开展，但是该教研室教师白天挨批斗，晚上坚持到实验室加班，在 1967 年完成对原识别机方案的修正。1968 年经过水库和出海试验，识别机性能达到设计要求，后交付海军批量生产，装备潜艇部队。

1970 年　薪火相传　百炼成钢

从举全国之力创建学院到因一纸命令，哈军工再次分建，院里的干部、教员每天都在为搬迁做准备，军工大院里一片苍凉景象。半个多世纪以后，哈军工的传人们在各自的栖息之地，薪火相传，秉承着哈军工最初建院的宗旨，传承着哈军工的精神，历经磨难而不衰、饱尝艰辛而不屈、千锤百炼而愈强地通过自强不息的拼搏与努力，让哈军工以崭新的姿态傲立于世。

1970 年 1 月 29 日，国务院、中央军委下发《关于改变国防高等院校领导关系的通知》。通知指出：中央决定将哈尔滨工程学院（原军事工程学院）、哈尔滨工业大学待专业调整和搬迁后，自 2 月 15 日起正式改变建制和领导关系。3 月 1 日，国防科委派出调研组进入学院，主持学院分建和搬迁工作。

哈尔滨工程学院分建、搬迁示意表

分建单位	搬迁目的地	分建安排	隶属关系
航空工程系	西安	并入西北工业大学	三机部领导
原子工程系	重庆	与哈尔滨工业大学的尖端专业合并，组建重庆工业大学	三机部领导
舰船工程系	武汉	拟内迁武汉，改称船舶工程学院；后决定合并西北工业大学水中兵器系，组建武汉船舶工程学院	六机部领导
风洞实验室	哈尔滨	成立空气动力研究所	三机部领导
电子工程系、火箭工程系、电子计算机系、外国留学生系、院教务部、政治部、院务部、办公室、基础课部、实验工厂	长沙	内迁，后改名为长沙工学院	湖南省革委会、湖南省军区、广州军区、七机部领导

4月，航空工程系向西安的搬迁工作开始。哈军工航空工程系划归第三机械工业部，迁往西安，并入西北工业大学飞机工程系，使该系的教学科研力量得到大大加强。2003年成立了西北工业大学航空学院。学院在国家的航空航天高层次创新人才培养、航空科学与技术的知识创新及社会服务方面发挥了不可替代的作用。

5月2日，中央军委办事组批复国防科委的报告，同意将长沙工程兵学院的校舍及营具移交给国防科委所属工学院使用。6月，学院搬迁先遣队到达长沙，办理了接收工程兵学院营房签字手续。

5月4日，总参谋部、总后勤部决定将学院营房移交给沈阳军区。每个移交物品都盖了鲜红的移交品章。7月1日，学院有关系

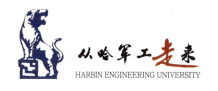

部开始向长沙搬迁，从哈尔滨向长沙发出了第一列专车，至 12 日，共发出 10 列专列火车和零散车皮 550 个，发运物资约 25000 吨。10 月，进入人员搬迁阶段。至 11 月 25 日，共计搬迁了 1320 户。

11 月中旬，原哈军工副教育长张文峰被从广州军区调到长沙，担任长沙工学院主要负责人。12 月 1 日，根据军委办事组对学院的命名，经广州军区批准，启用"长沙工学院"公章。

哈军工电子工程系、火箭工程系、计算机系以及基础课部和院机关等划归第七机械工业部迁往长沙，成立长沙工学院。哈军工原子工程系划归第二机械工业部，迁往重庆，与哈尔滨工业大学有关专业合并，组建重庆工业大学，后于 1973 年返回长沙工学院。1978 年，长沙工学院改建为中国人民解放军国防科技大学。国防科技大学现已发展成为直属中央军委领导，培养国防科学技术人才的综合类最高学府，是国家 985 和 211 工程重点建设并获中央特殊专项资金的大学。

船舶工程学院筹建办公室成立，主任为冯捷，副主任为李木。11 月 5 日，经六机部批准，开始启用"船舶工程学院筹建处"公章。筹建办临时办公点设在哈尔滨。学院成立后，新任院领导林毅决定学院不搬迁武汉，留在哈尔滨，后更名为哈尔滨船舶工程学院。1994 年更名为哈尔滨工程大学。哈尔滨工程大学现已发展成为国家 211 工程建设、"双一流"建设，以及国家"优势学科创新平台"项目建设并设有研究生院的全国重点大学，是我国"三海一核"（船舶工业、海军装备、海洋工程、核能应用）领域重要的人才培养和科学研究基地。

　　由哈军工炮兵工程系为基础组建的南京理工大学，先后经历了炮兵工程学院、华东工程学院、华东工学院几个发展阶段，1993年更名为南京理工大学。南京理工大学现已发展成为国家211工程建设、"双一流"建设、国家"优势学科创新平台"项目建设的全国重点大学。

　　由哈军工装甲兵工程系为基础组建的解放军装甲兵工程学院，1969年由西安迁址北京。解放军装甲兵工程学院现已发展成为全国重点工科院校和全军综合性大学之一，同时培养地方和军队双向选择的专门人才。

　　由哈军工工兵工程系为基础组建的解放军工程兵学院，后改为解放军理工大学工程兵工程学院。学院是我军工程兵高等工程技术人才、初级指挥军官培养和科学研究的重要基地，是国家人防高等工程技术人才、管理人才培养和科学研究的基地。

　　由哈军工防化兵工程系为基础组建的解放军防化指挥工程学院，是我国防化指挥人才培养的重要基地。

　　哈军工风洞实验室改为第三机械工业部（航空工业部）的一个研究所（627所），对外称哈尔滨空气动力研究所，是我国第一个低速空气动力研究机构。2000年，该所与沈阳空气动力研究所（626所）合并组建中国航空工业空气动力研究院，隶属于中国航空工业集团公司。

▎西北工业大学校门

▎国防科技大学校门

哈尔滨工程大学校门

南京理工大学校门

解放军装甲兵工程学院校门

解放军理工大学工程兵工程学院校门

解放军防化指挥工程学院校门

哈尔滨空气动力研究所

下 篇
哈军工人和他们的故事

哈军工是一所由战火催生、将军们创办的学校，肩负强国安邦使命的她，天然地具有一种以忠诚为核心的价值取向。忠诚成为哈军工精神最核心的要素。

哈军工人是哈军工精神的创造者、实践者和传播者。其中，首任院长兼政委陈赓是哈军工精神之魂。陈赓提出"既要承认长征两万五，也要承认十年寒窗苦"。经历过"长征两万五"的老干部是为学生"端盘子"的，经历过"十年寒窗苦"的老教师是为学生"炒菜"的。"完成党中央毛主席交给我们的光荣任务，既要依靠老干部，也要依靠老教师。我们的口号是'两老办院'。大家必须要团结一致，只有这样，哈军工的事业才能蒸蒸日上"。

老干部和老教师是哈军工精神的集体体现。以陈赓提出的"两老办院"为思想基础而建设、发展起来的哈军工，面对急需建设的国防现代化，一方面积极开展教学，为军队培养高级工程技术人才；另一方面大力进行科学研究，发展先进军事科学技术。哈军工将自己的发展与国家的需要、国防的需求紧密结合，培养出了一大批以院士、专家为代表的高级军事科学技术人才，诞生了诸多科研上的"共和国第一"。

20 世纪 90 年代，江泽民主席写下"哈军工桃李满天下"。这句赞誉哈军工当之无愧。哈军工不仅有名人院长、名人教师，更有名人学员。据不完全统计：哈军工共有 39 人成长为两院院士，有近 200 位哈军工人被授予少将、中将、上将、大将军衔。要问哈军工培养出了多少位总师、教授、研究员、博导、高工，我们现在还无法统计。

这些哈军工人"以祖国需要为第一需要，以国防需求为第一使命"的红色故事里凝结了哈军工人的独特气质、价值追求和不懈奋斗，滋养了哈军工及其后继者的过去、现在和未来，熏陶了所有对哈军工心怀敬仰的人，使其受益终身。

主席点将　陈赓受命担重任

　　陈赓是哈军工的首任院长兼政治委员，是哈军工人心中备受尊敬的老院长。在中国人民解放军的开国将帅中，陈赓大将是一位个性鲜明又极富传奇的将领。他一生经历了 40 余年的战火考验，参加大小战斗数百次。他是黄埔军校一期的高才生。陈毅元帅称赞说："他像一个玻璃杯，从里到外都是清楚的、透明的。"在毛主席、党中央的全力支持下，陈赓以其作风和人品，调动各方力量，在短短一年时间里，创建了我国高等军事技术教育第一兵团——哈军工，这是他传奇人生中的又一传奇故事。

　　1952 年，陈赓任志愿军代司令员，战斗在抗美援朝的战场上。身经百战的陈赓并不怕穷凶极恶的敌人，他最感到心情沉重的是我军在军事科学技术上的落后。由于部队既缺乏现代化装备，又缺乏文化素质高、精通军事科技的人才，许多本可以打胜的战斗只能眼睁睁地看着敌人逃掉；对付敌人的飞机大炮，我们只能挖坑道先躲起来。如何改进我军的技术装备，如何培养前方急需的能维护和使用现代化武器装备的军事工程师，成为陈赓在朝鲜战场上就开始思考的问题。他在日记中写道："敌人的猛攻不过如此而已"，"我军若是装备改善，能有操控权，美军是完全可以被击败的。在现在的情况下，敌要把我赶回鸭绿江，那是幻想；但我想把美敌赶下海去也是不容易"。

1952 年 6 月，任志愿军代司令员的陈赓接到中央电令，回到北京，向军委报到。毛泽东、周恩来、朱德、彭德怀在中南海召见陈赓。毛主席说："我们要建立一所高等军事技术院校，培养技术军官。这次调你回来，就是要你来当这个院长兼政委。"其实，在朝鲜战场时，亲眼看着战士们用手榴弹打榴弹炮，用燃烧弹打坦克车，建设现代化人民军队的想法早就在陈赓心中落地生根了。从此，陈赓举起了我国培养国防科技人才的大旗。

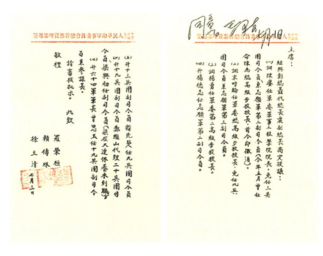

陈赓的任命令

然而，白手起家、从无到有建设一所高等军事技术院校，又没有任何现成的经验可以借鉴，谈何容易。无师资，无校舍，无教材

设备，无管理经验，加上当时国家经济又比较落后，按照中央指示，要在一年内建成一所高水平的军事技术院校，并且顺利完成聘教、招生等各项工作，听起来像是一个无法实现的神话。但是陈赓就是有办法将神话变成现实，他在中国高等军事技术教育的战场上打响了第一炮。在筹建哈军工的日子里，陈赓频繁往返于北京与哈尔滨之间，多次进出中南海找毛主席和周总理汇报，当然更多的时候是求助。

1952 年 12 月 11 日，哈尔滨刚刚下过一场雪。陈赓在王字楼的礼堂举行的老教师座谈会上讲话，阐明了办军事工程学院的重要意义，以及知识分子在学院的地位、作用和党对知识分子的政策。他鼓励已经来院的专家、教授作学院的主人，要求大家转变临时做客的观念，同心协力办好学院。他说："在学院建设中，你们是一根柱子，军队的干部也是一根柱子，只有依靠这两根柱子，学院才能办好。""两老办院"的办学方针就是要依靠"老教师、老干部"办院，即"既要承认长征二万五，也要承认十年寒窗苦"的思想，为军工的办学指明了方向。

1953 年 4 月 25 日，陈赓院长铲了第一锹土，揭开了校园基建工程的序

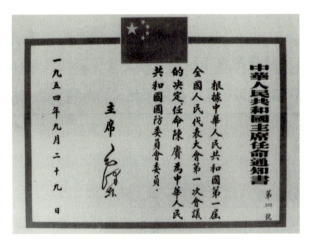

毛泽东签发的任命陈赓为国防委员会委员的任命通知书

幕。那时候哈军工校址还是一片荒地，学院几栋大楼还在建设中，没有拔地而起，陈赓院长常常拖着自己的伤腿，拄着拐棍，爬到大水塔上去，查看施工进度。当时，这个水塔是军工的最高点，如今将装满了从祖国四面八方而来、饱含哈军工校友对军工大院诚挚感情土壤的水塔还原在哈军工纪念馆的展厅里，寓示着哈军工的传人们聚沙成塔，支撑起祖国的国防科技事业。

1953 年 8 月 6 日，中革军委副主席彭德怀来军工视察，检查学院筹建工作。其间，彭德怀住在陈赓家（陈赓坚持把学院最好的楼房作为老教师的宿舍，而自己住在没有围墙的小平房里）。彭德怀称赞陈赓与群众同甘共苦，为干部作出了榜样。

哈军工正式开学后的第二年，陈赓就被委以更加重要的任务。1954 年 10 月 31 日，中共中央、中央军委根据中央政治局的决定下达通知，任命陈赓为中国人民解放军副总参谋长，兼任哈军工的院长和政委。1958 年又开始出任国防科委副主任。工作任务的增加，导致陈赓的工作重心开始转向北京。然而离开军工大院、日夜为祖国的国防事业和国防科技事业操劳的陈赓，时刻不忘关心学院发展。1958 年 3 月 25 日，在哈军工第一期学员毕业典礼举行之际，陈赓给第一期毕业学员写了一封信，寄托自己对他们的无限希望。1960 年 11 月 8 日，病重的陈赓在教育长徐立行写给他的信上，亲笔给学院常委写了一段话，其中重要的一条就是大力抓好科学研究工作。哈军工成立后，陈赓为了学院的发展继续操劳奔波，直到1961 年逝世。

陈赓，1903 年出生，湖南省湘乡县人。1922 年加入中国共产党。1924 年入黄埔军校第一期学习。毕业后留校。参加了平定商团叛乱和讨伐陈炯明的东征。1926 年赴苏联学习。1927 年回国参加南昌起义，任营长。后赴上海在中共中央机关做情报工作。土地革命战争时期，历任中国工农红军四方面军十二师团长、师长，红军步兵学校校长，红军干部团团长，陕甘支队第十三大队队长，红一军团第一师师长。参加了长征。抗日战争时期，历任八路军一二九师三八六旅旅长，太岳军区太岳纵队司令员。解放战争时期，历任晋冀鲁豫野战军第四纵队司令员，中国人民解放军第四兵团司令员兼政委。新中国成立后，历任西南军区副司令员兼云南军区司令员，云南省人民政府主席，中国人民志愿军第三兵团司令员兼政委，中国人民志愿军副司令员，中国人民解放军军事工程学院院长兼政委，中国人民解放军副总参谋长兼国防科委副主任，国防部副部长。第一、二届国防委员会委员，中共第七届中央候补委员、第八届中央委员。1955 年被授予大将军衔。曾获一级八一勋章，一级独立自由勋章，一级解放勋章。1961 年 3 月 16 日在上海逝世，终年 58 岁作为一位伟大的无产阶级革命家、军事家，陈赓的丰功伟绩早已为人们熟知；作为一位杰出的军事教育家，他在哈军工建设和发展过程中所体现出的高风亮节和远见卓识同样令人十分钦佩。作为哈军工的创始人和第一任院长兼政委，陈赓对哈军工乃至国家的高等军事技术教育事业的贡献主要表现在四个方面。

一是高标准、高速度创建了中国一流大学——哈军工。哈军工的创建乃至成功是在当时我国国情下，依靠国家决策、集中力量办高等教育的成功范例。在陈赓的推动下，超常规的建设和发展速度使哈军工在不到10年的时间里就在一片荒地上从零一跃成为当时全国重点大学之一，使哈军工成为中国高等军事技术教育的一个重要里程碑，它的高起点创建与跨越式发展成为中国高等教育史上的奇迹。

二是推动了哈军工与时俱进，勇攀高峰，追赶世界先进水平。哈军工创建时肩负着为全军培养高层次技术干部的重任。后来，陈赓适时提出了"尖端集中、常规分散"的哈军工分建战略思想。哈军工的分建对中国高等军事工程教育体系的形成起到了奠基性的作用，为促进我国武器装备现代化、建立巩固的国防作出了不可替代的贡献。陈赓放眼世界科技前沿，克服重重困难，在分建后，又果断决策创建了电子、原子两个系，培养了一批高新技术领域里的骨干力量，在国防工业尤其是"两弹一星"事业中发挥了重要作用。

三是培养了哈军工尊重知识、尊重人才、模范贯彻党的知识分子政策的好传统。陈赓根据哈军工的实际提出了"两老办院"（"两老"指老干部和老教师）的办学思想，充分肯定知识分子在办学过

程中的主体地位。在当时特定的历史条件下，在一个专门从事国防科技教学与研究的绝密单位，陈赓以超人的胆识和魄力，将"长征二万五"与"十年寒窗苦"相提并论，并作为办院的两大支柱。陈赓这种实事求是、敢作敢为、尊重知识、尊重人才的思想和做法，成为哈军工及其后继者宝贵的精神财富。

四是以毛主席为哈军工所颁发《训词》这一办学根本指导思想为统领，提出了以"善之本在教、教之本在师"为核心的治校理念，"教书教人"为基本原则的育人理念，"一中二主三严"（"以教学为中心""以学员为主、以教师为主""严谨严密严格"）为主要内容的教学理念，"一切为了学员"的学生工作理念等一整套办学治校方略。这些方略在战略层面上行之有效地解决了办学中遇到的诸多重大现实问题，使哈军工在建院初期顺利完成了顶层设计。

哈军工的办学实践充分证明：没有陈赓，就没有哈军工的奇迹与辉煌，就没有新中国国防科技教育事业的蓬勃发展。陈赓院长虽然长逝已矣，但他留给哈军工后继者的宝贵精神财富与世长存；哈军工虽然已成为历史，但哈军工的事业正在被推向前进。

国际情谊　永远的朋友奥列霍夫

　　1952年6月3日，解放军副总参谋长粟裕草拟的周恩来致苏联部长会议副主席兼国防部长布尔加宁《关于军事工程学院聘请苏联顾问的函》，经周恩来审批后发出。这也是哈军工这所大学与苏联顾问之间工作、情感渊源的开始。一个月后，苏联政府派出以奥列霍夫空军中将为首的四人专家组来到北京，对总参谋部提出的建院初步方案进行论证和修订。随后，陈赓等人陪同苏联专家进行了20余天的考察，中苏两国专家共同研究提出了一个具体的建院方案。

　　1953年5月13日，以奥列霍夫中将为首席顾问的苏联顾问团来到中国，在北京受到朱德总司令的宴请，随后到达哈尔滨。苏联顾问团在哈军工的主要任务是帮助学院解决在学科专业方面的基础技术准备及师资力量的组织培训等问题，帮助学院建立系统的组织管理体系，积累开展教学科研管理工作方面的经验。苏联顾问团对哈军工的建设开展了全面帮助，使学院得以在缺乏经验的条件下顺利开展教学工作。

瓦·依·奥列霍夫（1902—1957），1917年参加俄国十月革命，1927年加入苏联共产党。1933年考入莫斯科茹柯夫斯基航空学院学习。1938年毕业时被选入苏共中央委员会工作。曾任苏联空军干部部部长。曾获得1枚库图佐夫勋章，2枚列宁勋章。1949年任列宁格勒莫热基学院航空学院副院长，后从这个职位上奉命来华

　　首席顾问奥列霍夫是顾问团的突出代表，为哈军工提供了宝贵、热忱的帮助。奥列霍夫在教学计划、教学方法、教材选用及编写等环节面面俱到，为学院初期的发展提供了有力的支撑。奥列霍夫在开展科研问题上也起到了关键的点拨作用。他在给学院的书面意见中说："院首长的基本任务，一是使学院成为培养军事工程干部的教学中心，二是使学院成为军事科学技术思想的研究中心。"这个建议对哈军工的办学定位起到了重要的决策支持作用。他还对学院科学研究的课题范围和学员参加科学研究活动的问题提出建议。他在写给学院的一封信中，对当时有些人动辄把军事工程学院与"清华""哈工大"等地方院校相比，主张事事向地方大学看齐，而不努力总结学院自己的经验，形成学院自己的特色和传统的现象提出批评。他说，如果一切都照地方大学的模式办，那还有什么必要办军事工程学院呢？在学员自学与互助关系的处理上，他坚持强调应培养学员独立思考、独立解决问题、独立工作的能力。

　　奥列霍夫非常重视学院的教学问题。1955年4月，奥列霍夫在写给副院长刘居英《关于学院建设问题的意见》中写道："教学

过程是一切构成培养军事工程师的因素和步骤的和谐配合，它是单一的有机整体。将教学过程分割成两部分（学员的普通课程教育、专科课程教育），这无异于将人的机体切成两半。"奥列霍夫的观点，深刻地认识到了教学过程的系统性，点出了普通的基础课程和专业课程之间的关系，奠定了哈军工乃至学院后来在人才培养方面厚基础的教学特点。

哈军工第一届教学方法研究会上，首席顾问奥列霍夫发表了论述教学方法问题的长篇报告，分别从教学工作的主要任务、教学工作的指导性文件、培养学员独立工作的能力以及军事工程学院教学中存在的问题等几个方面做了报告。报告对哈军工的教学工作给予了很多指导性意见。结合苏联专家的建议，哈军工教育长徐立行提出了哈军工今后教学工作必须遵循的四条原则：要以高度的思想理论水平讲课，要在教学工作中发扬集体主义精神，要贯彻理论联系实际的原则，要培养学员的独立工作能力。

在哈军工期间，奥列霍夫身体力行，经常深入一线了解情况。他冒着严寒选择野营地点；为解决师资问题与院领导进京陈述；为采购仪器设备亲赴外地调研；甚至冒雨视察宿舍、教学楼等工程建设的进展；在检查学员内务时跪在地上看脸盆的摆放是否合乎要求，并且向学院提交了详细的检查报告。奥列霍夫的身体不好，经常带病工作，却生怕因此给学院添麻烦，不让陈赓向北京要医生。按照协议，他早该回国了，但他一定要等第一期学员毕业，看看毕业生质量以后才走。就在奥列霍夫即将看到在他亲手指导下培养出来的中国军事工程师走出校门，奔

赴部队时，1957 年 3 月 27 日，奥列霍夫倒在办公室里，不幸逝世，终年 55 岁。

奥列霍夫是苏联人民优秀的儿子、伟大的国际主义战士、中国人民亲密的朋友。他以高度的国际主义精神和不倦的劳动，以渊博的科学技术修养以及丰富的组织领导军事工程技术教育工作的经验，有力地支持了哈军工的创立和建设。从院址的选定到学院所取得的一系列成绩，无不饱含着他辛勤的劳动和宝贵的贡献。奥列霍夫为哈军工的建设呕心沥血、鞠躬尽瘁。他在工作手记中这样写道："苏联顾问在学院的任务，是在于帮助中国同志能独立地掌握教学及科研全部过程。"奥列霍夫对中国人民、中国军队赤诚坦白的襟怀，成为哈军工后继者永远的怀念。

从 1953 年 4 月至 1960 年 8 月，来哈军工工作的苏联顾问累计 158 名。聘请苏联专家与顾问，是创办军工的重要条件之一。新中国成立初期，完全依靠自己的力量快速建起一所综合性高等军事技术学府是非常困难的。我们在苏联顾问专家的身上，不仅学到了先进的科学和技术知识，还看到了高度的国际主义精神。他们的高尚品格哈军工人永远不会忘记。苏联顾问团为哈军工的建设，特别是为学院第一个教学周期的顺利进行发挥了重要的作用。这种深厚国际友谊的融入，使哈军工从创建伊始就融入了当时苏联高等军事工程教育较为先进的办学理念和教育思想，这些后来成为哈军工办学的重要思想支撑。时值今天改革开放的时代，虽然当年合作的方式已不复存在，但与世界优秀高等学校开展交流，仍然是今天的哈尔滨工程大学创办一流大学所一贯坚持的重要办学传统。

苏联专家为哈军工的创建作出了重大贡献。当然，学院也给予了专家们远高于其国内的丰富物质生活待遇，多年后，他们回忆起在哈军工的岁月，仍心怀向往。历经岁月沧桑、政局变幻，哈军工人与苏联专家仍坚守着心底那份最纯洁的情感，兄弟情谊至诚至真。首席顾问奥列霍夫的妻子奥列霍娃回国后写给学院领导的信中写道：我在你们国家里所受到的温暖与关怀，是我永远也难以忘怀的。为此，我向你们致以真诚的谢意……祝贺你们在社会主义繁荣和建设中获得成绩！

以首席顾问奥列霍夫为代表的苏联顾问用生命诠释了"帮助中国同志独立地掌握教学和科研全部过程"的誓言，哈军工的后继者用感恩之心将他的功勋永久地载于史册。国际情谊在历史的长河中历久弥新……

总理举荐　刘居英赴任哈军工

哈军工 13 年取得的成绩，没有陈赓是不可能的，但也浸透了在学院主持常务工作的刘居英将军的心血，他为学院的发展壮大作出了不可磨灭的贡献。

刘居英曾就读于北京大学化学系。年轻时代的刘居英思想活跃、追求正义、崇尚革命，在一二·九运动中，大个子的刘居英扛着大旗冲在游行队伍的最前面，当时他是北大团支部书记。

后任军委东北铁路总局第一副局长的刘居英，于 1950 年参加抗美援朝，任中朝联合前方铁道运输司令部司令员兼政委。在抗美援朝史上，铁道兵的英雄业绩被称为"打不烂、炸不断的钢铁运输线"，刘居英就是铁道兵的总指挥。刘居英的这段经历，对以后他在哈军工办学，无形中做好了思想上的准备。朝鲜战争培育了刘居英，使他成为独具超前眼光的军事教育家。抗美援朝结束后，1954年，由周总理亲自推荐，刘居英出任哈军工第一副院长，主持日常的教学和科研等工作。

刘居英在哈军工期间突出的贡献是忠诚地、正确地执行了陈赓关于哈军工办学的一系列思想并创造性地发展了陈赓的办学思想。陈赓办学思想的核心之一是"以教学为中心"。那时，教学是哈军工开办时的当务之急。当学院教学走上正轨时，在首席顾问奥列霍夫的指导下，刘居英不失时机地把科研工作提上了议事日程，并当作与教学同等的大事来抓，在短时间内取得了突出成绩，陈赓院长对此十分高兴并给予了充分褒奖。

刘居英到任后，一直主持学院的招生工作，严把入学关。他曾在学院的招生工作会议上强调，"招生学员质量的好坏，影响到培养学生质量的好坏，这是我们几年来的经验教训之一。学院的淘汰比例比较大，所以原料不好，花再大的气力也培养不出好学生"，招生原则"归纳起来就是'宁缺毋滥、一视同仁'，就是只要符合规定的条件，即按统考分数逐级择优录取。不合格的一定不能收，一个也不要，不能滥竽充数，不管是谁的子弟均是如此"。在教学管理上，学院也下发了《关于保障学员学

▌刘居英，1917年出生，吉林长春市人。北京大学肄业。1936年加入中国共产党，曾任中共豫西特派员。1937年在莱芜地区组织抗日武装。次年与徂徕山起义部队会合，任团政委。后任中共中央山东分局社会部部长、山东省民主政府秘书长兼公安总局局长。1945年后，任长春市市长兼卫戍司令部政委，东北民主联军支队政委，吉林省人民政府秘书长，哈尔滨铁路局、沈阳铁路局局长，东北铁路总局第一副局长。新中国成立后，任中长铁路管理局局长。1950年参加抗美援朝，任中朝联合前方铁道运输司令部司令员兼政委，兼军管局（辖高原分局、平壤分局、新成川分局、定州分局、熙川分局）局长。回国后，历任哈军工副院长、院长，海军政治部主任，铁道兵副司令员。1955年被授予少将军衔。2015年逝世，享年98岁

习时间的规定》和《关于保证教师业务时间的规定》两道命令。两道命令从制度上保证了学员和教员进行学习和做学问的环境，排除了其他干扰。

1963 年 11 月 22 日，学院召开学员队政治思想工作会议。院长刘居英作了题为《培养良好班风》的报告。他曾强调：班风好比土壤和气候，学员好比青苗。有什么样的土壤和气候，就长什么样的庄稼。学员班是学员学习、生活的基本单位，要在学院培养起良好作风，首先要从学员班做起。良好班风有两方面的内容，一是良好的政治风气，二是良好的学习风气。良好的政治风气就是我们所说的正气，它应该是团结的、进步的风气，或者是积极向上的风气。培养良好班风的办法是开展经常性、群众性的批评与自我批评，及时而经常地表扬好人好事，严格要求先进分子，热情帮助后进同志，树立改造后进的典型，用典型带动一般。

刘居英大抓科研工作是从"大跃进"时期开始的。在"大跃进"中群众焕发出极大的革命热情，院党委在陈赓的及时指导下，不失时机地把工作重心转到科学研究上。1958 年，在不到 10 个月的时间里，全院各单位取得了科学研究成果 700 余项。在这一阶段的科研中不仅老教师发挥了重要作用，青年教师也脱颖而出，高年级学员、教辅人员和技术工人也成了有生力量。科研已从仅仅为教学服务的初级阶段，进入到以应用研究为主的新阶段。教学工作与科学研究互相促进、难分难解的局面基本形成。这些都在哈军工的发展史上具有特别重要的意义。

1961 年 5 月，刘居英和科研处干部经过调查研究，总结过去学院科研工作的经验教训，明确了学校搞科研和国家科学研究机关搞科研的区别，明确了教学与科研的关系、学院的科学研究与国家实际任务的关系、理论性课题与工程技术性课题的关系、当前的研究任务与探索性预研任务的关系；提出了"一主、二辅、三结合"的方针，即学院应以教学为主、科研与生产为辅，实行领导干部、教员、学员相结合，使用单位、设计单位、生产单位相结合、领导、技术干部、工人相结合。同年11月召开了两个教学会议，进一步总结教学与科研工作的经验，院党委提出"以教学为中心，积极开展科学研究"的方针，明确指出教师是科学研究工作的主力。从此，科学研究减少了型号任务，定方向、选课题，注意教学需要，强调与专业建设相结合。这在当时是重大的教育管理理论成果，是刘居英副院长对哈军工教育与科研关系定位乃至学院发展方向的重大贡献。

哈军工之所以能在最短的时间内办成名校，除了教学外，科研这条腿起了决定性作用。抓科研的核心人物是刘居英和他的助手徐立行、张文峰等。他们在这所中国最高水平的综合性军事工程技术院校的办学实践，为我国军事技术教育及军事科研作出了意义重大的探索，是军工发展历史上闪光的一页。

学科建设是刘居英将军的另一重大贡献，主要表现在新学科的建设上。1958年后，学院相继组建了原子工程专业、导弹工程专业、无线电技术专业和计算机专业。建设新专业是在陈赓的指导下进行的，刘居英是一线指挥员。关于办计算机专业的愿望，陈赓在世时由于种种原因没有实现。但到了1966年学院改制（即退出部

队序列）前三个月，刘居英还是把计算机系办起来了，实现了陈赓的一个愿望。计算机系也由此成了国防科大的王牌专业。

刘居英于 1961 年 7 月 27 日担任军事工程学院院长一职，在学院改制后继续留任哈尔滨工程学院院长。刘居英对哈军工的情感，正如他曾对哈军工校友谈起的那样，"1954 年初，我从朝鲜战场回来，就分配到军工工作，直到 1972 年我离开军工大院，一共是 18 年。我经历了军工从创建到拆散的全过程，怎能不怀念军工，不想念军工，不想念军工的战友呢？"在哈军工的创建、发展、分建的整个历史进程中，刘居英遵循毛主席给学院的《训词》精神，贯彻并创造性地发展了陈赓的办学思想，孜孜办学、励精图治，培育英才，领导学院在教学管理、科学研究、学科专业和教风学风养成等方面取得一系列成就，使哈军工跻身于全国著名高校前列，当之无愧地成为中国国防现代化人才摇篮和科研尖兵。

三驾马车　齐头并进保发展

1952 年 9 月 16 日，中革军委批准哈军工成立临时党委。可以说从筹建工作伊始，哈军工就忠诚贯彻党的教育思想，坚持党委对学院筹建及办学工作的领导，为学院打下忠诚的烙印。陈赓是哈军工筹建、办学的领导者，但仅仅依靠陈赓肯定是办不成一所大学的。俗话说"一个篱笆三个桩，一个好汉三个帮"，哈军工的创建是集体的力量使然。时光荏苒，庆幸的是军工大院使人们有幸领略哈军工创建者们的品格与精神，有幸透过这些承载了先辈们精神的大楼感悟哈军工创建者们的思想和教诲。

陈赓在办学的初期，特别倚重二高步校的副校长徐立行、政治部主任张衍和三

徐立行，1911 年出生，上海市人。1938 年加入中国共产党。同年入中国人民抗日军政大学、延安马列学院学习。参加了挺进大别山、渡江等战役。新中国成立后，历任西南军政大学教育长，西南高级步兵学校副校长，哈军工教育长，国防部第六研究院副院长，三机部第六研究院副院长，中国航空学会第一、二届副理事长。1964 年被授予少将军衔

兵团副参谋长李懋之。这三位领导干部在哈军工办学初期，从北京成立哈军工筹委会，到1952年底赴哈尔滨正式办公，他们马不停蹄，跑机关、要政策、选校址、挑教员、招学员、建营房。1953年2月28日召开的哈军工首次党委会根据陈赓的提议通过了以陈赓、徐立行、张衍、李懋之4人为党委常委的决定。后人们称徐立行、张衍、李懋之是哈军工创建发展中军事教育、政治工作、后勤保障的"三驾马车"。

"三驾马车"齐头并进地奠定了哈军工办学的基础，保证了学院顺利开学和后续发展。徐立行曾担任哈军工教育长，随陈赓院长与苏联顾问一同去南京、上海、大连、长春、哈尔滨等地，研究校址问题，着重抓教师队伍的建设；张衍曾任哈军工政治部副主任、主任，负责组织实施列入学院教育计划的政治理论教育；李懋之曾担任教育长、副院长，担起了60万平方米营房建设的重担，以最快的速度保质保量完成了基建任务，使陈赓的"边建、边教、边学"的"三边方针"得以顺利贯彻，使第一期学员的开学得到了有力的物质保障；基建完成后，李懋之又担起了学院后勤管理的重担。

徐立行是陈赓器重的军中书生。陈赓调徐立行来哈军工是因为他很了解这个在延安抗大时期就认识的"书生干部"。徐立行出生在上海浦东高桥镇一个清贫的职员家庭。北伐军挥师江苏、浙江两省之际，他在南京参军入伍。参加"一·二八"淞沪抗战的他任十九路军某连连长，率部英勇杀敌。1937年，参加武汉新四军军部筹备工作。抗日战争时期，先后在中国人民抗日军政大学、延安马列学院学习，后任八路军前方司令部训练股股长、参谋训练队队长、秘书，八路军驻洛阳办事处秘书。返回延安后在八路军军政学院学习，后为军事学院高干队学员兼第一区队区队长，中共中央统战部工作人员。解放战争时期，任晋冀鲁豫军区第三纵队参谋处处长，皖西军区副参谋长，第二野战军特种兵纵队参谋长，第二野战军军政大学教育长。新中国成立后，任西南军政大学教育长，第二高级步兵学校副校长，是一位有着丰富战斗经验和教育经验的难得之才。

徐立行中等身材，为人忠厚老成，不善言辞和应酬。陈赓很欣赏徐立行的内秀。这位戴着眼镜、满身书卷气的干部有学问，能力强，认真执着，是个办学校的好材料。也正是基于此，徐立行被任命为哈军工的首任教育长。在军队院校里，教育长是院首长之一，在院长和副院长领导之下开展工作，是主管教学事务的首长。创办哈军工，徐立行主要负责以教学为中心的军事教育工作。

徐立行以陈赓为榜样，严格执行陈赓教育思想，坚持以教学为中心，一丝不苟。他尊重老教师，经常深入基层，成为老教师的贴心人。在他的具体组织下，学院迅速成立起基础课和专业课的教授会，同时送大批教师到哈工大学习教学经验。在短时间内，哈军工一支高素质的老、中、青年教师队伍逐渐形成并快速发展起来。第一批苏联专家抵达哈军工，徐立行虚心向他们学习，与他们关系融洽，特别是与主管教学的副首席顾问叶果洛夫配合默契，几乎天天在一起，讨论制定教育计划等办学的大计方针。徐立行干工作十分投入，昼夜忙碌、睡眠不足，经常用清凉油擦拭太阳穴来提神，以至于全院干部教师都能闻到他身上的清凉油的味道。在哈军工的创

建过程中，徐立行陪同陈赓飞遍大江南北选取校址，不辞劳苦在军内外选调教学干部，他虚心向苏联顾问学习，在专家们的帮助下为建立学院的教学秩序、教学管理规章制度、师资队伍建设等工作，为哈军工的教育教学工作立下了汗马功劳。

张衍，1917 年出生，安徽灵璧县人。1938 年加入中国共产党。新中国成立后，历任西南军政大学政治部副主任，第二高级步兵学校政治部主任，哈军工政治部副主任、主任，军事电信工程学院政委，第四机械工业部第十研究院党委书记、国家计委副主任、国防科委副主任兼国防科学技术大学校长。1961 年被授予少将军衔

少年时的张衍就向往革命，九一八事变后参加了学生抗日义勇军，后赴延安参加八路军，进入抗日军政大学学习。1938 年 2 月加入中国共产党。同年由"抗大"选送到"马列学院"第一期学习班学习。调回抗大工作后，历任政治教员、主任教员、第六分校政教科科长、八路军前方指挥部情报处三科科长。解放战争中表现英勇，曾受命组建豫西军区第五军分区，任地委副书记兼军分区副政委，深入发动群众，组织地方武装，半年组建 5 个独立团。1948 年调中原军政大学任政治部副主任，后任第二野战军军政大学政治部宣教部部长。1952 年由陈赓选调至哈军工，参与筹建军事工程学院，任政治部副主任、主任。

1951 年中央军委下文，以二高步校为基础，到哈尔滨筹建军事工程学院。7 月二高步校提前举行毕业典礼。主持全校工作的张衍布置各部门做好向哈尔滨转移的准备工作，他天天都与陈赓保持

电话联系，特别是干部的安排问题，张衍随时向陈赓汇报，请求进一步指示。

哈军工筹备会成立一周，张衍接到陈赓电话，赴北京见陈赓。张衍向陈赓汇报了二高步校的搬迁和干部调动情况：二高步校赴哈尔滨排以上干部 1400 余人，加上家属和孩子共 2000 余人搬迁到哈尔滨。此外还有练习团 1200 余名干部和战士，他们是参加学院基建的部队。自 8 月份起，二高步校已经分三批出发，预计 11 月中旬全部搬迁完毕。陈赓分配张衍在筹委会中负责招生和干部配备工作。张衍按规定到各大军区、各军兵种组织招生。在哈军工初创时期，陈赓不在学院的时候，由张衍代理临时党委书记。

张衍协助陈赓办学 13 年，主持日常政治工作。哈军工人才辈出，政治素质过硬，这和学院重视政治工作和在政治工作中所形成的优良传统是分不开的。正如他自己所说：在我们学院，政治工作除了保证完成党的教育任务，并无自身特殊的任务。我们要求政治部各业务部门都要关心学院的教育任务，为培养"政治上坚定，无限忠于党和人民、忠于祖国，具有高度的爱国主义与国际主义精神"的军事工程师这个目标而加强业务建设、开展各项业务工作，以树立革命世界观作为政治工作的首要任务。

李懋之出生在山西省襄垣县五阳村，少年开始离家闯世界。19岁的李懋之从军入伍，在冯玉祥的西北军当兵，他勤奋好学，很快升为基层军官。1931 年，追随吉鸿昌在察哈尔抗击入侵日寇，后参加八路军，1943 年加入中国共产党。他先后在抗日战争、解放战争中屡建奇功，而闻名军中。新中国成立后，李懋之赴朝参战，

▌李懋之，1910 年出生，山西襄垣县人。1943 年加入中国共产党。曾任山西青年抗敌决死第一纵队游击大队副大队长，游击第一团副营长、代营长，二一六旅参谋，太岳纵队第二十五团参谋长，中国人民抗日军政大学太岳分校教育长。解放战争时期，任太岳军区第四纵队参谋处处长，豫西军区参谋长，河南省军区副参谋长。中国人民志愿军第三兵团副参谋长，哈军工副教育长、物质保证部部长、教育长、副院长，第二炮兵副司令员。1961 年被授予少将军衔

任中国人民志愿军第三兵团副参谋长，参加了第五次战役、1951 年阵地防御作战等战役，回国后跟随陈赓创办军事工程学院。

陈赓最初交给李懋之的主要任务是编制基建的预算概算，沟通和协调与中央党政军各有关部门的工作关系，为学院建设做好物质准备。李懋之迈开双腿，穿梭于北京、哈尔滨，是筹备会里出差最多的人。他一边考察校址，一边还到南京军事学院调研，学习办学经验。

1952 年底哈军工成立营房建筑委员会，李懋之为主任委员。这个建委会主任委员成为李懋之肩上最重的担子，因为一场新中国成立初期最大的基建工程将在北国冰城的土地上铺开。李懋之和他的同志们日夜兼程，废寝忘食，制定总体基建方案、施工计划，确定设计单位、施工单位，落实水泥、钢筋、木材等国拨建材，千头万绪、错综复杂，都需要这位大管家亲自出马。李懋之在哈军工筹建期间主管行政、军务、营房建设。当时为了早出人才、快出人才，要求在 3 年多时间内完成 40 多万平方米的基建任务。任务重，时间紧，要求高，加上哈尔滨冬季施工困难很多，李懋之拿出了战斗的姿态，迎头往上

冲。雄踞哈军工大院的五座教学大楼以最快的速度保质、保量完成了基建任务，使陈赓的"边建、边教、边学"的"三边方针"得以顺利贯彻，使第一期学员的开学得到了有力的物质保障。

　　哈军工成立后，李懋之历任副教育长、教育长，学院副院长。他严格自律，两袖清风，一直保持谦虚谨慎、勤勉敬业的好作风。他在短短 2 年多时间，组织建成哈军工规模宏大的教学、科研和生活用房，为哈军工的教学科研工作提供了有力保障，为哈军工顺利开学立下了汗马功劳。

五根支柱　齐聚军工办大学

哈军工创建之初，为了满足各军兵种的需要，按军兵种设置了空军、炮兵、海军、装甲兵、工兵等 5 个工程系，每系拥有一座独立的教学大楼。哈军工时期的 5 栋大楼各自对应一个工程系：11 号楼是一系，即空军工程系，楼角飞檐上是一排飞机雕塑，时任系主任是唐铎少将；21 号楼是二系，即炮兵工程系，楼角飞檐上是一排大炮雕塑，时任系主任是赵唯刚；31 号楼是三系，即海军工程系，楼角飞檐上是一排军舰雕塑，时任系主任是黄景文；41 号楼是四系，即装甲兵工程系，楼角飞檐上是一排坦克雕塑，时任系主任是徐介藩少将；51 号楼是五系，即工兵工程系，楼角飞檐上是一排工程车雕塑，时任系主任是唐凯少将。

哈军工的大楼盖起来不容易，而哈军工的系主任选任起来也是有难度的。要知道，哈军工的系主任可不是一般人能担任的。因为是军事院校，系主任既要是有一定阅历的老革命干部，又要是懂得相关专业科学技术的专家，这在当时我军高级干部队伍里还是比较难找的。为此，周总理指示中组部在全国范围内挑选。时任中央组织部部长兼政务院人事部部长的安子文认真地在可以挑选的干部范围内反复考察，终于给陈赓办学挑选了四位领军人才，他们是唐铎、唐凯、赵唯刚、徐介藩，加上陈赓从三兵团带来的黄景文，这五位系主任被称为陈赓办学的"五根支柱"，支撑起了哈军工的办学。

1953年4月，在中国领导人多次交涉下，唐铎告别了曾经生活28年的苏联，回到祖国。5月，被任命为军事工程学院空军工程系主任、系党委书记，参与学院的创建工作。唐铎军事素质极好，不仅会飞行，而且还精通航空机械与电子技术，经常在讲台上给学员们讲航空机械工程课。唐铎练兵的特点还在于精，他练出的精兵无论走到哪里，放在什么岗位上，都是响当当的。当哈军工空军工程系1期毕业学员杨斌（女）、胡学美（女）、彭风绍和鲍世期（班长）1957年4月在沈阳空军机场实习时，上级通报朱德委员长将陪同苏联最高苏维埃主席团主席伏罗希洛夫同志来沈阳访问。当天，东北中心气象台预报，伏罗希洛夫同志的专机从北京飞来沈阳时，沈阳将有雷雨、

唐铎，1904年出生于湖南益阳县（今益阳市）。1923年到广东孙中山大元帅府航空局下属的广州飞机制造厂当实习生。次年被录取为国民革命军军事飞行学校学生，加入国民党并入飞行学校学习飞行。1925年10月，被广州国民政府派遣到苏联，入空军第二飞行学校学习。1926年，加入中国共产党。1927年大革命失败后，拒绝回国为国民党政府服务，继续在苏联空军院校学习。后毕业于茹可夫斯基空军工程学院，获航空机械机械工程师学位，任苏军少校，参加了苏联卫国战争，在与德国法西斯的空战中战功显赫而荣获苏联国家最高奖励——苏联卫国战争勋章，并获一枚"列宁勋章"、一枚"红旗勋章"、一枚"红星勋章"。1955年，被授予空军少将军衔

冰雹，为此，要求飞机中途暂停鞍山，避过雷雨再飞沈阳。但参加气象保障工作的杨斌等学员，用雷达仔细进行云层观测，并用手摇计算机反复进行计算，得出的结果是，有雷雨不错，但所说时间不对，雷雨将在专机抵达沈阳半小时之后才会来到，因此，专机无须在鞍山停留。于是，他们大胆建议：专机可以直飞沈阳，不必暂停鞍山。空军司令部领导根据哈军工学员们的分析，指示专机直飞沈阳。当日，当专机到达沈阳机场，伏老从容地进入宾馆以后，沈阳城突然电光闪闪、雷声滚滚，大雨倾盆而降。事后，空军气象处的领导高兴地对空军工程系副主任戴其萼同志说："你们军工的学员这次真露脸了！你们的毕业学员交出了优秀的答卷！"消息传到在哈尔滨的唐铎耳朵里，唐铎满意地笑了。在空军工程系的 10 年中，唐铎主持设立了 27 个教研室，创建了飞机发动机、航空军械设计、航空仪表、航空无线电、飞机场建筑、航空气象六个专业，为中国空军的建设和培养航空技术人才作出了重大贡献。

赵唯刚先后留学日本士官学校、苏联炮兵学校和机械化兵学校，是我国当时唯一科班出身的炮兵专家，后由周恩来总理亲自举荐，被陈赓聘请到哈军工筹委会工作。1952 年 10 月初，赵唯刚和其他老同志一起来到哈尔滨，跟随陈赓参与哈军工筹建工作。后由陈赓提名，由中央军委任命其为哈军工炮兵工程系主任。新中国成立初期，陈赓看重赵唯刚在军事技术方面的特长，是我军现代炮兵技术教育方面不可多得的专家。他除了认真地构建了我军第一个炮兵技术教育体系外，还亲力亲为，亲自上阵去讲炮兵战术。赵唯刚认为，任何一个教专门技术的教员都必须全面了解炮兵的全部知识，包括炮的整体系统知识和炮兵战术知识，否则就是不称职的先生。为了解决这个问题，他专门在系里兴办了助教训练班，使每一个教员都能全面掌握炮兵知识。在管理上他严格执行条令、条例，从严治军。系里开会布置工作，有位教授不记笔记，他就派人到教研室找人来替那位教授作记录，以示惩戒。他布置完工作，要求部属按条令要求复述一遍。这种严格成为哈军工三严作风的有力佐证。

黄景文毕业于黄埔海军学校，参加了抗日战争、解放战争、抗法援越、抗美援朝等战争，曾被越南总高级步校聘为顾问，是一位既经历过战火考验，又具有专业技术知识的干部。他是解放战争后期，解放军四兵团进军大西南时纳入陈赓麾下的云南边纵干部。从此，他便追随陈赓从云南出发，赴越南、朝鲜，征尘未洗又风尘仆仆

■ 赵唯刚，1905 年 1 月出生，辽宁沈阳市人。在日本千叶士官学校学习，后在留日期间加入了中国共产党。1927 年 9 月，赵唯刚回国，任东北军工厂少校厂员、东北军模范队中校教育主任、东北讲武堂教官。在中央特委的直接领导下，他以此身份作掩护开展地下工作。1933 年，赵唯刚奉调苏联，在伯力炮校学习，曾参加苏联远东红旗军司令部的情报工作。后进入莫斯科机械化兵学校学习。1937 年 5 月，赵唯刚作为莫斯科参谋部的情报人员，被派往南京。1948 年赵唯刚任东北军区司令部军训处处长，后任哈军工炮兵工程系主任。1955 年 9 月被授予大校军衔

跟随陈赓回国，来到北国冰城哈尔滨筹建哈军工。由于他是办学的先行者，所以被陈赓赋予的任务就特别多。从对教员的礼聘开始，历尽甘苦，尝尽辛酸，为学院选调来许多优秀的人才，为建

黄景文，1913年出生，广东惠阳县（今惠州市惠阳区）澳头镇人。1932年到广州黄埔海军学校第十九期学习。1939年5月加入中国共产党。历任中共地下党广东高州专署学生总队总支组织委员、遂溪县二区区委委员、吴（川）廉（江）特派员。后在张炎将军部队参加抗战，1946年率部至越南整训，受聘为越南人民军总部高级步校军事顾问。1947年到1949年，历任中共粤桂边区工委委员、中国人民解放军桂滇黔边纵队司令部参谋长、边纵第一支队司令员兼政治委员、军政大学第四分校教育长。1950年赴朝鲜作战，任中国人民志愿军第三兵团军务处长，后任军事工程学院海军工程系主任。1960年被授予大校军衔

立哈军工骨干教师队伍，作出了突出的贡献。在教学组织、管理和科研工作中，他认真贯彻执行党的教育方针，一贯尊重知识，尊重人才，重视发挥知识分子在革命队伍中的作用。他坚持教学和科研相结合，在有关科研发展的方向性问题上，有独到的见解。他十几年如一日，深入教学一线，亲自总结第一线的实践经验，有力地推动了教学。在科研工作中，他注重装备科研工作的开展，著名的气垫船项目和"901"数字计算机项目，就是在黄景文的支持下，由顾懋祥教授和慈云桂教授研制成功的，受到彭德怀元帅和中央军委首长的多次表扬。

在哈军工创院初期，徐介藩以陈赓院长为榜样，拒绝搬进为他准备的哈尔滨斜纹二道街的高档楼房，住进院内两间仅24平方米没有供暖设备的背阴平房里，还一个劲儿地说"不能把我当外人！"为了培养装甲兵工程技术干部，徐介藩在装甲兵工程系制定了严格管理、从严治教的方针，提倡理论和实践并重，技术学习和战术学习并重。不久，为了发挥徐介藩

在航空方面的特长，中央军委决定调他出任北京航空学院院长，但是此时他已把全部的精力都投入到了装甲兵工程系的建设工作当中了，于是婉言谢绝了组织上的安排。他在工作中兢兢业业，生活上艰苦朴素，业余时间刻苦钻研专业知识，成为哈军工老同志当中"活到老，学到老"的典型。徐介藩在苏联专家的指导下，领导装甲兵工程系的师生发扬我军艰苦奋斗的革命传统，曾研制成功了具有当时世界先进水平的水陆两栖坦克，为我军装备的正规化、现代化作出了重要贡献。

唐凯作为工程兵工程系主任，是系主任中唯一的一位红军干部，12岁就当上了儿童团团长，是位年轻的老红军。唐凯在哈军工组建了工程兵工程系，全系分4个专科：部队工程科，负责培养工程兵部队中的团工兵主任；筑城科，负责培养国防工程设计与施工技术人员；工程机械装备科，负责培养工程机械设计与维护技术人

徐介藩，1901年7月出生于安徽固镇县马场乡前马场村。1923年加入中国社会主义青年团。后考入黄埔军校第3期步兵科学习。同年秋，转入广州航空学校第2期学习驾驶。1926年2月加入中国共产党，后任中共航校特别小组组长。1926年9月，由广东革命政府选派、中共粤军委介绍赴苏联，先后入列宁格勒（今圣彼得堡）红军航空理论学校、苏联红军第二航空学校学习，后转入莫斯科东方劳动者共产主义大学学习。先后在苏联内务部、共产国际干部部和苏共中央联络部工作，获"保卫莫斯科奖章"和"卫国战争纪念章"。1948年回国，任中共中央东北局编译局翻译、《毛泽东选集》俄文总编辑。新中国成立后，被任命为中国驻苏联大使馆一级参赞。1952年11月，赴哈尔滨协助黄埔学长陈赓筹建军事工程学院，任装甲兵工程系主任。1955年9月被授予大校军衔。1961年8月晋升为装甲兵少将军衔

▌唐凯，1916年10月出生在湖北黄陂县（今武汉市黄陂区）梅店一个赤贫的农家，13岁加入中国共产主义青年团，同年参加中国工农红军，1931年由团转党。土地革命战争时期，历任红四军第十一师三十二团班长、宣传队队长、连副政治指导员、军保卫部队长，江口独立团团长兼政治委员，红三十军第八十八师二六二团营政治委员，二六二团政治委员，红三十一军第九十三师二七一团政治处主任、团政治委员。参加了鄂豫皖苏区的反"围剿"斗争和艰苦卓绝的长征。抗日战争初期，为培养党的抗日军政干部作出了贡献。解放战争时期，参加了辽沈、平津、渡江等重大战役。1953年初任军事工程学院工兵工程系主任。1958年奉调北京任工程兵特种工程设计院院长兼政治委员，工程兵国防工程设计院院长、党委书记，投身我国"两弹一星"的宏伟事业中。1955年被授予少将军衔

员；电器装备科，负责培养电站设计与维护技术人员。工程兵工程系先后成立了筑城、建筑与施工、军事地形与测量、道路桥梁、军用电工、非防御建筑、地爆、建材与工艺、伪装、卫生工程、工程结构、水利水工、工兵战术、工程机械等14个教授会。在唐凯的培育下工程兵工程系培养出大批有用人才，谭国玉、钱七虎、周培根、王祖光、王景全、汪大圻、施元龙、李钊、顾金才和张广哲等大批将军、院士都是他的学生。他先后获二级八一勋章、二级独立自由勋章、一级解放勋章、一级红星功勋荣誉章。唐凯身上有12处弹伤，去世时臀部仍留着日军的弹片。

众将齐心　铸就军事技术教育新典范

　　哈军工办学 17 年，辉煌办学成绩的取得除了以陈赓为核心的初创者的努力，"三驾马车""五根支柱"的付出，也浸透了学院第二任政委谢有法以及辅助陈赓主持相关工作的刘有光、张子明、李开湘等人的心血。

　　当军工大院还在平地中没有拔起的时候，未来五栋大楼的蓝图就早已在哈军工创建者的心中绘就了。高等军事工程学院具有怎样的品格？它将以怎样的啼哭向年轻的共和国问好？哈军工的创建融聚了所有创建者的智慧、辛勤和汗水。时光荏苒，庆幸的是军工大院使人们有幸领略哈军工创建者们的品格与精神，有幸透过这些固化了先辈们精神的大楼聆听哈军工创建者们的思想和教诲。哈军工的创建者们不仅为我们留下了永远值得骄傲的大楼，还留下了对后继者在思想上深得教益的精神财富。哈军工及其后继者们将永远铭记这些前辈们！

谢有法，1917年出生，江西兴国县人。1936年加入中国共产党。参加了土地革命、长征、抗日战争、解放战争。新中国成立后，任中国人民志愿军第九兵团政治部主任，中国人民解放军总政治部组织部副部长，于1958年至1966年间任哈军工政委，后任中共中央基本建设政治部主任，沈阳军区副政治委员，政治学院政治委员、顾问。1955年被授予中将军衔

1958年1月16日，中央军委第139次会议决定，任命谢有法为军事工程学院代理政治委员，到学院主持工作。5月1日，国务院总理周恩来任命谢有法为军事工程学院政委。作为学院政治上的掌舵人，谢有法政委带领哈军工党委，坚持陈赓的办学思想和"又红又专"的学员培养目标，坚持以教学科研为中心，依靠"两老办院"，从严治校，为国防现代化建设培养了一大批优秀人才。面对哈军工分建、新建的严峻任务，谢有法在院党委扩大会议上强调："在艰巨的任务和困难面前，各级党委要相信群众，依靠群众，上下拧成一股绳，把自力更精神贯彻到各个方面，抓重点，抓难点，争时间，争主动。事在人为，没有克服不了的困难。"在庆祝建院7周年大会上，他作了《迎接新任务，争取新胜利》的报告，鼓励全院师生自力更生。学院的苏联顾问于1960年8月全部撤离，谢有法遵照中央"坚持原则、坚持团结、多做工作"的指示，对苏联顾问热情相送。在哈军工动荡艰难的岁月里，在改建新建的困难面前，他充分发挥政治工作的凝聚和鼓舞作用，稳定了大局。

抗美援朝战争爆发后，刘有光随志愿军第三兵团出战，任兵团政治部主任，是陈赓的主要助手。陈赓十分器重德才兼备的刘有光。1954 年春，刘有光又随陈赓来到了哈军工。陈赓交给刘有光的任务仅一条，那就是做好知识分子的工作。刘有光在教授会里蹲点，与大家一起研究如何贯彻好党的知识分子政策。他主持召开全院的教授会议，党、团支部书记会议和全院教授会主任会议。他说："教授会主任是教授会全体人员的直接首长，党团员必须向教授会主任汇报思想和工作，执行教授会主任的指示和命令。"后来这成为哈军工政治部公布的一个重要政策，不仅保证了教授会主任在教育业务工作上有绝对权力，并且授予教授会主任进行政治思想工作的职责。

刘有光，1914 年出生，河北景县人。1936 年加入中国共产党。曾任云南省军区政治部主任兼中共滇南工委书记、中国人民志愿军第三兵团政治部主任，参加了滇南战役和抗美援朝战争。从朝鲜回国后，历任哈军工副政委、国防部第五研究院政治委员、第七机械工业部副部长、国防科委副政委兼第七机械工业部副部长、国防科委政委、国防科工委政治委员兼政治部主任等职。1955 年被授予少将军衔

刘有光对老干部进行知识分子政策的再教育，统一思想认识，动员老干部主动做好高级知识分子的团结工作，要求部、处以上干部都要和老教师交朋友。刘有光自己则常常泡在斜纹二道街老教师的宿舍里，与他们促膝谈心，常常半夜带着一身寒气回家。刘有光是陈赓"两老办院"思想的忠诚执行者，为充分调动哈军工知识分子积极性奠定了坚实的基础。

▌张子明，1918年出生，山西离石县（今吕梁市离石区）人。1935年加入中国共产党。先后任中共云南省丽江地委书记，中国人民志愿军第三兵团政治部组织部部长，哈军工科教部副部长、教育长、副政治委员，昆明军区副政治委员，铁道兵副政治委员。1961年被授予少将军衔

张子明也是从志愿军第三兵团来到哈军工的一名老干部。在哈军工任科教部副部长和教育长期间，亲历了哈军工的第一次分建，在学院党委的领导下，克服哈军工建院以来最困难的一段时光。面对一些专科、教员的迁出，通过选拔"青苗"等方式，在学院学员中选拔青苗，自己培训，边教边学，培养教员。组织全院干部参加文化补习，提高学院干部的文化水平。面向国家急需，设立专科专业，推动教育教学改革。防化兵工程系、原子工程系、电子工程系的成立以及海军工程系指挥仪与电子计算机科组建也都凝结了张子明的智慧和力量。他在学院党委领导下，带领广大师生，自力更生，艰苦创业，千方百计完成教学任务，按照崭新的人才培养目标设立专科专业，使哈军工迎来了一个崭新的阶段。

1958年2月，李开湘奉命北上，从南京军事学院来到了哈尔滨。李开湘走进哈军工，开启了人生中国防现代化的新长征。当时正是"反右"运动的后期和"大跃进"初期，政治运动频繁。李开湘尽快熟悉哈军工情况，在学院党委的领导下，稳妥地处理好许多棘手的问题。一年后哈军工创建火箭工程系，为了保密对外叫"电机系"。陈赓点将，让李开湘出任系政委，当时没有设系主任。李开湘深知自己肩头压了多重的担子，创建中国第一个火箭工程系，

筹办高度机密的导弹专业，千头万绪，困难重重，一切从头学起、做起。李开湘与系副主任戴其萼等人密切配合，紧紧依靠周祖同、张良起等老教师，团结起全系人员，遵循陈赓院长"两老办院"的思想，使全系工作走上正轨。1960年，李开湘一边配合学院领导欢送苏联专家回国，一方面紧急安排全系应对工作，稳定教学秩序，做好教员与学员的思想工作，树立自力更生的观念，发动全系教师力量，独立自主地把专业办了起来。李开湘带领全系度过了那段困难时期，当一批批导弹专业毕业生都走出校门的时候，他感到无限的欣慰。

李开湘，1910年出生，四川苍溪县人。1933年加入中国共产党。同年参加中国工农红军。1935年参加长征。1950年后，任军政大学川东分校副政委。1951年参加抗美援朝，任中国人民志愿军政治部主任、兵团干部部副部长。回国后，历任哈军工干部部副部长、部长、副政委，国防科委三十一训练基地司令员、政治委员，总后勤部顾问。1955年被授予少将军衔

在历史的长河中，总是有些人能够随着时间的推移、空间的变换而永远铭刻在人们的记忆里、沉淀在我们的心上。这些哈军工的创建者为这所学校的创建作出了永远值得赞颂的历史性贡献，他们众志成城创建哈军工的画面也勾勒出了哈军工人忠诚坚韧的群体肖像，成为哈军工人精神的宝贵源泉。为哈军工的建设、发展奉献的前辈何止这些。在此，我们对前辈们的功绩仅能作出选择性的概括描述，他们在哈军工后继者心中的高度是语言所无法企及的。面对这些众志成城，为哈军工的创建、发展奉献了青春、智慧和汗水的前辈，面对这所

学校承前启后的发展，工程大学人作为哈军工的后继者之一，为了不负前辈之望、国家之托，也为了不愧于后人的审视，在新的历史时期，不惮劳苦、继往开来，正在将前辈和后继者共同关注并倾尽心血的事业，不断推向新的境界。

留洋专家　又红又专育新苗

华东军区司令部军事科学研究室是时任华东军区司令员的陈毅送给筹建中的哈军工的一个"聚宝盆"。对于求贤若渴的哈军工来说，这个"聚宝盆"成为学院一个重要的人才库。照片中从左边开

华东军区司令部军事科学研究室成员合影

始分别是后来哈军工著名的教授沈正功、周祖同、马明德、何乃民、钟以文、张述祖、金家骏、鲍廷钰、任新民、岳劼毅、赵子立、张茹康。毛泽东讲：办学校，一是选好校长，二是选好教师。校长是办校的关键，好校长才能选好教师、用好教师；教师是办校的基础，好教师才能教出名人、办出名校。

在科技人才匮乏的新中国成立初期，这些知名教授、专家都被各单位视若瑰宝。要把他们从多年从事的工作岗位和习惯了的生活环境中抽出来，调到远在北方高寒地区新建的学校去，谈何容易！在周恩来总理的亲切关怀和高教部的大力支持下，到1953年初，哈军工从全国各地调进78名教授、专家，又从部队抽调了232名大学毕业生来校任助教，初步汇聚了自己的师资队伍。

哈军工"网罗"来的这些专家、教授堪称集学贯中西的饱学之士，纳大江南北的学术精英。他们分别在英、苏、美、法、德、意、日、荷等多个国家留过学，被戏称为"八国联军"。这些从全国各地一个一个请来的教授、专家到达学院后，院领导都一个一个登门拜访，促膝谈心，帮助教授们解决在北方的新环境工作生活的困难。这些在各自学术领域可以被称为大师的教授们，在哈军工的办学，尤其是人才培养工作上发挥了重要作用。这些留洋大专家主要有：

卢庆骏——留美博士

孙本旺——留美博士

李　苾——留美博士

庄逢甘——留美博士

朱起鹤——留美博士

任新民——留美博士

陈百屏——留美博士

罗时钧——留美博士

周明鸂——留美博士

陈涵奎——留美博士

高步昆——留美博士

谭自烈——留美博士

马明德——留美硕士

刘景伊——留美硕士

肖学忠——留美硕士

余新福——留美硕士

胡振渭——留美硕士

赵国华——留美硕士

凌之巩——留美硕士

顾懋祥——留美硕士

梁守槃——留美硕士

黄明慎——留美硕士

程尔康——留美硕士

董绍庸——留美硕士

吴守一——留　　美

周祖同——留　　美

苏　谔——留　　美

刘恩兰——留英博士

李天庆——留英硕士

岳劼毅——留　　英

胡寿秋——留　　英

潘景安——留　　英

张述祖——留德博士

曾石虞——留德博士

岳劼毅——留　　德

杨仲枢——留比硕士

沈正功——留日硕士

黄德馨——留　　日

杨中枢——留　　法

何乃民——留　　法

沈　毅——留　　法

何乃民——留　　苏

曹鹤荪——留意博士

1953 年元旦刚过，文庙街上的积雪被打扫得干干净净，王字楼门前挂上了"欢迎第一期学员和助教来院"的红布横幅。自从全军上千名学员和助教陆续抵达哈军工后，校园里一直洋溢着热烈欢快的气氛。第一期学员的文化水平参差不齐，有的只相当于初中文化。学院为新生安排了文化补习。教材是参考苏联十年制中学教材临时编写的，讲课的都是学富五车、名牌大学毕业的教授和副教授：孙本旺讲平面几何，沈正功和黄明慎讲投影几何，陈百屏讲代数，罗时钧讲数学解析，刘绍棠讲物理，金家骏讲化学。教务处组织试讲评教会，名牌大学来的名教授屈尊讲中学课程，还要再试讲一次，让大家提意见，这可以说是中国高教界的罕见之举。可是为了保证教学的质量，哈军工的老教师们不讲面子，放下架子，高高兴兴夹着书本来到文庙东配殿的会议室。已是不惑之年的孙本旺是国内数学界有名的才子，向同事和晚辈们试讲他已经讲了十多年的几何学，备课仍然十分认真。有全国调来的名师，在教学质量上就有了根本保障。教师在教学实践中的积极性和创造性非常高。在开课前，教师会先摸清学员的基础，在备课时他们会兼顾学员的基础程度。教师不仅让学员"懂"知识，更要"懂"知识的来龙去脉和获得知识的方法。

1955 年 1 月 31 日，学院第二届教学方法研究会召开。会议通过了《加强军人教养》《在讲课中贯彻政治思想性》《组织学员自学及培养学员独立工作能力》《建设实验室工作》《组织与进行教学实习》等 10 个决议。教育长徐立行在总结讲话中首次对教师提出了"教书教人"的要求，即教师不仅要向学员传授科学技术知识，还要培养学员的革命品质；不仅在课堂上传授马克思主义的立场、观点、方法，还要在实践中成为学员的表率。哈军工的教师对学员全面负责，既管教，又管学，既向学员传授知识，又帮助学员把知识真正学到手。"教书教人"是哈军工的办学传统，也是其留给后人的宝贵精神财富之一。

讲课是教学过程的最基本环节。哈军工的教师对于讲课的重视和认真负责的态度，可以说是当时所有学校的教师难以相比的。他

们不仅根据教学大纲规定的教学目的、教学内容、教学重点系统地组织材料，深刻地揭示知识的本质，而且了解学员的学业基础和接受能力；既要满足多数学员的要求，也要照顾少数"尖子"和"困难户"；不仅要让学员听得懂，还要让学员学得会；不仅给学员讲课，还要深入学员中进行思想教育。

在教学过程中，哈军工极为重视绪论课的讲解，认为这是培养宏观能力的重要环节。哈军工学员在完成预科教育，开始本科教育后，所有开课的教授会和教师，都首先以高度负责的精神，热情地向学员详细介绍所开课程对培养军事工程师的重要意义，指出这门课程与中学课程的联系和区别，说明课程的特点、重点、难点和学习方法，并且介绍所用教材的优越性，以增强学员学习的兴趣和学好的信心。哈军工的教师们，把人民解放军全心全意为人民服务的宗旨，具体地落实到了全心全意为学习服务上面。只要有利于学员学习的事，再辛苦、再琐碎也愿意做。化学教授会发现有的学员认为"化学容易学"，就立即发出对化学课不能掉以轻心的警告，说明不认真、不努力就难以学到真本领；投影几何教授会发现有的学员制图不认真，马上强调准确制图对军事工程师的重要性；高等数学教授会要求学员下功夫弄通概念；物理教授会要求学员努力打好力学基础；合同战术教授会强调技术不能离开战术。

空气动力学专家罗时钧教授讲课，不以一般地说明概念、定义、定理为满足，还要揭示概念、定义、定理的实质及其相互间的内在联系，一一列举事例，表明它们的真实含义。为使学员印象深刻，讲了正面又讲反面；为使学员不感到一条定理、一个公式

的突如其来，还要详细
交代它们是怎样从社会
实践中总结出来的，又
在社会实践中如何具体
运用；为使学员认清定
义、定理的科学性和准
确性，对表述定义、定
理的语言逐字逐句进行
剖析，指出少了一个字

罗时钧给学员答疑

将如何，换一个词会如何，不这样表述又如何。

海军工程系教员与学员座谈

机械工艺教授会主任张凤岗教授不满足于讲好自己所开的课程，还考虑与各有关教授会协作、配合，共同培养学员。开课之前，他主动到其他教授会去，为相关课程的任课教师介绍机械工艺学教学大纲的内容，和他们探讨各门课程之间的协调配合问题，避免教学内容的脱节或相互重复。

既教书，又教人，在向学员传授知识的同时，向学员宣传解放军光荣传统，引导学员走又红又专的道路，这是哈军工"教书教人"育人理念的突出表现。1956年哈军工第一届党代会作出决议："教师应通过各个教学环节和学员各项活动，指导学员掌握独立工作方法，进行品德教养，以树立教师对学员全面负责的观念。"首席顾问奥列霍夫经常说："教师不仅是知识的传授者，还是学员的教养者，不仅讲课内容与叙述方式对学员有影响，就是在教室里的一举一动和仪表，也会影响学员。"

如果说在第一个教学周期，只是一般地说教师有对学员做政治思想工作的责任，那么在党的教育方针提出之后，就明确要求教师"忠诚党的教育事业"，培养学员成为忠于革命的工程技术人才。正如海军工程系1963年秋冬学期的教学工作总结所说："经过近年来一系列的政治学习，教师的思想发生了很大的变化，不单重视技术化，也重视革命化；不单教书，还注意教（育）人；不单注意培养学员成为技术工作者，还注意培养学员成为革命者。"从这以后教师们把党为人民服务的宗旨具体落实到了全心全意为学员服务上，只要有利于学员学习的事，再辛苦、再琐碎也愿意做。教师通过各个教学环节和各项活动，对学员进行养成教育，树立教师对学员全面负责的观念。

哈军工在教学的过程中，总结出专科（相当于现在的院系）做思想政治工作的完整经验，这些做法和经验直到今天对我们做好"教书育人"工作都有重要借鉴作用。学院党委在修改苏联顾问团拟定的教育计划时，增加了培养目标的内容，要求学员政治上无限忠于党、忠于人民、忠于祖国，具有高度的爱国主义和国际主义精神；业务上精通本兵种的武器装备，能独立完成工程技术任务；军事上具有一定的军事素养和高度的组织纪律性；体格上能胜任繁重的工作任务，克服军事技术任务中的各种困难，必须是"又红又专"。学院还非常重视对学员军事素质的培养，要求加强军人教养，解决"穿军衣的大学生""穿军衣的老百姓"的问题，使他们迅速成为真正合格的军人。学员从入学、入伍开始，就严格地进行军事训练，不仅实施士兵的队列训练，还结合专业进行诸兵种协同作战的战术教育。学院很重视学员的体育训练，通过上体育课和开展群众性的体育活动，培养学员坚忍不拔、百折不挠的毅力和意志。

科技报国　弹道专家张述祖

张述祖

张述祖是华东军区司令部军事科学研究室主持科研工作的副主任，在哈军工筹委会中主要负责教授聘请工作。他提出一个拟从全国各高校聘请的教授、专家名单，共 62 人，报请周恩来总理审批。周恩来批示"请邓（小平）副总理办理"。这份名单对于哈军工师资队伍建设具有特殊意义。

张述祖自己也是一位大师级的人物。留德期间，日本侵略者强占我国东北三省的消息传到德国，张述祖深感科学落后尤其是军事科学不发达是我国国力羸弱的重要原因之一。从此，张述祖走上了科技报国之路，科技报国成为他一生的追求。他决意改学军事科学，一心想学兵器技术和弹道学，以实现自己富国强兵的梦想。然而德国人封锁与军事技术有关的学科，不许外国人染指。无奈之下他只能在柏林大学物理研究所研究由现代量子力学家普朗克提出的"电压下不同浓度电解质"的课题，导师是著名物理学家、诺贝尔奖得主纳恩斯特先生。张述祖苦读三年，获得物理学博士学位。

然而他从未放弃"科技报国"的梦想，几经努力终于进入柏林工业大学工程物理研究所，跟著名弹道学家克朗兹教授研究弹道学。工作之余，张述祖曾跑到德国兵工厂去解决若干生产技术问题，为自己的理论寻找实践的机会。他如饥似渴地钻研国防工业技术，经常去旁听有关装甲、海军和空军的技术课程，一些专为德国军官开设而不准外国人旁听的课，如枪炮制造、弹药、坦克等，他也都请德国教员私下教授。他白天跑兵工厂实习，掌握国防工业的实际知识，晚上经常整理实习笔记到深夜。他的研究论文《几个重要外弹道解法计算精度的研究比较》收入克朗兹 1936 年出版的专著《弹道学——补充本》之中。张述祖在德国终于又获得了弹道学博士学位。

1937 年 7 月 7 日，卢沟桥边的炮声响了，日本法西斯大举侵略中国，张述祖无心留学读书，报国心切的他中断了研究课题，为了防止德国法西斯迫害，以去英国参观飞机发动机厂的名义，经法国、意大利，由威尼斯乘船漂洋过海抵达香港，再转广州，终于回到了祖国。1938 年，张述祖随中央大学迁往重庆，在重庆期间，张述祖受聘于兵工大学。他在十分困难的条件下，尽量多开一些课程，倾力培养国防技术人才，以求为振兴国防尽力。

之后张述祖受聘于上海交通大学教授工程物理学。1949 年 5 月 27 日，也就是上海解放的第二天，张述祖从朋友家回到提篮桥

海门路的家中，他把沿途看到的解放军露宿街头、秋毫无犯的情景告诉家人。这是张述祖第一次亲眼看到解放军，他的思想受到了强烈的震撼。这一天下午，有几个身穿土黄色军装的解放军找到门上，让张述祖全家不胜惊诧。这两个人就是解放军第三野战军司令部干部祝榆生和许哨子参谋。他们登门拜访张述祖，希望他能把留在上海的兵工专家组织起来，为新中国的建设出力。张述祖当即表示义不容辞，"已向军管会起草了一份报告，广泛联络朋友，一齐努力，早点投身新中国的建设"。随后，在张述祖家召开了一次会议，参加会议的兵工专家依次写下自己的姓名和工作性质。这次会议就是"海门路会议"，它是新中国成立前夕，我国一批知识分子决心投身国防科技事业的恳谈会，与会的人后来大多是哈军工的第一批老教师。

1949 年 9 月下旬，张述祖等人到南京军政大学报到。南京军政大学为这些研究人员成立了军事科学研究室，不久，研究室又归属华东军区司令部领导。研究室成立了火箭、车辆、化学及无线电控制 4 个组。1950 年春天，研究室的八个课题同时展开。这些兵工专家是新中国军事高科技事业的开拓者，更是固体火箭工程的开路先锋，在中国航天科技的发展历程中，华东军区司令部军事科学研究室为部队解决了很多难题。当时中国从苏联购买了"喀秋莎"火箭炮，但试射时出现哑炮现象。中央军委知道华东军区有一批兵工专家，便急电粟裕，要求组织专家火速解决这个技术问题。张述祖带领同事和助手们，只用了一周多时间，就找到故障的原因，同时提出简单易行的解决方案。重新试射后，"喀秋莎"火箭炮的巨响震撼大地。

1952 年 9 月 1 日哈军工筹委会成立，筹委会的领导班子成员就包括张述祖。张述祖不仅是当时国内为数不多的军事工程方面的弹道专家，双料的理学、工学博士，而且更可贵的，他是一位有先进教育思想并有教育实践经验的教育家。他是陈赓院长办学中倚仗的科学教育与专业技术顾问。张述祖不仅给哈军工带来了工科大学的管理经验，还带来了华东军事科学研究室的一大批工程技术专家；他还鼎力为陈赓推荐了大批国内知名学者，经过周总理亲自下令，大部分都调来学院供职；他推荐重用任新民等人才，建立了一整套教学规章、制度，制定了教学计划和各科教学大纲，为哈军工的教学奠定了基础。

哈军工专业教授会成立后，张述祖兼任炮兵工程系弹道教授会主任。张述祖的拳拳爱国情在哈军工得到了充分释放，他的智慧和才能闪出了耀眼的光芒。他是哈军工建院的功臣，更是哈军工大师中的突出代表。他以自己的学识和智慧以及一腔爱国情凝聚团结了一批哈军工的教授们，在军工大院里默默耕耘、甘为人梯。

张述祖教授在哈军工第一届教学方法研究会开幕式作《培养学员独立工作能力》的报告

大爱三严　留美博士卢庆骏

　　卢庆骏是哈军工费了周折才请调来的大师。即使有了周总理的批示，请调工作还是费了一番周折。因为要保密，学院的人不便于向他详细解释工作性质，结果就吃了闭门羹。卢庆骏的导师，中国

▌卢庆骏（左二）和教师们研讨教学工作

数学界、教育界泰斗苏步青教授在上海一次民主党派会议上提意见说："军工是挖工事的，指名要卢庆骏干啥！"陈毅立即将上述情况转告陈赓。陈赓马上派徐立行专程拜访苏步青，向他解释军工是培养我军研制和维修海、陆、空武器装备的高级工程技术人才的，迫切需要基础课教授。苏步青说："啊，这才清楚了，我以为'军工'是挖工事的。既然这样，就调给你们吧！"

高等数学和大学物理被称为工科里的"霸王课"，尤其是高等数学，是学员们最为害怕、花费精力最多的功课。哈军工数学教授会主任卢庆骏自然也就成为学员和助教们心中敬畏有加的名师。卢庆骏有两个特点：一是学术造诣高，教课好；二是严，有三个词是他的标准：严谨、严密、严格。

1953年3月，卢庆骏到哈军工报到，他主动要求给空军工程系的新生授课，引导刚入大学校门的新生掌握学习方法，端正学习态度。在"起立"声中，上百名学员和坐在后面的助教们立正，向卢教授行注目礼。卢教授一身蓝色中山装，表情从容，步子沉稳地走进来，站在讲台上，听值日班长报告完，瘦削的脸庞露出微笑，答道："同志们请坐。"学员们突然瞪大眼睛，他们发现卢教授是空着手进来的。瞬时间，一股无形的威严由教授拿着粉笔、面对黑板写字的背影中投射过来，笼罩着肃穆的大教室。卢庆骏在黑板左上角写上了题目，开始讲课。卢庆骏的普通话略带江南口音，但是清晰明快，讲解定理层次分明、深入浅出，语言铿锵有力、抑扬顿挫。他一边讲一边提纲挈领地写出重点和重要公式，步步推导，层层演算，板书笔迹苍劲有力，布局合理。

卢庆骏教授在授课

整整一堂课，卢教授使用了两支粉笔，没有动一下黑板擦，抬眼望去，板书就像印刷好的教科书一样工整清晰。学员们细心记录下来的笔记，就是一本完美的高等数学教学大纲。当卢教授打住话尾，把剩余的粉笔头轻轻放在讲台上时，下课的军号声随之响起，学员们再看卢教授，话音刚落的他，面带微笑，步态从容地走出教室。有人仔细观察，上课时，面前的这位卢教授竟没有看过一次手表。凡是听过卢教授讲课的人，都佩服他有一种吸引学生排除杂念的神奇力量。他没有一句话是可以省略的，严密的逻辑推理和由浅入深的排难解惑，使学生的理解力达到最佳状态。

数学教授会在1953年秋开设甲、乙两个助教培训班。培训班中年轻助教们均来自国内名校，是助教中的佼佼者，然而一见到卢庆骏方知学海无涯。为了让拔尖的青年教师进一步深造，卢庆骏决定办讨论班，按苏联副博士的标准，引导他们攻读高层次的数学专著。他让大家先自学，然后一个月轮流做一次读书报告，在讨论班上当众报告论文。卢庆骏对报告要求甚严，他边听边问，讲到定理要证明，讲到基本概念要回答为什么。回答对了继续讲，回答错了，他轻声说："不讲了，回去重新准备，下次再讲。"所以青年教师们丝毫不敢懈怠，准备读书报告遇到困难去请教卢教授时，他不立即回答，而是启发他们自己去思考。他要求大家脚踏实地、追求真理，要锲而不舍求学，不要心存侥幸过关。他常对大家说："假如你认为这个猜想正确，即使你已经 99 次证明都失败了，你还应该证明第 100 次。"

严师才能出高徒。这所学校就是这样，老教师对自己、对学员在学习工作上的要求都尽显一个严字。严谨、严密、严格六个字说起来简单，做起来却需要丰厚的积累和沉淀，需要有大家的风范和气度，需要有坚持的态度和职业操守。

德高为范　海的女儿刘恩兰

　　哈军工有一位传奇的女教授，她就是海军工程系海道测量教授会主任刘恩兰。她瘦小的身躯下，怀揣着蔚蓝色的理想。她曾经写下过这样一段话：海洋水文气象是一门新起的综合性学科，尚有待浇水施肥，本身的发育就是个问题，搞的人少，认识又不统一，所以困难较多。我既然开始了该学科的工作，可以跟着专业成长而边做边学……寥寥几笔，我们不难体会她对大海的热爱，她以一个杰出科学家的智慧和战略眼光看到了海洋水文气象学科的重要性。

　　刘恩兰的爷爷重男轻女思想严重，因此，童年时期的刘恩兰在家常常受屈。于是，在广文大学任教的父亲，便把她带在身边。父亲博学多识，在授课之余教她识字读书。刘恩兰 14 岁时，父亲把她送到南京报考汇文女子中学。从来不曾按部就班上过学堂的刘恩兰以优异的成绩考取了高中二年级的插班生。毕业之后，她考取了北京协和女子大学。后又转而考入了南京金陵女子大学。刘恩兰在金陵女子大学毕业时，才年满 20 岁。刘恩兰后来到美国克拉克大学留学，学习"自然地理"，取得了硕士学位。从此，在自然地理这个当时新兴的科学领域中，第一次出现了中国的女硕士。硕士毕业回国时她没有直接返回，而是途经北美、游历欧洲，最后横穿苏联全境，从满洲里回国。

七七事变爆发后，刘恩兰辗转回到武汉。不久日本侵略者占领了武汉，刘恩兰又毅然漂洋过海进入英国牛津大学攻读博士学位。她这次仅用了一年半的时间，就完成了课程学习，并撰写了题为《中国农业气象》的博士论文，获得博士学位。第二次世界大战前夕，她在英国军方的支持下，乘小型潜艇考察海流湍急、水下地形异常复杂的英吉利海峡，取得大量科学资料，为后来英国海军战胜法西斯德国海军贡献了力量。刘恩兰也因此在国际地理学界奠定了其海道测量专家的地位。

刘恩兰时刻惦念祖国，不顾归途中德国潜艇袭击客轮的危险，博士毕业后又回到了祖国的怀抱。回国后，刘恩兰继续在金陵女子大学任教。她一边教学，一边参加救亡工作。新中国成立之后，周恩来总理曾三次接见她，征求她对组建中国科学院的意见，邀请她参加中国科学院的组建工作。1951 年 9 月，组织安排她到东北师范大学地理系任教。到 1952 年，她所在的地理系已经拥有层次分明、结构合理、学科较为齐全的师资队伍。

1954 年 9 月，刘恩兰被调到哈军工海军工程系工作，任海道测量教授会主任，从此，她与蔚蓝色的大海结下了不解之缘。这位身材瘦小的女教授身上蕴藏着火山一样的能量，她的头上戴着几顶足以让国人感到骄傲的桂冠：我国第一位获得英国牛津大学自然地理学博士学位的女科学家，我国历史上第一位环球考察北美及欧亚

▌刘恩兰和教师们探讨问题

社会地理、自然环境、风土人情的女学者……

　　刘恩兰是哈军工女教师中资历和学位最高的人，虽然身为国内外有声望的老一辈科学家，可她从不以名教授自居，反而认为自己缺乏军事知识，便挤时间认真学习战术课程。她像一个渴望求学的小学生，跟学员们一起听战术课，再根据海军战术要求改写自己的讲义。科学教育部受到她的行动的启发，指示各系普遍为专业教师开设军兵种战术知识讲座。

　　有一次，她带学生到郊外的一座山上实习，正值炎夏，有的同学怕热，只在山下转悠。刘恩兰看到后，没有批评，一声没吭，一人往山上爬。同学们看到50多岁的老教授都不顾炎热，往山顶爬去，都自惭形秽起来，于是争先恐后地上了山。到了山顶，刘恩兰这才对大家说："你们应该考虑到，山下的风化石已经被破坏，山顶上才能找到真正的风化石。天热这点小事都不能克服，如果将来遇到更大的困难该如何应付呢？"身先士卒，德高为范，这就是刘恩兰。

1957 年夏，松花江再次爆发大洪水，哈军工全院投入抗洪救灾中。作为多年研究水文气象的老专家，作为黑龙江省防洪总指挥部科学顾问的刘恩兰，随时对洪水形势做出分析，用自己渊博的知识和准确判断为省市领导出谋划策，为抗洪立下奇功。

刘恩兰在第二届科学技术研究会上作松花江洪峰的报告

刚刚战胜了洪水，刘恩兰就带领毕业班学员，结合毕业实习，承担了国家下达的测量海岸线地形地貌和沿岸水深的大型科研任务。刘恩兰一上船，船长大吃一惊，暗想怎么上来了一位瘦小老太太？船上没有女宿舍，船长把小会议室腾出来，给刘恩兰搭了张床。船长小声地问哈军工学员："海上无风三尺浪，进行海道测量，这老太太吃得消吗？"刘恩兰指导的第一期毕业学员杨桓了解自己的老师，他只是笑笑，没说什么。杨桓心想：她可是下过英吉利海峡的刘恩兰博士，眼前这点困难算得了什么？艰苦的船上生活，刘恩兰笑傲东海万顷浪，和学员们度过了难忘的日日夜夜，指导学生完成了一幅万分之一比例尺的水深测量报告图，填补了国内该领域科学研究的空白。

刘恩兰一生牵挂蔚蓝色的大海，70多岁高龄，还经常外出参加学术会议，到沿海各地考察。在她77岁高龄的时候，她发表文章，提出"国家应当加强对海洋的管理"的重要建议，受到有关部门的重视。刘恩兰暮年曾深情地说："我自幼就喜爱大海，等我去见马克思的时候，请把我的骨灰撒在大海里，我要和大海永远在一起。"

为船为海　呼兰河边顾懋祥

　　顾懋祥院士是我国船舶性能研究和设计技术专家，中国高性能船舶技术研究与教学的先驱者，中国舰船减摇技术创始人。他硕士毕业于美国密歇根大学，后到上海交通大学造船系任教。1952 年冬被调入哈军工海军工程系。

　　海军工程系初建时条件很差。顾懋祥深深感受到祖国和人民对自己的信任，将自己在国外所学知识、当时国内可以找到的资料与大批苏联有关教材，兼收并蓄，主持编写了一批水面、水下舰船理论教

▌顾懋祥

材，创造性地开创了所需课程。他主持建造了我国第一座教学兼科研用的船模拖曳水池，为我国海军培养第一代高级舰船技术人才发挥了实验支撑的平台作用。从突击学俄文、为助教们补习文化课，到筹建海军工程系造船科的具体工作，顾懋祥作为首批创办学院的教师之一，为哈军工海军工程系的如期开学倾注了大量心血。

▌我国第一艘水翼试验快艇在呼兰河试航

除了教学，顾懋祥积极开展科学研究工作。因为他在呼兰河边进行艰辛的气垫船试验，过着漂泊般的生活，使他得了个"鲁滨孙"的绰号。

1958 年 秋，为了解决海军某型鱼雷快艇安装艉水翼而没有高速试验水池的困难，顾懋祥和同事们决定去寻找可做试验的天然河床。他们爬沟涉水，终于找到呼兰河一条长约 700 米的天然河床。8 月份的北方，昼夜温差很大。大家睡帐篷、打地铺，夜里常被冻醒过来。最让人吃不消的是蚊子成群，没早没夜地跟着人叮咬。后方补给有时来得晚，没菜吃，顾懋祥就领着大家找一段水浅的小河岔，弄干了水摸鱼。大家忙完了试验，还要分头去打柴割草，烧火做饭。缺盐少油，吃夹生饭是常有的事。后来干脆从老乡那儿买了点土豆，饿了时，就烤个土豆吃，冷得不行时就喝口老白干。刘居英到"试验场"检查工作时，深为顾懋祥小分队的艰苦奋斗精神所感动。

虽然顾懋祥比大家年长，吃苦的活儿却总是抢在先，他那饱满的精神状态和知难而进的工作态度感染着年轻教员和试验人员。有了天然河道，但却没有拖曳动力，如用快艇拖动，就会干扰水面，影响试验效果。经过几个昼夜的思索，顾懋祥提出用双水翼艇在飞航中带动试验艇模型，并在拖船上安装动力仪横杆进行测量的试验方案。这个方案不仅巧妙地解决了动力和水面干扰等难题，而且还顺利测出模型在静水、逆浪及顺浪情况下的各种运动与阻力数据。顾懋祥提出的顺浪与逆浪下水翼攻角变化的理论后被应用于海军鱼雷快艇改装为单水翼艇的研究上，提高航速 5 节之多，为海军舰艇的改装作出了卓有成效的贡献。

彭德怀元帅曾亲临呼兰河野外现场视察，向他们祝贺和鼓励，并对他们几个月来在"集体鲁滨孙式"的艰苦生活中所表现的奉献精神十分称赞。顾懋祥带领一群年轻人在荒岛上过了几个月鲁滨孙式的艰苦生活，完成了新中国海军建设上一个重要的科研课题，为海军舰艇改装作出了贡献。

顾懋祥在创业的艰辛中从不沮丧，在成功的喜悦里也永不满足，即使在困境中，心中所想的仍然是我国船舶科研与世界水平的差距。1966 年"文革"来临，逆境中的顾懋祥却不气馁、不消沉，仍然经常出入外文书店，在筒子楼宿舍"开夜车"。当他从稀缺难寻的资料中把握到国际船舶水动力学发展的前沿进展时，就又情不自禁地和几个思想默契的同事探讨研究起来，开创了我国船舶耐波性理论的深入研究和数学计算方法的工作，并首次在国内完成了舰艇在波浪中运动的二维计算程序的设计。

顾懋祥长期从事船舶动力学的研究，在国内，他率先引进并精辟阐述了舰艇动力学的概率理论，使船舶在不规则海浪中运动的计算成为可能。1965 年从"八六"海战（1965 年 8 月 6 日中国人民解放军海军南海舰队所属部队在福建省东山岛以东海域，击沉国民

党海军2艘军舰，史称"八六"海战）经验总结中，顾懋祥了解到我军炮艇在风浪中摇摆剧烈，影响火炮射击命中率，他提出了研制减摇鳍的建议。他们攻克了多项技术难题，经过大量海上实验，运用船舶动力学的概率理论指导设计的船舶自动减摇鳍系统，终于成功地应用于某型海军高速炮艇，使该型炮艇的耐波性有了明显提高。在此基础上又发展了第二代减摇鳍。因此顾懋祥又被称为我国舰船减摇鳍技术的创始人。

从1979年开始，顾懋祥调任船舶总公司第702研究所，先后任所长、名誉所长和博士生导师，前后共17年。不论他在不在所长的职位上，始终为造船事业不遗余力，甘当人梯；在科研中严谨求实，谦虚纳慧。他从不满足已经取得的成就，始终站在学术的前沿。他在702研究所里做了大量的工作，成绩显著，尤为表现在改革开放后推动我国造船界走向国际学术舞台，积极倡导最新理论的研究与推广应用工作，极有远见地加速培养了我国优秀的科技人才。

在日常生活中，人们更多看到的是领航人耀眼的光环，很少能体会到那光环背后的艰辛与汗水。以顾懋祥为代表的老一辈科研工作者艰苦创业，为我国船海事业的发展作出了一系列开拓性的奠基工作，也为哈工程这所远离海洋的大学形成船海特色打下了坚实的基础。

先而不高　试验潜艇之父邓三瑞

邓三瑞，1929 年出生于北京，1949 年考入上海的国立交通大学，就读于造船系。当时各行各业对于人才很渴求，周恩来总理批示，把 4 年制的本科学习，缩短为 3 年。于是读到大三的邓三瑞就参了军，被派到江南造船厂学习放样，就是把船的图纸小样按照一比一的比例放成大样。由于工作中表现突出，邓三瑞又被保送到中国人民解放军第一海军学校，也就是当时全国军事造船技术水平最高的地方——大连海校继续学习造船。1953 年调至哈军工任教。

来到哈军工工作后，邓三瑞补做了一份毕业设计《中型潜水艇的设计》，他的这份毕业设计是我国第一个关于潜艇的毕业设计，它点燃了我国研制潜艇的星星之火。作为大国重器，潜艇

邓三瑞为哈军工海军工程系教师作报告

▌邓三瑞任命书

具有重要的战略意义和巨大的实用价值。我国潜艇研制虽然起步很晚，但发展速度较快，从新中国成立之初没有潜艇，到短短几十年后，能够自主设计建造技术最复杂的弹道导弹核潜艇，研制人员功不可没。作为我国第一艘试验潜艇总设计师，邓三瑞就是我国潜艇研制的功勋先驱。提起研制潜艇这段往事，邓先生有颇多感慨。那个时代对知识分子的要求是"又红又专"，对工科大学教师的要求，还得加上一个"真刀真枪"的毕业设计，也就是与国家需求结合做毕业设计。当时组织上已经决定派他到苏联某研究院学习，而他也已经通过了俄文测试。然而，一天午睡时，他却被学院领导叫醒，告诉他现在海军要设计建造潜艇，要他作总体负责人，带着学生做毕业设计，题目就是造出中国第一艘自主设计的常规动力潜艇，"真刀真枪"就这样来了。邓三瑞也因此成为我国第一个以潜艇为内容做毕业设计的大学生。

1956 年，国家要制订全国科技十二年发展规划，年仅 26 岁的邓三瑞很荣幸地被军方选派去参与"海军发展规划"部分的制订。当时邓三瑞军衔只是中尉，拿他自己的话说，在华罗庚、梁思成等大专家面前属于"小半拉子"。规划确定了中国要造自己的水面舰艇、核潜艇和原子弹。

那个年代，我国的潜艇事业一片空白，即使是制造一艘试验潜艇，困难也是巨大的。越是艰难越向前，越是祖国需要越向前。其实，研制潜艇的梦想早就在邓三瑞心中扎根了。当时哈军工海军工程系，是按照舰船上的 5 个部门分类设置的 5 个科，这是其他学校没有的天然优势条件，与造船专业配套的声呐、内燃机、电机专业都被吸纳进来。参加潜艇设计的主要是哈军工的第二期学员。在得知美国已经造出了世界上第一艘核动力潜艇，而当时我国还不知道核潜艇设计制造的细节的时候，作为潜艇专家的邓三瑞十分清楚，日后中国也必将研制自己的核潜艇。而正是他当时指导哈军工舰艇设计第二期学员进行的水滴形潜艇的毕业设计，为我国后续核潜艇的设计研制提供了借

▎我国第一艘小型水滴形水动力潜艇"032"

鉴和经验。

在缺少资料、没有设计经验、没有任何潜艇水动力学试验装置，配套零部件质量低下的情况下，他率领着一群来自哈军工、上海交大、海军学校的师生，大胆采用当时最先进的技术，边设计边实践，想尽办法解决了潜艇研制过程中遇到的各种难题，比如蓄电池总是被烧坏，他决定要把全部电池都烧坏，从失败里找到原因；再比如潜艇下潜时，螺旋桨要在流体中稳定旋转，由于受到流体的力矩作用，如果不加控制，就会导致船体姿态改变，这就需要设计稍微偏一点的稳定翼来平衡力矩。但是稳定翼偏向多少才合适呢，没有资料可查。他只好自己动手，通过大量的计算，得出了数据，后来经过试验证明，计算结果是正确的。经过不懈的努力，他们很快完成了任务，于1959年底研制出了一艘小型试验潜艇，并成功地进行了水面、水下航行试验，这艘艇下水是我国海军作战潜艇从接收、引进、仿制进入到自行研制阶段的一个重要里程碑。

"032"的研制成功为我国核潜艇的研制提供了借鉴，积累了经验，直接促成了七院等几个潜艇研制单位的诞生，打造了我国第一支潜艇研制队伍；证明了水滴形良好的水上水下操纵性，为我国的攻击性核潜艇选用水滴形潜艇打下了良好基础；通过我国第一次独立研制试验潜艇中的一些经验教训，彻底打消了那种狂热的唯心主义、凭空想象的研制思路。从那时起，我国的潜艇研制工作逐渐步入正轨。也是从那时起，邓三瑞等哈军工人与我国的核潜艇事业结下了不解之缘。

我国核潜艇工程，代号"09"。设计方案是"09"的关键问题。美国核潜艇的设计经过三个时期才发展到"水滴形＋核动力"的阶段。作为总体顾问的邓三瑞为"09"送去了徐徐春风，他设计的我国第一艘水滴形试验潜艇，给设计人员带来很大的信心。哈军工人在设计组里占30%。他们利用算盘和计算尺，计算着成千上万的数据，向未知的水滴线性设计方案发起冲击。哈军工人最早地参加了"09"的科研工作，部分教师担当工程分系统顾问，很多教师承担了科研任务，更多的哈军工学子在"09"工程里成长为优秀的核潜艇专家。

▌ 我国第一艘核潜艇"长征一号"下水

1970年，我国第一艘核动力潜艇下水，被中央军委命名为"长

征一号"。从此，中国海军跨进了世界核海军的行列，标志着中国船舶技术发展到一个崭新的阶段。由于成功地主持了我国第一艘试验潜艇的研制，邓三瑞被誉为"中国潜艇设计的先行者"，也被一些媒体称为"中国试验潜艇之父"。他谦虚地说："'中国试验潜艇之父'的赞誉只是别人给的，我不过是在这个领域占了点先机而已。"到20世纪70年代，为了回答"初具规模的中国海军如何面向世界加快现代化的步伐"这个紧迫而重要的问题，他将视线转向了船舶与海军系统工程。他提出的许多独到见解，为海军发展的战略问题提供了决策依据。

在半个世纪的科研实践中，客观地说：邓三瑞一直致力于海军技术发展的高新技术研究；感性地评价：他始终站在自己所涉足领域的最前沿。无论在学校的历史上还是在人们的心中，邓三瑞都有着特殊的意义与特别的分量。然而就是这样一位其名字载入海军装备发展史的科学家，在评价自己时却是如此谦逊："我对自己有评价，学术水平算不上'高'，但做的事情都是在先。机遇垂青于我，让我在一些方面占了先机，自认为算是'先而不高'吧。"

不求闻达　甘为人梯戴遗山

在军工大院里有一位教授，毕生与船舶水动力学打交道，他的名字叫戴遗山。戴遗山在学院里的地位是举足轻重的。同学们都很敬仰戴教授，因为他学术水平很高，大家都受益匪浅。除此之外，学生们还特别欣赏他那一手极其漂亮的左手书写的粉笔字，以及他单臂横渡松花江的英姿和勇气。

戴遗山，1932 年 3 月出生在上海。1953 年国庆节过后的第二天，北京大学数学系主任找到正在读研究生的戴遗山，希望他响应哈军工建校需要，支援学院建设。国庆节后的第三天，戴遗山就来到了哈军工。在当时的哈军工青年教师中，戴遗山和汪浩成绩最突出，课讲得最好。21 岁的戴遗山甚至比很多学员的年龄都要小，被大家亲切地称为"小助教"。然而就是这位"小助教"讲课却很有一套。戴遗山提出的 5 分钟备课法至今仍备受后

▎戴遗山

人推崇。他以 5 分钟为单位准备一堂 50 分钟的课，充分利用课堂上的每一分钟，将课堂教学的作用发挥到极致。他讲起课来深入浅出，环环相扣，通俗易懂，逻辑性强。从哈军工到哈船院直至工程大学，凡是听过他课的人，无不对其印象深刻，都说听戴老师讲课是种享受。

戴遗山曾在采访中这样谈道："初做老师时，本事可以是一般般，但一定要认真。功夫到了肯定行。做老师最怕的是拿个讲义抄板书、照本宣科，说明自己没弄懂弄通。做老师讲一门课，每年都应有新东西，不能止步不前，还要启发学生思考问题。不能填鸭式教学，'鸭子'看着很肥，但能力不强。"

▌戴遗山与学生们探讨问题

在教学过程中，戴遗山首先要求严选教材，比如数学分析选吉林大学的，高等代数选北京大学的，微分几何选南开大学的，实变函数与泛函分析选复旦大学的，等等，这些教材的难度可以说是同类教材中顶级的。他讲授数学分析和实变函数论课，不仅板书整洁潇洒、错落有致，而且论述清晰、张弛有度。他有讲义但不看讲稿，推导公式一字不错，书里书外旁征博引，经常对一个问题引入多条思路，使学生融会贯通、触类旁通。戴遗山对学生作业严格要求，考试的方式也是独具特色，每人抽一道题上讲台一边做题一边讲解，他通过提问给出考试成绩，其他同学在边上听。这种考试不仅考验和锻炼了学生，而且使学员们受到了严格的基础训练。

在戴遗山看来，做一名好教师，讲好一门课，应每年都有新内容，常教常新，以新形式，新内容，新方法启发学生思考问题。数学课很枯燥，尽是令人头痛的公式定理，从抽象到抽象。而戴遗山讲授的数学课，却受到各专业学生的喜爱，原因就是他针对不同专业学生，尽量结合不同专业中的数学问题进行知识点化，学生自然对课程产生了兴趣。戴遗山说："做到这一点并不难，去啃各专业的教科书嘛！有人戏称我是杂牌军，因为我啥都知道点，但都不精。专业书啃不通的时候，我就跟学生一样上课。我感

戴遗山在上课

觉物理不行，我就听物理课。"因为学问"杂"，所以授课精，这就是戴遗山。

戴遗山从理论数学转入专业应用数学，是我国水动力学界著名专家，在船舶与海洋工程的基础性研究中作出贡献，奠定了他在船舶水动力学领域的权威地位。1970 年，顾懋祥看到一篇美国人写的论文，在船舶领域用"保角变换"做一个数学处理问题。因为牵涉到数学问题，顾懋祥把论文拿给戴遗山看，从此，戴遗山从理论数学转入到船舶水动力学领域，为自己的学术人生开辟了一个新的研究方向。他的成果，为我国船舶耐波性的理论预报工作作出了开创性贡献。

20 世纪 70 年代，他最早开展船舶适航性理论研究和数值预报工作，完成的船舶适航性计算方法获全国科学大会奖；80 年代，先后完成对船舶减摇鳍的水动力性能计算及其优化问题和海洋工程浮体的二阶水动力的研究工作；90 年代，组织指导了船舶在高海况下的非线性运动和受力的理论研究工作，在舰船三维时域线性和非线性水动力研究方面的成果处于国际先进水平。

基础性研究工作常常同枯燥的理论与烦琐的数据打交道，是既难出名又难见效益的工作，没点精神的人是干不了的。而戴遗山却甘于寂寞，默默耕耘，终于研究出获全国科学大会奖的舰船适航性计算方法。他的船舶减摇鳍的水动力性能计算及其优化问题和海洋工程浮体的二阶水动力的研究更是独创性成果。这些研究提高了船舶设计效率，改进了船舶运动性能，由此，奠定了他在船舶水动力学界的地位。

　　戴遗山不求闻达、甘作人梯。他在从教 50 余年里，为我国数学及船舶与海洋工程领域培养了一大批杰出人才，把满腔的热血奉献给了教育和科研事业。中国船舶科学研究中心（702 所）原所长吴有生院士的第一个博士生曾专程到学校向戴遗山请教，戴遗山就他的毕业论文中的有关问题做了一个月的悉心指导。吴有生曾说，"船舶水动力学界最高水平在哈船院"，就是因为哈船院有戴遗山这位船舶水动力学大师。

南海考察　水声元勋杨士莪

水声，对于大多数人而言都是一个陌生的名词。水声是指水下声呐，也有人称之为"水下雷达"。在水中，光波、电磁波等都望而却步，只有声波可以远距离传播而不衰减，因此，作为舰船"水下之眼"的声呐设备的重要性就不言而喻了。作为海军舰船的重要装备，水声工程对打赢一场现代化的高技术战争的重要性无需多言。中国水声专业的创始人之一就是杨士莪院士。

杨士莪

杨士莪的人生颇具传奇色彩：原籍河南，生在天津，童年在北京、少年在重庆、青年在大连，1953年奉令调任军事工程学院。在这里，他度过了辛勤而又辉煌的近60个春秋。因为工作需要，他大半时间在全国各地度过——海上实验、课题论证、决策咨询，问及家

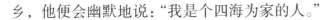

乡，他便会幽默地说："我是个四海为家的人。"

1956 年 10 月，海军工程系政委邓易非通知杨士莪说："经过系里和院里的研究讨论，派你去苏联进修学习水声。这是国家急需的空白学科，你要积极参加新专业的建设。"受国家的派遣和委托，他一辈子和水声结下了不解之缘。1957 年，杨士莪走进苏联科学院声学研究所，那时水声科学在我国尚是白纸一张。他像干海绵被投入水中，以全部精力吸纳着这一领域的先进技术、知识与信息。不久，他发现声学所的四个实验室有两个是对他紧紧关闭的。那里是什么？后来他知道了，那里面是任何国家都要保密的军事科学里"最要命的东西"：舰船水下噪声研究工程。因为过于重要和机密，国际上这一领域的学术论文交流时常常仅写一个题目，任何国家在这方面的技术都只能自己摸索、提高。杨士莪在苏联声学所得到所长布列霍夫斯基的指点，无论从学习方法还是对水声学的认识，都获得很大收益。

我国第一个声呐专业系于 1953 年在哈军工建立。杨士莪从苏联留学回到哈军工后，根据自己对水声工作的了解，积极向系里提出拓宽已有的声呐专业、建立一个理工结合、覆盖全面水声专业的建议。杨士莪认为，专业设置决定着将来的发展方向和生命力，如果没有一个贯通、全面的专业链条，不对水声专业有个整体的把握，要实现这个领域"研究设计"的人才培养目标就会成为空中楼阁。该建议最终获得了学校的支持，水声设备和水声物理两个专业正式成立。他还建议不仅限于大型声呐系统，要开拓水声新的研究方向。实践证明，这种观点是正确的。多年来，水声专业承担了水

▌杨士莪（右二）与海道测量专业大地测量教研室人员合影

声定位系统、水声靶标、水声测量装备、水声目标识别、水声通信等各类任务的研制工作，拓宽了专业领域，锻炼了专业人才。

20 世纪 70 年代，海军领导机关和一些单位开始进一步认识到舰船减振降噪的水平不仅和舰船隐身性能有关，更严重影响舰载声呐的工作性能。对于水声工作而言，这是第二次认识上的提高，促使国家最终把对舰船的噪声治理列为国家重大专项之一。水声专业在杨士莪的带领下，对舰船减振降噪问题很早就开始关注，一直没有间断，并设计建造了国家首个针对声学实验的重力式低噪声水洞。他写出了国际上最早集中论述水下噪声机理的著作《水下噪声原理》，出版了国内最早的声学理论著作《声学原理》，讲授并指导编写了《水声传播原理》《统计传播》《水声学》等一系列课程和教材。如今，他创建的中国第一个水声专业已成长为国内著名的水声科研基地和最大的水声人才培养基地。

杨士莪之于中国水声事业的贡献，远不止水声专业的创建。南海是中国最深、最大的海区，位于太平洋和印度洋之间的航运要冲，是联系中国与世界各地的重要海上通道。杨士莪早在 1959 年就作为中方副队长参加了中苏联合南海水声考察，当时看着水碧沙明、富饶美丽的南海如处子般沉睡，他深深思虑：何时我们能凭自己的力量来这里考察开发？经过杨士莪多年的一再倡议和不懈努力，这个梦终于圆了。

1994 年春，广东湛江港两艘考察船载着全国十几家水声科研单位近百人组成的南海水声科学综合考察队驶离了码头，杨士莪在考察队中担任队长和首席科学家。对于中国和杨士莪来说，这一

▌2002 年南海考察时杨士莪在船上指导工作

天都等得实在太久了，为了筹备这次考察，国家准备了整整 10 年，而杨士莪则等待了 35 年！从琼州海峡到南沙群岛，考察队的航迹深入中国南海。深海区域作业时，赤道附近的太阳几乎垂直挂在头上，甲板高温近 60 度。水声科学家们冒着高温，抱着一百多斤的线轴在电缆丛林里钻来钻去，一干就是十几个小时。杨士莪身先士卒，和大家一起忍受着高温酷热、缺少淡水、没有蔬菜的艰难时刻。在长时间海上试验、淡水告罄的情况下，他和同志们把压载水舱漂着油污的水烧开了喝。

这是中国首次具有战略意义的南海科学综合考察，也是首次由中国科学家独立指挥和实施的大型深海水声考察。在杨士莪主持下，考察不仅掌握了南海典型海域的水声环境特点及主要参数规律，积累了宝贵的第一手材料，更培养锻炼了水声事业接班人，培养了一批新的水声力量。这次考察，堪称中国水声界从浅海迈向深海的"第一步"，是国家战略从"近岸防御"到"近海防御"再到走向深海的一步跨越。

国中有玉　学员名人谭国玉

　　哈军工的历史上不仅有著名的大师，还有名人学员。工兵工程系一期学员谭国玉就是哈军工历史上的名人，他的有名是因为在他身上集中体现了军工学子的精神，那就是以天下为己任的刻苦学习精神和自强不息的拼搏精神。正因为这样，他的故事成了哈军工传奇的一个组成部分，令人敬佩，引人深思。

　　谭国玉是江苏省徐州人。谭国玉很小就参加了革命，是个年轻的老兵。哈军工初建时被部队保送，来到了这个改变他一生命运，让他永生难忘的地方。

　　初到哈军工这个高等学府，对只有初中一年级文化程度的谭国玉来说可谓是一个极大的挑战，忽然接触这么多既陌生又深奥的理论知识很让他吃不消。1953 年学校对新生大队进行文化补习，当时的他对所补习的高中数理化课程一

谭国玉

207

窍不通。结果头两个月的测验，居然没有一门功课及格，5 门功课一共只得了 7 分（当时实行的是 5 分制）。苏联顾问对学院招收这样的学员也颇有意见："这是国家最高的学府，怎么能招收只有初中一年级文化程度的学生？"谭国玉的自尊心受到强烈挫伤，他觉得自己根本不是学习的料，还不如回到部队里去练习战术呢，于是他向学院申请要求退学。了解到谭国玉 7 岁时就给地下党送信，17 岁时参加东北抗日联军，解放战争中参加过辽沈战役，并且从东北一直打到了广东，曾多次立功，是第四野战军某部队"老虎连"的指导员后，一心为了学生的陈赓院长决定亲自和他谈谈。一天，陈赓院长把谭国玉请到自己家里，边吃饭边对他进行批评教育："国玉啊，你口口声声喊'人在阵地在'，实际呢？啥也不在！学校给你创造了这么好的条件，你不好好学习，还要求走，遇到一点困难就逃避，你对得起人民、对得起国家吗？"陈院长的话说到了谭国玉的心里，从此以后，他便立下了坚持学到底的决心，果断地表示"死也要死在这里"。

谭国玉以"人在阵地在"的劲头攻文化堡垒。白天，他和全班同学一起系统地补习初高中数理化知识，晚上熄灯了，他就一个人溜出集体宿舍，站在走廊、过道、锅炉房等有灯的地方学。在谭国玉心里，时间就是一切！哪怕侵占一分一秒都是割他的肉，要他的命，他恨不得一天能有 25 个小时来供自己支配。吃饭、睡觉，只要是能挤出来用于学习的时间他都不浪费。由于经常整夜不睡觉，谭国玉的身体扛不住了，经常昏倒。谭国玉刻苦学习不惜身体，使学院领导、任课教师和同学们非常感动，大家都尽自己所能帮助他。老师为他补课辅导，领导给他精神鼓励，创造学习条件，同学们在生活上对他也是照顾有加。面对这么多人的关心，谭国玉更加充满了信心，虽然瘦成了皮包骨，但最终在文化补习后期的测验中，考取了入学以来的第一个3分。

毕竟文化底子太薄弱了，5个月的刻苦努力，谭国玉虽然收获了不少，但与一名合格的大学生还有很大差距。在补习班结业考试中，他只有数学考了及格。第二次的失败给了他不小的失落感，也使他再一次面临退学的危险。这时，陈赓院长再次把谭国玉叫到家中鼓励他，并告诉他院党委决定允许他破格试读。虽知前面的路充满艰辛，但谭国玉勇敢地接受了，他决心要为党的事业、攀登科技高峰作出自己的贡献。

在以后的日子里，谭国玉不但一如既往地刻苦努力，而且更加注意改进自己的学习方法。第一学期期末，谭国玉只有个别功课不及格，第二学期功课全部及格，同时由试读生转为了正式生。接下来，他在第三学期上学期消灭了3分，下学期考试所有功课都得了5分，而且从此以后再也没有出现过4分。老师们看到谭国玉的进步都非常高兴，但又有些不放心，因此每到考试，系、科首长都到现场对他观察检查，看他得了5分就再抽一张试题卡让他答，结果次次都是5分。还有一次，系主任唐凯、科主任林铁峰都到考场去作陪，还给他送来了面包。面对大家的关心，谭国玉胸有成竹地说："请首长放心吧，这次我准能考5分。"果不其然，他又得了个5分。最后，甚至连那些曾经怀疑谭国玉学习成绩的苏联顾问在铁的事实面前也对他刮目相看，竖起大拇指表扬中国青年人的毅力：

"在谭国玉身上，我们看到了中国人民解放军的战无不胜！"

谭国玉毕业后请求到工程兵部队参加实际工作，在实践中再次接受所学科学知识是否能够应用的考验。他接受的第一次任务，是担任工程指挥所工程技术保障组的组长，指挥部队在湍急的黄河上架桥。这项架桥任务重要而又艰险，周恩来总理曾亲临现场检查督促。水上作业所用的苏制90型艇，一驶入急流，就因发动机发热、螺旋桨转不动而打转翻船。在分析原因时，苏联专家断言不是艇的问题，而是驾驶技术问题。谭国玉则断言不是驾驶技术问题，而是黄河漂浮物太多，堵死了冷却器，河水进不去，致使发动机发热；螺旋桨被漂浮物越缠越紧，转不动了，致使艇身打转而翻倾。苏联专家建议调来更先进的苏制150型艇，说这种艇在世界上任何险恶的河流中都能安全行驶。谭国玉说："世界上只有中国有黄河，150型艇在黄河上行驶也不行。"两人针锋相对，形成僵局。当150型艇调来时，苏联专家硬要谭国玉驾驶，到急流中航行。谭国玉说：漂浮物的问题不解决，硬要我驾艇，不摆明是要我去送死吗？苏联专家批评说：像你这样的人，什么任务也完不成。谭国玉无奈，只好驾艇驶入急流。未绕一圈，螺旋桨就转动不灵，艇体打转，很快就翻了。谭国玉死里逃生，耳部软骨被撞断。在苏联专家束手无策时，谭国玉创造了一种新的方法，使河水在发动机里面循环，实现降温；又在螺旋桨上加罩，避免漂浮物缠绕。从此，艇在急流中行动自如，不再打转倾翻了。工程兵领导当场给谭国玉记了三等功。黄河桥不久就顺利架成。工程兵科研部部长唐哲民自豪地重复着谭国玉在同苏联专家争论时说的话："世界上只有中国有黄河！"后

哈军工学员谭国玉留学苏联获得的副博士证书

来，他又连续开展了几项技术革新，解决了漂流物的问题以及泥沙过多堵死滤清器的问题。他也曾被派去苏联留学，获得了副博士学位。谭国玉毕业后，从技术员干起，最后升至工程兵副司令员，少将军衔。

今天，在我们的大学里已不可能再遇到像谭国玉那种意义上的特殊困难，但他的精神却激励着一代又一代的青年学子们"以天下为己任"，刻苦学习，自强不息、奋勇拼搏。正是靠这种精神，哈军工学子为学院的盛名与光环添上了浓墨重彩的一笔，他们的成材本身是国家的财富，而这种精神更是值得继承并世代相传的宝贵财富。

锲而不舍　优秀学员李慧芬

　　李慧芬，1940 年 8 月出生在北京，1958 年考入清华大学建筑系学习。1960 年因为国防建设需要，作为好学生被抽调到哈军工电子工程系三年级插班学习。她在一二年级的课程全没有学过，很多一道来的同学因学习跟不上而返回清华大学的情况下，坚持试读。为了把没有学过的课程补上，她没睡过一次午觉，没看过一场电影，没上过一次街。除了吃饭睡觉，所有时间都用来学习。经过努力，李慧芬的学习情况由被动转为主动，成绩节节上升，后来居上，成为班里面门门功课都是 5 分的优秀学员，从一个试读生变成了全优生，最后在毕业的时候还被哈军工留下来继续执教。李慧芬说："毛主席讲，对待主要之敌是以三倍于敌的兵力去歼灭它，我对待学习上的敌人，也是用三倍于别人的力量去攻破它。"正是这种精神，让李慧芬成为哈军工的一个传奇的学生。

　　1960 年，为了提高哈军工的教学质量，国家从全国重点大学当中要选拔一批德、智、体都非常优秀的学生，去充实加强哈军工。清华大学当时是 15 个系，一个系选两名，李慧芬就是建筑系其中一名。接到通知，她没有二话，表示坚决服从组织的安排。当时的选拔是秘密的，系里面通知李慧芬的时候告诉她，不要跟家里讲，也不要跟同学讲，因为当时正在期末考试，怕影响同学们的情绪，跟家里讲怕拉后腿。1960年8月3号下午2点接到通知，8月5号早晨5点就从清华大学出发，奔赴哈军工。

这些学生到学校以后先接受入伍教育，主要是中国人民解放军光荣传统的教育，还有纪律的教育，手枪、步枪、手榴弹、冲锋枪的军事教育，三个月后被分到各个系。在入系之

■ 哈军工学员李慧芬和同学交流学习经验

前，每个人会填一个表，详细登记你在原来学校两年曾经学过什么课程，学了多少学时，得多少分。李慧芬预计被分配到空军工程系空军雷达专业。和一二年级在清华已经学过的课程相比，只有俄语、数学是两边共有的。但是哈军工的数学设置的是500多学时，在清华大学只学了48学时，清华建筑系只有解析几何，没有高等数学，其他所有的课程全都没学过。面对这种情况，学校提出两个方案，一个是让李慧芬跟另外一个同学继续回到清华的建筑系学习，一个是让他们留一级，从一年级或者二年级开始上。这个选择很残酷，但李慧芬当即表态还是留下来，她内心知道，是国家需要她留下来。她想来想去多读两年或者一年，对国家来讲是很大的浪

费，对个人来讲也很不心甘，她虽然没有学一二年级的功课，但是高中基础学得很好，高中在北京女四中毕业时八门功课都是 5 分，在清华大学所学的课程和这里虽然不一样，但是所有的课程全都是5 分，于是她向系里提出来，可不可以试一试，读一学期如果可以跟上就继续跟，如果跟不上的话绝不闹情绪，就蹲班学习。系里看到李慧芬这么有决心有信心的样子，就说可以。所以李慧芬进到班里的时候是试读生，排在最后一位。

李慧芬在老师及班里同学的帮助下，一边学当前的功课，一边补前两年的功课，遇到什么补什么，用了一学期的时间，基本上把前两年的课该补的全都补上去了，而且本学期的课到期末考试的时候都是 5 分的成绩。在全班100 多个同学当中，学习成绩数一数二。

李慧芬的学习笔记

到了1961年3月份这个学期结束的时候，李慧芬被学校评为五好学员，而且在全校的积极分子大会上做了一个典型发言，介绍自己是怎样克服困难学习取得全优成绩的。

在哈军工插班学习的李慧芬成绩很好，所以毕业就留校在雷达教研室作教员。李慧芬在两所名校学习过，她深深体会到哈军工和地方大学有很大的区别，哈军工不光教学生上学，对于学生思想方面的锤炼要求也很高：每年都要到农村去，当时叫政治野营，和贫下中农同吃同住，参加劳动，很注重在思想方面的锤炼。另外哈军工一直按毛主席的训词保持和发扬中国人民解放军的光荣传统，特别是全心全意为人民服务的精神和自我牺牲的英雄气概……这些都是哈军工人一刻也不能忘记的。

至真至善　精益求精罗培林

罗培林

罗培林是哈军工一期学员，很幸运地参加了哈军工的开学典礼和阅兵式。他之前在湖南省军区司令部当通信参谋，春节之前通知他将被调去军事工程学院学习，是工作调动，新的工作岗位，必须专心地学习，学好了回来为部队的国防建设服务。罗培林来自部队，部队作风就是交代的任务必须完成，不能够打折扣，所以罗培林的思想特别明确，来哈军工不是为个人来学习的，而是为国防建设来学习的，没有讨价还价，没有说愿不愿意，不好好学就是没有完成任务。

那时候哈军工的学习压力很大，课时多，学习任务重。第一期从部队调来800多人，毕业的时候只剩下600多人，跟不上就得淘汰。罗培林到哈军工的第一节课是高中课程补习。老教师们给学员队统一补基础课，主要是数学、物理、化学这几门课。补习完了就考试，根据评分结果分科。学员们也可以填报志愿，那时最热门的是空军系，其次是坦克装甲，然后是海军、炮兵、工程兵，就这五个系。罗培林当时报的是空军系，但结果被分到了海军工程系。

哈军工第一期学员的教学采用的是苏联的五年制课程，学习任务非常重，每天六节课，上午四节，下午二节，六节课满堂灌，剩下的晚上和业余时间才是自习，所以自习时间不是很多，下午下课后到晚上吃饭，吃完饭到晚上就寝，就这点时间要做作业，还要复习六节课的内容，非常紧张，很多时候是做不完的。怎么办？只能星期天补，哈军工学员基本上星期天没有人休息。

哈军工对学生的学习要求非常严格，那时的考试实行口试。老师根据课程内容写了很多试题，一个卡片上几个题，难易搭配。考试时老师会一个一个单独叫学生进教室。学生自己抽试题，在黑板上准备。准备好了，老师根据学生在黑板上准备的答题内容提问，问你这个问题怎么理解，这个公式怎么来的，它用在什么地方。通过提问，老师可以问出学生学习的深浅、理解的深度、全面不全面，等等。答完就按五级记分制记在成绩单上。这个考试对学生的考验相当大，没有切实掌握这门课程的内容是过不了关的。

罗培林具有很好的文化基础，再加上对学习一丝不苟，学习成绩一直很好。哈军工要求学生尽量创造优等成绩，如果学员此前学习成绩都是 5 分，优等，偶尔一次考试一门课没考到优等，可以给一次补考的机会，这在哈军工叫"补优"。我们现在的大学都是不及格的才补考，哈军工却是没达到优等的也补考。二年级考试，罗培林除了物理课得了 4 分，其他全是 5 分。科主任冯捷动员罗培林

补考。冯捷说："你是班长，你要带头，你得争取全优。"补考也是口试，不是走个形式，照样拿课题表，照样拿单子，照样抽题。经过一个假期的努力，罗培林在补考中得到了 5 分，获得了全优成绩，进而成为哈军工第一期学员毕业时 30 个优等生之一。

1958 年罗培林以全优生身份毕业，授予军旗前照相的奖励。毕业那一年《解放军报》还登了罗培林做试验的照片。罗培林留校任教，由陈赓院长亲自签署任命令。后来，罗培林到苏联海军学院学习，获得副博士学位。

补考事件给罗培林留下了深刻印象，罗培林也给其他学员树立了一个高标准、严要求的榜样。在今后的学习中，哈军工学员都自觉地树立起一个精益求精的标杆，追求至真至善的境界。

罗培林获得的苏联列宁勋章海军学院技术科学副博士学位证书

1971 年海军要研制深潜救生艇，专门成立了一个研制工作组，代号 7103，罗培林是这个组的副组长。历时 6 年研制，设计过程中碰到了大问题：按照理论设计的潜水深潜器，重力比浮力大，下水后浮不起来。要让它浮上来就得增加它的浮力。当时在国外是用浮力材料，但在国内没有生产，进口也被封锁。罗培林想到的办法就是采用许多像篮球一样大小的球壳（浮力球）使它浮起来。浮力球的实际承载能力和理论计算能力相差很多。按照经验公式，计算结果不准确。罗培林聚焦于球壳被压坏后的形状分析，建立了一种将稳定理论和强度理论综合起来的新理论，解决了浮力球承压力的计算难题。

1977 年，研制组用两个"浮力球"进行实物实验后获得的数据表明：用综合理论计算出的球壳承压能力预测值与实验值的相对误差不超过 3%，并成功应用于获得国家科技进步一等奖的 7103 深潜救生艇。

罗培林在武汉基地坚守了 7 年，正值 7103 项目研制取得重大突破，深潜救生艇深海演练的前夕，他突发胃穿孔，患上弥漫性腹膜炎，险些丧命。第一次胃穿孔经保守治疗后，他仍到研制基地坚持工作。不料，不久后又第二次患胃穿孔，胃切除三分之二。这时，从不服输的他，在病榻上还继续整理科研报告。该基础理论创新缘起于浮力小球，科研成果也应用于浮力小球，整体理论构建了球壳和圆柱壳的新理论方程，开辟出快速构建薄壳理论的通道，解决了准确计算球壳承压能力的难题，为今天的各种潜水器的研制奠定了基础。

急国所需　强国安邦担使命

哈军工的盛名是靠出色的人才与过硬的科研成果建立起来的。"以教学为中心"的办学思想在建院之初就确定下来，但与教学不同的是，科研工作在哈军工的发展经历了一个从无到有、从弱到强的历程。

哈军工最早的科研尝试于学院成立一年后。1954年9月，院党委提出"紧密结合教学，适当解决国防工业生产中的技术问题"的科研方针，制订了研究计划，开始了科研尝试。起步当年就产生了一些很有价值的成果：如炮兵工程系203教授会代主任鲍廷钰副教授，找到了无后坐力炮内弹道学主要问题的解法和简求膛内最大压力的计算方法；助教卢景楷在备课中用数学解析法找到了计算弹丸膛内运动时间的简便方法；副主任浦发副教授和助教张松研究出《炮兵在各种气象条件下的射表》，经国家靶场试验后被炮兵司令部采用；他们编写出的外弹道教材，解决了苏联教材没有解决的问题。

随着哈军工的发展，学院每届科学技术研究会参加者层次、人数都在提高。有军委、各军兵种、各高等学校和有关单位的代表，华罗庚教授等专家到会作专题报告。学院将科学教育部分建为教务部和科学研究部，进一步突出了科学研究的地位，加强了对科学研究的组织领导。中央军委对学院寄予很大希望，要求学院作为全军开展科学研究的基地之一。到了 1958 年，由于同部队改进武器装备的实际需要紧密结合，科研工作有了强大的推动力，因而能够继续迅猛发展，形成了建院以后空前活跃的"大搞科研、猛攻尖端"的热潮。

学院党委因势利导，提出"面向部队搞科研""科研为部队服务"的方针和"迎头赶上国际先进水平"的口号，这一年完成的项目达 700 多项。其中包括：海军工程系以研制对付航空母舰的某型袖珍潜艇、水翼艇、气垫船和鱼雷攻击射击指挥仪为主，带动某型舰炮、适合我国海域的某鱼雷快艇雷达、某双平面自导非触发鱼雷、潜艇推进电机以及水声设备——某型声速梯度仪等项目的研究。

1958 年 8 月，哈军工 36 项技术革新和技术革命成果汇报展览在北京展出。在京养病的院长陈赓无比高兴，他不顾病体，反复到展览室观看，并把当时在京的党中央和中央军委的领导人周恩来、刘少奇、朱德、陈云、邓小平、林伯渠、彭德怀、刘伯承、叶剑英、陈毅、粟裕、黄克诚以及军委各总部、各军兵种的负责人都请去观看。同年 11 月，海军工程系在北京公主坟海军大院俱乐部单独办了一个科研成果展。陈赓院长又请周恩来总理和贺龙、陈毅、徐向前、罗荣桓元帅等前往观看。在 1959 年军事博物馆院校科研成果展览预展上，学院送展的展品有 580 项。

20 世纪 60 年代，学院完成了 800 多项科研成果，仅 1963 年就达 243 项，其中国防建设重点科研项目 122 项。哈军工的 13 年，学院共完成了 1700 多项科研成果，其中国家下达的科研任务 595 项。学院积蓄了雄厚的技术力量与科研经验，当时部队遇到了技术上解决不了的问题，都很自然地要到学院来协作、求援，学院成为全军科学技术的研究中心之一。

哈军工的科研中创造了诸多的国家"第一"，这些成绩是在异常艰苦的条件下、克服了难以想象的困难取得的。为此，后人

我国第一座吹气式超音速风洞

应该记住那些凝聚着一代人心血的果实和为这些果实呕心沥血的人们。

　　空军工程系的马明德教授 1954 年主持建成了第一号 1.5 米开口单回路式风洞。这是学院完成的一项重大科研成果，在全国也颇有影响。随后又建成第二号 1.5 米闭口单回路式风洞。其后在马明德、岳颉毅教授的主持下，学院又相继完成了多座风洞的研制工作，其中包括当时国内最大的低音速风洞。8 座互相配套的强大风洞群不仅满足了教学任务的需要，而且承担了我国教练机、歼击

我国第一台军用电子计算机

机、轰炸机等多种飞机模型的实验，为新型飞机、导弹的研制作出了历史性贡献。1964 年国防科委决定将第七、第八号风洞编入"国家队"即列为国家实验室，承担国家重大型号试验任务。

▌国防部贺铁淦氧磁体电声转化器研制成功电报

1958 年 4 月，海军工程系青年教师柳克俊，只凭一本俄文、一本英文科普读物提供的一点信息，于当月初开始研制海军部队急需却从未见过的电子数字计算机，一个月就设计出草图，四个月就使中国历史上第一台用电子管做的舰载电子数字计算机问世。

1958 年 7 月，海军工程系第五科的老教师、青年教师和高年级学员经过几个昼夜的努力，针对国防建设上的缺门，研制出过去认为高不可攀的铁淦氧磁体，为建立某噪声站提供了关键性材料。对此表示怀疑的苏联专家，看到样品后也表示钦佩。当他们制成铁淦氧电声转换器，磁鼓伸缩率数方面超过荷兰同类产品时，国防部

■ 我国第一艘气垫船"33号艇"

和海军司令部当日致电表彰和祝贺。8月，海军首长萧劲光、苏振华、罗舜初、方强又致电系主任黄景文、政委邓易非，祝贺试制铁淦氧电声转换器成功。

我国第一艘气垫船诞生于20世纪50年代末，哈军工海军工程系的恽良是"33号艇"的主要研制者。1958年8月，该艇在呼兰河试航成功，彭德怀元帅、谭政大将亲临观看。1959年7月，该艇在旅顺基地进行长航试验取得成功，比英国某同类艇第一次横渡英吉利海峡早13天，使我国成为世界上第一个在海上长航试验成功的国家。

此外，还有我国第一艘水翼试验快艇，第一艘小型水动力试验潜艇，第一套沉体探测打捞系统，第一台机载模拟计算机，第一门

大口径迫击炮，第一辆水陆两栖坦克，第一部鱼雷快艇攻击指挥仪，地—空导弹系统指挥自动化设备，火箭等离子体喷注，12km战术火箭，海军护卫艇防摇自动装置，轻型自行舟桥，远望1号数据处理中心计算机，鱼雷快艇导航攻击专用电子计算机，我国首次水中爆炸试验研究……哈军工研制或设计了新中国成立后我军第一批武器装备，这些成为我国国防现代化的重要基石。这些科研成果的取得，使哈军工出色地完成了强国安邦的历史使命，奠定了哈军工在我国军事高科技领域不可替代的重要地位。

后　记

这部书稿 2021 年入选了"教育部思想政治工作司高校思想政治工作研究文库"项目，获得教育部全额资助，在人民出版社出版。在哈尔滨工程大学建校 70 周年之际，能够促成哈尔滨工程大学出版社和人民出版社合作出版，有着别样而特殊的意义。

作为在哈军工原址办学的哈尔滨工程大学的老师，我有幸在筹建哈军工纪念馆的过程中，系统了解哈军工的历史，借阅研读珍贵的哈军工档案，聆听记录哈军工前辈的口述，征集鉴定出部分哈军工文物。了解哈军工历史的过程，走近哈军工校友的过程，也是我受教育的一个过程。这个过程在春夏秋冬、寒来暑往中慢慢地转化为我对哈军工精神与文化的崇敬、热爱。从此，我走上了对哈军工历史文化开展研究、传承传播的道路。

筹建哈军工纪念馆时，我就曾带领同志们一起，将征集到的哈军工文物背后的故事甄选编研，集结成"军工往事"在学校校报上刊发。为了满足那些想看看哈军工纪念馆，但年龄较大校友的心愿，我在建馆同时还策划拍摄了电视片《寻根哈军

工》，编辑了与展馆同步的书籍《走进哈军工纪念馆 走近哈军工》，作为对广大哈军工校友的情感慰藉。哈军工纪念馆建成之后，虽然我不再直接从事哈军工纪念馆相关的工作，但一直没有停止对哈军工历史文化的研究与探寻，积极申报立项与哈军工有关的研究课题，笔耕不辍撰写哈军工研究的文章，编研策划哈军工展览，坚持多年为哈尔滨工程大学预备党员讲授《哈军工精神及其社会责任担当》的党课。为了在"娃娃们"的心里就种下哈军工红色基因的种子，我申报成功教育部首批中小学生研学基地建设项目，坚持依托哈军工研学基地，在红军小学、贫困地区学校、农民工子女聚集学校、少数民族学校、老牌名校等中小学的学生中传播哈军工文化，撒播哈军工红色的种子。2021年，适逢中国共产党建党100周年，习近平总书记指出，要发挥好革命文物在党史学习教育、革命传统教育、爱国主义教育等方面的重要作用。本人以"国家二级文物——哈军工邓三瑞的毕业设计手稿《中型潜水艇的设计》"为题材，策划创作视频作品，并成功入选全国革命文物百佳讲述人。讲述人视频在人民网+APP进行了展播，开启了哈军工文化在更广阔范围传播的新路。

我深知能出版这部集子，是因为我站在了众多哈军工前辈的肩膀上，是他们对哈军工文化的传承与创新，激发了我作为编者的灵感，给予了集子大量鲜活的素材。这些哈军工前辈的传承实践，帮我梳理出"溯源—赓续—物化"的哈军工文化传承逻辑，编研出"用纪念传承文化、借创新支撑研究、以开放服务育人"

的哈军工文化传承模式。我要感谢这些哈军工文化的传承者，让我有机会将这些宝贵的实践成果呈现在世人面前。我要感谢我们所在的哈尔滨工程大学，让我一直浸润在哈军工红色文化的滋养中。我更要感谢无数让世人敬仰的哈军工前辈谱写了一曲忠诚祖国的红色赞歌，让我们的精神之旅充沛丰盈。

"刚柔交错，天文也；文明以止，人文也。观乎天文以察时变，观乎人文以化成天下。"优秀文化的作用在于潜移默化、润物无声地对人产生影响。文化是隐性的，所有的辉煌都会在岁月的冲刷和时光的磨蚀中归于沉寂。这也决定了文化工作者的工作是隐性的，甚至是寂寞的。工作之余的时间，就是编研的时间。尤其寒暑假，那更是我难得的静心时光。迎着朝霞，披着星光，编研《从哈军工走来》的过程，我很快乐。

快乐源自记录，来自倾力编研哈军工的记忆工程。这个记忆工程里面蕴藏着哈军工人的初心，让我们永远铭记我们从哪里来，怎样一步一步走到今天。快乐源自传承，来自我们倾心编研哈军工的文化工程。延续历史、认识规律、总结经验、传承文化、服务育人。以纪念传承文化，延展文化传播空间；借研究支撑研究，催生文化成果产出；以开放服务育人，打造军工文化品牌。在传承中，我们正在驶向更远的远方……

有着"中国试验潜艇之父"美誉的哈军工前辈邓三瑞教授，在哈军工纪念馆开馆时曾经说过这样一段话："哈军工纪念馆不是一个节令性的作品。你们要先展示后研究，让后人在你们的研究中受益，这样你们的工作才是长久有用的。"哈军工文化的力量是持久

而深厚的。希望我可以成为一座连接历史与现实的桥，让哈军工的历史历久弥新，让哈军工的精神越发红艳，让后人铭记：哈军工人的幸福永远在祖国和人民的幸福里头。

春　晖

2022 年 10 月于哈尔滨

王春晖 主编

从哈军工走来

1953-2023

赓续集·军工编研

人民出版社

哈尔滨工程大学出版社

代序一：传承红色基因 铸就国家栋梁

哈尔滨工程大学党委书记 高 岩

《光明日报》2020 年 1 月 2 日

"不忘初心、牢记使命"主题教育开展以来，哈尔滨工程大学认真学习贯彻习近平总书记重要讲话和重要指示批示精神，按照"守初心、担使命，找差距、抓落实"总要求，牢牢把握"为党育人、为国育才"使命定位，寻找初心，用忠诚报国传承"哈军工"红色基因，勇担使命，以建设一流大学履行立德树人职责，很好地践行了"以祖国需要为第一需要，以国防需求为第一使命，以人民满意为第一标准"的"三个第一"价值追求。

加强党的领导，以祖国需要为第一需要

哈尔滨工程大学以开展"不忘初心、牢记使命"主题教育为重要契机，在回望"哈军工"光辉办学历程中寻找初心。"哈军工"从建立、发展壮大到分建的历史，就是一部以祖国需要为第一需要的历史，集中体现了对祖国"忠诚"这个不散的"魂"。中国高等教育当前阶段，办好社会主义大学，为建设社会主义现代化强国提供强大支撑，就是国家的最急迫需要，也是大学当前最重要的使命。如何办好社会主义大学？习近平总书记指出，办好我国高等教育，必须坚持党的领导，牢牢掌握党对高校工作的领导权，使高校成为坚持党的领导的坚强阵地。

主题教育期间，学校党委从守初心、担使命的政治高度，进一步强化对完善党委领导下的校长负责制这一党对高校根本领导制度的认识，将"贯彻执行党委领导下的校长负责制"作为重点调研主题，由党委书记亲自带队开展调研，形成调研报告，党委班子集体交流讨论，凝聚共识。学校党委将党委领导下的校长负责制的"学"与"做"，贯穿主题教育的集中学习、专项调研、重点对照、整改落实各环节，进一步厘清了党委书记与校长的职责定位与事权关系，修订议事规则、强化沟通酝酿、严肃会议纪律，对党委班子建设存在的问题进行全面整改。学校党委的凝聚力、向心力不断增强，谋全局、议大事的能力水平不断提高，党对学校的领导得到进一步加强。学校党委牢牢把握"培养社会主义建设者和接班人"的根本任务，将培育和弘扬社会主义核心价值观落实到教育教学和管理服务各个环节，以培养时代新人的实际成效体现对党忠诚、践行责任使命的担当。

突出责任担当，以国防需求为第一使命

开展"不忘初心、牢记使命"主题教育期间，学校处级干部以"读书班"的形式，强化集中学习研讨。学校设计了"为国家战略需求提供更有力的人才支撑和智力支持"的研讨主题，引发了党员干部的热烈讨论，进一步深化了思想共识。对于一所具有红色基因和光荣传统的工科大学而言，只有在服务国家重大战略需求中作出更大贡献，才能体现自身价值。作为行业特色型大学，哈尔滨工程大学必须坚持特色发展，服务"船海核"行业领域，培养具有爱国情怀、乐于为国防系统和行业奉献的"顶用"人才，这是我们神圣而光荣的使命。

哈尔滨工程大学始终将服务国家战略需求作为自觉的价值追求，坚持为"三海一核"（即船舶工业、海军装备、海洋开发、核能应用）领域发展服务。学校坚持"视野宽、基础厚、能力强、素质优、可靠顶用"的人才培养目标，以学生发展为中心，突出人才培养的"三海一核"特色属性，

突出学生创新思维和实践精神培养，致力于培养一流工程师、行业领军人才和科学家。学校培养的毕业生怀有强烈的报国情怀，对国防系统和行业具有很高的认可度。据统计，"十二五"期间有 70% 的毕业生进入船、海、核、国防系统；国防科技工业系统"两总"人才中，学校毕业生居全国高校第四位；我国船海核领域的 11 位院士，船舶工业系统 40% 的高级技术人才，核工业集团 60% 的首席科学家毕业于哈尔滨工程大学。一批批栋梁之材从这里培养出来，投入到建设中国特色社会主义现代化强国的征程中，为国防和行业领域倾心奉献，践行忠诚报国之志。

强化思想政治工作，以人民满意为第一标准

学校党委围绕为党育人、为国育才开展主题教育。服务师生、让人民满意，是主题教育的最终落脚点。学校党委紧紧抓住新中国成立 70 周年这个重要时间节点，通过组织策划一系列活动，引导党员干部和师生群众把爱党爱国爱社会主义统一起来。通过"我和我的祖国"师生文艺演出，讴歌新中国成立 70 年来取得的举世瞩目的历史成就，激励广大师生走在前、作表率、善作为、敢担当的决心。"与祖国共成长"校史图片展，展示了作为"哈军工"传人的哈工程人始终践行"三个第一"价值追求，与祖国共同发展进步的艰苦成长历程。"我向祖国表白""我与国旗同框"等活动，点燃了广大师生热爱祖国、奉献祖国的爱国激情。

学校党委充分利用主题教育中丰富的教育资源，扎实推进党支部"三个一"活动（一次志愿服务、一件实事好事、一次组织生活会），全校 133 个教职工党支部、1800 余名党员参与完成各类志愿服务活动 169 次，累计服务时间 400 余小时，受益学生数千人，成为学校推进全员全过程全方位育人体制机制建设的新亮点，取得了很好的社会反响。一堂堂生动的党课、思想政治课、爱国主义教育课，使得广大师生爱国热情空前高涨，进一步增强"四个意识"、坚定"四个自信"、做到"两个维护"。近日，学校学生自发在校园的"军工操场"上，用冰雪"铸造了"两艘航空"雪舰"，表达自豪感、

爱国情，引发了全国大学生的强烈共鸣，相关新闻报道被广泛转载，关注人次突破1亿，有力传播了爱国主义正能量。这既是学校思想政治工作的成效，也是"三个第一"价值追求的体现。

哈尔滨工程大学通过开展"不忘初心、牢记使命"主题教育，更加坚定了通过"三个第一"的价值追求，践行为党育人、为国育才的决心，建设特色鲜明世界一流大学。

代序二：稳扎稳打"三海一核" 培养国家关键领域紧缺人才

哈尔滨工程大学校长　姚　郁
《瞭望》2021 年 1 月 18 日

在远离大海的哈尔滨，在地处高寒的中国东北角，"国防七子"中唯一一所船海特色高校——哈尔滨工程大学（下称哈工程），始终以追求服务国家"三海一核"（船舶工业、海军装备、海洋开发、核能应用）领域战略需求为使命担当，打造了一批国之重器，培养了一大批"为船、为海、为国防"的杰出人才，为海洋强国贡献了力量与智慧。

这里产生过我国第一艘试验潜艇、第一部舰载计算机等数十项"共和国第一"。建校初期还有 200 余名共和国将军、50 余名省部级以上领导干部、39 名中国科学院和中国工程院院士，以及数千名高级工程师和教授从这里走出。近 30 年来，哈工程又向"三海一核"领域和国防系统输送了 5 万余名毕业生。

"国家需要什么就干什么"

哈工程师生传承着鲜明的"以忠诚为境界，以船海为特色"的精神气质。这一气质的练就与这所学校的办学历程相关。学校 60 余年的风雨变迁始终与新中国命运息息相关，她的前身是新中国第一所高等军事技术学校——中国人民解放军军事工程学院，即"哈军工"。她培养的 13 届学员成才率极高，

她的科研也有力推进了新中国海军现代化建设的历史进程，很好地诠释了高校对社会的贡献。1970年，她以海军工程系为主体在原址组建了哈尔滨船舶工程学院，即"哈船院"。当年的学校领导集体在困境中克服各种困难，缔造了国内一流的船海核学科，创造了一大批高端科研成果，解决了诸多领域人才短缺和断档问题，支撑了国防科技事业和经济社会发展。

今天的哈工程传承红色基因，坚守"为船为海为国防"的使命担当，积淀形成深厚的"三海一核"特色优势，"以祖国需要为第一需要，以国防需求为第一使命，以人民满意为第一标准"的办学境界更是内化为师生自觉的价值追求。

高校是科技第一生产力、人才第一资源和创新第一动力的结合点。作为船海核领域的重要创新力量，学校聚焦国家急迫需要和长远需求，主动谋划布局，充分发挥海洋强国战略中"国家队"的作用，发挥科研在"双一流"建设中的"先行军"作用，面向国家和国防需求，发挥优势、拓展布局，提供高质量科技供给。为此，学校主要在承担重大科研任务、打造国之重器、强化基础研究和前沿创新、提升创新策源能力、推进高质量科研平台建设、探索推进机制体制创新等方面不断探索和尝试。

2020年，全国第六家、海洋领域唯一创新工作站——水下智能技术协同创新工作站获批建设。协同创新工作站的建立充分彰显了学校在特色优势领域围绕国家战略主动谋划布局的能力。作为另一个服务国家战略的平台，复杂动力学与控制创新中心也已通过评审。创新中心不但是校内科研团队跨学科的协同，更是全国范围内跨行业的大协同，是新形势下新型举国体制的体现。要想抓住未来，就必须从"我会干什么就干什么"的站位转换成"国家需要什么就干什么"，更加注重原始创新，更加注重需求导向和问题导向、更加注重方向引领，引导广大教师做真科研，把科研成果应用于祖国的海洋国土和国家急需。通过创新适应未来社会发展，目的是以增量创新带动存量变革，这就是我们这所行业特色型大学应该承担的历史使命。哈工程人的血脉中有这样的基因，这也是我们要在新时代交好的历史答卷。

培养船海核关键领域紧缺人才　拓展布局未来人才培养

哈工程作为一所行业特色型大学，站在新的历史起点上，更需要客观冷静地认清形势，走出一条科技和人才培养自立自强之路，为国防事业产出高水平的科研成果，为国家培养船海核关键领域的紧缺人才。培养这些紧缺人才的关键是建设一流的教师队伍。哈工程为此推出了"师资队伍建设20条"，涉及加强教师理想信念教育、深化专任教师分类发展、构建创新领军人才特区政策等多方面内容。为引导教师在世界科技前沿、新兴领域及解决"卡脖子"问题等方面开展持续深入研究，学校还加大了经费投入和政策性供给，力求重点培育与引进一批具有"领跑"潜质的中青年学术带头人和后备青年人才。同时，重点扶持一批潜心教育教学的学术骨干，充分调动全校教师教书育人的积极性，培育造就一支育人水平高超的教师队伍。学校还进一步完善了博士后管理制度，建立了具有竞争力的博士后人员薪酬待遇体系，使之成为聚集、培养、选拔优秀青年教师的蓄水池。注重以重大重点项目为牵引，推动青年人才主动融入学术圈，扩大学术影响力。

哈工程曾经培养了我国首艘国产航母副总设计师孙光甦，"蛟龙"号首席潜航员、我国多型潜水器总师叶聪等一批船海核领域一流工程师、行业领军人才和科学家。未来的人才培养，我们不会改变哈工程多年坚守培养行业关键领域紧缺人才的初心使命，也不会改变培养"视野宽、基础厚、能力强、素质优、可靠顶用"毕业生的定位，我们会大胆推进人才培养改革，适应人才需求新变化，回应国家关切和社会关切。

前　言

　　1953 年 9 月 1 日开学的哈军工（全称中国人民解放军军事工程学院）是我国高等军事技术教育和国防现代化的奠基之作。毛泽东主席为哈军工的成立颁发训词，周恩来总理亲自主持召开筹建哈军工的联席会议。承载强国安邦使命的哈军工在办学实践中，奠定了我国高等军事技术教育三级的发展格局，培育扶持了一批高水平的军事工程学院，建设了当时我国最前沿的一些军事技术学科，形成了一套完整的、在今天仍然具有普适性的高等军事技术教育理念，培养了一大批高等军事技术人才，打造了"两弹一星"事业的人才库，创造了诸多国防科技的"共和国第一"。

　　2013 年 11 月 5 日，习近平总书记视察国防科技大学（哈军工分建高校之一），并发表重要讲话。习近平总书记指出："哈军工在艰难困苦中奋起，在艰辛探索中前进，为我国培养高级军事技术人才、发展先进武器装备发挥了开创性作用。以哈军工为基础，分建出军地多所高校，但形散神不散。哈军工是我国国防科技和高等教育史上的一座丰碑，哈军工传统值得发扬光大。"哈军工在办学中形成的忠诚使命、胸怀大局、甘于奉献、勇攀高峰的精神，与"两弹一星"精神、东风精神、马兰精神、银河精神同出一脉，血肉相连，成为不朽的中华民族精神当中的重要一笔，滋养着我国军事技术教育事业和国防科技事业的过去、现在和未来。

　　哈尔滨工程大学从哈军工海军工程系一路走来，寻根溯源，这所大学的主体学科、办学特色、大学精神，都是从哈军工开始孕育、发展而来的。哈

军工历史是哈尔滨工程大学扬帆起航的起点，哈军工精神是哈尔滨工程大学坚守共产党人初心的力量之源，哈军工文化是哈尔滨工程大学勇担立德树人使命，服务国家"三海一核"事业的红色基因。

同时，作为哈军工祖庙的守护者，哈尔滨工程大学人深知，哈军工精神与文化不仅仅属于哈军工人，更是国家的宝贵精神财富。因此，哈尔滨工程大学党委高度重视哈军工文化的传承创新工作，将其视为神圣的社会责任来担当。多年来，在这项不易短时间看到成果的文化传承创新工作上勇于投入，舍得投入，倾力投入，建成了哈军工文化园、哈军工纪念馆、哈军工研究中心，即"一园一馆一心"物质文化载体，致力于将"一园一馆一心"建设成为追忆展示哈军工历史、传承创新哈军工精神的物质载体，凝聚哈军工校友及关心向往哈军工人士的情感纽带，收藏哈军工史料实物、研究哈军工历史文化的机构，进而将哈尔滨工程大学打造成为哈尔滨市红色旅游线路的军工一站、黑龙江省爱国主义教育的重要基地、工业和信息化部推进军工文化建设的优秀示范、全国传承红色文化基因的特色组成。

2020 年 4 月 30 日，哈尔滨工程大学党委书记高岩在新学期工作布置会上强调，学校从哈军工海军工程系一路走来，发展实践中形成了"哈军工"精神、"三海一核"办学特色、"三个第一"价值追求，现在要更加注重创新文化建设，把创新文化建设作为一项长期的重点工作来抓，让创新文化成为学校发展的不竭动力。同年 5 月 26 日，在北京参加全国人民代表大会的高岩书记接受了《光明日报》记者的采访。采访中他谈道："哈尔滨工程大学毕业生身上具有一种敢为的自信、必成的劲头、开放的眼界、合作的气度。""大学的精神和文化对学生影响至深。""老一辈科研工作者秉持祖国需要为第一需要的使命担当，认识世界和改造世界的境界追求，以及求真务实的工匠精神，成为哈尔滨工程大学独特的精神品格，影响和熏陶了一代代青年学子的科研观和世界观。""未来，我们要继续发扬和传承哈军工红色文化基因，为党育人、为国育才。"

编者结合自身在传承创新哈军工红色文化服务育人方面的理论研究与实

践成果，梳理编研了哈尔滨工程大学以及哈军工后裔、哈军工校友在哈军工文化传承创新方面的成果，编研成册，以飨读者。全书分为三册。上册为"溯源集·军工往事"，以编年体的方式，展现哈军工从创建、发展直至分建的办学历史，深入挖掘哈军工在人才培养、科学研究中以"祖国需要为第一需要、以国防需求为第一使命"的大学精神。中册为"赓续集·军工编研"，集合了公开发表的以哈军工为题材的论文和文章，为哈军工文化在当代的传承创新、不断发展提供理论研究方面的借鉴。下册为"物化集·军工风范"，梳理编辑了在传承创新哈军工文化遗存方面的物化成果，包括展馆、展览、书籍、电视片、景观、国家文物、文创产品等，为哈军工红色文化的创新性发展、创造性转化奠定物质基础。

坚定秉持、积极践行哈军工文化，创造性转化、创新性发展哈军工文化，使哈军工文化在更广阔的范围、更大的空间产生积极的作用与影响，是哈军工后裔传播、创新先进文化的使命担当。《从哈军工走来》集结的这些成果是对哈尔滨工程大学以及哈军工后裔传承创新哈军工红色文化育人成果的高度浓缩。通过"溯源集"对哈军工历史的梳理，奠定哈军工文化育人的基础；通过"赓续集"集合后人对哈军工文化的理论研究成果，内在推动哈军工文化的创新性发展；通过"物化集"拓宽哈军工文化传播的载体途径，实现对哈军工文化的创造性转化。通过对溯源、赓续、物化这样一个完整的文化育人逻辑链条的编研，挖掘哈军工文化在未来更加深厚持久的文化内力，服务立德树人。

编者希望更多关注热心哈军工文化传承创新事业的人们，在实践中创造出更多哈军工文化传承创新的延展面、延长线、延伸点，让哈军工的红色基因代代相传，让后人在哈军工红色文化的滋养中受益终生。

目　　录

（本集收录的论文、文章依据主题分类，按照发表的时间排序）

第一编　哈军工精神、文化与传统

1

第三编　哈军工首任院长陈赓大将

第四编　哈军工历史与哈军工人

第五编　哈军工纪念馆与哈军工文化园

第一编
哈军工精神、文化与传统

哈军工精神的凝练、传播与实践

王春晖

哈军工是新中国历史上第一所高等军事工程技术院校。在十几年的办学实践中，为国家培养了一大批以院士、将军为代表的毕业生，诞生了一批填补国内空白、代表当时我国最高水平的国防科技成果。哈军工的办学实践为我国高等教育跨越式发展、追赶国际先进水平提供了成功范例；哈军工的光荣传统、革命精神和办学经验是她留给后人的宝贵精神财富。

哈军工精神是哈军工及哈军工人的价值取向、精神气质、个性魅力的表达，是哈军工取得辉煌的人才培养及科学研究成果的内在动因。凝练、传播、实践哈军工精神是对哈军工精神遗存的珍视、利用和创新，对当今高等教育、军事技术教育乃至国防科技事业具有重要意义。

一、哈军工精神的凝练

20世纪70年代初分建内迁的哈军工，直到今天还有人研究它，归根结底是世人对哈军工办学短短十几年，却能取得如此辉煌成就的原因的探究。以往的研究中，人们已经从党政军领导的重视、汇聚优势教育资源、陈赓的教育理念等方面给出了答案。而今天迫切需要我们回答的是，在内在的精神层面上支撑哈军工取得辉煌办学成果的原因是什么，即哈军工精神是什么。

前一段时间学习了哈军工北京校友会网站上刊发的哈军工校友针对哈军

工精神的研讨文章。这些文章对哈军工精神的表述有相似之处，但也可谓林林总总。这一方面说明了哈军工精神的博大，另一个侧面也说明用少许词语来扼要表述哈军工精神是一件十分困难的事。根据哈军工校友的讨论和北京校友会组织的投票，经归纳最终得出了三个哈军工精神的表述方案。一是强军、报国、忠诚、奉献；二是忠诚、奉献、强军、兴国；三是信念、责任、奉献。基于这三个方案和对哈军工历史、文化的了解，个人认为，哈军工精神的凝练要做到明确定位、根植主体。

明确定位是指凝练哈军工精神的起点和前提是弄清楚哈军工的定位。我们国家建设哈军工是为了什么，哈军工到底是干什么的，这就是哈军工的定位。这个问题在毛泽东主席为哈军工成立颁发的训词中就已经给出了答案，哈军工的创办就是为了培养大批能够掌握和驾驭技术的人，并使我们的技术能够得到不断的改善和进步。大学，这就是哈军工的定位。而军事、工程技术都是基于大学这个根本定位的个性表达。哈军工精神的表述要在大学这个定位的基础上进行凝练。如果说，我们所凝练的哈军工精神不是基于哈军工的定位，那么这个答案就不是哈军工精神。如果说，我们所凝练的哈军工精神偏离了哈军工的定位，那么这个答案就不是真正的哈军工精神。

根植主体是指凝练哈军工精神的工作要深深植根于哈军工精神的主体。我认为，哈军工精神的主体主要是以陈赓院长为代表的院领导集体、以优秀教员为代表的教授群体和以优秀学员为代表的学生群体这三个方面。一方面，哈军工精神的生成必定源自这些主体及主体的内部；另一方面，哈军工精神的外显也必定离不开这三方面主体的认知和实践。

综上，哈军工精神的表述应建立在大学这个定位的基础上，集哈军工的大学精神、哈军工的军队精神、哈军工的工程技术精神以及在新中国成立之初的历史背景下、北方高寒艰苦的环境里、曲折的发展历程中哈军工主体身上所体现出来的精神气质和价值追求的融合体。

二、哈军工精神的传播

原哈尔滨船舶工程学院院长邓三瑞曾说过这样一段话："哈军工纪念馆是一个有节令性的作品，但我觉得，节令过后，你们不要收摊，要做一些细水长流的事情。先展示后研究，让后人在你们的展示尤其是研究中汲取到养分，这样，你们做的工作才是长远有用的，在你们的工作中，世人才会看到一个鲜活的、有生命力的哈军工。"

育人是哈军工纪念馆的首要功能定位，同时也是哈军工研究工作的最终归宿。只有世人从哈军工的精神遗存中吸收到对自己有帮助的正因子、正能量，使哈军工的精神遗存得到有效的利用，哈军工精神研究工作的价值才能得到充分的实现。哈军工精神的影响力才能不断扩大，哈军工精神的生命力才能持久。这就要求，我们不仅要从哈军工的前辈们手中将这笔财富继承下来，还应该思考，如何将这笔财富在更大的范围、更广阔的空间实现共享，让世人从哈军工的精神中汲取到养分；同时，更应该思考，如何将这笔我们从各位前辈手中继承的财富让我们的下一代人也能得到继承，使他们在哈军工精神的滋养中受益终生。

作为哈军工精神承上启下的一代人，在继承传扬哈军工精神的过程中，不应满足于在思想观念形态中，用简单的话语告之世人哈军工精神是什么；不应驻足于理论研究状态中，逻辑地向世人阐述哈军工精神的孕育和诞生过程，而应在前两者的基础上，不断充实哈军工精神的传播主体、不断拓展哈军工精神的传播载体、不断丰富哈军工精神的传播形式、不断扩大哈军工精神的传播范围，真正使哈军工精神的传播实现大力传播、贴近传播、有效传播，真正使哈军工精神的育人功能得到发挥。

在充实哈军工精神的传播主体方面，我们要不断壮大哈军工精神研究的队伍，在哈军工前辈的基础上，逐步吸纳知识结构多源的年轻人，做好新老交接；在拓展哈军工精神的传播载体方面，充分保护、利用哈军工分建高校已经打造的传播载体，比如哈军工纪念馆，使其发挥出应有的作用和价

值，同时，科学规划、建设新的传播载体；在丰富哈军工精神的传播形式方面，除坚持研讨会、刊物、书籍、学术研究等传统传播形式外，适当利用绘画、音乐等艺术形式，策划符合时代精神的各种活动，为哈军工精神传播服务；在扩大哈军工精神的传播范围方面，要坚持请进来、走出去，要在传播客体的范围、地域的范围、行业的范围等方面都实现扩大和拓展，充分利用已有的载体和形式，宣传哈军工精神。此外，在设置专门机构、出台政策支持、下发制度保证等方面，各单位应为哈军工精神传播提供坚强的组织和制度保障。

三、哈军工精神的实践

哈军工是一所在特殊年代、特殊历史背景下建设起来的一所特殊的学校，哈军工的办学经历是任何学校都不可复制的。60多年过去了，特殊的哈军工在当今时代的意义和价值在哪里呢？回答这个问题，就要求我们在凝练、传播哈军工精神的过程中，更加注重对哈军工精神的实践，让世人看到哈军工精神在不断继承中得到了发展和创新，让世人感受到哈军工精神的与时俱进和普适性，让世人认识到哈军工精神在当代高等教育、国防现代化事业中的意义和价值。

军工六校作为哈军工的传人，在哈军工精神的实践方面，要充分发挥哈军工精神对学校发展的推动和导向作用。以工程大学为例，学校传承哈军工"尖端集中、常规分散"的学科建设思想，结合学校的学科优势和国家战略性需求，凝练、确立了"三海一核"的特色办学方略，使学校抓住了重大科技专项和国防建设机遇，形成了比较完整的特色学科专业体系框架；学校传承哈军工"善之本在教，教之本在师"的人才建设思想，立足学校领军人才缺乏的实际，提出了"人才强校"战略和"研究型目标是最高衡准、超常规举措是必然选择、特色竞争力是核心目标"的人才建设理念，用超常规举措推动跨越式发展，引进了院士、国内外著名专家等高层次人才，人才队伍建设取得了显著成效；学校传承哈军工"一切为了学员"的学生工作思想，以服务国家战略需求和行业需要为目标，确立了培养"一流的工程师、行业领军人才和科学家"的人才培养定位，着力构建精英教育体系，培养了大批高素质、可靠顶用的创新型人才。

这些在办学过程中对哈军工精神的实践，使哈军工精神在工程大学人手中得到了发展和创新。在工程大学哈军工精神实践所取的阶段性成果面前，世人应该可以认识到哈军工精神的与时俱进和超越了特定历史时期、特定年代的普适性。只有通过对哈军工精神不断的实践，才可以让更多不了解哈军工的人借助于精神实践的外在表现去把握哈军工精神的实质，认识哈军工精神的价值。

传扬哈军工的精神，守护哈军工的文化传统，是所有哈军工人及哈军工后人对哈军工精神资源与文化传统的珍视，是面向历史与未来的负责。军工六校应立足各自发展的实际，在凝练哈军工精神、梳理哈军工历史文化的过程中，逐步形成以哈军工精神为核心的有自己大学特色的校园文化系统，使哈军工精神与文化在军工六校的办学实践中得到不断的丰富和发展，使哈军工所开创的事业由作为哈军工后人的我们不断推升到新的境界，铸造出新的辉煌。

〔刊于《哈尔滨工程大学学报（教育科学版）》2013年第3期〕

论"哈军工精神"的基本内涵及其现实意义

谢璐妍　窦隽勇

"哈军工精神"是全体"哈军工"人在陈赓院长的带领和激励下，在长期的革命实践中展现出的全部优秀品质的总和。毛泽东颁发的《训词》精神是"哈军工精神"最重要的来源和依据，陈赓院长和全体"哈军工"人是"哈军工精神"的引领者和实践主体。文章将"哈军工精神"概括为强军卫国的爱国热情、高度忠诚的政治品质、不畏艰难的奋斗精神、自力更生的创新精神、教学为本的治学理念和服务人民的高尚品格，并从高校思想政治教育工作的开展、校园文化建设的推进和国防科技工业的发展等三个方面论述了弘扬"哈军工精神"的现实意义。

一、"哈军工精神"的直接来源

"哈军工精神"是中华民族传统美德的一个缩影，而且较前者更具革命性。"哈军工精神"既从我国优秀的传统文化中汲取养分，又受到延安精神、太行精神、龙江精神等文化资源的熏陶，其来源是多方面的。本文化繁为简，只对"哈军工精神"的直接来源加以界定，即毛泽东主席颁发的《中央人民政府人民革命军事委员会训词》（以下简称《训词》）精神、陈赓院长的高尚人格以及全体"哈军工"人的辛勤实践。"哈军工精神"三个不同的直接来源，其内容和影响是有区别的，具体来说体现在如下三个方面：

（一）《训词》精神

毛泽东主席颁发的《训词》既是"哈军工"办学治院的指导方针，也为"哈军工精神"的最终成型定下了方向，是"哈军工精神"最重要的来源和依据。首先，《训词》指出了"哈军工"所肩负的历史使命，为"哈军工"人提出了总体要求，指明了前进方向。其次，《训词》总结了创办军事工程学院的重要意义，增强了"哈军工"人的集体荣誉感，使全体"哈军工"人努力学习技术、励志保卫祖国的热情得到最大迸发。再次，《训词》也为全体"哈军工"人提出了许多具体的要求，诸如强调"哈军工"应当保持和发扬"全心全意为人民服务的精神和自我牺牲的英雄气概"等，而这些内容后来逐渐发展成为"哈军工"的办学宗旨和光荣传统。

（二）陈赓院长的高尚人格

"哈军工精神"的主体是全体"哈军工"人，而这种精神的引领者便是陈赓。陈赓院长高尚的人格魅力影响了一代又一代的军工学子，是"哈军工精神"的重要组成部分。陈赓院长所彰显出的高尚人格贯穿于"哈军工"产生、发展和壮大的全过程，从筹建时的选校址、筹经费、调教员，到施工时常亲自检查工程质量，再到办学时力主"两老办院""以教学为中心"等理念，无不体现着陈赓院长"全心全意为人民服务"、为军工服务的高尚人格。尽管在"哈军工"走上正轨之后，陈赓院长便将主要精力从学院的日常工作上转移到军委总部，但他仍时刻牵挂着学院的成长。1961 年，陈赓院长过早地离开了我们，但他却留下了宝贵的精神遗产，他的高尚人格指引着后来的军工人在国防现代化的道路上继续前进。

（三）全体"哈军工"人的辛勤实践

陈赓院长的高尚人格形成了"哈军工精神"的灵魂，而全体"哈军工"人的辛勤实践铸就了"哈军工精神"的躯干。从根本上看，"哈军工精神"

是寓于全体"哈军工"人的具体实践之中的，这种实践表现在"哈军工"发展的不同环节：一是在筹建阶段，全体"哈军工"人在陈赓院长的带领下艰苦奋斗，无私奉献，在荒地上建起了一座座的教学楼；二是在科研领域，"哈军工"人在客观条件十分艰苦的环境下，顽强拼搏，勇于创新，不断地创造着科学奇迹；三是在教学领域，"哈军工"人在实践中逐渐探索出"两老办院""尖端集中、常规分散"等教育思想，为我国现代高等教育的发展提供了借鉴。

二、"哈军工精神"的基本内涵

（一）强军卫国的爱国热情

强军卫国是贯穿于"哈军工"发展全过程的一个永恒主题，学院建立时特定的时代背景决定了"哈军工精神"将饱含浓厚的爱国主义色彩。"哈军工"于1952年开始筹建，这正是我国国防科技工业百废待兴而国际社会局势风云变幻的时期。从国内环境来看，我军当时武器装备十分落后，而抗日战争和抗美援朝战争使党中央深刻地认识到：要适应现代化战争，建设现代化军队，必须建立一所综合性的高等军事技术院校，旨在培养技术军官。从国际环境来看，社会主义中国受到了以美国为首的西方阵营的封锁和孤立，要想巩固新生的无产阶级政权，必须建立独立自主的国防科技工业，实现国防现代化。可以说"哈军工"成立伊始便肩负着提升国防现代化水平、保卫祖国的历史使命。"哈军工"的成败关系着我们祖国的安危。

日益增长的国内需求和纷繁复杂的国际环境是激发"哈军工"人爱国主义热情的重要推动力，在深知社会主义政权来之不易和科技强军重要意义的情况下，强军卫国、献身国防成了所有科研工作者们的共同心愿。正是在这种爱国主义精神的感召下，这些人毅然决定放弃原本稳定的工作和生活条件，满腔热忱地投身于我国国防现代化的建设之中。在"哈军工"创建初期，抓教学和搞科研的条件极其艰苦，强军卫国的爱国热情是"哈军工"人克服一道道难关的动力之源。"哈军工"不但为我国培养了大批的高级军事人才，而且研制出许多国内顶尖水平的武器装备，极大地提升了我国的国防现代化水平。因此，强军卫国的爱国热情是"哈军工"人投身于各项事业的最直接动力，是"哈军工精神"的首要内涵。

（二）高度忠诚的政治品质

对党和国家无限忠诚是人民军队永恒的信念，这种信念在"哈军工"人身上则表现得尤为突出。首先，从"哈军工"人的角度来说，他们多年来受到毛泽东主席《训词》精神和陈赓院长人格魅力的熏陶和感染，自然而然地形成了一种责任感和自豪感，这种感情经过内化和升华，便凝聚成对党和国家坚定不移的忠诚信念。另外，从"哈军工"本身作为我国第一所高等军事院校也十分注重对学员的政治教育，不仅对学员的录取工作进行严格把关，在学生入学之后更是将政治工作摆在极其重要的位置。"哈军工"人高度忠诚的品质，为学院朝着正确的方向发展提供了坚实的政治保障。六十余年的实践经验表明，在"哈军工精神"熏陶之下成长起来的一代又一代"哈军工"人为我国各高校进一步提升办学的政治质量起了良好的示范作用。

所谓高度忠诚，便是绝对服从党的指挥，真诚地热爱党和国家的事业，能够在国家最需要的地点和时刻义无反顾地挺身而出。可以说，强军卫国的爱国热情、高度忠诚的政治品质和服务人民的高尚品格，是同一个问题从三个侧面出发衍生出来的不同表述，"哈军工精神"通过这三个方面，将党、国家和人民融会贯通，使之形成一个统一的整体。在这个血肉联系中，"哈军工精神"发挥着重要的承接作用，不但增强了所有"哈军工"人的集体荣誉感，而且使"哈军工"人艰苦奋斗、自主创新的热情最大限度地迸发，形成了良好的文化氛围。总之，高度忠诚是"哈军工"人与生俱来的政治品质，既是"哈军工精神"的一个方面，又为其他方面的发展提供了政治上的保障，这种品质在和平建设时期也是需要永远保持和不断发扬的。

（三）不畏艰难的奋斗精神

不畏艰难的奋斗精神是"哈军工"人在实践过程中最突出的品质，也正是在这个层面上，我们可以将"哈军工"的历史理解为一部可歌可泣的奋斗史。在党中央决定创建"哈军工"之时，摆在陈赓将军面前的现实环境十分严峻，既没有校舍和师资，也没有相应的办学经验和教材设备。更重要的是，当时我国军事工程方面的专门人才十分稀缺，而且大都分散在不同的高校中。在"哈军工"的筹建阶段，陈赓将军率先扛起了艰苦奋斗的大旗，他亲自选校址、筹经费、调教员，努力协调各方面的关系，精心规划"哈军工"的发展蓝图。他不仅前往施工现场检查建筑质量，还十分注重学习相关院校的办学经验。在陈赓将军的带领下，其他参与指挥和建设"哈军工"的建设者们也都发扬起吃苦耐劳、顽强拼搏的革命精神，终于在荒地上建起了一座座雄伟壮观、坚固耐用的教学楼。

"哈军工"人这种艰苦奋斗、无私奉献的精神品质在进入教学阶段后表现得更为明显。党中央出于政治条件、地理位置等多种因素的综合考虑，决定将校址选在哈尔滨，这便意味着从全国各地调来的科研人员不仅要放弃原本稳定的生活环境，还必须努力克服当时哈尔滨相对恶劣的气候条件和贫乏的物质生活条件。另外，"哈军工"创建之初，学校的教学设施并不完善，授课和学习都受到很多现实条件的限制。正是在这样一种环境下，"哈军工"的教员精心育人，学生刻苦钻研，使新中国拥有了一批可靠顶用的专门军事人才。最后，在科研领域，"哈军工"的科研工作者们克服了科研基础薄弱、国外的技术封锁等道道难关，终于研制出一系列国内顶尖水平的军事产品，完成祖国所赋予的神圣使命。

（四）自力更生的创新精神

自力更生的创新精神是艰苦奋斗精神的一种延伸，在极其艰苦的条件下，创新精神则显得尤为可贵。"哈军工"人深刻地认识到，没有独立自主的国防科技工业，就没有独立自主的国家主权，而国防科技工业必须坚持自力更生的创新精神。如前所述，我们一方面受到西方资本主义国家的封锁，另一方面又受到国内科研基础薄弱的限制，各种因素要求我们必须充分发挥主观能动性、探索创新，建立自己的国防科技工业体系。"哈军工"从建院伊始便将目光瞄准国内外的最新研发成果，跟踪军事技术前沿的发展动态，并将教学和科研同我国国防现代化的实际需求结合起来。在专业设置上，"哈军工"率先开办了导弹、原子弹专业，成立了电子计算机系；在教学理念上，提出了由维护、修理转向研发、设计的人才培养目标，并首倡"尖端集中、常规分散"的办学思路，将一批尖端新型专业集中起来，成立了电子工程、原子工程、导弹工程和防化工程系。

当然，自力更生并不是一味地排斥国外已有地先进经验和优秀成果，独立自主是主要方面，合理借鉴则是有利条件。聂荣臻同志说："我们当然要积极学习国外的先进科学技术，特别是苏联的先进科学技术，以加速我们前进的步伐……可是，光是依赖外援是不成的，必须以自力更生为主。"在"哈军工"的筹建阶段，苏联政府曾派遣以奥列霍夫中将为首的4人专家组来华商讨军事工程学院的筹建方案，尔后在科研领域里也给予我们较大的技术支持。1960年，随着中苏关系走入低谷，苏联的专家们也相应撤离了中国，对此毛泽东主席回应说："赫鲁晓夫不给我们尖端技术，极好，如果给了，这个账是很难算的。"苏联单方面撕毁协议非但没有动摇我们自力更生的决心，反而激发了"哈军工"人不断创新的斗志。在自力更生的创新精神的激励下，"哈军工"创造了共和国历史上的多项第一：第一台军用电子管计算机、第一台晶体管计算机、第一台声速梯度仪、第一台水陆坦克初样车等，而这些第一也成为"哈军工"人不断创新的历史见证。

（五）教学为本的治学理念

创办"哈军工"的一个重要目的是为国家培养现代化的军事技术人才，而人才的培养离不开教学，教学为本是"哈军工"人的优秀本质在教学领域

的集中体现。在"哈军工"成立暨第一期开学典礼大会上，陈赓院长曾号召"全院人员在以教学为中心的方针下，取得思想的统一和步调的一致"，这便成为"哈军工"教学为本治学理念的开端。所谓"教学为本"，就是使教育和学习成为学校开展工作时的重中之重，一切以教学为中心。"哈军工"教学为本的治学理念所包含的具体内容十分丰富，其中一些先进的思想至今仍为很多高校效仿，如"善之本在教，教之本在师"的人才观、"一切为了学员"的育人观、"大力抓好科学研究工作"的优良传统等。"哈军工"的许多治学理念在当时都是国内首创，其中最具代表性的便是"两老办院"的施行。

所谓"两老办院"，是指将老干部、老教师作为办学的依靠力量。这一办学理念，是陈赓院长结合教育的发展规律和学校的教学实际提出来的。新中国成立初期，知识分子的地位和作用还未能得到应有的重视，在"哈军工"应当依靠哪些人来办这一问题上，大多数人都存在一定的思想误区。许多人认为，老干部、老党员经历了革命战争时期的考验，理应成为办学的依靠力量，过于重视地方上聘请的专家教授，会造成政治上的"右倾"。陈赓院长提醒大家：搞社会主义建设如果没有知识分子参加，不可能取得胜利，专家、教授们奔着同一个目标汇聚哈尔滨，应当在政治上关心、生活上照顾、工作上大胆任用；知识分子不仅要在教学育人中各尽其才，有些教授还将担任行政领导职务。老干部们"既要看到自己的长征二万五，也要看到别人的十年寒窗苦"，只有所有人团结一心、协力共进，才能真正将"哈军工精神"发扬光大。坚持"两老办院"的理念，充分发挥老教师的作用，实质上便是一切以教学为中心的体现。

（六）服务人民的高尚品格

服务人民是"哈军工精神"的灵魂，是其他方面内涵的出发点和落脚点。毛主席在为"哈军工"颁发的《训词》中，特别强调要"保持和发扬中国人民解放军的光荣传统，特别是全心全意为人民服务的精神和自我牺牲的英雄气概"。毛泽东主席之所以强调要发扬"全心全意为人民服务的精神"，既是马克思主义唯物史观的要求，也是由中国人民解放军的性质所决定的。人民群众是实践的主体，是历史的创造者，也是中国人民解放军的力量源泉。"哈军工"自诞生之日起便与军队保持着天然的血缘关系，当年的"哈军工"人大都经历了旧社会的黑暗和战争的残酷，深知人民政权来之不易，而要保卫人民当家作主的社会主义祖国，就必须努力实现国防的现代化。服务人民是全体"哈军工"人的核心价值观，无数"哈军工"人艰苦奋斗、探索创新、精心育人、献身国防，其最终目的都是为了去更好地服务人民。因此，服务人民是"哈军工"办学治院的宗旨，是"必须充分领会和一刻也不可忘记的"。

毛泽东主席颁布的《训词》为"哈军工"人心系人民打下了坚实的思想基础，他们不仅将全心全意为人民服务铭记在心，还落实于行动中。"哈军工"创建初期，学院在教学和科研领域内都存在很多薄弱环节，教员们自愿加班加点，有些人甚至工作到凌晨而不收取任何的加班费或者夜餐费。在学院的人事安排上，"老干部""老教师"们也是无条件服从，从不计较名利和地位，将服务人民作为自己的唯一使命，无怨无悔地奉献着自己的青春和热血。同时"哈军工"时常到学院以外支援当地建设。1956年和1957年，松花江流域连续两年发生特大洪涝灾害，人民和国家的利益受到严重威胁。在危急关头，"哈军工"人挺身而出，昼夜在灾区奋战，为保护人民群众的生命和财产贡献着自己的力量。"哈军工"人服务人民的例子可以说数不胜数，他们对人民群众的赤胆忠心也影响着一代又一代的军工传人。

三、弘扬"哈军工精神"的现实意义

（一）弘扬"哈军工精神"有利于开创高校思想政治教育工作的新局面

高校的思想政治教育工作"要坚持优良传统和改进创新相结合的原则。在继承党的思想政治工作优良传统的基础上，积极探索新形势下大学生思想

政治教育工作的新途径、新方法，努力体现时代性，把握规律性，富有创造性，增强实效性"。"哈军工精神"不但汲取了中华民族传统文化的精髓，而且富有革命性，这种先进性使其介入高校思想政治教育工作具备了天然的优势。因此，将"哈军工精神"与对大学生的思想政治教育工作有机结合起来，不但是可行的，而且是有益的。首先，"哈军工精神"可以成为教育者在进行理论灌输时的一种有益补充。具体到高校的思想政治理论课上，便是将"哈军工精神"的有关内容融到课堂的教学内容之中，使高校思想政治教育的内容更加丰富和贴近生活。另外，"哈军工精神"不仅是一套丰富的理论体系，最重要的品质在于其是被实践证明了的并将最终应用到实践当中去，这同思想政治教育的本质不谋而合。在高校思想政治教育工作中，将教育者的理论灌输与"哈军工精神"的熏陶结合起来，对于拓宽高校思想政治教育工作的渠道，增强其感染力，无疑具有积极的推动作用。

（二）弘扬"哈军工精神"有利于促进高校的校园文化建设

邓小平同志曾指出："我们要大声疾呼和以身作则地把这些（革命）精神推广到全体人民、全体青少年中间去，使之成为中华人民共和国的精神文明的主要支柱"。"哈军工精神"中蕴含着丰富的革命精神，催人奋进，如果将这种精神同高校的校园文化建设结合起来，那么，在这种精神的熏陶下所形成的校园文化也必将是积极、和谐、健康向上的。在这个方面，拥有"哈军工"背景的几所高校自然具备天然的优势，但全国其他高校也都可以利用这一文化资源。从高校的角度来看，学校可以通过大力开发"哈军工精神"中的正能量，以邀请"哈军工"老校友在校园里举办"哈军工精神"专题讲座，开展与"哈军工精神"相关的知识竞赛或文艺赛出等形式，将"哈军工精神"渗入到校园的每一个角落。总之，高校综合运用多种形式，将"哈军工精神"与校园文化建设结合起来，有利于引导新世纪的"哈军工"人在一种积极的校园文化氛围中接受熏陶，从而树立和展现良好的精神风貌。

（三）弘扬"哈军工精神"有利于促进我国国防科技工业的发展

"哈军工"是新中国成立以来第一所专门培养军事指挥人才的高等军事院校，"哈军工"的诞生和发展对我国国防科技工业的影响是空前的。"哈军工"的历程辉煌又坎坷，但"哈军工精神"不仅没有随着"哈军工"这三个字成为历史而逐渐消退，反而历久弥新，表现出非凡的生命力。因此，我们既要在战争年代提倡"哈军工精神"，也应当在和平建设时期积极探索发挥其积极作用的渠道。大力弘扬"哈军工精神"有利于发扬我军的优良传统，将强军卫国的爱国热情、高度忠诚的政治品质、不畏艰难的奋斗精神、自力更生的创新精神和服务人民的高尚品质深深植入人民军队的心中，从而培养德、智、军、体全面发展、高素质、创新型的国防科技和军事指挥人才，为我国国防科技工业的发展提供强大的精神动力，不断提升国防现代化水平。

（刊于《黑龙江高教研究》2015 年第 5 期）

"哈军工"核心精神刍议

何立波

作为我军历史上第一所综合性高等军事技术院校,哈军工培养和造就了一大批优秀的国防现代化建设人才,创造出许多国内领先和世界先进水平的重大科技成果。在艰苦卓绝的奋斗过程中,哈军工人孕育形成了一种共同遵循、光耀千秋的精神品格,这种品格就是"精忠为国、求真务实、凝心聚力、拼搏奋进"的"哈军工"核心精神。

一、精忠为国

哈军工虽然只有短暂的 13 年历史,但哈军工人在忠诚的旗帜下坚守以祖国需要为第一需要、以国防需求为第一使命、以人民满意为第一标准的最高价值追求,把勇担重任的精神追求落实在每一个阶段的发展建设进程中。

(一)"精忠为国"体现在建院的出发点上

自诞生之日起,哈军工就承担起强军兴国的历史使命。1953 年 8 月 26 日,毛泽东主席修改审定了《中央人民政府人民革命军事委员会训词》,要求:"为了建设现代化的国防,我们的陆军、空军和海军都必须有充分的机械化装备和设备,这一切都不能离开复杂专门的技术。今天我们迫切需要的,就是要有大批能够掌握和驾驭技术的人,并使我们的技术能够得到不断改善和进步。军事工程学院的创办，其目的就是为了解决这个迫切而光荣的任务。"哈军工从国家和军队的最高利益出发，坚持正确的办学方向，为国家和军队培养出了一大批军政素质过硬、掌握现代军事工程的高素质军事技术人才。哈军工的毕业生，始终以毛泽东的训词为指针，在国防工业战线上勤奋耕耘，保持和发扬了我党我军的优良传统作风，报效祖国、献身国防，得到了中央军委和各用人单位的充分肯定和高度评价。

（二）"精忠为国"体现在勇于担当的责任意识上

"两弹一星"等我国国防工业和新式装备研制，由于受到西方的封锁和武器禁运的制约，要完全依靠我们自力更生、奋发图强。哈军工人瞄准国际科技前沿，应国家急需，从1954年9月开始，学院党委每年都根据"紧密结合教学，适当解决国防工业生产中的技术问题"的指导思想，提出科研方向，开始科研尝试。仅1958年就取得了我国第一台军用计算机、某型袖珍潜艇、水翼艇、气垫船和鱼雷攻击射击指挥仪、某鱼雷快艇雷达以及水生设备、铁淦氧磁体材料研制成功等多项开创性的研究成果。这些成果具有重大原创性，是在异常艰苦的条件下克服了难以想象的困难取得的。这种勇于承担的强烈的使命感是哈军工一直秉承的优良传统。

（三）"精忠为国"体现在遂行多样化任务的行动上

"哈军工"人以国家和军队所需要为最高利益，发扬我军拥政爱民的光荣传统，充分发挥学院人才集中的优势，主动支援地方经济建设和社会发展事业。当人民利益需要的时候，哈军工人挺身而出，帮国家解决困扰人民的重大困难。1956年夏和1957年夏，松花江流域接连两次发生特大洪水，哈尔滨形势危急。哈军工全院上万名干部学员奉命参加抗洪抢险，连续奋战了几十个昼夜，圆满完成任务。受到当地政府和人民的表扬。

19

二、求真务实

哈军工人有一个共识：人才培养是学院的头等大事、根本任务、中心工作。

（一）"求真务实"体现在"尊师重教"的办学基础上

陈赓等院领导对如何办好哈军工有着自己独特的理解，哈军工的办学理念是："善之本在教，教之本在师"。"尊师重教"是办好学校的关键环节。陈赓等院领导要求各级领导、全院上下必须把全部精力投入教学工作，学院党委通过的第一个决定就旗帜鲜明地提出，"以教学为中心，一切为教学服务"。哈军工尊师重教，最重要的是首先提出了"两老办院"的方针，牢固确立了专家教授在办学育人中的主体地位、教学工作在学院各项工作中的核心地位。在教学科研工作中挑大梁的是专家教授，担任教务部、科研部和教务处负责人的均是专家教授，老干部甘愿做助手、副手，极大地调动了广大教师的积极性、主动性和创造性。

（二）"求真务实"体现在"从严治校"的根本做法上

哈军工根据人才培养目标，提出"治校从严""打造精品"的建设思路和目标。建院之初，陈赓强调："现代化的军事工程师，必须具备严肃的工作作风、严谨的学习态度、严格的组织纪律、严整的工作秩序。不具备这些条件，就难以完成军事工程师所担负的任务。"学院《教学过程组织条例》对教学工作作出了全面而系统的规定和要求：严肃的教学态度、严密的教学组织、严格的教学管理、严谨的教学作风、严整的教学秩序、严明的教学纪律。哈军工在教学质量上把关很严，每学期都有相当数量的学员因成绩不合格等原因而留级或退学。学院严格治学还反映在学员一进学院就开始了正规军人的生活训练。列队、出操、上课、就寝都按照严格的纪律，紧张有序，培育学员的军人品格养成。

（三）"求真务实"体现在"育人为本"的工作目标上

哈军工把育人作为学院根本任务，体现了其"求真务实"的精神。哈军工首先注重培养学员的政治素质，采用课内外结合的方式，用典型事迹进行人生观、价值观的教育，并将思想品德教育寓于其他课程、日常党团活动、学员评比活动之中。其次是从严考核，对学员的文化理论基础、军政基础素质，包括军兵种知识，合同战术理论，营团、师、军各级战术，军兵种战术等科目提出严格的标准和严格的考核要求。三是关注学员的身体素质，无论春夏秋冬，每日下午一小时体育活动雷打不动，从不间断，使得学员的身心得到极大的锻炼，促进了全面发展。

三、凝心聚力

哈军工在几年之内就拥有了当时国内一流的校园、一流的设备，尤其是拥有了一大批一流的专家教授以及数十名苏联顾问，使大量的优质办学资源一步到位，迅速成为国内一流大学，证明了集中力量办大事是高等教育跨越式发展的必由之路。

（一）"凝心聚力"，聚合了苏联顾问团的热心

面对建校初期人才短缺和技术落后的现状，苏联伸出援助之手。以奥列霍夫为首席顾问的苏联顾问团以高度的国际主义精神、不倦的劳动、渊博的科学技术修养以及丰富的组织、领导军事工程技术教育工作的经验，有力地支持了哈军工的创立和建设。这种深厚的国际友谊使哈军工从创建伊始就融入了当时苏联高等军事工程教育较为先进的办学理念和教育思想，并成为哈军工办学的重要思想支持和一贯坚持的重要办学传统。

（二）"凝心聚力"聚合了科技及带兵精英的诚心

哈军工的创办事关国家安危和人民的根本利益。许多知名专家教授主动放弃优裕的生活和工作条件，来到当时白手起家的哈军工重新创业。为提升学员的军人素质和养成，哈军工从一线作战部队调入了具有丰富带兵和实战经验的优秀指挥军官担任教员，为学员学会如何做军官做了充分的保障。

（三）"凝心聚力"聚合了全院教职员工的齐心

哈军工党委要求全院人员，包括院领导、教职工，都要把人才培养放在第一位，实现全员合力育人。院党委特别强调，机关各部门和全院系、学员队，要围绕培养又红又专的合格人才的目的，齐心协力、尽职尽责、齐抓共管。学院还注意研究、探讨和总结合力育人的经验，完善和健全合力育人的机制、体制，不断提高合力育人的办学水平。

四、拼搏奋进

哈军工的创办是因时代发展的需要，靠的是自力更生的自主作为，为的是在强军的道路上实现自身的价值。

（一）"拼搏奋进"要面对实情，艰苦奋斗、自力更生

1959 年 2 月 23 日，著名科学家钱学森在参观哈军工时说："在我国现有的条件下，这么短的时间内办起这样一所完整的综合的军事技术学院，在世界上也是奇迹。"哈军工人发扬我军艰苦奋斗、能打胜仗的优良传统，以毛主席训词中倡导的"自我牺牲的英雄气概"、白手起家、艰苦创业，书写了一部可歌可泣的创业史。院领导采取"边建、边教、边学"的方针，从筹建到正式开学只用了一年多时间，解决了众多教学、科研、行管与后勤等方面存在的各种困难，使学院各项工作很快走上了办学的正轨，踏上了健康发展

的快车道。

（二）"拼搏奋进"要面对薄弱，求真务实、虚心求教

毛泽东同志为哈军工审定的《训词》中说道："向苏联学习，这是我们建军史上的优良传统，无论任何时候，任何工作部门，都应当如此。这点，对于你们这个学院，有更加重要的意义。我们必须学习苏联的先进科学和技术知识，学习苏联军事工程建设的丰富经验，学习苏联顾问同志的学习态度和工作态度，学习苏联顾问同志高度的爱国主义和国际主义精神。在学习上应该是虚心诚恳，不要学到一点就自满和骄傲。"哈军工一直坚持正视自己的弱点，虚心求教，向苏联顾问学习，脚踏实地、扎实前进。

（三）"拼搏奋进"要面对发展，与时俱进、自主强军

哈军工承担着为军队培养高层次军事工程人才的重任。20 世纪 60 年代后，根据形势的发展，根据陈赓的建议，党中央对哈军工的发展模式进行了调整，确立了"尖端集中、常规分散"的办学思想，将部分常规专业从哈军工分出去，交给各军兵种独立办学，建立了一批继承了哈军工优良传统的军事技术院校。陈赓紧跟世界科技前沿，克服众多困难，创建了电子工程、原子工程、计算机三个系，培养了大批国内最优秀青年，为我国"两弹一星"等国防工程事业作出了难以磨灭的贡献。

继承和发扬哈军工的核心精神，对我们推进信息化条件下院校教育转型发展和培养新型军事人才具有现实意义。保持和发扬哈军工的核心精神，关键是要与时俱进，代代创新传承，这才能真正做到对传统精神的创新性继承。

（刊于《学理论》2016 年第 11 期）

哈军工优良传统的精神内涵

何玉诚　谢晓静

"哈军工"是新中国第一所高等军事工程学院,在艰难困苦中奋起、在艰辛探索中前进,为我国培养高级军事技术人才、发展先进武器装备发挥了开创性作用,树立了我国国防科技和高等教育史上的一座丰碑。"哈军工"优良传统,是伟大民族精神的重要组成部分和我党我军的宝贵精神财富,思想内涵丰富、具有重要的历史意义和时代价值,值得发扬光大。

一、坚定高举旗帜、听党指挥的政治信念

始终坚持党对军队的绝对领导,坚持把思想政治建设摆在首位,是"哈军工"优良传统的灵魂。

"哈军工"坚决贯彻执行毛主席和党中央、中央军委的指示,坚持把贯彻落实党中央、中央军委的决策指示作为最高政治要求,坚持把毛主席的《训词》作为传家之宝,坚持党的教育方针,强调军事工程学院是"军校",是"党校",是军事技术学院,坚持以政治统领技术,防止单纯地学技术而忽视政治,培养合格军人、合格党员、合格军事技术人员。"哈军工"坚持把政治合格放在人才培养首位,明确培养目标首先是"对党高度忠诚""有高度的组织性、纪律性""工作积极、英勇顽强",然后才是"精通技术",必须又红又专,坚持对学员进行政治、技术、军事、体格综合训练,培养德

才兼备的军事工程人才，学员不仅是具有军事科学技术知识的工程师，而且是一个政治坚定、品质优良的军人。

当前，中国正在绘制创建中国特色的世界一流大学的宏伟蓝图，吹响了为实现从高等教育大国到高等教育强国历史性跨越的冲锋号。"哈军工"坚定的政治信念给我们深刻启示，创建"双一流"大学，必须牢牢抓住坚定政治方向这个根本，始终做到与党中央保持高度一致。

二、树牢报效国家、献身使命的价值追求

自觉肩负起国家和民族复兴的使命，坚持为国家建设发展服务，坚持为国防和军队建设服务，是"哈军工"优良传统的核心。

"哈军工"始终肩负国家和军队重大任务，全体干部、教师和学员把自己的人生理想与祖国建设、民族振兴、服务人民紧密联系在一起，为"两弹一星"事业发展作出重大贡献，在完成攸关国家战略利益的重大任务中发挥着不可替代的作用，为国家贡献众多科研成果，为部队研制出一批性能先进的武器装备。"哈军工"培养的学员对祖国高度忠诚，有严密的组织纪律性，精通现代科学技术，能钻研、肯吃苦、敢负责，具有较强的军事指挥和领导管理能力，奋战在我国国防、科技、教育等各条战线上，许多人走上重要领导岗位，成为治党治国治军的杰出人才。"哈军工"始终瞄准世界科技发展前沿，注重培养战略思维、创新思维能力，培养造就了一批以"两院"院士为代表、在国内外有重大影响的学术大师和领军人才。

当前，我国科技整体能力持续提升，一些重要领域方向跻身世界先进行列，某些前沿方向开始进入并行、领跑阶段，科技发展取得举世瞩目的伟大成就。科技兴则民族兴，科技强则国家强，"哈军工"的价值追求，就是发扬科技工作者追求真理、服务国家、造福人民的优良传统，必须自觉肩负实现第二个百年奋斗目标，实现中华民族伟大复兴的中国梦的历史重任，为加快国防和军队现代化建设作出新的更大贡献。

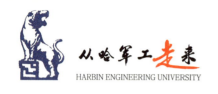
三、养成严谨求实、笃学精业的治学态度

坚持科学求真、严格训练、严谨治学，是"哈军工"优良传统的特征。

"哈军工"坚持"四严""三老"校风，强调现代化的军事工程师必须具备严肃的工作作风、严谨的学习态度、严格的组织纪律、严整的工作秩序，全院干部、教师和学员要说老实话、做老实事、当老实人，使学院成为锻造军人作风、锤炼军人品德、培养千万个过硬的军事工程师的熔炉。"哈军工"坚持科学严谨的教风，所有教师把党的教育事业作为崇高追求，坚持学为人师、行为示范，崇尚严谨、逻辑、实证、经验，崇尚脚踏实地，一步一个脚印地艰辛探索和勤奋工作，严格按照教育计划完成教学任务，学员在潜移默化中受到一丝不苟、科学严谨、精益求精治学精神的熏陶。"哈军工"坚持勤奋刻苦的学风，学员把课堂当战场，视学习为战斗，集中时间尽力学习，最大的愿望是不辜负党和人民的重托，努力完成学业任务，毕业后能胜任工作，全心全意为祖国、为人民、为国防服务。

当前，国家全面深化改革进入攻坚期，全面从严治党进入新时代，正风反腐永远在路上。建设世界一流大学，优良校风不可或缺，好的校风如春风化雨、润物无声，滋润着学子心田，"哈军工"围绕治校、治学加强校风建设，对推进大学校园文化建设有着十分重要的借鉴意义，要坚持从严治校、从严治教、从严治学，继承和发扬光荣传统，发展先进校园文化，使师生在学校这个大熔炉中既增长知识才干、又提升思想境界，做到德智体美全面发展。

四、锤炼敢为人先、追求卓越的创新品格

志在高峰，善于创造，勇于超越，是"哈军工"优良传统的特质。

"哈军工"探索教育教学改革创新，坚持把学院的科学研究与国家发展规划结合起来，开设最先进的科学技术水平课程，"以结合教学为主，适当

地联系解决国防生产中某些技术问题"，把尖端新型专业集中起来，调整设置导弹工程系、原子化学防护系、原子工程系、电子工程系，率先在全国高校开办导弹、原子弹专业，1955 年开始培养研究生，1966 年又率先在全国设立计算机系。"哈军工"大力推进军事科技创新，根据我军各军兵种武器装备建设需要，在原子能、火箭、半导体、雷达、计算机等尖端领域，积极开展科学研究，许多成果填补了国内空白，有的达到世界先进水平。

"哈军工"敢为人先、追求卓越的创新品格，是推进自主创新的强大精神动力，启示我们坚定创新自信，坚定敢为天下先的志向，勇于挑战最前沿的科学问题，与时俱进、开拓创新、勇攀高峰。

五、弘扬艰苦奋斗、无私奉献的崇高精神

坚持艰苦创业、自力更生，淡泊名利、竭诚奉献，是"哈军工"优良传统的特性。

"哈军工"始终保持战争年代那么一种拼命精神、革命干劲，艰辛创业、奋发图强，在一无师资，二无校舍，三无教材设备，四无办高等技术院校经验的情况下，坚持"边建、边教、边学"的筹建方针，在短短一年时间里筹建就绪，开始正规化教学工作。开展军事科技和先进武器装备研究，培养军事工程技术人才，白手起家、从零开始，坚持依靠自身力量，在实践中探索、在探索中发展。"哈军工"坚持依靠"两老办院"，重视发挥老干部的骨干作用和老教师在业务上的主导作用，把老干部、老教师作为办好学院的两根台柱子，把"两万五"与"十年寒窗苦"相提并论，强调办大学要依靠知识分子，产生强烈的认同感和向心力，构建了纯洁健康和谐的内部关系，把全院凝聚成高度团结统一的战斗集体。"哈军工"坚持发扬"端盘子"精神，在全院倡导机关为教学服务，教员为学生服务，广大行政干部自觉树立"服务员"思想，心甘情愿居"后台"，给专家、教授当"配角"，全心全意为教员"端盘子"，不少红军、抗战老干部，默默无闻、兢兢业业地工作在教学

保障平凡岗位上。

一代又一代科技工作者在革命、建设、改革中顽强拼搏、真诚奉献，为祖国、为人民、为民族建立了突出功绩。在全面建成小康社会新的伟大长征中，"哈军工"艰苦奋斗、无私奉献的崇高精神深刻教育我们，在新的历史条件下，必须始终坚持为国奉献、为民服务，以党和国家事业为重，以实际行动创造无愧于人民、无愧于时代的业绩，谱写壮丽的青春乐章。

六、坚持兼容并蓄、开放办学的开阔视野

坚持世界眼光，广纳贤才，博采众长，是"哈军工"优良传统的特点。

"哈军工"广泛汇聚优秀人才，选调的专家、教授横跨全国全军教育、工业、铁道、邮电、兵工、船舶等 10 多个部门，涉及北京大学、清华大学等 10 多所大学。学院成为全军知识分子，特别是高级知识分子最集中的单位，很快形成相互学习、相互补充、相互交融、百舸争流、百花齐放的教学科研局面。"哈军工"积极开展对外交流与合作，坚持向苏联学习，苏联专家顾问团长期在学院指导建设，成立外国留学生系培训国外军事留学生，组成院校参观团前往苏联和东欧等国家军事院校参观学习，派出教师到国外攻读副博士学位，实现了多层次、多领域、多渠道对外交流与合作。

在当今越来越开放的国际国内环境条件下，大学要建设好，离不开广泛了解国内国际科技最新发展，迫切需要坚持开门办学，加强对外交流，广泛联系社会，既对国内开放，也对国外开放。"哈军工"开放办学的成功实践充分表明，只有以更加博大的胸怀、更加开阔的视野，学习借鉴先进办学思想和有益经验，才能吸纳优秀拔尖人才，增强实力、扩大影响、提升知名度。

〔刊于《哈尔滨工程大学学报（教育科学版）》2017 年第 1 期〕

"哈军工"精神对工程院校思想政治教育的启示

卢遵侯　强　杰

"哈军工"精神内涵丰富、思想深刻，既是早期我军院校实践创新的伟大成果，又是陈赓等军事教育家集体智慧的结晶。时代变迁，"哈军工"精神不但没有落伍反而迸发出了新的时代光芒。本文总结梳理了"哈军工"办学的成功经验特点，提出了高度重视思想政治教育，突出培育又红又专军事人才、砥砺高度自觉优良作风等办学育人启示，分析了传承发扬"哈军工"精神，加强和改进新时期军校学员思想政治教育工作的思路举措。

习近平总书记指出："要适应强军目标要求，把握新形势下铸魂育人的特点和规律，着力培养有灵魂、有本事、有血性、有品德的新一代革命军人。"在新的历史时期，军队院校所处的社会环境发生了深刻变化，学员学习工作和生活环境有了很大改善，思想也更加活跃多变，加之不良社会思潮侵袭干扰日益频繁、意识形态领域斗争日趋尖锐、网络全媒体时代加速推进，这些既给学员了解掌握外界社会信息提供了极大便利，也给学员现实思想带来了一定的负面冲击，给当前院校的思想政治教育工作提出了新的更高要求。认真研究早年"哈军工"培育"又红又专"高级军事工程师的成功经验做法，对于铸牢新时代军校官兵献身国防的坚定信念，大力培育"四有"新一代革命军人，确保部队绝对忠诚、绝对纯洁、绝对可靠，具有十分重要的意义。

一、新时代军校学员的思想特点及存在的倾向性思想问题

随着国内外形势变化和高等教育改革的进一步深化，军队院校所处的内外环境等方面都发生了很多改变，这些内外环境都将不可避免地影响到军校学员，使其在思想观念、意识形态和行为方式上产生变化。比如，过去的学员思想单纯、老实听话，而现在的学员大多个性张扬、思想活跃，有的听了不一定信了，有的服从不一定服气，各种潜在的"活思想"层出不穷，这些无疑给当前的思想政治教育带来了诸多新问题和新挑战。着力培养政治合格的新型高素质军事人才，首要的就是要筑牢学员思想素质的根本，切实把握其思想特点，找准问题"症结"，及时有效地开展好针对性教育引导，确保学员在成长成才道路上"不跑偏""不越轨"。通过调研发现，当前军校学员主要存在以下几个方面的倾向性问题：

（一）总体上看，当前军校学员理论功底扎实，政治意识、大局意识强，但也有个别人思想上存有认知偏差，理想信念不够坚定

经过部队和院校的多年培养，当前军校大学生大多理想信念坚定，能够坚定对马克思主义和中国特色社会主义的信仰信赖，做到听党话跟党走，做党的忠诚战士，表现出了其作为军人所具有的过硬思想素质和良好政治觉悟。但也有一些学员由于涉世不深，阅历比较浅，在理论修养、政治意识和思辨能力上有时还缺乏科学正确的分析与认识。在纷繁复杂的社会思潮侵袭面前，有的分不清是非好坏的界限，有的迷失了坚定前行的方向，有的则出现了意志不坚、动力不足、个人主义思想蔓延滋长等外在表现。这些都在一定程度上影响了军校学员思想政治素质的培育，制约了新型军事人才综合素养的全面提升。

（二）熟悉我党我军光辉历史和优良传统，但在个体的自我践行中出现了传统作风移位缺失的现象，严谨求实的进取作风不足

通过调研和日常掌握的情况看，当前军校学员大多从小接受过良好思想政治教育，能够熟知我党我军优良传统，特别是步入军营后，更是接受了全面系统的培养教育，大都具有保家卫国的远大志向、勇于担当的品质气质和建功立业的军人情怀。但这些理论思想上的认知，在实践转化中往往出现了偏差。优越环境下成长起来的新时代军校学员，大多从小娇生惯养，缺乏吃苦耐劳的精神，在重大任务、利益抉择、艰苦环境考验面前，有的学员就会选择逃避，缺少"以苦为乐"的坚韧干劲和干事创业的豪迈情怀；有的把读军校当作接受普通大学教育的桥梁与手段，仅仅把自己等同于一名普通在校大学生；有的向往内地安逸的大城市，分配到边远艰苦的基层部队就不安心不尽心，这些都背离了军人的职责使命，也背离了军事人才培养的主旨初衷。

（三）能够严守各项规章制度，做到"心中有纪律"，却难以去除个性张扬、思想活跃的时代烙印，自我诉求和愿望比较多

军校学员深知"军纪如铁""军令如山"，大多能够严格遵守好各项纪律要求，做到令行禁止。但当前的军校大学生大多处于 18 至 23 岁的年龄，受社会大环境的影响，在他们身上也或多或少地存在着一般社会青年的固有特征，比如，好奇心强、凡事从自己出发、缺少集体观念等显著特点。有的学员依然渴望能获得更加宽松的管理环境，有的喜欢打纪律规定"擦边球"，遵章守纪自觉性不强，对纪律重要性认识不深；有的仍然抱有"混日子"的思想，习惯性地以自我为中心，在得过且过中放松自我要求，甚至一步步滑向违规违纪的泥潭。这些不仅不利于学员的成才，也给院校的管理带来一定的难度，这也是各级领导需要从思想教育上管理掌握学员不容忽视的一个重要方面。

二、哈军工思想政治教育成功经验对军事人才培养的启示

"哈军工"办学 17 年，共有一万两千余名学员走向我国各个领域的重要岗位。在当时，作为中国军事工程领域的最高学府，其影响不亚于当时的清华、北大，无数有志青年学子都以报考"哈军工"为荣。短短 17 年，"哈军工"先后培养出了 200 多位将军、省部级和国家领导人，从这里还走出了 40 多名两院院士以及一大批科技创新领军人才，为祖国现代化建设作出了不可磨灭的贡献，成为我国乃至世界高等教育史上的一个奇迹。

（一）常态培育，突出"又红又专"的军事人才培养理念

"哈军工"注重把"又红又专"军事人才培养理念，贯穿于人才培养全程，把思想政治教育融入学习训练任务之中，制定和颁布了一系列相关制度与规定。机关各个部门和全院各个单位互相支持、互相帮助、齐心协力、齐抓共管，始终以培养"又红又专"合格人才为核心，形成了上下结合、教管结合、强有力服务保障与细致思想政治工作相结合的良好局面，使广大"哈军工"学子自觉树立强军兴国远大志向，铸牢为国防和军队建设事业奋斗终身的坚定信念，在"润物细无声"中培育过硬政治素质。

在"哈军工"，学员们都以毛泽东主席的《训词》为指针，始终牢记毛泽东主席的教诲，全心全意为人民服务，并把《训词》精神升华为军人的强烈自豪感，增强了爱党爱国爱军的坚定信念。在办学治院中，"哈军工"人始终坚持以党的需要、工作的需要为宗旨，遵从个人服从组织，全力完成任务的原则，逐渐形成了一种敢打硬仗、不讲价钱、甘于奉献的独特风格和英雄气概。一批又一批精英人才，一代代军工人忠诚于党和军队的教育事业，承前启后、继往开来，充分发扬全心全意为人民服务、甘于牺牲奉献的精神，为国防和军队建设发展提供了强大人才和智力支撑。

坚定的理想信念，同样是我们当前办学育人的首要条件，需要我们通过日常卓有成效的思想政治教育，积极引导广大学员坚定信念、站稳立场，抵

御各种不良社会思潮的侵袭，自觉把个人理想抱负融入我党我军的伟大事业中去，把个人的军旅梦融入强军梦、强国梦，用强烈的政治热情投身改革强军伟大实践。

（二）以学员为主体，高度重视"德育为先"的教育理念

哈军工始终强调"一切以教学为中心""一切为了学员"的以人为本思想，学院各项规章、制度的出台也都是以有利于学员成长成才为目标。陈赓院长有句名言："学院好比大饭堂，教师是炒菜的，干部是端盘子的，学生是来吃饭的。"这就是陈赓提出的"一切为了学员"的服务思想。学校要求教务部门制定教学计划要注重培养学员独立思考的能力，给学员独立思考的时间，同时对开会、点名等与学习无关活动太多的系提出批评，要求他们不能用简单的带兵方式去管理学员。这充分说明当时一切以教学为中心，一切为教学服务的指导思想是非常明确的，学院上下秉承这一服务思想，努力将学员培养成优秀军事人才。

在德育方面，哈军工广大教师坚持既管教又管学，既教书又教人，不仅向学员传授科学文化知识，同时引导学生牢固树立共产主义远大理想和中国特色社会主义共同理想，帮助学员成长成才。广大教师满腔热忱地投入教学工作，除了讲课之外，还在辅导室对学员进行学习辅导，耐心细致地听学员提问题、启发诱导、指点迷津，形成了与普通大学迥然不同的新教风。教师非常注重关心学员的全面成长，既教书又育人，寓德育于智育，形成了优良传统，建立起一种水乳交融的新型师生关系，使学员们感受到师德的巨大力量。一届又一届的学员把对教师深深的敬意埋藏心底，而教师们严谨的治学态度、渊博的文化知识和高度负责的敬业精神，也对学员今后的人生成长和献身事业，产生了十分重要的影响。

相比而言，当前我们的思想政治教育存在着不少需要加强和改进的地方。不仅要更加突出学员主体地位，重视"德育为先"的教育理念，更要像"哈军工"时期那样"既教书又教人"，在不断提升学院核心竞争力的同时，

把每名学员都培养成军政素质全面过硬的优秀军事人才。

（三）从严施训，全面砥砺"高度自觉"的优良作风

良好的作风养成是培养军事人才的前提和基础。哈军工始终把严格、严谨、严密的"三严作风"贯穿于教学的每一个环节，培养学员良好的军人作风。建院之初，哈军工批准公布了一系列规章制度，对教学环节都作出明确规定，在教学质量上把关非常严格。在哈军工，不论是教员还是学员，凡是上课时迟到、早退，都要受到严肃的纪律处分；每学期都有相当数量的学员因成绩不合格、身体有病或政治思想方面的原因而被留级或退学。正是在这样要求极其严格的环境中，学员们潜移默化地养成了严格自律的良好习惯并终身受益。

哈军工的"严"不是严在一时，而是严在平时，蕴藏在日常点点滴滴的教育和管理之中，实事求是，严得合理，严得科学。各级领导、干部、教员起到身先士卒的表率作用，在严格要求、严格训练的过程中做耐心细致的思想教育工作，和学员建立了亲密无间的战友情谊，让学员体会到"严"是培养具有过硬作风的优秀人才的需要，并注重把这样的严格要求内化为每名学员的自觉要求和自觉行动，使学员养成了良好的生活习惯，磨炼了坚强的意志品质。

优良作风的培养和形成，是院校人才培养和科学研究工作取得成绩的重要保障。当前我们在严格要求、严格管理的同时，不仅要做到严字当头，还应当注重严中有爱、严爱相济，积极营造良好的内部环境，进一步发扬"哈军工"精神，突出培养学员树立和保持优良作风的自觉性。

三、加强和改进军校学员思想政治教育的思路举措

加强和改进思想政治教育工作，必须以党的创新理论和习近平总书记系列重要讲话精神为指导，以实现人的全面发展为出发点，在继承和发扬优良

传统的基础上，在内容、形式、方法、手段、机制等方面努力进行创新和改革，特别是在加强全面性、针对性、实效性上下功夫，不断提升思想政治教育水平，大力培育有灵魂、有本事、有血性、有品德的新一代革命军人。

（一）筑牢信念基石，持续培育强军报国的远大志向

在"哈军工"办学成功的背后，是所有"哈军工"人都有一种强烈的"甘于牺牲、强军报国"的远大志向。各级政治工作者必须保持政治上的高度敏感与自觉，进一步加大马克思主义基本理论学习力度，进一步加大理想信念教育力度，进一步加大精神支柱强化力度。要紧密结合院校特点与学员实际，大胆创新教育形式，丰富教育载体，克服传统的灌输教育的弊病，增强教育吸引力和感染力，让学员在学习掌握马克思主义基本原理观点和党的创新理论基础上，明白是非曲直，坚定信仰信念，树牢精神支柱。要坚持用真情融化学员的思想情感，突出学员主体意识，与学员形成心灵的交流，情感的互动，多倾听学员心声，灵活采取"四小"活动、学员讲坛、专题访谈等方式，把时间留给学员、把讲台交给学员，使教育真正"找准穴位、敲准鼓点"。在学员迷茫、受挫、疑惑时，要及时掌握跟进、做好一人一事的思想教育，切实给学员以引导和帮助，坚持与学员打成一片，与他们交朋友，关心学员、爱护学员，赢得学员的信赖和尊重，让教育达到事半功倍之效。

（二）继承哈军工传统，大力发扬严谨务实的优良作风

在"哈军工"时期，严格、严谨、严密的"三严作风"，在培养军事人才中发挥了至关重要的作用。在开展"哈军工"精神研究传承的同时，既要加强对军校学员的传统教育，使其在寻根溯源、感悟先辈风范中，汲取红色基因和精神力量。更要突出传承哈军工"严"的标准、"实"的作风，坚持从难从严从实战需要出发培养学员。要通过军校严格的日常管理教育，使学员从思想上自觉接受严格的标准，把严的要求贯穿到日常学习训练和各项工作之中。利用参加重大演训任务、赴部队调研、参加科研创新实践等契机，

培养学员一切从严从难的标准和务实求实的作风。通过举办"哈军工"老校友专题讲座、"哈军工"历史知识竞赛，汇编"工兵"经典战例等形式，突出讲好"军工故事""工兵故事"，大力弘扬"哈军工"精神，用当年一个个鲜活感人的生动案例来激励"哈军工"传人，使其从内心深处自发产生共鸣，增强作为新一代革命军人的强烈使命感和责任感。

（三）坚持"端好盘子"始终突出学员为主的育才理念

要从学员的实际出发，做好解难帮困的工作。哈军工时期，学员的主体地位非常突出，主人翁意识很强，各级领导干部也都把精力放在为学员"端盘子"、搞服务、作表率上，切实通过言传身教影响带动学员，努力帮助学员解决实际困难和问题，事事为学员着想，这样学员也就可以心无旁骛地专心进行学习训练。当前军校学员中，这样那样的问题接连不断，有的是家庭原因引起的，有的是受社会影响，有的是学员自身有情况，这些问题不化解，思想问题就会如影随形，需要及时跟进、主动服务，扎实解决好学员的实际困难。同时，还要注重解决学员受困难影响和外界干扰所引发的心理问题，加强针对性的心理疏导，促进学员身心健康发展。要加强先进军事文化的熏陶激励，突出以文化人、以文育人，让学员在"心系天下安危、矢志强军报国"的浓厚校园军事文化环境氛围中树立远大志向，汲取思想养分，进一步明职责、思进取、勇担当，不断获得奋力前行的强大精神动力。要加强不同时期先进典型的结合引领，倡导以"工兵"先辈为榜样，走"又红又专"的学习成才之路，以英雄人物、身边典型激励学员，使其勇立时代潮头，不断成长为未来治军建军的杰出军事人才。

（四）注重改革创新，不断健全思想育人的长效机制

在新的历史条件下，学员的思想政治教育创新要紧紧围绕育人来进行，重点放在思想政治教育方法的创新。要及时把握学员的思想脉搏，积极主动有目的、有针对性地开展思想政治教育工作，适时解决学员在学习训练中存

在的现实思想和实际问题。要注重思想政治教育主课堂、主渠道的改革创新，让"必修课"成为学员的"兴趣课"，在喜闻乐见中帮助他们树立正确的世界观人生观价值观。要注重实践课堂的拓展创新，采取灵活多样、生动有趣的形式开展革命传统和我党我军历史教育，组织参观红色教育基地、观看红色教育影片、讲述红色故事，积极营造良好的育人环境，使学员乐于接受、易于接受，从而更好地加以继承和发扬。要积极搭建互动交流平台，结合自身实际和特点，积极进行教员学员互动、课上课下互动、校内校外互动、理论与实践互动，鼓励广大学员进行自主探索与互动。要强调知识性与愉悦性的结合，多开展一些具有军校特色、深受学员欢迎的教育，以鲜活的教育方法让思想政治教育充满生机活力，进而增强教育效果。要加强网络思想政治教育，借助学员广泛聚集的网络载体、校园论坛、微博微信等平台扎实开展网络思想政治教育工作，主动占领网络教育阵地，牢牢掌握网络舆论战场主动权，努力开创网上思想政治教育工作新局面。

〔刊于《哈尔滨工程大学学报（教育科学版）》2017 年第 1 期〕

哈军工精神对院士成长的作用

唐晓伟

成就举世瞩目的哈军工，形成了以报国强军的忠诚精神、敢为人先的创新精神、不畏艰难的奋斗精神、严谨严密严格的治学精神等为内核的"哈军工精神"，是党和国家宝贵的精神财富。

哈军工被称为"院士的摇篮"，从这里走出了 39 名两院院士，作为其中的典型代表，中国工程院院士杨士莪经历了学校从筹建、初建、办学、分建、改建、重新组建的整个历史跨度，亲历创建专业、尖端集中、常规分散、开拓专业新格局等重要历史节点，在这一过程中，他深受哈军工精神的影响，并成为哈军工精神的传播者和践行者，成长为中国工程院院士，为中国科技事业的发展作出卓越贡献。

一、报国强军的忠诚精神

哈军工的成立，凝聚着新中国领导者们建设现代化国防的理想。陈赓大将等创建者们凭借强烈的革命英雄主义与爱国主义精神，为学校注入了报国强军的忠诚气质，身处其中的师生具备非同寻常的使命感。

1953 年 9 月，在学院成立暨第一期开学典礼上，杨士莪站在队列中，听着毛泽东主席给学院颁发的《训词》："保持和发扬中国人民解放军的光荣传统，特别是全心全意为人民服务的精神和自我牺牲的英雄气概，这在你们的学院，是和全军一样，必须充分领会和一刻也不可忘记的。"向科学文化进军的激情饱含"为国而学"的光荣感和使命感，这种报国情怀把整个哈军工变成了奋发蓬勃的大课堂。

在报国强军精神的感召下，1956年，当国家急需水声这一空白学科，学校派杨士莪前往苏联改行学习水声学这一陌生领域时，杨士莪义无反顾地接受了组织安排。随着对苏联科学院声学所的熟悉，他发现声学所除了理论组、水声室和超声室外，涉及关键军事技术的声呐设计和舰船噪声两个研究室的门对外国人紧闭。进修经历给杨士莪留下了深刻印象——再好的国际关系，在国防技术的关键领域，靠别人靠不住，也靠不起，必须自力更生。

二、敢为人先的创新精神

在强烈创新精神的激励下，哈军工创造了诸多"共和国第一"。哈军工在1953年创办中国首个声呐专业，在全国首开先河，基本可满足当时海军需要，很多高校前来取经。

杨士莪认为如果仅将专业发展定位于满足当前需求，则后续发展乏力，无法赶超国际先进水平，因为水声是多学科综合性专业，单靠声呐专业，学科发展必然没有后劲。他大胆提出拓宽专业领域，建立一个包括水声物理、水声换能、水声设备三方面，覆盖水声各领域的水声工程专业的想法，并成为最坚定的推进者和执行者。终于在1960年，建立起全国首个、迄今为止依然是唯一一个理工结合、覆盖全面的水声工程专业，水声教育的新局面由此被别开生面地开创出来，翻开了中国水声专业人才培养的新篇章。

半个多世纪以来，从这里走出的人才占据了水声科研界的大半壁江山，这里也因此被称为"中国水声工程事业的摇篮"。

三、不畏艰难的奋斗精神

60 年代，因为水声学的主要服务对象——海军在困境中艰难前行，对水声人才的需求量锐减，国内其他高校的水声专业或转做其他研究，或干脆撤销，逐渐萎缩，最后只剩下哈军工等极少数院校坚守了下来。

20 世纪 70 年代初，国家教育、科学事业遭受巨大破坏，在异常艰苦的环境下，杨士莪率领"种子队伍"紧抓机遇，苦心孤诣，克服种种困难，为我国自行设计研制的"东风五号"洲际弹道导弹全程飞行实验研制"海上落点水声定位系统"，不但为中国首次洲际导弹全程飞行试验取得成功作出贡献，也填补了深海水声传播研究的空白。

不畏艰难的奋斗精神使杨士莪带领水声专业在风雨如晦中顽强生长。对于这个科研任务，杨士莪总结说："这个任务不但为国家作了贡献，更锻炼了我们的队伍。在这个过程中，通过长期磨炼，形成了一个坚韧顽强、团结协作的团体，这种优良的风气一直延续至今。"

四、严谨严密严格的治学精神

哈军工倡导教师治学从严，干部治校从严，形成了以"严"为核心的办学风格和独特校风。在教学过程中就有"六严"，即严肃的教学态度、严密的教学组织、严格的教学管理、严谨的教学作风、严整的教学秩序、严明的教学纪律。全院各部门都要根据教育计划制定业务保证计划，并严格保证教育计划的实施。从 1953 年 9 月 1 日开学，到 1957 年第一期教育计划完成，从排课表到授课未出现一次差错。学校对教师要求严格，"教师不但重视技术化，也要重视革命化；不但教书，还要教人；不但注意培养学员成为技术工作者，还注意培养学员成为革命者"。教员一样有出操的要求，新教员在上课前一周，必须亲赴学员班，与学员同吃、同住、同劳动，做到授课时能叫出每个人的名字。

从严办学的氛围为杨士莪的职业生涯打上了鲜亮而牢靠的底色，此后数十年，无论是教学工作还是科学研究，杨士莪始终保持严谨整饬的工作作风和态度，并这样要求和影响着众多青年教师和学子。他在 88 岁高龄时依然全程站着为学生讲授课程，被称为"一站到底"的院士。对此他说："从哈军工时期，我就已经习惯站着讲课了。"

一所大学，往往是一面折射国家命运和民族精神的镜子。哈军工应国家需要在战火中诞生，其建设发展之路始终与国家振兴息息相关、与民族复兴紧密相连。以报国强军的忠诚精神、敢为人先的创新精神、不畏艰难的奋斗精神、严谨严密严格的治学精神等为内核的"哈军工精神"，形成了杨士莪等一批院士的思想共性，引领他们服务国家战略需求、引领行业发展，成为哈军工精神的继承者和发扬者，为国家作出了卓越的贡献。

（刊于《工学校友》2017 年 6 月）

哈军工思想政治教育精神文化载体研究

吴文霞　秦　军

享誉盛名的哈军工思想政治教育精神文化载体别具一格，特色鲜明。本文对哈军工文化载体的形式，以训词、理念、风气、第一和第二课堂为主进行了简要介绍，对哈军工文化载体的性质和功能进行了细致剖析，对当今高校思想政治教育精神文化载体建设具有一定指导意义。

校园精神文化是学校软件建设部分，以校风、教风、学风建设等观念文化为核心，包括依据国家的法律、法规、政策和教育管理部门颁布的文件而制定的教学管理、校园环境管理、生活行为管理、社会实践管理等规章制度，以及丰富的校园文化活动。校园精神文化是思想政治教育的重要文化载体，丰富多彩、内涵深厚的精神文化载体是提高思想政治教育实效性的重要工具。哈军工思想政治教育效果显著，本文从哈军工思想政治教育精神文化载体的形式、特征及功能三方面对其进行研究。

一、哈军工思想政治教育精神文化载体的形式

（一）训词精神

哈军工作为国内第一所军事工程院校，毛泽东同志在哈军工正式开学之际发表的训词是影响和指导哈军工办学教学的重要指南，也是哈军工精神的

重要来源和依据。训词总结了创办军事工程院校的重要意义，增强了"哈军工人"的集体荣誉感，是"哈军工人"努力学习科学技术、励志保卫祖国的重要动力。正是在"全心全意为人民服务的精神和自我牺牲的英雄气概"训词的指导下，形成了"服务人民""艰苦创业""尊师重教""合力育人"的哈军工优良传统。

（二）办学理念

哈军工自办校以来一直秉承"善之本在教，教之本在师"这一以教学为本的办学理念，永远把坚定正确的政治方向放在一切工作首位，着力培养"忠于党、忠于祖国、献身国防科技事业"的合格人才，在"高举旗帜、听党指挥"的政治信念的引导下，在办学治校始终坚持"高举旗帜、铸牢军魂"这一理念，确保办学治校的正确政治方向不动摇。同时在确保政治方向不动摇的前提下，着眼国家安全和战略利益全局，大力开展科学研究和人才培养活动。开放办学、广纳贤才、博采众长，坚持以党和人民的事业为重；自强自立、艰苦奋斗、奋发图强，始终把国家和人民的利益摆在第一位。

（三）校园风气

在坚定的"高举旗帜、听党指挥"的政治信念，"报效国家、献身使命"的价值追求，"艰苦奋斗、无私奉献"的精神传统，以及"兼容并蓄、开放办学"的教育理念的指导下，哈军工始终坚持科学求真、严格训练、严谨治学，建设良好的校风教风和学风。办学期间坚持"四严""三老"的校风，即军工人必须具有严肃的工作作风、严谨的学习态度、严格的组织纪律、严整的工作秩序，同时积极倡导说老实话、做老实事、当老实人的科学求实精神和作风。哈军工教学期间坚持科学严谨的教风，使学校具有认真负责的教学态度、科学高效的教学组织、细致周到的教学管理、严谨务实的教学作风、规范有序的教学秩序和如铁般严格的教学纪律。勤奋刻苦的学风是哈军工时期最显著的表现。学员们德、智、体各方面全面发展，学员们将课堂当

战场、把学习视为战斗，集中精力抓学习，拼尽全力谋发展。

（四）第一课堂设置

哈军工时期思想政治教育工作贯穿于学习之中，主要对学员们进行系统的基础理论教育。首先，在一至三年级分别开设马列主义基础（即联共党史）、中共党史、政治经济学三门课程（后改为中共党史、哲学和政治经济学），为毕业班学员开设政治工作课，学时占总学时的 10.6%，教学管理极为严格。其次，优秀典型人物亲自进行时事政策教育。在校期间每月第三周是固定的党日，各个学院安排固定人选对全院学生做形势报告。每个学期，学校会不定期邀请劳动模范、战斗英雄来校报告英雄模范事迹，宣扬积极正面的能量。在陈赓大将担任校长期间，经常带头做时事报告，为师生详细讲解党的方针、政策，联系朝鲜战争的实际事例，激励师生立志改变我军技术装备的落后面貌，建设强大的国防力量。同时，他还请来上甘岭战役指挥员秦基伟军长、当时主持西藏工作的张经武将军来校做报告，来学校视察的国家领导人如朱德、彭德怀、陈毅元帅都被邀请为师生做报告。最后，定期进行党课、团课教育活动。根据学校规定，每月两次党日和团日活动，以学习党章、加强学员思想意识修养为主，以党、团员标准对照支部范围内党、团员的实际表现，开展批评与自我批评活动。

（五）第二课堂教育

哈军工时期的第二课堂教育可以大致分为教育实践活动与基层思想工作两大部分。

教育实践活动典型的有学习毛泽东著作，深入开展群众性的学习毛泽东著作活动，在毛泽东思想指导下树立革命世界观，指导教学、科研坚持实事求是，解决各项工作中的实际问题。还有学习英雄模范活动，如学雷锋活动，广泛组织阅读雷锋日记、观看雷锋事迹展、听取雷锋事迹报告等不同形式的学习活动。宣传教育活动一直是哈军工教育实践活动的重要组成部分。

主要建立在充分利用社会优秀资源的基础上，如政治部门经常向学员推荐优秀文艺作品，像吴运铎的《把一切献给党》等优秀作品，通过文艺作品的阅读交流潜移默化形成正确的革命世界观；学校还经常组织学生观看优秀剧目，如反映青年革命幸福观的话剧《志愿军的未婚妻》、以批判个人主义为主题的话剧《考验》等，通过真实的视听效果使学员进一步深入思考、成长；同时积极组织学生根据实际生活感受、校园真实故事自编自演话剧，通过切身感受，引发更进一步的思考认识，进一步提高教育的效果。

二、哈军工思想政治教育精神文化载体的特征

（一）鲜明的核心一元性

从哈军工思想政治教育精神文化载体的主要形式，我们可以总结出其精神文化特征——鲜明的核心一元性，即以毛泽东同志的训词精神为核心指导，始终坚持"全心全意为人民服务的精神和自我牺牲的英雄气概"训词精神，并在此精神的指导下，把坚定正确的政治方向放在第一位，在确保政治方向第一位的基础上设置系统的政治基础理论课、安排扎实有效的第二课堂教育。

（二）载体形式的多样性

哈军工精神文化深深融入办学理念、治校方针、校风、教风及学风中，融入学校教学管理、校园环境管理、生活行为管理、社会实践管理等规章制度中，融入丰富多彩的校园文化活动中。精神文化不仅直接或间接体现在这些载体中，而且精神文化内涵的表现形式多种多样，不仅有书面文化知识，更有形式多样的文艺体育等活动。这些都是思想政治教育文化载体的直接体现。

（三）影响效果的全面性

首先，哈军工思想政治教育精神文化载体覆盖范围是全校师生，覆盖面较全。其次，哈军工思想政治教育精神文化载体形式多样，不仅有系统的基础理论课堂教学，而且辅以丰富多彩、实效性较高的课外教学实践活动，更有丰富的哈军工精神文化内涵，这些具体的科学文化知识、综合素质、专业技能培养，具体的价值观念、精神追求、道德规范引导以及在潜移默化中达到的对思维方式的锻炼、审美意识的提升对人的影响是全面的。

（四）影响方式的渗透性

文化对人的影响具有潜移默化、深远持久的特征，作为思想政治教育的精神文化载体同样具有这个特点。在办学理念的指导下，在良好的校风、教风与学风的影响下，在生动丰富的科学文化知识技能的学习过程中，在形式多样的实践教学活动的参与过程中，都能对我们产生潜移默化的巧妙影响，并达到深远持久的效果。

三、哈军工思想政治教育精神文化载体的功能

（一）提高了思想政治教育实效性

文化具有渗透性强、影响持久以及形象、生动、直观等特点，文化对人的影响是潜移默化、深远持久的。将思想政治教育的内容寓于文化产品及文化建设之中，会使思想政治教育更加生动活泼，更具有吸引力，更容易为人们所接受；同时，思想政治教育能借助文化载体对人产生潜移默化的影响，达到"润物细无声"的效果，使人们在不知不觉中受到其内容的陶冶和影响。

（二）增强了思想政治教育的影响力

哈军工时期多样的文化载体都是思想政治教育的重要形式之一。不仅有哈军工时期校园独特的教学楼建筑、拥有丰富意义内涵的校园交通道路的设计及道路名称设计这些鲜明的物质文化载体，而且有哈军工时期系统的政治基础理论课、紧跟时事政治的真实时事政策教学报告、内容丰富的实践教学安排以及扎实有效的基层思想政治工作等精神文化载体。多种多样的文化载体不仅丰富了思想政治教育的形式，更增强了思想政治教育的影响力。

（三）提高了全面提高学生的综合素质

全面提高学生的综合素质即提高学生的科学文化素质和思想道德素质。文化对人的影响具有全面性，既包括文化知识、科学素养、专业技能等方面的影响，也包括价值观念、思想观点、道德规范等方面的影响。哈军工时期，以文化作为思想政治教育的载体，在通过各种形式的文化活动增进人们的科学文化知识、提高专业技能的同时，充分发挥其思想政治教育优势，赋予思想政治教育符合时代发展要求的内容，潜移默化地影响人、感染人，进而促使人们把符合社会发展要求的思想观念、道德规范内化为自己的道德认知及品德素质。这样即在学习的过程中全面提高了学生的综合素质。

总之，哈军工的思想政治教育精神文化载体有形式多样、重点突出、效果全面、影响深远持久等显著优点，值得我们学习与借鉴，并在融合学校特色的基础上运用。

（刊于《思想政治教育研究》2018 年第 2 期）

哈军工档案对哈军工文化建设的价值

刘英杰

哈尔滨工程大学档案馆（以下简称"哈军工纪念馆"）既是学校档案的行政管理部门，又是提供档案利用服务的业务部门。哈军工纪念馆占地面积1050平方米，馆藏档案19万余卷，包含党群、行政、科研及基建等十余个门类，并收藏国家级文物530件。目前，以哈军工纪念馆为核心建设的哈军工文化园已被批准为国家国防科技工业系统军工文化教育基地、黑龙江省爱国主义教育基地，并已纳入全国红色旅游景点名录。

一、档案中的哈军工文化

哈军工文化不是无源之水、无本之木，而是从哈军工档案中凝练总结出来的。在《关于成立军事工程学院的报告》中，我们就可以看到哈军工文化形成的端倪。哈军工成立之初，急需教学科研人才，陈赓院长求贤若渴，甚至不惜"刀下留人"，把被判死刑缓期的弹道专家沈毅请调到哈军工，此事至今被传为美谈。

1953年，哈军工首次党委会就讨论通过了《关于执行教育任务中几个主要问题的决定》（以下简称《决定》），对哈军工的培养目标、中心任务等作了明确规定，这是哈军工早期最重要的纲领性文件。《决定》确定了一系列的培养目标，并把教书育人作为了第一要务。《教学组织工作条例》对教学人员的职责、任务、方法及教学目的作了明确规定，包括课堂讨论、作业指导等都进行了制度化设计。此外，哈军工每年召开一次教学方法研讨会，交流总结经验，提高教学质量，《第一届教学方法研究会开幕式》等照片还原了当年的场景。

1955 年，哈军工决定培养研究生，确定了"确保质量，宁缺毋滥"的原则。对此，《研究生班暂行条例草案》作了清晰记载。从哈军工教师教学日历、大纲、讲义到学员的考卷、课堂笔记等方方面面细节都能看出哈军工严谨的教学风范。今天，哈军工纪念馆设立了"人梯"景观，由哈军工教材和象征哈军工教员为学员成长成才甘为人梯的书架梯组成，吸引了无数参观者驻足观看，进而传播了哈军工文化。

1956 年，中央军委决定组建国防部第五研究院，哈军工在人才稀缺的情况下，仍以国家需要为重，把担任重要教学科研任务的专家梁守槃等人调往国防部第五研究院，哈军工纪念馆中至今还珍藏着空军工程系 102 教授会教员欢送梁守槃去国防部第五研究院工作的合影。

1957 年前后，松花江流域洪水泛滥，哈军工人秉承科学精神、运用专业知识，为哈尔滨抗洪胜利立下了战功，《奋战在江堤上的学院官兵》等照片展现了当时的情景。为此，哈尔滨市委、市政府授予了哈军工抗洪锦旗，以此铭记哈军工人与人民同呼吸、共命运的奉献精神。时任哈尔滨市市长吕其恩曾对时任哈军工副院长刘居英说："纪念塔上解放军的塑像中就有你们哈军工人的形象。"今天，不论是哈尔滨市民还是游客驻足哈尔滨防洪纪念塔时，都会被当年抗洪英雄们的牺牲精神和奉献精神所感动。毫无疑问，这其中也有对哈军工人的感动。

1958 年，哈军工第一期学员毕业，工学报刊登的《毕业命令》见证了636 位毕业生的去向。这些毕业生几乎全部被分配到了国防和军事研究机构，为我国国防和军事现代化事业注入了力量。与此同时，哈军工人大搞科研，猛攻尖端，研制出了我国第一台军用电子计算机，研制成员的平均年龄只有 25 岁，他们在一个月的时间里设计出草图，历时四个月研制成功，哈

军工纪念馆馆藏照片《海军工程系教员在试制军用电子计算机》展现了当时紧张的研制过程。除此之外，为了祖国的国防事业，钱学森第二次来到哈军工，作了题为《火箭技术的发展》报告，从此哈军工开启了为我国"两弹一星"事业忠诚奉献的新篇章。

1959 年，哈军工认为全军只办一所综合性学院已不能满足国家需要，便提出分建、改建的建议。《军工分建报告》规定了分建后新院校的培养目标，哈军工则成为我军尖端科技人才的培养摇篮。在分建过程中，哈军工以大局为重，在师资和设备等方面充分考虑其他院校的需要，无私支援分院的建立。

1963 年，时任院长刘居英作了《培养良好班风》的报告，指出良好的班风包括政治风气和学习风气，明确了哈军工文化的校风班风。

哈军工文化体现在教育教学上就是教书育人，一切为了学员。对于青年教师，哈军工要求严把教学关，建立备课、写讲稿、试讲等一系列制度。此外，老教师还言传身教，对青年教师严格要求，为青年教师讲课示范。重视思想政治工作是哈军工文化的另一大特点，陈赓院长曾说："一个好的政治报告对教员和学员的思想进步、树立革命的人生观有很大意义。经常给学员作报告，应该成为我们军工的一个传统。"《志愿军三兵团十五军军长秦基伟来学院作报告》等图片再现了听报告时人山人海的场面。

哈军工在 1953 年成立到 1970 年建立分院的 17 年间培养了 40 名两院院士、数百名省部级领导干部、150 名将军以及数以千计的教授、硕士生导师、博士生导师及科研院所领导。一大批优秀的军事技术专家在国防建设的各个领域发挥着重要作用。

二、用档案弘扬哈军工文化

近年来，哈尔滨工程大学从办学思路、顶层设计上确立了文化铸校、文化育人的办学理念，充分认识到了档案是校园文化的不竭之源，并从文化传承创新的高度，系统推进哈军工文化园建设。自 2005 年 1 月起，学校启动了"哈军工文化园"建设计划，按照"整合资源、分区建设、突出特色、开放运行"的方针，初步形成了历史景观区、文化景观区、船海特色区和哈军工纪念馆的"三区一馆"格局，系统打造了弘扬哈军工传统的文化传承创新平台。与此同时，形成了"大工至善、大学至真"的校训，"以祖国需要为第一需要、以国防需求为第一使命、以人民满意为第一标准"的大学精神，"以忠诚为灵魂、工学为境界、海防为特色"的文化价值观。

笔者认为，加强档案利用有助于校园文化的建设。当今时代，是一个文化创意的时代。基于此，我们可以利用哈军工纪念馆珍藏的档案进行文化创意加工，制作成地图、徽章、奖状、明信片等文化创意产品。此外，哈尔滨工程大学还在学校正门前竖立了校训墙，设计了校标、校旗、校徽等校园标识。这些校园标识被广泛运用于校园道路、广场、大楼等校园建筑之中，甚至还被运用到了教职工名片、办公室门牌、电梯指示牌等设计中。对校园道路、广场、大楼进行重新命名，为学校历史上的重要人物树立铜像，使哈军工文化与校园浑然一体。

近些年来，学校还利用档案资源编辑出版了《哈尔滨工程大学 50 年通鉴》《哈尔滨工程大学校史》《共和国军事教育家陈赓传略》《漫游中国大学·哈尔滨工程大学卷》《哈军工精神的凝练、传播与实践》《走进哈军工纪念馆·走近哈军工》等书籍，深入挖掘了哈军工档案背后的故事，使哈军工文化在校园里得到了广泛传播，并逐渐影响着全校师生的人生观和价值观。此外，档案和现代传播技术的结合，使哈军工文化的传播上升到一个崭新的阶段，《揭秘哈军工》《哈军工》等电视专题片的拍摄播出，极大地提升了哈军工文化的影响，并在校内外产生了良好反响。在新媒体代，我们将继续加大档案整理力度，多出编研成果，充分利用微信、微博等新媒体形式，进一步把哈军工文化宣传好、利用好。

（刊于《中国档案》2017 年第 11 期）

哈军工文化融入人才培养工作的路径研究

李荣生

习近平总书记指出，哈军工是我国国防科技和高等教育史上的一座丰碑，哈军工传统值得发扬光大。哈军工文化中蕴含着十分丰富的育人思想，深入研究哈军工文化价值，充分挖掘和发挥哈军工文化的教育教学价值，创新思想政治教育的方法，充分发挥哈军工文化在促进大学文化的传承与创新、加强社会主义核心价值体系建设，落实立德树人，无论在人才培养工作的理论层面还是实践层面，无疑都是意义深远的。

一、哈军工文化的内涵

哈军工自 1953 年开始办学至 1970 年分建，共办学 13 期，培养了 12139 名毕业生，17 年中培养出大批以院士、专家为代表的高级军事科学技术人才，诞生了诸多科研上的"共和国第一"，形成了终生不渝的报国精神，志存高远的拼搏精神，科学严谨的求实精神，自力更生的创新精神，教学为本的治学理念和服务人民的高尚品格，这就是"哈军工精神"，也是哈军工文化的精髓。可以说，哈军工的创办，实现了毛泽东主席《训词》的宗旨，即"保持和发扬中国人民解放军的光荣传统，特别是全心全意为人民服务的精神和自我牺牲的英雄气概，这在你们的学院，是和全军一样，必须充分领会和一刻中不可忘记的"。哈军工的创办并完成了初始建设的历史使命，功

在千秋，永载史册。

"哈军工精神"具有以下文化价值特征：首先，"哈军工"精神具有历史厚度。"哈军工精神"是解放思想、敢想敢说敢做并且始终坚守创新报国的力量源泉。其次，"哈军工精神"具有革命深度。崇高的理想、坚定的信念，永远是中国共产党人的政治灵魂。哈军工精神将理想信念外化于无私奉献、苦干实干的革命精神，催人奋进。最后，"哈军工精神"具有社会广度。哈军工之所以创造了高等教育史上的奇迹，成为一个时代的标志，主要原因是在办学中形成了哈军工精神。"哈军工精神"在全世界都产生了广泛社会影响力。

二、哈军工文化融入人才培养工作的价值

（一）增强对哈军工历史与文化传统的光荣感和认同感，坚定学生建设国防的理想信念

爱国忠诚是"哈军工精神"诸多要素中的第一要素，代表了中国共产党人恒久不变的初心。许许多多的"哈军工"人和"哈军工"的后来人自觉用"全心全意为人民服务"的宗旨指导自己的思想行动。"哈军工精神"所凝结的以理想信念为重要元素的红色基因，为高校开展理想信念教育、培养信念坚定的时代新人，提供了丰富的精神养料。例如：创院初期，一批来自全国各高校的知名专家教授满怀赤子心、报国情，主动放弃优裕的生活和工作条件，来到当时几乎什么条件都不具备的学院重新创业，艰苦卓绝地开展教学、科研工作。"哈军工"的学子们接受毛泽东主席《训词》精神教育，为他们人生打下了坚实的思想基础，使他们懂得心系人民，"全心全意为人民服务"是人生最高的精神境界和价值追求。通过"哈军工精神"的引领，能够使青年学生坚定理想信念，坚定马克思主义信仰，不断增强"四个自信"，使高校始终成为巩固马克思主义指导地位的坚强阵地，让马克思主义始终成

为高校的鲜亮底色。

（二）哈军工文化丰富了大学生思想政治教育的内容

哈军工文化对于坚定大学生的理想信念、培育学生的核心价值观具有示范意义，有利于丰富高校思政工作内容，提高人才培养质量。例如："哈军工"人凭着对国家和人民赤诚之心，经受住了许多逆境与艰险的磨炼、生与死的考验。部分在"文革"中被打倒的专家教授，受尽了折磨，但他们当中有些人仍然坚持在"牛棚"里思考、研究和设计自己所承担的国防科研项目。一大批"哈军工"的学子们也正是凭着这种坚定的"全心全意为人民服务"的理想信念和强大的精神动力，长年累月、默默无闻地奋战在国防和军队现代化建设的征途中，作出了重大贡献，他们当中的许多人为"两弹一星"和载人航天创造出了辉煌的业绩。驻守在祖国西南某地深山沟的一个国防科研单位，这里有上百名"哈军工"学子，在那动乱年代、最艰难的时候，多数科研骨干都纷纷离开了这里，但"哈军工"的学子一个也没有走，他们献了青春献终身，献了终身献子孙，一干就是几十年，完成了一大批获国家级和部委级奖励的科技成果。这些健康向上的红色文化必将起到鼓舞人、教育人、塑造人的作用，将哈军工文化资源融入高校思政工作，能大大丰富高校思政工作内容，促进人才培养质量的提高。

（三）哈军工文化融入人才培养工作增强了实效性

思想政治工作必须有机融入教学、科研、管理等各个环节，才能产生实效。不论是课堂教学、第二课堂，还是面对学生的管理、服务工作，简单生硬的说教、单向度的强行灌输，都不会产生效果。例如：从严治学是"哈军工"的一大特色，陈赓认为"只有严师才能出高徒"，学校科学制定制度，依据制度从严治学。还比如，学院初创期间，大部分人几乎天天加班加点，没有一分钱的加班费，常常熬夜到半夜或凌晨，既没有夜餐供应、也无夜餐费。这些鲜活事例和模范人物，则是践行社会主义核心价值观体系的典型，对推进学生公民教育、提高学生的思想道德修养水平，营造爱岗敬业、诚实守信、团结友爱的社会主义建设氛围，具有积极的促进作用。

三、哈军工文化融入人才培养工作的具体路径

（一）将哈军工文化融入课堂教学

把哈军工文化融入思想政治理论课和专业课程教学全过程。课堂是教书育人的主渠道，同样是弘扬哈军工文化的主渠道。高校应加强思想政治理论课建设，积极推进哈军工文化进课堂进头脑，为学生讲好哈军工故事，解读好"哈军工精神"，让学生在生动鲜活的事例中感受红色文化的生命力，进而提升思想政治教育亲和力和针对性。列宁说"要善于用通俗的语言，并且能够借助于日常生活中他们所知道的事实"。哈军工文化资源具有创新、渗透、引导、凝聚和激励等思想政治教育功能，教师可以选择哈军工前辈的生动经历，丰富的图片资料、音像资料等作为教学案例，从而提高学生学习的积极性。激励学生自觉把个人的理想追求融入国家和民族事业中。其他专业课程也应守好一段渠、种好责任田，充分发掘所蕴含的思想政治教育元素，特别是哈军工中涌现的一批优秀人才如何成长成才的案例，真正实现与思想政治理论课同向同行，发挥协同育人效应。利用课堂教学对大学生进行生动形象的教育，增强思政教育的吸引力、亲和力和影响力，为大学生提供亲切可信的价值观导向。

（二）将哈军工文化融入实践教学环节

人才培养工作必须理论和实践相结合，深化理论最佳方式是身临其境式的实践体验。我们可以通过实践教学，使学生在实践体验中，产生心灵上的共鸣，从而有效地把外在的教育内容内化为自己的思想道德品质，达到道德境界的升华。充分利用哈军工纪念馆，从历史、文化、理论的结合上还原哈

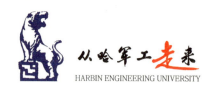

军工文化，去理解和感受历史进程、革命传统和人文精神，加深学生对哈军工文化内涵的把握。组织学生在重要时间节点亲临哈军工文化实践基地，听教师或基地讲解员讲述重要的革命历史，有着很强的仪式感和厚重的历史感，可以让学生在信服的事实面前亲自感知和体验，受到心灵的震撼，从而增强思政课的说服力。培养有兴趣的大学生到实践教学基地担当义务讲解员，走访哈军工的创建者和哈军工培养的学生，了解哈军工故事，体会哈军工精神，可以让大学生在实践中加深对理论知识的理解和领会，提高自身的思想认识。

（三）将哈军工文化融入校园文化

校园文化是理想信念教育的有效载体。开展各种校园文化活动，对学生进行爱国主义、理想信念教育，使哈军工文化在大学校园中处处可见、可感、可学，从而使大学生在潜移默化中接受熏陶，在寓教于乐中接受教育。学校应挖掘哈军工文化资源，以艺术的形式充分展现哈军工文化的丰富魅力，并努力寻找其与时代精神的契合点，增强感染力。如拍摄话剧《谭国玉》，通过影视展示谭国玉屡次碰壁，战胜了自我，由门门不及格到毕业时成为学院的全优生；编撰校史剧《哈军工》，突显师生热爱祖国、顾全大局、艰苦创业、献身国防的哈军工精神。打造哈军工博物馆等特色文化景观，建成国家级国防科普教育基地。要加强社团建设，指导成立以哈军工为主题的社团，组织学生研究哈军工精神，传播哈军工文化。学校通过举办传播哈军工文化的征文、演讲、书法、绘画等比赛活动，让师生共同参与，同台演出，让学生们在浓郁的艺术氛围中接受了爱国主义教育熏陶，通过各种渠道净化校园人文环境，引导学生树立正确的人生观。

（四）利用新媒体弘扬哈军工文化

新兴媒体已成为大学生接触和感知外界社会环境的主要途径，成为大学生建构自身思想素质和政治理想的重要影响源。新媒体主要包括网络媒体、手机媒体及其两者融合形成的移动互联网，以及其他具有互动性的数字媒体形式。要加大哈军工文化媒体建设力度，形成与落实立德树人根本任务相适应的舆论力量。在新媒体传播环境下，借助视频、音频的方式，能够展示出哈军工的精髓，媲美口口相传，让哈军工文化能够保存得更加久远。要发挥新媒体的优势，将碎片化信息进行整合，全方位、多角度、多层次地传播哈军工文化；同时借助于微博、微信、微视频、客户端等媒体平台生产更为丰富多样的优质文化产品，使更多的新媒体用户对哈军工有更全面、客观和正确的认识。制定多领域、分众化的文化传播策略，用好文化传播的"内容＋技术"元素，系统运用平台思维、整体思维、创新思维打造有影响力的文化品牌，讲好哈军工故事，弘扬哈军工精神。同时，搭建网络新媒体交流平台，提供师生的在线互动，及时帮助他们解决在社团活动中遇到的理论问题，引导他们在社团日常活动中思考和领会哈军工文化的精髓，从而加深对哈军工认知的实践体验。

〔刊于《哈尔滨工程大学学报（教育科学版）》2018 年第 2 期〕

哈军工文化的价值引领作用研究

张　微　许文强　徐　鑫

　　哈军工是中国高等教育史上一所具有传奇色彩的大学，它能在短短十几年内发展成为国内一流的高水平大学，与其在建立及发展过程中所孕育的校园文化密不可分。哈军工独特的校园文化（简称哈军工文化）不仅成就了哈军工的发展与壮大，而且延绵和哺育着新时代的哈尔滨工程大学校园文化。本文以哈军工文化价值为研究对象，在界定哈军工文化内涵的基础上阐释其价值内涵，着眼于内涵挖掘和价值传承双重视角，探寻其新时代发挥价值引领作用的现实路径，构建"主、客、介、环"四位一体的哈军工文化价值引领保障机制。

　　大学文化是以大学为载体、以大学人为主体的一种独特的文化形态，是大学人在大学里的一切活动理念、活动方式、活动过程和活动结果，是大学整体在历经长期的教学、科研、育人等实践后逐步形成的精神诉求和理想信念。大学文化基于自身的基础条件和教学方针，响应时代要求，满足国家和社会需要，明确未来的发展方向。大学文化是在学校历史发展背景和办学理念的影响下，通过学校典型杰出人物的品质品性和思想追求体现出来，并被大学人所认可、归纳总结后提炼出来的。

一、哈军工文化的内涵及价值

哈军工自办校伊始便一直奉行"善之本在教，教之本在师"的办学理念，坚持"一切为了学员"的办学宗旨，始终把国家利益放在首位，着眼国家国防和军事技术全局，广纳专家，招揽军事人才，注重科学研究和人才培养，为国家源源不断地输送优秀军事技术精英。在办学治校期间，哈军工始终遵循"高举旗帜、铸牢军魂"理念，确保治校的方向不偏离国家政治正轨；践行"追求卓越、勇于跨越"的办学品格；遵循"严肃的工作作风、严谨的学习态度、严格的组织纪律、严整的工作秩序"的四严校风；塑造"以'忠诚'为灵魂、以'工学'为境界的校园文化价值观"。哈军工文化是当时社会文化与大学文化交融碰撞的结果，有着雄厚的内涵和历史底蕴，至真至善的哈军工精神作为哈军工文化的灵魂，无时无刻不在影响和鞭策着新时代的军工人。

文化价值是文化的精髓，要想将"以文化人"落到实处的关键就在于发挥文化本身独有的价值引领作用。哈军工文化是正能量，是对历史优良文化的传承，对激励教师立德树人、引导大学生践行社会主义核心价值观，明晰其继承和弘扬路径，具有重要的理论和现实意义。

二、哈军工文化价值引领作用发挥的路径选择

（一）传承哈军工办学理念，塑造良好育人环境

在哈军工的创办与发展过程中，陈赓院长的教育理念逐步形成了较为完备的思想理论体系，其主要教育理念是：尊重科学文化知识、注重人才培养，积极全面落实党的知识分子政策；实事求是、理论联系实际，确立特色鲜明的办学方针；解放思想、与时俱进、不断推陈出新，推动学科建设和军事建设走在时代的前沿；以人为本，培养高素质优秀人才；从严治教，提高

教师育人水平。基于哈军工人才培养的特殊性，出现承担教学研任务的两大主力"两老"——老干部、老教师。老干部是具有丰富军事理论知识和实际作战经验的将军和部队高层指挥官，他们凭借自身丰富的经验制定出缜密军事培养计划，以及培养学员的军人意志品质；老教师是有丰富专业技术知识和教学经验的著名专家、教授，负责制定培养方案、专业计划和教学目标，培养学员的专业知识和科学文化素质。哈军工"善之本在教，教之本在师"的办学理念，优秀教师与莘莘学子营造出的良好的校风、教风与学风，内容多彩的知识技术课程和形式多样的实践教学活动，都充分发挥了其文化价值引领作用，并产生深远持久的影响。

（二）坚持哈军工发展战略，立足"三海一核"办学方略

今天的哈尔滨工程大学把"三海一核"作为特色办学方略，在高等教育行业独树一帜。"三海一核"是指船舶工业（海洋运输）、海军装备、海洋开发、核能应用这四个领域，哈工程的"三海一核"办学方略像一面舞动的大旗，指引着全校师生自觉为国家国防事业做贡献，延续着哈军工人才培养的传奇，为国家的各个领域源源不断地输送精英人才。今天的军工人仍然沉浸在军工文化的熏陶和指引中，积极自觉地投身到国防事业之中，为祖国国防事业的发展和创新作出不懈努力。我国最新研发的深海载人潜水器"蛟龙号"的第一代潜航员叶聪、唐嘉陵在给母校的信中提到，他们的成才和成长，离不开军工文化的熏陶和鼓舞，更离不开军工精神之魂的引领和激励。在哈军工发展成长过程中，面对国家国防发展需求，适时地提出"尖端集中、常规分散，双方兼顾、照顾尖端"战略思想，使哈军工多个专业成为我国各军兵种建设自己的军事工程技术院校的先导，对于哈军工创建发展自己的优势学科，形成显著的办学特色起到了关键性的作用，也为我校服务于"三海一核"领域、培养国防科技人才奠定了良好的基础，形成了我国军事工程与国防科技院校的人才培养体系，为我国国防军事科技的发展作出了突出贡献。

（三）沿袭哈军工治学态度，打造优秀教师队伍

学术风气是指在从事教学科研工作过程中形成的较为稳定持久的一种作风，它是大学精神文化在有关学术活动的从业人员身上的具体体现。哈军工特别注重对教师尤其是青年教师的培养，通过组织教师进修、派出调研、开展学术座谈交流会等多种方式，不断提升教师的教学育人水平；为了充分激发教授与专任教师的学术自主权，形成积极创新、敢于质疑的学术风气，成立了"教育工作者协会"和"教授会"等。哈军工曾特邀许多苏联专家来学校讲课，但苏联专家并不是直接去给学员授课，而是面对教师或中国专家讲课，从而培养优秀青年教师，帮助建设学科专业。哈军工提倡的"专家教教员，教员教学员"模式，对大学培养专业性青年人才具有建设性指导意义。哈军工教师立德树人、言传身教的教学风气对现代大学文化具有很好的价值引领作用，良好的教学风气能够强化教师的知识素养和道德修养，培养教师爱岗敬业、言传身教、开拓创新的治学态度和科研精神，并形成了鼓励科学研究、严明律己、遵循学术道德的教研意识。以上路径直至今日，对于打造以青年教师为主体的师资队伍、破解人才建设工作难题仍然具有启迪作用。

（四）秉承哈军工思想政治教育体系，培育强军人才

学校通过对学生进行思想政治教育来提高学员的政治思想水平、形成严谨的校风，传承并弘扬哈军工精神文化，培养学员树立正确的核心价值观、塑造坚毅的意志品质和坚持"又红又专"的原则，是哈军工全体师生思想政治教育的主要内容。由政治理论基础课、时事政策教育和开展批评与自我批评的党课、团课教育三个部分，组成了规范严谨的哈军工基本理论思想教育体系。1956年2月，哈军工第二次教学研座谈会，通过了《在讲课中贯彻政治思想性》的决议，对哈军工老师提出"教书教人"的要求，即老师不仅要向学生传授课业知识，还要培养学生的品质精神；不仅要课上讲解马克思主义思想的世界观与方法论，还要在课下实践中要成为践行马克思主义思想

理论的表率。"又红又专"是指既具有无产阶级的革命思想和世界观，又精通专业技术知识。哈军工坚持走"又红又专"的道路实际上是学校既抓紧对学生学识技能的培养，同时也要更好地抓好政治思想的教育，从而培养一批对党忠诚、有着严谨的组织性和纪律性、积极向上、又红又专的优秀人才。曾经担任过河北省委书记的白克明同志回忆道："哈军工思想教育体系将个人理想与国家命运紧密联系在一起，培养一种爱国忠贞精神；同时也把个人价值追求同脚踏实地艰苦奋斗的精神联系在一起，锻造出勇于拼搏的独特品格；军工人要学会独立自主思考问题，树立正确的人生价值观，这是哈军工赋予军工人的立身之本。"哈军工每个学期都会不定期请有关领导做形势报告，请劳动模范、专家学者做专题讲座，宣扬积极正向的党政思想。哈军工每月进行两次关于党、团的活动，学习党规党章、加强师生思想意识修养，将党员与团员的实际行为与党规党章标准进行对比，定期举办批评与自我批评活动。时至今日，哈军工政治思想教育体系对于校园文化价值传承仍然具有借鉴意义。

三、构建发挥哈军工文化价值引领作用的保障机制

（一）突出主体，重视哈军工文化研究，挖掘"军工精神"内涵

哈军工是一所不可复制的大学，在历史上，对于促进我党、我军的发展作出过突出的贡献。哈军工虽已退出历史舞台，但它所遗留下的大学文化及军工精神，对我们今天办一流大学，培养强军人才，都具有极其重要的启示和借鉴意义。精神是思维方式，文化是行为方式，做事认真负责、敢打硬仗、不计报酬、不讲价钱、只讲奉献的哈军工精神，根植于内蕴深厚、独具特色的"哈军工文化"中。因此，要挖掘出"军工精神"的内涵，传承哈军工精神，发挥哈军工精神的引领作用，必须加强哈军工文化研究。

当前哈尔滨工程大学与哈尔滨军事工程学院所处的历史时代背景及条件

虽然有了很大的变化，但这不代表"哈军工精神"已经过时了，反而"哈军工精神"所蕴含的这种肯负责、敢攻坚、能付出的精神品质同样是我们建设"双一流"大学、培育合格可靠顶用优秀人才所要坚守的精神品质。为此，笔者建议在进行哈军工文化研究的同时，应将哈军工文化体系化、课程化融入"七育人"全过程，进一步丰富和发挥哈军工文化的精神内涵，形成正确的校园文化价值观；另外，通过弘扬哈军工精神，塑造有突出特色的文化品格，提高立德树人的效果，培养学生为国报国情怀，使他们甘愿为祖国建设、国防事业奉献青春、无怨无悔。

（二）服务客体，注重哈军工文化传承，培育投军报国情怀

出版蕴含历史文化底蕴的书籍，要符合当代阅读者的阅读习惯和精神需求，要在表现形式上最大限度地符合新媒体时代读者的阅读爱好。专题书籍按照当代读者阅读习惯进行合理的结构安排，让读者在保持轻松自由的阅读心情同时，完成一次心灵涤荡、灵魂升华的旅程。将哈军工历史文化编辑后出版成书，将哈军工历史重现，对哈军工精神思想深入挖掘，本质上就是对社会主义核心价值观的传颂，激发读者弘扬爱国主义和与时俱进的精神，传承军工文化的灵魂和精髓，培养投军报国情怀。

创设和举办传颂校园文化的系列赛事，将军工文化融入隐性育人环节，通过易于大学生接受的形式呈现出来，使受众更直接地感受到军工文化的精髓。策划、丰富环境育人手段，结合学校历史、文化和历史沿革特质，在校园内建设溯源纪念、博物馆和雕塑等价值引领载体，使学生生活在充满人文情怀的文化氛围中，从而对广大师生身心产生潜移默化的影响，涵养学生思想道德素养，充分发挥文化载体的引领价值。

（三）丰富介体，体系化"哈军工"元素活动，夯实国防教育基础

开展社会实践活动是培养学生创新精神和实践能力、提升学生综合素质的良好载体。举办"哈军工"元素社会实践活动，是对学生进行国防教育、

夯实国防基础的有效形式，不仅有利于充分挖掘与利用校园文化资源，发挥军工院校历史文化价值的引领作用，而且有益于增强我校大学生的国防意识、国防情怀、国防使命感，使他们坚持为国防为国家的观念、坚定投身于国防事业的理想信念。在这片曾经承载哈军工办学的热土上留存了许许多多的"哈军工"元素和文脉，为我们举办传承与缅怀哈军工的实践活动提供了宝贵的历史资源，也为我们充分发挥哈军工文化价值的引领作用提供了理论和现实依据。

针对创设和开展"哈军工"元素社会实践活动，在学校、学院两个层面均有丰富的实践经验。学校每学年定期举办"四月诚信教育月""九月国防教育月""十月军工文化月""海防论坛""启航讲坛"等主题活动，这些丰富的活动载体，对于弘扬军工精神、发挥哈军工文化价值的引领作用起到了重要的平台作用。为了更加突出活动主题、彰显"军工"元素，提升学生参与活动的主动性与积极性，增强活动效果，我们还需开动脑筋、发挥才智、加强研究。在此，笔者建议可通过邀请航天部队、海事基地的优秀人才及科研人员和杰出校友为学生开展讲座和论坛、传递现代国防知识彰显"军工"元素；也要充分重视网络和自媒体平台，利用学校的官网、官微、学报等增强活动宣传的力度与广度，提高学生参与活动的主动性与积极性，增强活动的系统性和延续性。

（四）打造环体，加强哈军工文化园建设，创设良好载体环境

古语道："蓬生麻中，不扶自直。"环境是最潜移默化、无声无息的教育领地。哈军工文化园作为哈军工文化传承的重要载体，也是实现其价值引领作用的重要基地。在哈军工原址建设"哈军工文化园"，充分挖掘与利用"哈军工"的文化和环境资源，形成军工历史区、文化景观区、船海特色区和军工博物馆"三区一馆"的发展格局是实现哈军工文化价值引领作用的重要保障。通过加强哈军工文化园建设，进一步发挥其文化辐射作用，可使师生置身于哈军工文化园时，将蕴含哈军工独有文化的理念标识入脑入心；走进哈

军工历史文化展厅，身处于一幕幕的历史展品之前，服务现代国防的责任感、使命感能油然而生，对于荡涤军工人的心灵、陶冶军工人的情操具有重要意义。

一个和谐舒适的环境可以使人融于其中时，可以缓解压力、调节情绪，使人感到身心舒畅。一个良好的校园环境不仅可以使教师自觉遵循以人为本、一切为了学员的教学理念，促使老师教书育人、立德树人，也有利于学生健康成长，滋润学生的心灵，激发学生自强不息、拼搏向上的乐观精神，塑造非凡的精神品格，形成正确的价值观念。结合校训、校规等软环境与雕塑、碑刻等硬环境，将哈军工独特的办学理念、教学宗旨、校规、校史等文化要素和价值理念融入校园环境的建设中，营造良好的校园环境是发挥哈军工文化价值引领作用的又一重保障机制。

〔刊于《哈尔滨工程大学学报（教育科学版）》2018 年第 2 期〕

坚定文化自信 蓄积学校发展的持久力量

王春晖

哈尔滨工程大学第四次党代会是在中国特色社会主义进入新时代，学校高水平研究型大学建设迈向新阶段召开的一次十分重要的会议。认真学习、深入领会、全面贯彻学校第四次党代会精神是我校当前和今后很长一个时期的重要政治任务。大会描绘了新时代学校创建特色鲜明世界一流大学新梦想的宏伟蓝图，明确提出了学校今后五年乃至建校百年的发展阶段、办学方略和战略举措，对实现内涵式发展，推进一流大学建设再上新水平作出了全面部署，在学校发展进程中具有重要里程碑意义。为了深入学习贯彻落实党代会精神，本报特推出"党代表谈体会"专栏，邀请党代表就党代会报告学习谈心得、谈体会，统一思想、凝聚共识，进一步推进党代会确定的各项目标任务落到实处。

文化是一个国家、一个民族、一所大学的灵魂。文化兴则国运兴，文化强则民族强、文化盛则大学盛。大学文化是办校兴校的灵魂和力量所在，是兴校之源。没有高度的文化自信，就没有大学文化的繁荣昌盛，就没有学校创建特色鲜明世界一流大学的新航程。

学校第四次党代会报告指出"坚持文化兴校"，深刻阐述了大学文化与学校发展建设的关系，深刻阐明了在学校开启的新航程中，应该以什么样的立场和态度对待文化、用什么样的思路和举措发展文化、朝着什么样的方向和目标推进文化建设等问题，为工程大学人坚定文化自信，蓄积推动学校

"双一流"建设最基础、最深厚、最持久的文化力量提供了根本遵循。

忠诚与"三海一核"是学校历史文化与发展文化的集中体现。忠诚是学校的历史文化，是哈军工文化的高度浓缩，是对自身理想的高度自觉，是对肩负使命的高度担当。早在哈军工于祖国强国安邦的渴望中诞生时，哈军工人就已经将这枚忠诚的种子深埋在校园的每一个角落。正是因为哈军工的奉献与担当，中国高等军事技术教育的基础格局才得以形成；正是因为哈军工精神的传承与激励，哈船院和哈工程才有了存续、发展和自我超越的强大精神动力；正是因为饱受哈军工忠诚文化的浸染，从军工大院走出去的学子们才能不断为祖国的船海核事业建功立业。"三海一核"是学校的发展文化，是特色文化的理性概括，是对自身优势与国家现实需求的理性分析，是对主体服务领域和未来发展方向的理性选择。从哈军工海军工程系一路走来，秉承"尖端集中、常规分散"学科建设思想，哈船院在专业技术上形成了熟悉军用、专业围绕海军舰船领域比较配套、较为熟悉研究设计的特点，沉淀出了"三海"的特色；一直坚守"核"阵地的哈工程，在"三海"特色的基础上，进一步将服务主体领域定位为"三海一核"。"三海一核"的发展文化与工程大学跨越发展的历程、所取得的成果相互呼应，使工程大学的精神与文化焕发出更加夺目的光彩。

学校党委高度重视文化建设工作，三次党代会以来，围绕"立德树人"这个根本任务，以培养德智体美全面发展的社会主义建设者和接班人为落脚点，紧紧抓住影响学生思想品格形成的重要因素，以哈军工文化的传承创新、以"三海一核"文化内涵的丰富发展为途径，营造优良育人软环境。在育人软环境建设上勇于投入、舍得投入、倾力投入，经过对已有文化资源、建设的文化设施进行整合，新建部分文化设施，形成了哈军工文化园、哈军工纪念馆、船舶博物馆和海洋文化馆的基本格局。作为国家红色旅游经典名录、国家中小学生研学实践教育基地、国防科技工业军工文化教育基地、黑龙江省爱国主义教育基地，工程大学的校园已经成为学校文化育人，向社会输出、辐射、引领文化创新，开放育人的重要基地。

新时代开启新航程，工程大学正在特色鲜明的道路上向世界一流奔去，发展的内涵和外延比任何一个时候都丰富，发展道路上遇到的困难和问题比任何一个时候都复杂，工程大学人比任何一个时候都更加需要坚定文化自信。坚定文化自信，就要夯实住文化自信的根基，激发出文化自信的生命力，找得准文化自信的落脚点。

文化自信的深厚根基源于学校的历史文化，源于工程大学人对哈军工优秀文化基因的传承与发展。在新的航程中，要着力推动哈军工文化实现现代转换，使之更接地气、更有底气、更有生气。在继承中发展、在发展中继承，将哈军工文化转换为更有吸引力的文化内容、更具时代性的文化内涵、更具接受性的文化表述。继续深入挖掘哈军工历史档案资源，找到更具针对性的切入学校发展全过程的文化之源，加以研究；继续深入展开哈军工文化的学术研究，以哈军工文化研究中心为依托，产出更多具有现实意义的文化研究成果，加以利用；继续深入推动哈军工文化的专题展示工作，充分拓展实体及网络展示空间，丰富展示形态，加以传播。

文化自信的强大生命力源于学校的特色文化，源于工程大学人对"三海一核"文化的凝练和实践。在新的航程中，要着力推动"三海一核"文化的系统化、体系化，使之更显工程特色、工程智慧、工程力量。将弘扬历史文化与发展现实文化有机结合起来，系统研究梳理"三海一核"文化的发展形成脉络，系统展示宣讲"三海一核"文化的现代引领价值，系统挖掘树立"三海一核"文化的标杆性人物，系统策划开展"三海一核"文化品牌活动，系统建设培育"三海一核"文化传播队伍。通过这些系统化的建设，打造与学校特色发展战略相适应的"三海一核"文化的体系化平台，在工程大学形成人人明白、关心"三海一核"，人人传播、服务"三海一核"，人人投身、贡献"三海一核"的体系化文化氛围。

文化自信的根本落脚点在于坚定文化自信，走好工程道路，勠力同心投入到实现特色鲜明的世界一流大学的实践中。在新的航程中，要着力推动大学文化建设成果转化为我们前进道路上坚强的思想保证、强大的精神力量、丰润的文化滋养，使之更能提"神"、铸"魂"、聚"力"。将文化优势转化为发展优势，使大学文化建设与国家对学校的发展期冀相融合、与学校的发展目标相结合、与立德树人的根本任务相契合，打造助力发展、推动发展、引领发展的大文化建设平台。打通学校文化资源保管和利用体系，完善学校文化研究与传播体系，理顺文化管理与服务体系，以基层文明单位建设项目、"七育人"项目、哈军工文化研究项目为基础，打造院系部处文化层面的示范工程；以哈军工文化、"三海一核"文化、海军装备文化的现有资源为依托，打造学校文化层面的标志工程；以2018年5月习近平总书记在两院院士大会开幕会上重要讲话中指出的，我们着力推进面向国家重大需求的战略高技术研究的若干方面为着眼点，深入挖掘我校在北斗导航、载人深潜、国产航母三个方面的国家重大战略需求中的"工程贡献""工程创新"，形成激励工程大学人在新航程中百舸争流、奋勇争先、勇往直前的文化宣传产品，打造国家创新文化层面的服务工程。

一流的大学创造了一流的大学文化，而一流的大学文化也必然孕育一流的大学。哈军工文化是学校历史中最深厚的文化基因，"三海一核"是学校"双一流"建设中最持久的力量源泉。坚定传承、积极践行我们的大学文化，使其在工程大学人中薪火相传、永续光芒，是工程大学强校兴校的必然选择；创新发展、创造转化我们的大学文化，使其在更广泛的范围得到认可和共享，是工程大学人对文化创新的使命担当。让我们保持文化定力、坚定文化自信，夯实文化根基、激发文化活力，找准文化落点、汇聚文化力量，为实现学校特色鲜明世界一流的工程梦不懈奋斗。

（刊于《工学周报》2018年6月）

以"哈军工精神"现代转换融入育人全过程的研究与实践

王春晖

在学校第一期"七育人"工作创新项目评审的过程中，档案馆的项目"通过现代转化的'哈军工精神'融入育人全过程的研究与实践"作为重点项目获得立项，经过一年建设，又被评为优秀结题项目。总结项目一年来的工作，可以沉淀下来作为项目建设经验的主要包括"三个找准"，即找准切入点——破题，找准发力点——解题，找准贡献点——交卷，与大家分享。

一、找准切入点——破题

马克思主义文化育人观认为，文化可以塑造人。文化将自身蕴含的元素传递给浸染在文化当中的人，长久以往，人便会形成一种与文化相一致的精神取向，这就是文化的育人作用。而哈军工在办学中形成的"哈军工精神"是我国高等教育史上的丰碑文化，研究、利用、发挥哈军工文化在育人工作中的价值，对于新时期改革创新思想政治教育工作的手段和方法，满足青年学生日益提高的成长成才需要，具有现实意义。因此，作为我校优秀的历史文化基因的哈军工精神和文化，就成为本项目的切入点。

将哈军工精神和文化作为项目切入点，就决定了这个项目的定位是文化育人项目。因此，项目建设内容涵盖了两个方面的内容：一方面是在文化层面实现对"哈军工精神"的现代转化，解决文化的问题；另一方面是实践层面将转化后的"哈军工精神"融入育人全过程，解决教化的问题。在文化育人的工作中，文化是教化的前提和基础。我们希望能够通过项目的创建，以文化内容的转换、丰富、创新，推动教育手段、平台、形式的创新，服务育人。

二、找准发力点——解题

我们将项目建设的第一方面内容，即在文化层面实现对"哈军工精神"的现代转化作为这一年的发力点开展工作。

哈军工精神与文化在我校一直得到了很好的传承，那么为什么要对其进行现代转化呢？这是事关项目建设方向性的一个基础性问题。从教育客体的角度审视，如果想让被教育者能够主动选择接受文化的熏陶，那么就有必要将文化打造得更符合受教育者的心理特征，更符合时代的发展特征，要有更具吸引力的内容。而从教育主体考量，我们有义务去做一个文化育人的桥梁。2013年哈军工纪念馆开馆时，哈军工校友、道桥工程专家王景全院士在留言簿上题了"天堑通途"四个字。在科技高速发展的今天，我们很难再遇到空间上的天堑，但在信息时代，如果没有一座文化桥，在历史与现实之间就非常容易出现文化上的精神天堑，这也就是为什么习近平总书记高度重视优秀传统文化传承这件事。

此外，满足"哈军工精神"的现代转化这项工作需要的前提和基础条件，也是项目能否成功的重要因素。首先，项目组所在部门的机构设置与工作职能是实现对"哈军工精神"现代转化的保障。2016年学校机构改革中，将哈军工纪念馆挂靠档案馆运行，档案馆的内部机构设置就形成了"两馆一心"的工作格局，即档案馆、哈军工纪念馆、哈军工研究中心。档案馆是存史机构，哈军工纪念馆是传史机构，哈军工研究中心是研史机构，在工作职能上形成了存、传、研的完整工作序列。其次，项目组成员从未间断地对哈军工

文化的学和研是实现对"哈军工精神"现代转化的基础。学，是为了领悟哈军工文化的核心要义；研，是为了挖掘哈军工文化的持久内力。我们依托哈军工研究项目的资助，整合汇聚了军工六校的研究力量，产出了一批具有新的学科跨度、新的研究视角的成果。这些都成为我们对"哈军工精神"进行现代转化的前提和基础。

我们的项目建设目标是通过对"哈军工精神"的现代转化，使"哈军工精神"能够"在继承中发展、在发展中继承"，能够被常学常新；使其转换为对学生更有吸引力的教育内容，展现出更容易被学生接受的教育形式，打造出让学生更为熟悉的教育平台，全方位、全过程服务于思想政治工作；使"哈军工精神"优秀的文化元素与国家对青年学生的期冀相融合、与学校的育人目标相结合、与学生的成长成才需要相契合，从而让优秀的大学文化、红色文化润物无声地滋养青年学生，在青年学生心中落地生根，不断增强我校学生的文化自信。

三、找准贡献点——交卷

在对"哈军工精神"进行现代转化的过程中，我们找到了理论研究、面上梳理、选点实践这三个贡献点，集中突破。

在理论研究方面，项目组成员分析并研究了哈军工文化与工程大学文化的关系、工程大学文化与"三海一核"文化的关系、哈军工文化与"三海一核"文化的关系，统一师生对我校不同历史阶段文化发展形态的认识，首次提出了"哈军工文化是工程大学优秀的历史文化，'三海一核'文化是工程大学特色的发展文化"这一概念。

在面上梳理方面，我们撰写了《忠诚的印迹 哈军工—哈船院—哈工程》一书，以历史档案为依据，以文化为主线，系统梳理了从哈军工发展到工程大学的历史。校党委书记谷焕民以《文化兴校 精忠报国》为题为本书作序。从推广性、示范性上看，此书可以作为新生入学教育教材、新入职教师培训教材、面向全校师生的校史教育教材。此外，作为传统文化育人教材的补充，我们策划编辑了《我的大学——哈尔滨工程大学手绘图册》，通过手绘的形式，展示了学校历史文化的另一个侧面。

在选点实践方面，我们以"三海一核"为切入点，系统梳理了"三海一核"如何从哈军工尖端集中、常规分散的学科建设思想一路发展而来的历史过程，编印了《三海一核的前世今生》画册，并策划了同名展厅，为学校开展的主题党日活动和主题教育提供了实践载体。

此外，我们基于哈军工人曾到佳木斯市汤原县宣讲支教的历史，策划了"春雨扶智科普计划"，在佳木斯市汤原县永发乡学校设立了"科普扶智基地"，得到了国家级媒体的高度关注，光明网、人民网、中国教育报等都给予了报道。通过"春雨扶智科普计划"的尝试，项目组致力推动青年学生从受教者向自我组织、自我管理、自我教育的施教者方向转变，使青年学生既是文化育人的对象，也成为文化育人的主体。

爱人者，人恒爱之；育人者，人恒育之。项目实施的过程中，我们深刻领悟到，教育者永远可以从被教育者身上学会很多东西。在文化育人项目建设的过程中，与青年学生共成长，加强自我修炼，力争成为青年学生成长成才的引路人是项目组成员为之持续努力和追求的方向。

（刊于《工学周报》2018 年 12 月）

弘扬哈军工创新精神 走在双一流建设前列

王春晖

习近平总书记提出，创新是引领发展的第一动力。60多年来，哈尔滨工程大学正是在不断发展和传承"哈军工"精神的创新元素过程中，才产生了一批批具有代表性的科研创新成果，培育出一代代具有创新意识和能力的毕业生，形成具有"敢为的自信、必成的劲头、开放的眼界、合作的气度"的独特创新文化。

2020年4月30日，学校召开新学期工作布置会，研究部署新学期工作。校党委书记高岩要求全校上下充分发挥党建引领作用，为做好年度工作提供组织保障。高岩在讲话最后强调，学校从哈军工海军工程系一路走来，发展实践中形成了"哈军工"精神、"三海一核"办学特色、"三个第一"价值追求，现在要更加注重创新文化建设，把创新文化建设作为一项长期的重点工作来抓，让创新文化成为学校发展的不竭动力。

创新文化是哈军工文化的重要组成部分。哈军工文化是工程大学优秀的历史文化基因。哈军工文化的创造性转化、创新性发展也必将给学校实现特色鲜明的高水平研究型大学的工程梦提供更为自信的发展定力，更为强大的精神动力，更为深厚的发展内力。忠诚、坚韧、团结、创新的工程大学校风里，无不闪烁着哈军工精神的光辉，无不凝结着哈军工文化的精髓。

从哈军工、哈船院到哈工程，一定发展时期内，我们一直高举忠诚的旗帜，以祖国需要为第一需要，以国防需求为第一使命，追求办人民满意大学。现阶段，面临学校发展建设体系化、亮点多、节奏快的新挑战、新机遇、新任务，我们必须将创新文化提升到更加突出的位置，让学校各方面工作在创新文化的引领下释放活力、高速发展。

回望哈军工的办学实践，创新精神与文化一直在闪光。从1952年毛泽东主席、周恩来总理授命陈赓创建哈军工开始，作为新中国第一所高等军事技术教育学府——哈军工就注定成为我党集中力量办大事的一个创新之作。从办学总体方面看，覆盖五个军兵种、未来涵盖五个军兵种专业技术院校的建系思路，以教学为中心的办学主导思想，以构建高等军事技术教育体系为导向的办学格局，直至哈军工分建后，奠定了中国高等军事技术教育体系的三级格局是创新；在人才培养方面，"教书教人"的培养理念，"严谨、严密、严格"，即"三严"的培养要求，"端盘子"的服务理念，"一切为了学员"的培养模式，从培养维护使用工程师发展到培养研究设计工程师的人才培养目标是创新；在科学研究方面，以打造军事科技思想中心为面向的科研定位，"大搞科研、猛攻尖端"的科研工作思想，"真刀真枪"的学生科研工作思想是创新；在学科建设方面，尖端集中、常规分散的学科建设思想，着眼未来、追赶先进的学科建设面向，坚持军队特色、国防特色的特色学科建设理念是创新；在思想政治教育方面，坚持政治为先的教育理念，坚持全院育人的教育实践是创新；在师资队伍建设方面，"两老办院"的人才工作思想，"善之本在教，教之本在师"的师资队伍建设理念，勇超常规的人才引进思想是创新。甚至，哈军工大屋顶的设计方面，既继承了中国传统建筑风格，又对鸱吻和蹲兽的设计加以现代改造是建筑创新；哈军工为了保证学员的上课时间，将全国上下瞩目的开学时间定在下午是实践创新。还有那些蕴藏在以哈军工海军工程系研制的水翼艇、气垫船、舰载计算机等"共和国第一"的科研成果中的是满满的哈军工人保持锐意创新的勇气，敢为人先的锐气，蓬勃向上的朝气。

在哈军工的历史上，哈军工人团结创新的过往比比皆是。哈军工人既秉承实事求是的科学原则，坚持和而不同；也拥有大气从容的宽广胸怀，成全

美美与共。哈军工人是工程大学人忠诚祖国的前辈，更是工程大学人团结创新的榜样。

唯创新者进，唯创新者强，唯创新者胜。创新劈波行，文化聚人心。60多年来，哈军工创新精神一直都在，在哈工程时期，比任何时候都需要得到不断强化和深入实践。习近平总书记强调，抓创新就是抓发展，谋创新就是谋未来。创新文化的建设，必将引领和鼓舞工程大学站在更高的高度，走在"双一流"建设前列，勇当舵手，引领航向，不断取得研究型大学建设中一个又一个胜利。

（刊于《工学周报》2020 年 9 月）

第二编
哈军工办学思想与育人理念

哈军工"三性一强化"教学思想探析

——基于哈军工教学档案的聚类研究

李树林

  哈军工（前中国人民解放军军事工程学院，因校址在哈尔滨，被简称为"哈军工"）从 1953 年 9 月 1 日创办到 1966 年 4 月 1 日退出军队序列，在 13 年的办学中，共招收 13 期学员，有 12092 名学员毕业。当时在国内的影响与北大、清华齐名。据不完全统计，哈军工为共和国培养了 200 多名将军、部长、省长和国家领导人，数十名两院院士和一大批科技精英，为我国的国防科技事业作出了卓越贡献，被称为中国乃至世界高等教育史上的一个奇迹。近年来，随着高等教育的快速发展，哈军工的"高起点、跨越式"办学战略越来越被世人所称道，许多学者也一直在探究哈军工的发展奥秘，总结了"善之本在教、教之本在师"，"一中、二主、三严"等许多优良传统。本文以哈军工的发展历程为序，以教学档案中的若干方面为点，对哈军工的教学思想以聚类的研究方式进行了较为全面的梳理，并初步概括出哈军工"三性一强化"的教学思想，对我们今天的高等教育工作有一些新的启示。

一、哈军工教学思想聚类研究的基本方法

本文是根据聚类研究中的分裂方法对哈军工的教学思想进行研究。所谓聚类分裂方法就是给定一个有 N 个元组或纪录的数据集，并将其构造成 K 个分组，每一个分组就代表一个聚类，而且 K 个分组要满足下述条件：

（1）每一个分组至少包含一个数据记录；

（2）每一个数据纪录属于且仅属于一个分组；

（3）同一分组中的纪录越近越好，而不同分组中的纪录越远越好。

根据这样的原则，本文以教学档案中的"人才培养目标和教学计划、教学制度建设以及强化教师的主导作用"等 3 个分组进行哈军工教学思想的聚类研究。

分组表 1　人才培养目标和教学计划

时间	具体内容
1953 年 4 月	学院制定第一个教学计划，并提出培养军事技术装备工程师的培养目标。要求学员在政治上无限忠于党、忠于人民、忠于祖国，具有高度的爱国主义和国际主义精神；业务上精通本兵种的武器装备，能独立完成工程技术任务；军事上具有一定的军事素养和高度的组织纪律性；体格上能胜任繁重的工作任务，克服军事技术勤务中的各种困难。
1959 年 5 月	学院重新修订教学计划，提出人才培养目标是具有共产主义觉悟的、有一定军事素养的、有高度科学技术水平的又红又专、全面发展的研究设计和维护修理的军事工程技术干部。
1963 年 5 月	学院再次修订教学计划，把贯彻"少而精"教学原则列为主要教学内容，并加大实践性教学的力度。

由分组表 1 人才培养目标和教学计划可以看出，从 1953 年 4 月到 1963 年 5 月，学院多次修订人才培养目标和教学计划。在哈军工筹建之时，正是朝鲜战争刚刚爆发不久，在朝鲜战场上，我志愿军武器装备上的落后和技术人员的极度匮乏，造成了许多不应有的损失，给陈赓院长留下了深刻的印象。因此，当时学院人才培养目标的定位具有极强的针对性，教学计划的制订也力求规范而严密，其目的就是促进教学质量的不断提高，使学员能够学

到真东西，掌握真本领，更好更快地培养出我军急需的军事技术人才，从而满足国防现代化的需要。

分组表 2　教学制度建设

时间	具体内容
1953 年 9 月	学院颁布《教学过程组织基本条例》，并建立各级干部在教学过程中的职责及其相互关系制度；教授会、教师的职责及其相互关系制度；教学过程检查制度；教学秩序和课堂纪律制度；考试、考核、毕业设计答辩制度等 9 项教学管理规定。
1954 年 11 月	学院成立教学方法指导委员会，主要任务是指导教学方法的改进，总结各个教授会的教学经验，审查教学大纲。各系也成立相应机构，以加强对专业技术教育各个环节教学方法的研究与指导。
1955 年 10 月	颁布《专业技术课教学方法基本条例》，施行《教学工作暂行条例》。
1961 年 5 月	学院召开教学骨干教师大型毕业设计座谈会，指出了毕业设计中普遍存在的重实际、轻理论，对学员重使用、轻培养等倾向和问题。
1962 年 8 月	针对各年级出现 3000 名学生考试不及格问题，学院认真研究，确定 877 名学生留级，182 名学生作退学处理。
由分组表 2 教学制度建设可以看出，当时学院非常注重教学制度建设，并贯穿于教学的全过程，同时，注意总结教学经验和教学方法，以利更好地指导教学的实际工作。在建院之初，院系两级就成立了教学指导委员会，有意识地加强对教学工作的指导与监督。可以说，在当时的历史条件下，哈军工的教学思想就有超前的教学理念。对教学工作严谨细致和高度重视，同时，充分体现了"以人为本"。	

分组表 3　强化教师的主导作用

时间	具体内容
1954 年 1 月	首席顾问奥列霍夫提出院首长的基本任务是使学院成为培养军事工程干部的教学中心和军事科学技术思想的研究中心。学院召开第一届教学方法研究会。
1955 年 1 月	召开第二届教学方法研究会，首次提出"教书教人"的要求，通过了《组织教员业务进修》《练习课的方法》《组织学员自学及培养学员独立工作能力》等 10 个决议。
1960 年 3 月	学院开展教师进修、着重学好基础理论活动。

续表

时间	具体内容
1962 年 4 月	学院发布《关于教师进修工作的指示》，要求学术水平较高、业务能力较强的教师，在完成教学任务的同时，进一步加强理论基础、积极参加科学研究，掌握本门学科的最新知识；业务基础不扎实、学业上有短腿的应根据教学工作的需要，尽快加强基础，补上短腿；参加工作不久的青年教师，要全面掌握教学内容，熟悉教学过程，扎扎实实练好基本功；六级以上老教师除参加科学研究、进一步提高学术水平外，还要成为教师进修的指导力量。所有教师都要在三年左右时间内掌握两种外语，一种要达到熟练运用程度。

由分组表 3 强化教师的主导作用中，我们可以了解到，在哈军工的教学思想中，切实强调发挥教师的主导作用，从学员自学、上课到组织教师进修等，凡所涉及教学方面的要求都有明确而具体的规定，没有空泛不实之感，并要求全体教师都能够严谨治学，不断提高自身业务素质，努力培养优秀军事技术人才。

二、哈军工教学思想聚类研究的基本结论

通过对哈军工教学思想的全面总结和梳理，并进行聚类研究和分析，笔者认为，哈军工 13 年办学实践最重要一点就是"三性一强化"的教学思想，即"培养目标的针对性，教学计划的严密性，教学管理的系统性和强化教师的主导作用"。这些教学思想在聚类研究中得以明确体现，并贯穿了哈军工教学工作的全过程。

"培养目标的针对性"——哈军工的人才培养定位就是觉悟高、有军事素养、有高度科学技术水平的军事工程技术干部。这一培养目标有很强的针对性，目的就是为了满足建设现代化国防的急迫需要。正如陈赓院长所讲：我们的学员毕业后能掌握驾驭新式武器装备的各种复杂技术，对技术武器装备要会管理、会使用、会维护修理，没有大批的技术干部，就不能建设现代化的国防。中央军委也强调指出："国防高等技术院校的根本任务是培养又

红又专的国防科学技术人才，学生的政治质量一定要好，技术专业的质量也一定要好。国防重点高等技术院校毕业生的基础课和专业课水平应当不低于国内高水平重点大学的毕业生"。

"教学计划的严密性"——在中央军委批准成立哈军工之后，筹委会就提出了"边建、边教、边学"的建院方针，并根据不断变化的形势适时调整、修订教学计划，完善教学大纲，以有效保证哈军工所培养出的毕业生能承担起建设国防科技事业的重任。学院首届党代会报告中指出，"教育计划是十分严密与正规的，各门课程的组织配当非常科学，课程内容衔接十分紧密，时间计算极其准确，无论是四年制或五年制的教育计划，都不能有一小时的差错，如果有一门课程的时间发生变化即牵动整个教育计划的修改。根据教学的要求，全院工作必须有科学的、周密的组织计划，否则各项工作必然落后于教学实际，就不能适应教育上的要求"。由此可见，教学计划在教学工作中的重要地位与作用。

"教学管理的系统性"——哈军工的创建得到了苏联专家的大力帮助，在教学管理上仿照了苏联军事工程院校的许多做法。因此，在哈军工成立伊始以及后来办学的实践中，根据实际需要建立了一系列教学管理制度，并严格遵守和执行，确保了教学质量。学院就曾对五八级、五九级、六〇级、六一级的不合格学员进行了退学处理，部分学员作了留级处理，在当时引起了很大的震动。中央军委和国防科委对学院的教学质量也非常重视，多次到院进行检查，指出教学管理和教学过程中的有关问题。1962年陈毅元帅在视察学院时提出："哈军工的条件是最好的，虽然不能说是第一，至少是第一流的，你们的教学成绩也应该是一流的。军事工程学院作为重点大学，要把所有的同学都培养成才，都能达到毕业的标准，是一个很艰难困苦的过程，所以采取严格管理的教学方针，我举双手拥护。"

"强化教师的主导作用"——这是哈军工教学思想的闪光点，在20世纪50年代，学院就提出了"教书教人"的要求，即教师不仅要向学员传授科学技术知识，还要培养学员的革命品质。不仅在课堂上传授马克思主义的

立场、观点和方法，还要在实践中成为学员的表率。为此，学院还专门作出"强化教师主导作用"的决议："教师应通过各个教学环节和学员的各项活动，指导学员独立工作方法，进行品德教养，以树立教师对学员全面负责的关系。"首席顾问奥列霍夫也经常说："教师不仅是知识的传授者，并且是学员的教养者，不仅他的讲课内容与叙述方式对学员有影响，就是他在教室里的一举一动和仪表，也会影响学员。"刘居英院长也提出了具体的要求：教师要对学员的学习全面负责，应通过讲课、课堂讨论等环节加强对学员的指导，既要把知识方法传授给学员，又要帮助学员学会在实际工作中运用所学知识。要弄准学员的疑难症结所在，帮助他们打开思路，为他们指出解决问题的方法。

在上述的分析中，我们可以清楚地看到，哈军工"三性一强化"的教学思想虽然带有历史背景和时代的烙印，但教学思路清晰、管理体系完整，目标定位准确，保证了人才培养的高水平和高质量。历经半个多世纪，今天细细品味与体会，仍然会引起我们许多的联想和思考，值得我们在建设研究型大学的过程中学习和借鉴。不可否认，哈军工之所以能够成为当时国内的一流大学，除了有毛泽东、周恩来等党和国家领导人的高度重视、大力支持，全国、全军的有力支援，苏联专家的积极帮助，陈赓院长办学的战略眼光和勇气等因素外，哈军工超前而务实的"三性一强化"的教学思想也是不可忽视的一个重要因素。

（刊于《机电兵船档案》2009 年第 2 期）

哈军工"教书育人"理念对通识教育的启示

彭喜峰

20 世纪 50 年代世界上最大的一所陆海空综合性军事工程技术高等学府——哈军工,自诞生之日起就在中国高等教育的建设发展史上创造了许多辉煌,它在高等教育建设上的许多做法对之后我国的高等教育发展无不产生了深远的影响。

自建校时起,哈军工就始终将教学工作放在一切工作的中心地位。在 1955 年 1 月哈军工第二届教学方法研究会上,教育长徐立行首次提出了"教书教(育)人"的思想。他在总结讲话中指出,教师不仅要向学员传授科学技术知识,还要培养学员的革命品质,在实践中成为学员的表率。以"教学严谨,学习刻苦,授业求新"作为治学之道,广大教工言传身教,学院的全部工作都要落实到对学员的培养上。在中国当时的社会历史背景下,"教书育人"理念的提出具有前瞻性,对哈军工创立之初即形成良好的教学、育人风尚起到了重要作用,其影响直到今日依然深远。

随着时代的进步、社会的发展,"教书育人"理念的内涵不断得到丰富和深化。进入新世纪,我校进一步提出,要培养具有创造性思维的创新型人才,促进学生德智体全面发展,使学生不仅掌握现代科学技术知识,更要具有创新精神和实践能力,具有符合国家利益和社会道德标准的四有新人。在教学改革的实践过程中,通识教育的开展成为"教书育人"理念的集中体现。对其不断发展深化起到了重要作用,而如何结合学校本科人才培养教学管理

改革的实际、深化对通识教育相关理论的认识、并采取相应的措施加强师资队伍建设，就成为应有之义。

一、从"教书育人"理念看通识教育内涵

纵观国内高教理论界对通识教育内涵的研究，高等教育过程中的通识教育实际上应当被理解为是一种教育理念、一种教育模式的集中体现，通识教育应当体现在高校的全部教育过程之中，不仅仅包括非专业教育，更要包括专业教育。从内容上讲，通识教育的过程不但是对知识的传授，更是要通过对知识的传授、理念的传播以及教师的言传身教，来实现全面提升学生各方面的素质、促进高素质创新型人才成长的人才培养目标。

从某种意义上说，教书育人理念的核心思想就是现代高等教育所提倡的全面教育观点。学校在教学过程中不仅要重视知识技能的传授，更要重视对学生进行非专业性教育，包括对学生的人生观、世界观、科学观的培养，全面提高学生的综合素质。在这一过程中教师的言传身教起着重要作用。正如古人所说，教师的职责不仅仅是授业、解惑，而且还要传道，其中传道更是居于其首。这恰与通识教育的内涵不谋而合。通识教育中"全人"教育正是对"教书育人"理念的完美体现和诠释。

如果仅仅认为通识教育是以非专业性的、基本的知识技能等的传授为教育内容，是可有可无的，那么就是违背了"教书育人"思想的真谛。它体现出了一种在技术理性主义主导下的思想认识倾向性，狭隘地将通识教育定位于对传统的专业教育的一种改良和补充。它忽略了通识教育的目的是为了传授给学生做人做事的正确态度和能力，实施全面的素质教育，促进学生德、智、体、美、劳全面发展，而不是单单偏重于其中的某些方面。

二、坚持"教书"为核心、"育人"为目标，正确认识通识教育的宽度和深度，合理选择授课内容

"教书"不仅是传授基本知识，而且要授业求新、严谨治学，最终实现"育人"。具体表现在对通识教育内容的确定上，就是要坚持基础性与进阶性互为助益、宽度与深度并存。

（一）要尽可能做到涉猎的学科范围具有一定的覆盖面

在保证基本的通识教育内容的开出课程的同时，特别的、不同的高校还可以根据自身的优势学科以及具有的独特的学术传统和氛围，在开设共有通识教育类课程之外，单独列出学校特色类课程。实践证明，这种做法能取得良好的效果，在充分利用学校资源促使学生进行创新性思维、从而得到全面发展的同时，还可以培养学生对学校的认同感和深厚感情。

（二）通识教育在保证知识覆盖面的同时，应坚持具有一定的知识深度

鼓励教师积极开展各种形式的教学研究，通过教师言传身教实践"教书育人"的理念，深化和丰富通识教育课程的授课内容以及授课形式，从而做到"通"有所"识"，避免通识教育在实践中产生异化。积极开展通识教育核心课程的质量建设工程，结合本科教学水平评估与提升的契机，通过采取有针对性的教师培训、教学经验交流会、出国短期培训等多种形式，集合学校各个层面的力量，共同推动通识教育核心课程的教学质量稳步提高，同时提升非通识教育核心课程的通识教育水平。

三、加强师资队伍建设，提高通识教育师资水平，切实保障"教书育人"理念的不断深化

"教书育人"就是要培养学生具有良好的素质修养，使其不仅学识渊博，而且要道德高尚，成为一个全面发展的创新型人才。要取得良好的育人效果，教学过程里的谆谆教导、循循善诱以及教师的为人师表、言传身教都是必不可少的。因此，一支高素质的教师队伍是通识教育取得成功、"教书育人"理念最终得以实现的前提条件。

由于师资的配备水平在很大程度上决定着通识教育的实施效果，很多高校已经意识到解决这个问题的紧迫性并逐渐采取了一系列的解决措施。在这个过程中，高校尤其应关注两个方面：

（一）立足学校现有师资力量，鼓励高水平教师承担通识教育的授课任务

高校可以适当提高通识教育课的师资准入门槛，原则上不允许仅具有初级或中级职称、缺乏实际授课经验的教师开设专门的通识教育课；在通识教育课程开课前组织试讲严格把关，一切以保证通识教育的教学质量为第一要务；在制定职称、科研等各方面政策时，高校各级机构组织要积极创造条件，鼓励具有高学历和高级职称的教师结合自己的学术和科研内容尽量多承担一些通识教育的授课内容，从而使学生从接受高等教育开始就有机会接触到更多前沿的学科知识、受到优秀教师的学识和人格魅力的潜移默化影响。

（二）将引进人才和现有教师的培养提高有机结合，努力提高通识教育师资队伍的整体水平

将通识教育教师队伍的建设与学校师资队伍的整体建设紧密结合，科学制定通识教育师资建设的中长期规划，使通识教育师资队伍整体上具有合理的阶梯结构。学校整体师资力量的雄厚是通识教育教师队伍建设的最有力保

障。高等院校具体可以采取专项培训、校际交流、国外短期培训等多种培训途径帮助教师更新现有知识，提高自身水平。同时，在自身条件允许的情况下，高校可根据通识教育的特点聘请一些校外的著名学者来兼任授课教师，这样既可以在一定程度弥补学校现有师资力量的不足，可以组织教师观摩教学，还可以促进校园学术氛围的活跃和学术交流的繁荣。

　　任何好的理念的实现，都离不开制度的有力支持，通识教育的不断深入、育人目标的达成，都需要教学管理制度的有力支撑。教学管理制度主要包括课程设计以及对修读方式、修读时间等的设计，特别是在人文教育中隐性课程的开发对"教书育人"理念的实现具有其独特的作用。隐性课程不在教学计划中体现、不通过常规的课堂教学进行，它是一种让学生通过亲身情感体验而在潜移默化中对共同的信念、知识、价值观等进行认知的课程形式，也因此正如哈军工首任教务长徐立行提出的既要传知解惑又要培养品质、重视身体力行的"教书育人"理念的重要体现。人文教育不能单纯停留在弥补专业教育的缺陷、进行人文学科教育层面，尤其要重视对人文精神的传承并以此作为人文教育的核心。而人文精神的培养，关键的一点即是通过氛围熏陶、情感认知来进行，单一的知识讲授是无法实现的，因此高校在科学制定培养方案时，尤其应注意对隐性课程的研究和开发。

〔刊于《哈尔滨工程大学学报（教育科学版）》2009年第1期〕

哈军工的学生思想政治教育研究

魏　潾

中国人民解放军军事工程学院（哈军工）在中国高等教育的历史上是一所具有传奇色彩的大学。在首任院长兼政治委员陈赓大将的领导下，从1953年建校到"文革"期间被分建，哈军工仅用了十几年的时间，就在一片荒地上拔地而起，成为国内一流的高水平大学，在13期一万多名毕业生中，涌现了39位两院院士、几十名省部级领导、160多名将军、40多位大学校长。哈军工的历史和优良传统，受到了习近平总书记的高度赞扬。

总结哈军工的成功经验，人才培养是全校上下最为重视的工作，特别是哈军工的思想政治工作，继承发扬了解放军思想政治工作的优良传统，把革命战争年代的部队思想政治工作经验灵活运用到和平建设时期，以培养学员优良政治品质、树立革命世界观为主要任务，在学校的人才培养过程中发挥了不可替代的重要的作用。几十年过后，认真研究哈军工的学生思想政治教育工作，感到当年哈军工党委紧紧围绕学生核心能力培养，以培养"技术熟练、品德优良、懂得战术、遵守纪律的高级军事工程师"的培养目标为主线，坚定不移地抓好思想引领，是其最为成功之处。

一、哈军工学生思想政治教育的主要形式

（一）规范系统的基本理论教育

政治理论课的教育。哈军工为一、二、三年级学员分别开设马列主义基础（即联共党史）、中共党史、政治经济学三门课程（后改为中共党史、哲学和政治经济学），为毕业班学员开设政治工作课，学时占总学时的 10.6%，教学管理极为严格，政治课考试不及格者留级，入党、入团、评选先进都要看政治理论课的成绩，而政治课的成绩也要看实际表现。各门政治课的教育内容虽各有侧重，但树立革命世界观则是它们的共同任务。为不断提高政治课的教学质量，学校党委十分重视政治教师队伍的建设，要求政治教师不仅政治理论强，而且思想作风好，言教与身教结合。

时事政策教育。这是哈军工学生思想政治教育的一个非常重要的方面，它与政治理论教学相呼应、相配合，帮助学员用马克思主义观点分析认识国际国内现实的政治、经济、社会问题，效果非常明显。首先，陈赓院长带头经常作时事报告，为师生讲党的方针、政策，联系朝鲜战争的实际事例，鼓励师生立志改变我军技术装备的落后面貌，建设强大的国防力量。同时，他还请来上甘岭战役指挥员秦基伟军长、主持西藏工作的张经武将军来校作报告，来学校视察的国家领导人如朱德、彭德怀、陈毅元帅都被邀请为师生作报告。每个学期，学校都要邀请劳动模范、战斗英雄来院报告英模事迹。学生反映他们的报告都是一堂堂生动的爱国主义和革命英雄主义教育课。此外，学院领导也定期给全院人员作形势报告，每月的第三周党日，是给所属人员作时事报告的固定时间。学校党政领导为师生作报告，是当时大学较为普遍的做法，可惜现在并不多见。

党课、团课教育。当时学校规定每月两次党日、团日活动，主要内容是学习党章、加强思想意识修养，以党、团员标准对照支部范围内党、团员的实际表现，开展批评与自我批评。青年团支部每到革命节日，也都利用学校

老干部多的优势，纷纷邀请老干部去给他们讲革命传统。

（二）广泛深入的教育实践活动

学习毛泽东著作。用毛泽东思想武装学生头脑一直是哈军工思想政治教育的主线。1961年以后，按上级要求，学校深入开展了群众性的学习毛泽东著作活动，用毛泽东思想指导革命世界观的树立，指导教学、科研，解决各项工作中的实际问题。在学习高潮时，以各部、系领导干部组成中心学习组，边自学边指导基层的学习，群众中出现了1800多个学习小组和许多学与用结合得好的事例。

学习英雄模范活动。向英雄模范人物学习一直为学校大力倡导。1963年3月，全院人员热烈响应毛泽东主席"向雷锋同志学习"的号召，掀起了学雷锋的热潮。通过读雷锋日记，看雷锋事迹展览，听雷锋事迹报告团的介绍，许多学员从雷锋短暂而光辉的一生中体会到"人为什么活""活着怎样做人"的道理，各系都涌现出了一大批关心集体、助人为乐、见义勇为的先进人物，他们平时在院内做好事，假期在家乡做好事，在来去的旅途中做好事，每年学院都要收到大批来自祖国各地的表扬信和感谢信。学雷锋、学好八连、学战斗英雄的活动相互交织，推动政治思想教育步步深入人心。

充分利用社会优秀资源。推广引进优秀的文艺作品也是当时思想政治教育的重要方式。政治部门经常向学员推荐优秀文艺作品，如吴运铎的《把一切献给党》、苏联优秀小说《拖拉机站站长和总农艺师》；学校还经常组织学生观看优秀剧目，如反映青年成长道路的话剧《志愿军的未婚妻》、反映青年成长道路的话剧《在战斗里成长》、以批判个人主义为主题的话剧《考验》等，以及组织学生自编自演话剧自编《青年一代》《谭国玉》等，都给学生留下了深刻印象。

（三）扎实有效的基层思想工作

除了各个层面的思想政治教育和活动外，面对面的学生思想政治工作是基层思想政治工作的主要内容。基层思想政治工作主要依靠专科（各系按专业建立的基层行政组织）党、团支部和专科干部来做。专科干部基本都是经过战争考验或部队锻炼的团、营职干部，他们早晨在学员起床之前就来到学员宿舍，晚上熄灯之后才离队回家。学校要求他们能够随时注意学员在教学过程中思想情绪的变化，以期在学员有困难时能帮助解决，有正当的愿望和要求时能给予满足，出现了不健康的思想情绪时能及时帮助排除。

经过实践和总结，专科思想政治工作形成了一整套行之有效的程式和方法。他们按照教学过程，把一个学期分为四个工作阶段：第一阶段是学期开始后的 4 周，任务是了解学员情况，传达教育计划，端正学习态度；第二阶段是开学后第二个月到期末，任务是保证教育计划的实施，开展与各种教学方式相适应的思想教育和政治鼓动工作；第三阶段是停课后的复习考试阶段，任务是保证学员按计划、系统而又有重点地复习，消化全学期所学知识，通过考试检验知识掌握的程度和教学质量；第四阶段是假期，任务是保证学员能在参加社会实践中得到积极的休息。专科干部还根据整个教学周期的若干个教学环节安排相应的思想政治工作：开学之初、期末阶段、生产实习、部队见习、毕业实习、毕业设计期间，都要做政治动员，有一套思想政治工作的要求和方法。

二、哈军工思想政治教育的特点特色

（一）依靠教师做学员的思想工作

依靠教师做学员的思想教育工作，是学校党委的一条重要原则，也是给后人留下深刻印象之处。陈赓不止一次地在会上讲：善之本在教、教之本在师，要求教师关心学生的成长进步。1956 年 2 月，学校第二次教学方法研讨会，通过了《在讲课中贯彻政治思想性》的决议，对教师提出"教书教人"的要求，即教师不仅要向学员传授科学技术知识，还要培养学员的革命

品质；不仅在课堂上传授马克思主义的立场观点方法，还要在实践中成为学员的表率。《军事工程学院教学过程组织基本条例》规定："所有的教学人员都是学员的教育者，他们应该以对党、对人民的无限忠诚及高度爱国主义与国际主义精神教育学员。"1956年举行的首届院党代表大会的决议规定："教师应通过各个教学环节和学员各项活动，指导学员独立工作方法，进行品德教养，以树立教师对学员全面负责的观念。"在培养学员的过程中，全校涌现出了不少善于做学员思想教育工作的教师。

当年的青年教师刘怡昕院士回忆道：在哈军工的时候，我学到了一些做思想工作的本领和方法，当教师以后用这些方法和学员交心谈话，起到了很好的教育作用。我和学员保持平等的地位，不管是学习上的问题还是学习以外的问题，他们都愿意和我谈。我是教学顾问兼政治导师，既指导他们学习，也帮助队干部作学员的思想工作。陆琰院士回忆道：那时候我虽然是老师，但经常到学生宿舍去看看，有什么问题就解答，教学以外的问题也教育。

在学校党委的大力倡导下，广大教师"教书教人"蔚然成风，不仅千方百计搞好教学工作，而且在课后主动深入学生班级，关心学生的思想、进步和生活，许多学员几十年后仍记忆犹新。

（二）政治思想教育为中心工作服务

哈军工的思想政治工作并不是一风吹，而是在不同的时期、根据不同的情况和学生的思想实际有的放矢，注重效果，因此理论能联系实际、要求能得到落实、措施都行之有效。学校的中心工作是人才培养，因此哈军工的思想政治教育也紧紧围绕人才培养来开展。

哈军工入学教育的第一个环节是入伍宣誓。每一个学生都要出列面向师级领导担任的监誓人单独宣读军人誓词。这个形式对学生端正入伍动机，建立革命理想有实际意义。一位当年的学员在50年后回忆道："昨日青年学生，今天革命军人。在这一刻，我忽然觉得自己已经长大。宣誓是我人生的一个诺言，要在行动上去实践誓词，永不背叛。我深深懂得了穿上军装、佩戴胸章、帽徽，改变的不仅是衣着外貌，而是肩上担负责任的光荣与重大，要把一生献给军队，献给国家。"

调动学生努力学习文化课的积极性，强调努力学习科学文化知识的重要性在 20 世纪五六十年代的许多大学并没有引起重视，而哈军工却极为重视。陈赓院长亲自给学员作报告，从朝鲜战场的情况说明我军英勇顽强，不怕牺牲，但武器装备比较落后，虽然打了胜仗，却吃了不少亏。我们需要飞机、大炮、坦克，更需要军事工程师，他鼓励大家："必须具有终身献身军事科学工作的坚强意志和孜孜不倦的刻苦钻研精神，不怕一切艰难困苦，坚决向科学堡垒进攻并占领它。"一位学员回忆：第一堂电子技术课的开场白是教员给我们讲了二战时的小故事。当年英国得到情报，德国法西斯将轰炸英国首都伦敦，而且是用雷达交汇的方法给飞行员信号。于是，英国用自己的雷达与德国雷达提前交汇，飞行员得到错误的指令便将炸弹全部投入了英吉利海峡！教员边讲边画，声情并茂，我们听得入神，短短的小故事，大大提高了我们学习该课程的兴趣。

（三）营造优良校风，弘扬主旋律

哈军工的思想政治工作领导有力、队伍强大、阵地牢固，所以学校党委完全能够主导办学方针大政，把握思想政治工作的大局。在哈军工，弘扬主旋律是学校思想政治教育永恒的主题，给人正能量是校园文化的突出作用。学校党委牢牢把握办学方向，坚决弘扬正气，重视学生当中典型人物的培养、树立与宣传，对高干子弟严格管理，对不良倾向的苗头坚决制止，使好学上进、又红又专、严于律己、助人为乐成为军工大院不可撼动的主旋律，校园内歪风邪气没有市场，这一点已深为世人熟知。

由于其特殊地位，哈军工学员中高干子弟迅速增加和高度集中，成为迄今为止中国高校中独一无二的特例，并引起中央的重视。应该说，多数高干子弟都表现得很好，但也有一些人有特权思想和优越感，在生活、学习上搞

特殊化。为此学校领导坚持原则，狠抓教育和管理，甚至在军委办公会上提名道姓地批评某些领导在招生问题上"打招呼"的问题，在周恩来、罗瑞卿的干预下，被军委通报的有全军少将以上干部。哈军工在招生时一视同仁，有位上将副总长的儿子高考成绩只差 0.5 分，也没有录取。在平时的管理教育当中，学校一直坚持严格管理、严格要求，不让任何不良现象有市场。学校对干部子女"加强正面教育、学院教育与家庭教育相结合"等经验，得到军委的高度认同。

学校党委认真抓好班风建设，也是一个典型的案例。1963 年 11 月，学校召开学员队干部政治思想工作会议，院长刘居英在会上作了《培养良好班风》的报告，指出应以学员班为单位培养良好的风气。他说："作风好比土壤和气候，学员好比青苗。有什么样的土壤和气候，就长什么样的庄稼。良好的班风有两方面的内容，一是良好的政治风气，二是良好的学习风气。良好的政治风气就是我们所说的正气，有了它，坏人坏事一露头就会受到群众的抵制；良好的学风，是指明确的学习目的，端正的学习态度，学习的艰苦性和严肃、严谨、严密的作风。"学校党委指出，培养良好班风的办法是开展经常性、群众性的批评与自我批评，及时而经常地表扬好人好事，严格要求先进分子，热情帮助后进同志，树立改造后进的典型，用典型带动一般。在学校的积极倡导下，哈军工的每一个班级都是一个力争上游、团结友爱的集体，校园文化传递的都是正能量。

三、哈军工学生思想政治教育的核心内容

（一）注重核心价值观的培养

在哈军工的思想政治教育当中，紧紧围绕培养目标，突出军人的使命感，培养学生忠诚奉献的思想观念，使广大毕业生在职业生涯中不论遇到什么样的起伏磨难，都始终忠于祖国，忠诚使命，不记个人荣辱，坚定不移地

为国防现代化服务，受到了各用人部门的高度评价。

对哈军工精神的概括，有许多不同的见解，但是"忠诚、奉献"则是几乎所有研究哈军工的人的一致意见。陈赓院长就明确提出："各级指挥员要加强对学员的思想领导和政治教育，使哈军工培养出来的学员真正成为对党、对祖国高度忠诚、积极负责、坚决执行命令、精通现代化军事工程技术的干部，以利于将来有把握地战胜帝国主义的侵略。"在办学过程中，学校党委努力践行陈赓的教育理念，坚决抓好学生的人生观、价值观教育，努力使每个毕业生都牢牢地打上"忠诚"的烙印，忠诚于祖国，忠诚于职守，不论遇到什么样的艰难困苦也不退缩，这是今天值得所有高校领导学习和思考的。

第九期学员俞正声同志回忆说："哈军工强调的是献身国防科技事业，强调组织纪律性，强调艰苦奋斗，哈军工给人印象最深的是个人的献身精神，这些给我的印象非常深刻的，也是终生受益的。"曾任河北省委书记的第十期学员白克明认为："第一是把个人理想和国家命运联系在一起，培养一种忠诚精神；第二是把个人追求同脚踏实地艰苦奋斗的精神联系在一起，能吃苦、敢拼搏；第三是要学会思考问题，掌握正确的世界观和方法论。这三点是哈军工给我们的立身之本。"

对大学生的思想政治教育的内容是非常广泛的，特别是在 20 世纪五六十年代的社会背景之下，国内所有大学都必须将"突出政治"放到很高的位置上，但是哈军工在思想政治教育中抓住了主要矛盾，倾心打造、着力培养学生的核心价值观，给广大哈军工毕业生留下了终生不可磨灭的印记。

（二）强化意志品质的磨炼

哈军工的各级领导从陈赓院长到系主任、专科教导员直至各学员队的队长，都来自部队，他们对于军人意志品质的重要性有着最直接的感受，所以哈军工对学员意志品质的磨炼与培养极为重视。陈赓院长多次向学员讲，我们是军事技术院校，是培养军事工程师的场所，也是锤炼军人品德作风的

"熔炉"。一方面，在人才培养方案制定时学员的意志品质培养作为必不可少的培养内容，占有相当大的比重；另一方面，学校的培养计划在基层得到了原原本本的贯彻落实。

从第二期学员开始，哈军工就在预科教育当中安排了为期三个月的军事训练。为此，学校专门建设了野营训练基地，除政治、军事课以外，主要是军事生活养成教育，内容包括行军、宿营、侦查、警戒、攻防战术、实兵演练等，其中野营拉练要徒步走几百公里，冬天出早操，学员要穿短裤出去跑步，夜间紧急集合，要打起背包就出发。学校领导也同新学员一样住帐篷。通过这些艰苦的军事训练，锻炼学员不怕苦、不怕死的精神。对学生的意志品质磨炼体现在人才培养的全过程中，如在第一堂体育课上，教员开场白就说：作为一个优秀军事工程师，你们必须有坚强的意志和强健的体质。他还讲了一个苏联军事工程师如何靠意志和体质在枪林弹雨的战场上跑数公里维修武器装备的故事，并以朝鲜战场上的实践教育学生：如果志愿军没有强健体质与坚强意志，在炮火连天、冰天雪地的战场上，即使不被打死、炸死，也会被冻死、饿死、吓死！事实上，许多学生在回忆自己的成长道路时，感到受益最深的是在哈军工受到的意志品质的锻炼。王泽山院士认为：哈军工对我来讲是一个重要的阶段，培养了我科学精神，培养了我艰苦奋斗精神，培养了我不获得成果绝不罢休的精神。

（三）坚持"又红又专"的引领

自毛泽东同志在八届三中全会讲话提出"又红又专"的要求之后，又红又专一直是 20 世纪五六十年代我国教育、知识界的主旋律。哈军工也大张旗鼓地提倡走又红又专道路。但是从本质上讲，哈军工宣传又红又专实际上是坚持不放松对学生专业技能知识的培养，是让各级干部和教师理直气壮地抓好文化课的学习。院党委在《关于在执行教育任务重几个主要问题的决定》中明确规定培养目标是：对党高度忠诚、有高度的组织性纪律性、工作积极、英勇顽强和精通技术。政治上好、技术上差也不是合格人才，必须是又红又专。

例如，在新学员的入伍教育当中，政治教育的一个重要内容就是动员学生建立为祖国努力学习的坚定信念。学员经过入伍教育，大都产生了强烈的光荣感和使命感，认为"学习是毛主席交给自己的任务，是党和人民对自己的信任和委托"，"学不好对不起党和毛主席，无法向祖国和人民交代"，学习的自觉性都很高。由于课程门数多，教材难度大，学员的学习负担普遍比较重。面对学习上的重重困难，学员们不是畏惧退缩，而是勇往直前。他们说："在困难面前，或者是战而胜之，或者是举手投降，没有第三条路可走，而革命者是从不向困难屈服的。"有的专科干部感叹地说：我们科的学员只有成绩高低之分，而无用功与不用功之别。学员对时间的珍惜到了无以复加的程度，一分一秒都不轻易放过。星期天被称为"星期七"，节假日都被当作难得的学习机会。整个学期不上街、不看电影的大有人在。有些学员从入学到毕业，不知道斯大林公园在哪里，不知道太阳岛是什么样。有的专科主任，不得不采取强制措施，一到课外活动时间，就把学员统统赶出教室，辅导室一律锁门。

几十年后，一批哈军工的学员回忆，哈军工 1962 年开的数学课比同期清华大学的课程程度深、难度大，和清华大学数理系的数学课程相当。俞正声同志至今仍记忆犹新的是：当时哈军工的高考录取分数已经与北大、清华等顶级高校相当，学生都是优中选优，哪一个都是中学里的尖子生，而且是政治表现、家庭背景都必须过关的，即使这样，新生入学后第一次数学考试就"先打一百杀威棒"，一个班只有一两个人及格，包括当年上海市数学竞赛第一名的同学也不及格。按照他的理解，"学校的意思是，让你下决心刻苦读书"。

三、结语

党的十八大提出积极培育社会主义核心价值观的战略部署以后，各高校都在就如何贯彻落实十八大的精神努力进行理论和实践的探索。2014 年

5月4日，习近平总书记在北京大学师生座谈会上的讲话又专门提出青年要践行社会主义核心价值观的问题，指出："我为什么要对青年讲讲社会主义核心价值观这个问题？是因为青年的价值取向决定了未来整个社会的价值取向，而青年又处在价值观形成和确立的时期，抓好这一时期的价值观养成十分重要。"这对高校的思想政治工作系统又提出了更加明确具体的要求。在理论上也有了许多新的探索，有许多新的见解，例如有人进一步提出"加强青年知识分子群体的政治忠诚教育也应成为思想政治教育领域所探讨的重点内容之一"。

在哈军工的学生思想政治教育当中，以忠诚为主线的核心价值观教育贯穿学生在校期间的全部过程。这一点是特别具有借鉴意义的，因为正是当时成功的思想政治教育，使得广大哈军工的毕业生在职业生涯当中无论遇到什么情况，都坚持忠诚奉献，创造了辉煌的业绩，形成了独特的以"忠诚"为核心的哈军工精神。虽然现在的形势和20世纪五六十年代已经完全不同，但是，不论形势发生了什么样的变化，为国家培养大批社会主义事业合格的建设者和可靠的接班人的总要求，使得我们高校对学生的思想政治教育绝不能放松，而切实有效地进行核心价值观的教育、意志品质的教育和努力学习科学文化知识的教育始终应该是基层思想政治教育的核心内容。

（刊于《思想政治教育》2014年8月）

哈军工办学理念及其对
当代高校办学的借鉴意义

杨 威 陈 晨

哈军工是新中国成立不久，在党和国家为提升军事实力、建立现代化部队、巩固革命成果、防止西方资本主义国家入侵的形势下所创建的一所中国人民解放军军事工程学院。哈军工自筹建到成立受到党和国家领导人的高度重视，也得到社会各界的广泛关注和无私援助，并以师资力量雄厚、办学理念先进、选拔录取严格、学子成绩优异而备受瞩目。自 1953 年陈赓大将创建哈军工，至今已有 60 余年的历程。从哈军工毕业的学生多数成为我国军事领域的专家，在国防和军队建设中作出了巨大贡献。诚然，哈军工所创造的辉煌业绩离不开国家和社会各界的支持、教师和员工的奋进，以及学员自身的努力，但更离不开的则是老一辈哈军工创建者所秉承的以及新一代哈军工继承者所传承的"哈军工精神"。笔者认为，当下，学习和借鉴哈军工办学理念，传承哈军工精神，并将其引入到当代高校办学实践中，仍然具有重要的现实意义。

一、哈军工办学理念体现出的哈军工精神

办学理念是一所高校的灵魂，也是大学精神的凝结，哈军工"善之本在

教、教之本在师"的基本思想、"一切为了学生"的战略宗旨、"从严治校"的育人原则以及"尖端集中、常规分散"的顶层设计是其办学成功的重要基础，也体现出新中国第一所高等军事工程技术学院尊师重教、服务学生、严抓严管、心系国防的精神品质。

（一）哈军工办学理念的基本思想

"善之本在教，教之本在师"是哈军工办学的基本思想，也是哈军工尊师重教精神的集中体现。"善之本在教"是我国传统的教育思想，其所体现出来的教育宗旨在于培养人的至善、至真、至美的品格，而在哈军工的办学理念中，也一直坚持并发展了这一教育思想。哈军工重视对学员的知识传授，力求在讲授过程中使学生能够学习更多、更深的科学理论，掌握更新、更有效的原理方法。但作为一所军事工程技术学院，哈军工更为重视学员是否具有较高的思想觉悟和较强的政治素养。因此，哈军工在课程安排上，除了基本军事理论课，还增加了思想政治理论课的学时，旨在培养政治素质和理论基础双优的全面发展人才。

"教之本在师"道出了教师在教育中的重要位置。为了能让教师顺利开展教学和科研工作，哈军工将尊重知识、尊重教师作为办学的中心思想。在哈军工的办学过程中，教师一直处于主导地位，外聘来的国外专家和国内高水平的教学骨干都受到同等重视，哈军工给予教师以充分的尊重和关怀。"两老办院"则是哈军工在"教之本在师"思想中的一个创新。陈赓院长将"八角帽"和"四角帽"、"长征二万五"和"十年寒窗苦"相提并论，体现了老一代军事革命家和教育家的独到见解。哈军工十分关心教师的生活，并举全院之力为教师的教学科研创造条件，这些做法温暖了"两老"的心。哈军工办院所提倡的团结一致、缺一不可思想，使得哈军工迅速组建起一支高素质、高水平的教师队伍，储备了一批具有潜力的青年师资，并为保证教学质量、达到合力育人的目的打下了坚实基础。

（二）哈军工办学理念的战略宗旨

"一切为了学员"是哈军工办学理念的战略宗旨，是哈军工能够培养出众多高端人才的重要积淀，也是其"关爱学生、服务人民"精神的集中体现。陈赓院长曾经将学生、教师、管理者这三个学校的重要组成部分做了形象的比喻——在他看来，教师是"负责炒菜的人"，管理者是"负责端盘子的人"，而无论是"炒菜"还是"端盘子"都在为学生服务。在哈军工的办学理念里，无论是什么部门，无论是什么身份，都要以服务学生为宗旨，学校的一切建设都需要为学生的学习和成长负责。

哈军工要求管理者服务于学生的生活，尽全力为学生提供良好的学习环境，要求教师具有良好的教风，借以影响和带动学生的学风。在哈军工的教学活动中，教师不仅要在课堂上帮助学生理解和消化专业知识，还要培养学生的综合素质；不仅要教会学生学习的方法，更要帮助学生懂得如何做人、怎样做事。在哈军工的管理工作中，坚持以《训词》中"一切为了学员"为指导，着力培养德、智、体全面发展的学员。哈军工全院的领导、教师、管理者围绕着"以学员为主"的办学宗旨，营造了良好的学风、教风和校风，形成了优良的教育传统，打造了优质的育人环境，也培养出符合国防建设需求标准的优秀人才。

（三）哈军工办学理念的育人原则

"严格"可以说得上是哈军工办学理念的代名词，从选人到育人，哈军工始终秉承"严进严出"的原则，"组织严密、治学严谨、要求严格"的从严精神贯穿哈军工育人的始终，而"严"字则以严密的教学计划、严谨的教学程序、严肃的教学态度、严格的教学管理、严明的教学纪律为内涵。在哈军工的教育理念中，将"从严治校"原则作为培养高级军事人才的基础，因为哈军工坚信只有严格教育培养，才是促进学员成才的法宝。

作为为新中国提供军事工程技术人才的高等学府，哈军工从来不敢懈

怠。每一份教学计划的制订都要经过反复的论证，每一个教学内容的选取都需经过教师的仔细斟酌，以真正做到教学任务安排与实际讲授内容相一致。在教学过程中，哈军工领导会带领哈军工的干部和教师从逐个细节入手，将理论知识和实践应用结合起来，既注重理论教育，也不忽视实际操作。教学实施严谨细致，使学员得到充分的锻炼。哈军工对教师的教学态度也十分看重，只要教师出现思想波动或是教学懈怠，学院领导就会与之谈心，以使教师端正教学态度，更有效地指导学生的课程学习。

对于学员教育的严格也是哈军工最为出名的。一是哈军工新学员的"严进"原则，每一名学员都经过精挑细选，一些是有战斗经验、立过战功，有一技之长的；另一些则是理论研究学习的佼佼者。二是哈军工学员的"严出"原则，在哈军工的教学管理理念中，若有掉队的学生，绝无手下留情可言。严格的考试制度让所有学员都不能有丝毫的懒惰，也正是凭借着这样的办学精神和办学质量，才使得从哈军工走出来的学员后来都成为我国军事工程领域、政治领域和理论研究领域中不可多得的人才。

（四）哈军工办学理念的顶层设计

哈军工从创办到后来的分建、改建，每一步都与国防建设的需求相契合，在专业设置上也紧跟国防事业的发展，服务国防的办学理念着重体现了哈军工的保家卫国精神。在哈军工创建初期，由于国内经济比较落后，不可能在军事学院投放大量资金，因此，只能先创办一个综合性的军事工程学院，暂时设置常规的空军、炮军、海军、装甲兵和工兵等五个工程系。经过七八年的建设，哈军工已经初具规模，并有了一定的实践基础。1959 年，陈赓院长正式给中央军委写报告，他从整个战略部署出发，根据我军技术装备和科学研究工作发展迅速、工程技术干部的需要日益增大、军事工程学院的任务也日趋复杂、繁重的情况，提出了学院分建、改建的意见，中央军委在第五次办公会议上提出了哈军工分建、新建工作的指导方针是"尖端集中、常规分散，双方兼顾、照顾尖端"。"尖端集中、常规分散"的顶层设计就此形成，这一战略思想成为哈军工发展导弹、电子、船舶等优势专业，突显办学特色的重要指南，也是此后我军各军种建设自身的军事工程技术学院的成功范例。

二、哈军工办学实践体现出的哈军工精神

从毫无经验到蒸蒸日上，哈军工的创办实践创造了中国高校办学史上的一个奇迹。在哈军工的建设中，是"爱党报国、效力国防"的信念、"艰苦创业、不怕困难"的意志、"公平竞争、优胜劣汰"的作风和"理论创新、注重实战"的品格铸就了哈军工的成就。在哈军工的办学实践中，始终贯穿和渗透着热爱祖国、拼搏奋进、不怕竞争、勇于实践的精神品质。也正是哈军工的这些精神品质，支撑着每一个哈军工人向着目标前行。

（一）效力国防，胸怀爱党报国理想

树立爱党报国、效力国防的信念是哈军工办学实践中的核心精神。哈军工的创立建设和教育教学时时刻刻都围绕着"为人民服务、为国防效力"的宗旨。在朝鲜战争刚刚爆发之时，斯大林曾在苏联援助我国部分技术装备时，就向毛泽东主席提出要建设现代化军队。抗美援朝的战争实践，也使毛泽东主席等极具战略眼光的新中国领导人认识到，要建设现代化军队，打赢现代化战争，必须培养大批能够掌握现代科学技术和驾驭现代化武器装备的人才。哈军工正是在这样的时代背景和政治要求下应运而生的。从毛泽东主席点将到筹备建设，从院系设立到教员选拔，从课程设计到书本选择，在每一个细节上，哈军工无不从国家实际考虑，其办学目的极为明确，就是"一切为了巩固国防建设，培养新中国军事技术人才"。"第二个黄埔军校"的美名充分说明了哈军工的办学实质，老教师和老干部的服从安排充分显示了哈军工人的强国决心，学员们的刻苦努力充分表达了哈军工学子的报国理想，而这一切都使得哈军工与爱国主义思想无法分割。也正是这种爱国主义情怀

激励着哈军工学员在各自的岗位上贡献力量、奉献青春。

（二）无惧困难，表现艰苦创业品质

艰苦创业、不怕困难是哈军工办学实践的优良传统，依靠着这一精神支撑，哈军工人完成中国教育史上一个前无古人的建校办学工程。哈军工创建初期，"一无校址、校舍，二无师资，三无教材设备，四无办学经验，近乎是在一张白纸上绘新图"。但是，哈军工的创建者白手起家，艰苦创业。领导干部身先士卒，呕心沥血。教员们满怀报国之情，放弃优越的待遇，在冬季北风呼啸、冰天雪地的哈尔滨承担着教书育人的使命。学员怀揣理想，敢打敢拼，克服课程难度大和生活条件艰苦的困难，通宵达旦苦读，努力做到精益求精。为了哈军工的建设和发展，无论是管理者、教员还是学生都无惧险阻，传承和发扬激流勇进的哈军工作风，排除万难，愈战愈勇，在哈军工土地上留下了一个个传奇故事。

（三）优胜劣汰，突出公平竞争原则

在哈军工的办学过程中，从来不存在特殊化，无论是高干子弟还是普通群众，只要是对国防建设事业有用的人才，哈军工都会重点培养；凡是心系国防发展，愿意为中国的军事工程事业作出贡献的优秀学子，哈军工都会用心栽培。可以说，在哈军工的建设中，只会用知识储备的多少和思想政治觉悟的高低来区分和评价学生，家庭背景和社会地位的高低在哈军工根本不起作用。对待高干子弟，哈军工没有任何的照顾政策，也没有任何特殊化可言。高干子弟多数学习刻苦，在群众中树立了良好的口碑，而严格的淘汰制度也绝不姑息不用功者。据资料显示，仅在 1963 年夏季，就有 333 名学员（其中包括十几名高级干部子女）因成绩不合格退学。正是这种平等公正精神为哈军工建设留住了一批批优秀的教师和干部，培养了一批批优秀学员。

（四）学习改进，彰显自主创新特色

哈军工的自主创新精神是将哈军工推向成功的动力源泉。在其筹建初期，由于缺少军事工程学校的办学经验，在学院管理、专业建设、教师授课等方面都需要苏联派来的以奥列霍夫中将为首席顾问的顾问团的帮助。陈赓院长亲自带领筹建委员会成员认真学习来自苏联顾问团关于学院作风建设、学生课程安排、后勤管理供给等方面的经验，还特别定下一条规矩，即凡来学院报到的技术干部，都要先去见奥列霍夫顾问，了解其学识和专业情况，提出分配意见，这足见哈军工对苏联顾问团的重视和信任。在教学和日常管理方面，尽管哈军工会听取顾问团的建议，但并不是毫无主见、盲目听从。

三、将哈军工精神引入到当代高校办学实践

哈军工办学尽管只有 13 年的历史，但其所取得的成绩迄今为止未曾被超越。回顾哈军工的创建史，其办学思想和实践经验都是当代高校办学的宝贵财富。而当代高校在学习和借鉴哈军工办学思路的同时，更为重要的还是应领会和传承永不过时的哈军工精神。并且，也只有将哈军工精神融到当代高校办学的每一个环节之中，才能真正继承哈军工办学的理念。

（一）弘扬爱国主义精神，加强学科建设

当前，教育体系的革新需要每个教育分支各司其职。新时代的爱国主义就高校来说，则集中体现在服务于社会主义经济、科技和文化建设中。尽管当前我国的高等教育已不再停留于摆脱技术落后，也不再局限于巩固国防建设。但是，高校按照国家需求输送智力资源的要求却始终没有改变，哈军工办学中的爱国主义精神依然需要在高校学生的培养和教育过程中得以体现和发扬。

面对经济全球化的国际形势和政治多极化的世界格局，高校对人才的培

养和自身的建设均被纳入到各国间的竞争范畴。尽管没有战火和硝烟，但大国间的科技、文化之争却一刻都没有停止。可以说，打赢一场科技、文化之战是国家赋予高校的时代使命，也是当代高校为国为民服务的根本途径。因此，在当下，专业设置合理化、教学目标明确化、课程内容实用化、科学研究高效化、学生培养全面化就应当成为高校探讨的重要课题之一。专业课程紧跟国家科技领域的发展趋势，智力支持供给和满足各企事业单位和政府机构的迫切需求，对国家重点扶持项目进行深入研究，为国家稀缺行业和偏远地区输送人力资源，这些都应该作为各高校追求发展的主旋律，而真正做到这些也无疑是高校爱国主义精神的集中体现。

（二）传承学生至上精神，改进教育观念

多年来，我国的高等教育在智育培养方面下了较大的功夫。然而，大学生在其理论基础得以提升的过程中，除了接受中国传统教育，还受到不少外来思想的冲击，这便导致部分学生遇到困难就畏首畏尾，稍有不顺就心灰意冷。这些问题的出现向高校提出了加强思想品德教育，特别是以激流勇进精神为重点的素质教育的要求。因此，当代高校有必要将哈军工的"一切服务于学生"的精神贯穿思想政治教育的始终，开展各种帮扶工作，切实为学生解决生活困难和思想困惑，开办专题讲座，注重学生的素质培养，尽可能促进思想政治教育手段方法的多样化，使学生产生对学校的归属感，主动接受学校的教育。学生遇到学习困难，应督促其求真，传授方法经验，鼓励其上进，激励其拼搏；学生遇到生活困难，应了解实际情况，抓住解决重点，鼓励其克服，激励其奋斗；学生遇到思想困难，应掌握问题本质，理清教育思路，鼓励其学习，激励其改正。总而言之，高校办学不仅为了培养科学技术人才，更重要的是培养品质优秀的人才。因为，战术再精良的士兵遇到敌人就退缩也不能称之为精兵，成绩再优异的学生遇到难题就避开也不能称之为人才。学生道德品质不合格、精神面貌不健康，其所掌握的知识与其能够为社会作出的贡献也只能成反比。当代高校必须要加强思想政治教育疏导，宣

传并鼓励学生学习哈军工激流勇进的精神，从而保证自身所培养出来的学生不仅要具有过硬的专业技能，还要有坚强的意志品质。

（三）贯彻团结平等精神，促进学生管理

毋庸讳言，国内某些高校对老教师的关心和尊重程度要低于他们所作的贡献。一些教授会因为无行政职位而受到不平等的待遇，甚至在福利等方面，一些高校也选择了以行政干部为先。无可否认，如今在某些高校中，老教授们的实际地位已不如哈军工时代。此外，高干子弟或是富商名流后代多数选择了海外求学之路，而留在国内求学的一部分人的表现也不尽如人意，一些人在学校受到特殊照顾便会"恃宠而骄"。

在全面建设社会主义现代化国家的进程中，我们常常将社会公平摆在重要位置。然而，一些高校老教师所受到的不公平待遇违背了"教之本在师"的办学思想。教师的积极性将影响学校的学术以及科研发展水平，减缓高校前进的脚步。笔者以为，要想解决某些教师从事科研工作积极性不高的问题，哈军工"依靠两老办院"的做法应是最好的出路。公平对待老干部和老教师，给予他们以充分的尊重，提升教师的福利待遇，尽最大可能为其教学科研工作提供设备和资金。唯其如此，才能使教师充分认识到自身的价值，感受到学校的关怀；也只有这样，才能促进教师全身心地投入到自身的研究领域中发光发热。并且，在高校的常规管理中，"团结平等"的哈军工精神无疑是一种非常好的办校理念。根据学生的成绩表现进行公平公正的对待，按照学员的兴趣爱好提供必要的支持帮助。只要是在校期间学习上进的学生，都能得到相对公正的选拔推优，也受到相对统一的教育和引导。

（四）培养实践创新精神，推进教学改革

当代高校与哈军工相比，在教学中在很大程度上缺少了一份自力更生、艰苦创业、求真务实、改革创新的精神。

1.在教学内容方面，一些高校理论课与实践课的比例分配倾向于前者。

多数高校注重培养知识型人才，看重学生公式会不会背，文章会不会写，而对真正让学生动手操作的实践课程重视不够。我们不难发现，一些学生迈出学校大门、真正进入社会后，会显现出动手能力不足、无法承担起职场角色等问题。

2. 在教学方式改革方面，如今不少高校习惯于走形式，缺乏真正的借鉴和吸收，而对于借鉴创新和为我所用的成功案例却是寥寥无几。说到底，高校办学是要为社会建设培养人才，如果培养的学生无法胜任岗位工作，对于学校来说就是教学的失败；倘若设立的课程难以跟上科技文化的发展速度，对于学校来说则是资源的浪费。随着教育在国际交流与合作的增多，没有特色、没有新意、没有实操的教学方式显然会被淘汰。因此，为使当代高校办学实践少走弯路，真正实现现代化、科学化办学，各高校应该学习和弘扬哈军工办学的求实创新精神。在教学中多添加些实践的成分，引导学生了解所学专业的前沿发展动态，提升学生的实际操作水平。同时，还应当学会吸收来自国内外优秀的教育教学方法，在教学实践中不断完善，实现教学理念、教学模式、教学方法的创新，既选优吸收，又加强鉴别。只有这样，才能真正做到与国际教育接轨，培养世界型的综合人才。

综上所述，笔者认为，哈军工精神可以定义为"大将办学的大智大勇和求贤若渴，军工成员的爱国为民和前进奋斗，军工建设的尊重知识和尊崇贡献，军工办学的公平正义和实践创新"，这些都是哈军工为我们留下的宝贵财富。将哈军工精神引入当代高校办学就是要把爱国主义精神作为办学实践的根本，把学生至上当成办学实践的标准，把团结平等视为办学实践的原则，把实践创新变成办学实践的信念；就是要在高校办学中弘扬哈军工精神，把"三严作风""两老办院""合力育人"传承下去，使其承担起培育人才的责任，进一步促进高校办学的创新与发展。

（刊于《黑龙江高教研究》2014 年第 9 期）

哈军工的人才培养理念探析

王春晖

1953 年，陈赓大将受命创办了新中国历史上第一所综合性的高等军事工程技术院校——中国人民解放军军事工程学院（哈军工），办学十余年，哈军工就发展成为享誉海内外的著名学府，成为我国国防科技和高等教育史上的一座丰碑。哈军工凭借其先进的人才培养理念，培养出了数以百计的将军、院士等高端领军人才，在各自岗位上发挥着中坚作用，为我国的国防、国防科技、军事技术及教育等事业作出了重要贡献。哈军工的人才培养理念，在今天看来仍具有积极的研究价值和意义。

一、哈军工的人才培养目标

中国人民志愿军参加抗美援朝战争的第二年，武器装备和技术的落后使新中国发展国防科学技术、培养技术军官的需要变得更加迫切。在这样的背景下，党中央、中革军委毛泽东主席批准创办军事工程学院。祖国的需要，成为哈军工的人才培养目标。哈军工成立后，经过一段时间的办学实践，结合国家需求的变化和自己的办学实际，提出了新的人才培养目标。人才培养目标的确定到重新定位的过程，也是哈军工办学理诞生和实践的过程。

（一）成立之初的人才培养目标

哈军工是一个在特殊的历史背景下，应祖国需要而建设的学校。关于它成立之初的人才培养目标，我们可以从哈军工成立的报告中最先进行追溯。

1952年3月18日，解放军代总参谋长聂荣臻和副总参谋长粟裕向中革军委呈送了《关于成立军事工程学院的报告》。报告对学院成立的必要性、迫切性作了详细的阐述。报告还提出了毕业生分配去向：一是到各兵种军事工程师，二是到国防工厂任验收成品的军代表，三是到中革委机关负责技术工作，四是留校深造后任教师。这个毕业生分配去向，为哈军下的人才培养定位埋下了伏笔。

此后，在陈赓受命和研究哈军工建设问题的联席会上，毛泽东主席和周恩来总理的讲话中也渗透出了哈军工的人才培养定位。1952年6月23日，任志愿军代司令员的陈赓回到北京，向毛主席、周总理汇报情况。听完陈赓的汇报后，毛主席说："我们要建立一所高等军事技术院校，培养技术军官。这次调你回来，就是要你来当这个院长兼政委。"培养技术军官，这是毛主席对哈军工人才培养定位的最初描述。同年9月5日，在中南海居仁堂，周恩来总理主持召开筹建军工的联席会议。周恩来总理在会上说："朝鲜战场给了我们血的教训，加速了我们搞国防现代化的紧迫感。党中央和毛主席正是从国防现代化这个历史要求出发，下决心建一所各兵种综合性的军事工程技术学院……今天在座的各位，应该协助陈赓同志尽快把这所大学办起来，使她早出军事工程师，为实现国防现代化输送人才。"出军事工程师，是周总理对哈军工人才培养定位的说法。

哈军工的办学指导思想，毛泽东同志为哈军工颁发的《中央人民政府人民革命军事委员会训词》中有清晰的表述："中国人民解放军军事工程学院的创办，对于我国的国防事业具有极其重大的意义。今天我们迫切需要的，就是要有大批能够掌握和驾驭技术的人，并使我们的技术不断地改善和进步，军事工程学院的创办，其目的就是为了解决这个迫切而光荣的任务。"

培养掌握和驾驭技术的干部，成为哈军工最初的人才培养定位。学院围绕这个人才培养定位，开展了一系列卓有成效的工作。

（二）办学过程中人才培养目标的重新定位

经过了近7年的办学，在1959年3月，哈军工成功跻身国家重点大学行列。同年11月19日，陈赓给中央军委写报告，提出哈军工分建、改建的建议。报告中说："由于我军技术装备和科学研究工作的迅速发展，对工程技术干部的需要日益增大……无论尖端或常规，今后所需工程技术干部的数量都会增长很快，全军只办一所综合性学院无论如何不能满足需要，势在必分。"从现实可能性看，军事工程学院常规武器各系已具有一定规模，分建的条件已经基本具备。中央军委原则上同意了陈赓提出的分建、改建建议，并作决定，将军事工程学院的常规武器各系分建迁出。

从陈赓的报告中我们不难看出，党和国家不仅对军事技术干部数量的需要急剧增加，对军事技术干部层次和尖端性的要求也在日益提高。而就哈军工自身办学实际而言，也从最初的探索力学，逐步走向成熟，也具备了培养更高端军事人才的条件。因此，立足祖国需要和学院的发展实际，哈军工开始修订教学计划，除在学制上由五年改为五年半至六年，增加了一些诸如生产劳动正式列入课程、实践教学大幅度增长、思想政治教育加强、毕业设计改为结合科研任务进行等新特点外，郑重地将人才培养目标由培养维护修理的军事技术干部改为培养研究与设计的军事技术干部。经过这样的调整之后，哈军工成为我军尖端科技人才培养的摇篮。

二、哈军工的人才培养成果

20世纪90年代，江泽民主席视察国防科技大学（哈军工分建出的六所高校之一）时写下"哈军工桃李满天下"的题词。这句赞誉对哈军工来说，当之无愧。哈军工办学13期，共培养了12000多名合格毕业生，据不完全

统计：哈军工共有24人成长为两院院士，有近200位哈军工人被授予少将、中将、上将、大将军衔。哈军工还走出了38位高等院校的校长（院长）、党委书记以及一大批科研院所的领导人。其成才比例之高，堪称我国高等教育史的奇迹。仅以两院院上为例，每500名学员中就培养出了1名院士。要问哈军工培养出多少位总师、教授、研究员、博导、高工，现在暂时无法统计。哈军工之所以能取得如此辉煌的人才培养成果，正是得益于哈军工先进的人才培养理念与科学的办学实践。

（一）以院士为代表的科技领军人才

在一所培养军事技术干部的大学里，走出了如此之多的院士，在那串长长的名单面前，我们由衷地为之赞叹。这其中包括渡河工程专家、工程院院士王景全；火箭发动机技术专家、科学院院邢球痕；兵器科学与技术专家、我国中间弹道学的创始人、工程院院士李鸿志；飞行器总体设计和反坦克导弹专家、工程院院士王兴治；飞机自动化设计专家、工程院院士李明；制导系统工程专家、我国某型防空导弹武器系统总设计师、工程院院士钟山；火药专家、工程院院士王泽山；原子核物理学专家、工程院院士彭先觉；水声工程专家、我国核潜艇和新型常规动力潜艇三代主战声呐的领导研制者、工程院院士宫先仪；中国新型歼击机的研制专家、工程院院士宋文骢；导弹技术专家、某型导弹总设计师、工程院院士黄瑞松；智能水下机器人专家、工程院院士徐玉如；水声工程专家、工程院院士马远良；某飞机型号总师、工程院院士杨凤田；坦克车辆设计专家、我国第三代主战坦克副总设计师兼总体组长、工程院院士王哲荣等，覆盖了制导系统工程、飞机总体设计自动化、固体火箭发动机、含能材料、弹道、水声工程、坦克车辆设计、水下机器人、计算机、通信与电子技术、原子核物理学、防护工程及地下工程、桥梁工程、地雷爆破等多个学术领域。

此外，哈军工还培养了一批科技领域的领军人才，为我国的科技尤其是国防科技事业作出了卓越贡献。

（二）以将军为代表的军队高端管理及科技人才

哈军工是一所和将军有着深厚渊源的学校。哈军工创建时就汇聚了一批以陈赓为代表的为新中国创立抛头颅、洒热血的将军们，发展时期也得到了九位元帅及众多将军的厚爱和关怀，这份与将军难分难解的渊源一直延续到学校的人才培养工作中，学校为我国军队、国防事业输送了大批将才。他们当中有相当一部分是高科技工作者，形成了"将军院士""将军教授"的独特景观，另一部分则是党、政、军各部门的重要负责人、国防事业的中坚力量。

看到将星闪烁，自然会回首将星产生的过程，回望将星生长的园地。我们会不自觉地感慨、深思，探求所有可能的答案。作为新中国第一所高等军事工程技术院校，学校在培养军事技术工程师方面负有义不容辞的责任。但在这样一所负着培养高级军事工程技术人才使命的大学里，却诞生了200多位共和国的将才，这似乎不只是基于学校性质自然天成的结果，他们必定是得益于学校优秀而独特的人才培养理念。

（三）以为"两弹一星"事业默默奉献的科研骨干为代表的科技精英

哈军工培养出了一大批国家急的科技精英人才。以在"两弹一星"事业默默工作的哈军工学员为例：哈军工前三期毕业生中有29%分配到五院（导弹研究院），第四至第八期毕业生中有63%分配到五院、六院（航空研究院）、九院（原子能科学研究院）、十院（雷达电子技术研究院）工作。从五院到十院，从东风基地到马兰基地，都可以看到哈军工学员的身影和足迹。

成立于1958年的中国工程物理研究院，也叫九院（后迁到绵阳科学城），于青海高大草原全银滩，是中国第一颗原子弹诞生的地方。哈军工原子工程系第一批学员还没有毕业，因国家急需，全部提前毕业，分配到九院。当不少人因为条件的艰苦陆续离开了这片草原的时候，只有哈军工人坚守住了这块阵地，成为中国核事业的中坚力量。在新疆塔克拉玛干大沙漠深处，有一

个被时任国防科委主任张爱萍命名为"马兰"的地方，这就是中国核武器试验基地，即 21 基地。离马兰 35 千米的红山是基地研机关——核武器研究所所在地。1963 年，刚组建不久的 21 基地急需科研人员，哈军工原子工程系核爆炸杀伤因素测试分析专业 38 名学员提前毕业，被分配到 21 基地研究所。红山上千名大学生中，哈军工学员就占了三分之一。他们在红山脚下落地生根，成为 21 基地最重要的一支科研骨干力量。

哈军工培养出来的共和国的科技精英们推动着祖国的科技事业不断迈向前。尤其在我国科教兴国战略具有开端意义的"两弹一星"事业中，他们更是发挥了不可替代的作用，他们与为我国两弹一星事业潜心研究、忠诚奉献的科技工作者们一道，在非常艰苦的环境下创造出来的成果成为"爱国主义""集体主义"与"科学精神"的象征。

三、哈军工的人才培养理念

高等学校的根本任务是培养人才，人才培养质量是衡量高等学校办学水平的重要标志。20 世纪 50 年代的哈军工之所以能在短短的几年间发展为与北大和清华比肩的国内名牌大学，正是因为她培养了一大批高质量的军事工程技术方面的人才。有力地推动了国防工程科技的发展，为新中国的国防现代进程作出了卓越贡献。哈军工的办学实践中，紧紧抓了影响人才培养的关键因素，在生源、师资、教学、科研和管理等方面形成了自己先进而独特的人才培养理念。

（一）"严格挑选、宁缺毋滥"的招生原则

哈军工的招生主要经历了从早期的部队中选调、保送到通过高考公开招生。招生的方式虽然发生了变化，但其"严格挑选、宁缺毋滥"原则始终没有改变。共和国的高级领导子女有的因为差 0.5 分都没能走进哈军工的大门。

因为情况特殊，哈军工的第一期学院是从六大军区、特种兵部队以及军

委直属部队招考进来的。1952 年 11 月底，中革军委下达为军事工程学院抽调 300 名助教及 1000 名学员来校学习与工作的指示。指示强调："为加速现代化国防军的建设，军委创办军事工程学院，培养各军兵种高级军事工程师和技术人员，决定从部队中抽调大学、专科以上理工科学生 1000 名，赴军事工程学院学习。"年底，经过对高中毕业和大学一、二年级肄业的青年干部进行考试，共录取学员 1010 名，后实际报到 987 名。在 987 名学员中，大学一、二年级肄业的 365 人，高中毕业的 369 人，高工毕业的 165 人，高中、高工肄业的 88 人。由学历不同，文化程度参差不齐，为此，学院成立预科，在本科教育开始前，学院对他们进行了数理化等基础课程的补习，为进入本科学习奠定基础。到 1953 年学院正式开学之前，学校组织了对这些学员的考试。因学员中有 200 人左右测验成绩不理想，难以进入本科学习，学院学员数量出现问题。1953 年 5 月 12 日，陈赓院长还起草了关于调留苏预备生入军工学习的报告，以补充淘汰学员人数上的空缺。

因哈军工的招生受到当时"办万人大学"政治氛围的影响，从 1959 年到 1961 年，连续三期招生都超过 2000 人，学院的生源质量受到严重影响，教学质量极速下降，学院在此种情况下，为保证才培养质量，用考试的办法，果断淘汰不及格者（哈军工史称"泻肚子"），6270 名学员参加考试，退学 144 人、17 人跟班旁听、79 人留级试读、877 人留级。1962 年冬和 1963 年夏的两次期末考试，又有 333 人因学习成绩差而退学。

1962 年，教育部、军委总政治部联合下发《关于军事工程学院 1962 年暑假招生工作通知》，作出了"提前选拔、参加统考、单独录取"的指示。这一年哈军工从全国十多个省招收了 600 名学员，六门课统考成绩平均分为 83.4，与北京大学持平，仅比清华大学低 0.3 分，严把入学关，确保了学员的高质量。

（二）"汇聚大师、支撑教学"的办学理念

大学是什么？清华大学校长梅贻琦曾经这样回答："大学者，非谓有大

楼之谓也，大师之谓也。"由此我们可以看出，师资或者说大师对高校办学的重要意义，陈赓院长在创建哈军工之始，就强调"善之本在教、教之本在师"的教育思想。他指出，"我们学院要聘请上百名苏联专家，要请国内有名望的上千名教授和助教来工作，他们都是办好军事工程学院的关键人物，学院能不能培养出高质量的军事工程师，能不能搞出科学研究成果，主要是靠他们。"在这一思想指引下，哈军工很快就汇聚了一支国内一流的教师队伍，并使他们充分发挥作用。哈军工辉煌与崛起的关键，就在于牢牢抓住了师资队伍建设这个根本。

据统计，哈军工创办初期的59名教学骨干力量，绝大多数都就读于国内著名大学，其中留学欧美的有38人，占64%；获得学位的有31人。其中，博士学位16人，硕士学位11人，本科学位4人，占53%。在已有两届学员入校的军工，师资严重不足的情况下，哈军工通过举办助教培训班、副博士讨论班，在已汇聚的老教师引领下，迅速培养起自己的师资队伍。此后，学院从各理工科大学选调232名毕业生组成助教队，从各大学提前毕业的大学生、研究生中抽调数百人，分别派往各专业教研室，跟随老教师学习专业课程。至1957年，学院建成了一支有1085人的师资队伍，基本满足了教学工作的需要。

哈军工海道测量教授会主任刘恩兰教授，是我国第一位获得英国牛津大学自然地理学博士学位的女科学家，也是我国历史上第一个环球考察北美及欧亚社会地理、自然环境、风土人情的女学者。她以极其负责的态度从事教学工作，把培养高质量的军事工程师视为最神圣的事业。她从不以名教授自居，相反地认为自己缺乏军事、战术知识，于是老老实实跟着学员去听战术课，认真学习战术知识，根据海军战术的要求改写自己的讲义。哈军工如刘恩兰一样严谨、谦恭的老教师举不胜举，他们的汇聚不仅有力保障了哈军工的教学科研活动的顺利开展，也为高质量人才的产出奠定了坚实的基础，为学员的成长成才树立了榜样。

（三）"教研结合、真刀真枪"的培养方法

既要成为培养军事工程干部的教学中心，也要成为军事科学技术思想的研究中心，这是苏联顾问给哈军工的建议。这个建议使学院认识到科学研究对提高教师业务水平、对提高人才培养质量的重要意义。学院的一份报告中写道："教学与科研是两件并重的事情。""教研结合、真刀真枪"成为哈军工人才培养工作中一直遵循和秉承的原则与方法。

1956 年，哈军工颁发了《中国人民解放军事工程学院学员军事科学技术协会条例》，并明确了协会的基本任务：培养学员阅读教材和科技文献的能力；培养学员对各种的科学资料的独立总结能力以及准备学术报告和读书报告的能力；引导学员以批判的态度对待各种学术问题的研究，并进行广泛的讨论；吸收学习最好的学员进行科学研究工作，加深所学的专业知识，培养他们在科学研究和实验方面的独立工作能力。科研活动在高年级学员中逐步开展，学院成立了军事科学技术协会和炮兵、海军、工兵三个工程系的分会。截至 1956 年，全院有 500 多名学员成为首批科研积极分子，活跃在各个系的科研小组里。

学院非常注重通过毕业设计环节锻炼学生的分析问题和解决问题的能力。哈军工的毕业设计被学员们称为一场"真刀真枪的战斗"。学员的毕业设计课题由各教授会与苏联专家拟制，并征求各军兵种的意见后产生。毕业设计的课题中很多都是部队急需解决的技术问题。学院各系都举行毕业设计课题分发大会，学院成立毕业答辩委员会，从军内外邀请专家学者参加毕业学员的答辩，并严控优秀率和通过率。通过毕业设计，不仅检验了学员所学，锻炼了科研实战能力，同时也解决了一些当时部队急需解决的问题。以第一期学员为例，学员黄刚强设计了航空雷达识别系统，提高了我军当时同类设备的战术性能和保密性能。学员梅硕基——设计出中心陀螺仪，为海军增添了新设备；学员王成科设计的 100 毫米无后坐力炮，由 701 厂专家评审后，认为设计思想先进，有创造性，答辩委员会建议供国家设计部门参考；

学员谢群设计的 180 毫米舰炮，操作系统全部实现了自动化，海军司令部有关领导闻讯高兴地说"这正是我们海军当前需要解决的问题"；学员徐定远设计的汽车结构，布局合理、紧凑、性能较以前的产品更为优良；学员霍恩俊设计的移动式排锯，结构新颖，不仅排除了排锯作业的主要障碍，而且具有可迅速安装的优势。

在哈军工真刀真枪的培养过程中，很多学员没能如期完成学业，被淘汰出局。第一期学员入本科时为 795 名，达到毕业标准的只有 665 名，在严格的要求下，累计淘汰了 130 名，淘汰率 16%。第二期学员升入本科的有 873 名，毕业标准的只有 720 名，累计淘汰 153 名，淘汰率 17%。第 3 期学员升本科时有 968 名，达到毕业标准的有 618 名，累计淘汰了 350 名，淘汰率高达 36%。但只要坚持下来通过考核的，都成为能担大任的、顶用的科技干部。

（四）"又红又专"的人才培养定位

"又红又专"不仅是哈军工的人才培养定位，也同时反映了学院办学治校的政治方向。毛泽东主席为学院成立颁发的《训词》中希望学院全体师生"保持和发扬中国人民解放军的光荣传统，特别是全心全意为人民服务的精神和自我牺牲的英雄气概"。学院成立后，陈毅元帅到哈军工时，在军工操场发表了著名讲话，也号召学员走"又红又专"的道路。哈军工在人才培养工作中注重将学员思想道德与专业知识技能相统一，在实践中塑造政治合格、技术过硬的军事工程技术人才。

针对人才培养的定位，陈赓院长明确指出，要坚持以政治统率技术，防止单纯地学技术而忽视政治。学院制定下发的一系列文件中也对红和专的关系做了相应规定。学院下发的《军事工程学院教学过程组织基本条例》明确地把政治放在学员培养的首位，对学员进行政治、技术、军事、体格综合训练，培养德才兼备的军事工程人才。1953 年 2 月，在《关于执行教育任务中几个问题的决定》中，规定了培养目标首先是"对党高度忠诚""有高度的组织性、纪律性""工作积极、英勇顽强",然后才是"精通技术"。1953年8月,《第一期教学计划说明》突出强调培养的人才必须"政治上坚定,无限忠于党和人民,忠于祖国,具有高度爱国主义与国际主义精神。"

哈军工的教师在课前都会积极地严谨地向学员讲述、介绍所开的课程对培养军事工程师具有哪个方面的意义,以增强学员的学习兴趣和爱好。哈军工的教员们以对教育工作的高度责任心和全心全意为学员服务的精神,从事教学工作;以自己良好的教风去影响学员,帮助他们树立正确的人生观、价值观,忠诚于党的事业。

陈赓院长多次强调,我们培养的军事工程技术干部在思想上必须是马克思列宁主义及毛泽东思想武装起来的,不仅是具有军事科学技术知识的工程师,而且是一个政治坚定、品质优良的军官。陈赓经常请先进人物到学院作报告,他认为一个好的政治报告对学员的思想进步、树立革命的人生观有很大的意义。经常给学员作报告,应该成为我们军工的一个传统。要使哈军工成为锻造军人作风、锤炼军人品德、培养过硬的军事工程师的熔炉。

四、结语

哈军工从创建到分建,办学17年间探索出了一条人才培养的成功之路,总结凝练出了一系列人才培养的理念,成为中国高等教育史上的一座丰碑。哈军工在办学实践中形成的人才培养理念,先进科学、内涵丰富,对我们今天高等学校的人才培养工作具有积极的借鉴意义。

〔刊于《哈尔滨工程大学学报(教育科学版)》2015年第1期〕

从高校管理工作定位的视角
解读哈军工办学思想

王春晖

哈军工（中国人民解放军军事工程学院）是我国第一所高等军事工程技术教育学府，其在短短的 17 年办学实践中培养了大批国家急需的各类人才，并通过自己的分建改建奠定了我国国防军事工程技术高等教育三级的基本格局。哈军工辉煌办学成就的取得与首任院长陈赓大将所提出的办学思想密不可分，其中，"以教学为中心""一切为了学员""两老办院"等办学思想的提出，在哈军工建院初期特殊的历史条件下对学院的办学实践起到了重要的引领作用。这些教育思想对我们当今的高等教育尤其是高校管理工作如何精准定位，具有宝贵的借鉴童义。

一、"以教学为中心"是高校管理工作定位的最高准则

高校管理工作的定位，应建立在对高校根本任务的准确把握之上。20世纪 50 年代初，处于建院初期的哈军工就确定了"以教学为中心"的办学指导思想，奠定了教学工作的中心地位，形成了领导重视教学、教师倾心教学、科研促进教学、政策倾斜教学的良好氛围。这一指导思想体现了哈军工对办学根本任务的准确把握。高校的根本任务就是培养社会主义合格建设者和可靠接班人，教学是实现这一根本任务的最主要途径。办大学坚持"以教

学为中心"，就成为高校管理工作定位的最高准则。

（一）领导重视教学

1953 年 2 月，哈军工首次党委会讨论并通过了学院办学的纲领性文件《关于执行教育任务中几个主要问题的决定》。《决定》对学院的中心任务做了明确规定："学院的中心任务为完成国防技术教育，培养各兵种高级技术人员。这一繁重而艰巨的任务如无各种工作的有力保证，是不可能胜利完成的。因此，在学院党委的统一领导下，加强对教学工作的保证，应成为各部门工作的中心任务"。

1953 年 9 月 1 日下午，哈军工成立暨第一期开学典礼隆重举行。哈军工由此成为我国历史上唯一一个开学典礼在下午举行的高校。其实，哈军工的开学典礼原定是在上午举行的，但考虑到学员上午都有课，以陈赓院长为代表的学院领导经商议后决定，为保证正常的教学工作不受影响，才将开学典礼改在了下午。事情虽小，却充分体现了学院领导对教学工作的重视。

（二）教师倾心教学

哈军工的第一期学员是在全军范围内通过考试产生的，文化水平参差不齐，保送来的学员甚至只有初中文化。学院为了保证开学以后正常的教学秩序，为新生安排了文化补习。教材是参考苏联十年制中学教材临时编写的，讲课的都是学富五车、海外归来名牌大学毕业的教授、副教授：留美博士孙本旺讲平面几何，留日硕士沈正功和留美硕士黄明慎讲投影几何，留美博士陈百屏讲代数，留美博士罗时钧讲数学解析等。学院教务处组织试讲评教会。名牌大学来的名教授屈尊讲中学课程，还要坚持试讲一次，让大家提意见，这可以说是中国高等教育领域的罕见之举。但为了保证教学质量，哈军工的老教授们不讲面子，放下架子，高高兴兴夹着书本来到文庙（当时哈军工图书馆）东配殿的会议室。当时已是不惑之年的孙本旺是我国数学界有名的才子，向同事们试讲他已经讲了 10 多年的几何学，备课仍然十分认真。

教师对教学的倾心倾力，使哈军工的教学质量有了根本保障

（三）科研促进教学

哈军工苏联顾问团首席顾问奥列霍夫中将在学院正式开学的第二年（1954年），便向学院建议应该开展科研工作。他在信中写道："学院教学工作已经走上了轨道，但是科学研究工作还没有开展。目前学院虽然没有广泛开展科学研究的条件，但应根据现有条件，规定可能开展的科学研究工作的范围和方式"。奥列霍夫的建议引起学院的重视。学院党委出台了《科学研究工作条例》，提出"紧密结合教学，适当解决国防工业生产中的技术问题"的科研方针，并同时指出："科学研究是高等学校教学的基础。没有科学研究工作就不可能完成教学任务，必须大力开展，不应有一个教员例外。"按照学院的要求，共有8个教授会拟订出43个研究课题。虽然当年只完成了科研任务的38%，但是有些成果非常有价值。在科学研究的同时，有效提高了教学质量和学术水平。如，炮兵工程系203教授会副主任浦发等基于科研工作编写出先进于苏联的教材《外弹道学》讲义，应用于教学。学院科教部在学年总结中写到"实践证明，必须广泛开展科研工作，才能完成培养军事工程干部、发展军事技术思想两重任务"。高等学院教师只有从事科学研究，才能不断提高科学水平，从而提高教学质量，否则就会逐渐落伍退化成为中等技术学院的教师。

（四）政策倾斜教学

为了保证教学中心的中心地位，保障教学环节的科学规范，哈军工出台《教学组织工作条例》。条例对教学的组织领导、具体实施，对各级教学人员的职责，对教学的目的、要求、任务与方法等都作了明确规定。条例成为学院教学工作的准绳，在此条例基础上，学院很快建立起各项教学制度，包括教师指导学员作业（讲课、实验、学习等）制度、学员独立作业（完成报告作业、准备课堂讨论、课程设计、毕业设计等）制度、教学过程检查制度等。此外，学院还成立了教学方法指导委员会，委员会委员由 14 位经验丰富、学术造诣深的老教师组成。委员会的任务是指导教学方法的改进，研究各教授会的教学经验，审查教学大纲，在制度上保证教学工作的顺利实施。

二、"一切为了学员"是高校管理工作定位的服务面向

高校的主体人群由学生、教师、管理人员组成。在高校办学的过程中，必须科学处理好这三个主体人群的关系，才能形成合力，完成高校育人的根本任务。陈赓院长有句名言，对这三者的关系进行了形象比喻："学院好比大饭堂，教师是炒菜的，干部是端盘子的，学生是来吃饭的。""一切为了学员"成为哈军工的重要办学理念。哈军工的罗时钧教授根据自己的实践经验，对"一切为了学员"做了解读，那就是："既管教，又管学；既教书，又教人。"如果说，哈军工"以教学为中心"的办学指导思想厘定的是教师和管理人员的关系，那么，"一切为了学员"的办学理念厘定的则是管理人员和学生的关系，成为高校管理工作定位的服务面向。

（一）"管教管学"的全过程育人

哈军工对学员的成长成才全面负责，坚持既管教、又管学，既向学员传授知识，又帮助学员把知识真正学到手。在开课前，教师会先摸清学员的基础，在备课时他们会兼顾学员的基础程度，使教学大纲既满足多数学员的要求，也照顾"尖子"和"困难户"。教师不仅让学员"懂"知识，"懂"知识的来龙去脉和获得知识的方法，还经常深入到学员中间做思想政治工作。1956 年哈军工第一届党代会作出决议："教师应通过各个教学环节和各项学员活动，指导学员掌握独立工作方法，进行品德教养，以树立教师对学员全面负责的观念。"学院要求教师要做好四件事：一是深入学员班调查、了解学员的学习情况，使讲课有的放矢，使辅导、答疑对症下药；二是帮助学员解决学习思想问题，排除学习的思想障碍；三是不断指导学员改进学习方

法，锻炼思想器官，学会独立思考，成为知识的主人；四是注意因材施教。

（二）"教书教人"的全方位育人

既教书，又教人，在向学员传授知识的同时，向学员灌输解放军光荣传统，引导学员走又红又专的道路，是哈军工"一切为了学员"办学理念的另一个突出表现。陈赓院长多次强调，我们培养的军事工程技术干部在思想上必须是马克思列宁主义及毛泽东思想武装起来的，不仅是具有军事科学技术知识的工程师，而且是一个政治坚定、品质优良的军官。陈赓经常请先进人物到学院作报告，他认为一个好的政治报告对学员的思想进步、树立革命的人生观有很大的意义。经常给学员作报告，应该成为我们军工的一个传统。要使哈军工成为锻造军人作风、锤炼军人品德、培养过硬的军事工程师的熔炉。

（三）"端盘子""搭梯子"的全员育人

陈赓曾说，我们所有的工作部门，都要为学员服务，端好盘子，搭好梯子。作为院长，他率先垂范，从各个方面关心学员的成长成才。当年哈军工有一名学员叫谭国玉，很小就参加革命，是个年轻的老兵，军工初建时被部队保送至学院读书。这对只有初中文化程度的他而言是一个极大的挑战，他对补习课程一窍不通，多次面临退学危险。陈赓院长看准谭国玉是块好钢，4次找其谈话，破格允许其以试读生身份在院学习。在这种莫大的精神鼓励下，谭国玉成长为哈军工的优秀毕业生，后留学苏联，取得副博士学位，任解放军工程兵指挥学院院长，为我国工程兵现代化作出了突出贡献。学院海军工程系主任黄景文经常深入学员班，深入调查谈心，写出了学员学习情况调查报告，为学院的教学工作提供了一手资料。学院上至领导，下到干部、教员、卫生员、炊事员都秉承"端盘子""搭梯子"的思想，为学员成长成才提供帮助。

三、"两老办院"是高校管理工作定位的实践规范

在办学指导思想和理念层面厘清了管理人员和教师的关系、管理人员和学生的关系，下一个问题需要解决的就是在办学实践中，高校管理工作如何定位的问题。哈军工"两老办院"办学方略在战术层面回答了大学由谁来办的问题，谁发挥什么样的作用的问题，为高校管理工作如何定位提供了实践规范。

（一）政治上策牢党委领导的权威

哈军工的"两老"指学贯中西的知识分子、老教授和历经战火考验的老干部。20世纪50年代初，知识分子的地位并未得到充分肯定，共产党、解放军的威信极高，各行各业的领导人几乎都是部队干部。如何整合这两股力量服务哈军工办学，是学院在办学实践中急需解决的问题。1952年12月，陈赓在学院全体党员干部大会上的讲话指出："既要承认长征两万五，也要承认十年寒窗苦。我们学院既有经历长征两万五的八角帽（红军帽），也有经历十年寒窗苦的四角帽（博士帽），八角帽上过井冈山，四角帽去过旧金山，都是国家的宝贝，是建设国家的财富。我们要办好军事工程学院，完成党中央、毛主席交给我们的光荣任务，既要依靠老干部，也要依靠老教授，我们的口号是'两老办院'。大家必须要团结一致，必须要借助这两部分人才的力量才能将学院建设好。只有这样我们的事业才能蒸蒸日上。""两老办院"一方面肯定了知识分子的地位，一方面也统一了老干部拥护知识分子主体地位的思想，是学院党委立足哈军工教育实际提出的办学方略，是实事求是地维护团结、尊师重道的体现，是对党的"争取、团结、教育、改造"的知识分子政策的创造性执行，树立了学院党委对学院的绝对领导权威。

（二）思想上树立教师主体的地位

办学之初陈赓就说，办大学没有好老师不行。所以哈军工创建之初就开始从祖国各地挑选好的教师、网罗人才。当时国家百废待兴，人才紧缺。在

中央的支持下，哈军工靠着点、面结合的工作汇聚了高水平的师资队伍。陈赓尊重知识分子、关心老教授，身体力行。哈军工刚筹建时，住房非常紧张，陈赓想方设法让教授们住有暖气、煤气条件相对较好的房子，而自己却住在小平房里。当年的一些老教师回忆说："在哈尔滨时，陈院长是教师家的常客，他脚上负过伤，拄个拐棍成天在大院里转。哪个老师家水龙头不好使、下水道不通、暖气不热、墙上有霜他都知道，并亲自打电话叫营房处去修。"1953年2月，学院还下发了《对本院教授、讲师、助教物质生活照顾暂行规定》，力争最大限度排除他们的后顾之忧。哈军工对老教师既在政治上充分信任、工作上放手重用，又在级别调整、住房分配、物资供应等生活方面优先照顾，真正地将知识分子当作办学的主体。陈赓以实际行动肯定了老教授办学的主体地位。

（三）制度上实现教师与干部的互动合作

建院初期，在考虑干部任命时，学院层面任职，陈赓提议科学教育部、教务处等部门都由老教授任正职，老干部任副职。在系领导任职时，给每位系主任又配备了一个由老教授担任的教学副主任，形成两老工作交叉融合的局面。1956年1月，院系委员会成立7人小组，提出了院系委员会改组方案，确定委员会成员中老干部、老教师各占一半，以保证两老在学院办学决策中的作用。这是对"两老办院"方略的贯彻执行，也是党在教育领域构筑统一战线的积极实践。"两老办院"有力地调动了老干部、老教师两方面的积极性，遵循了办大学的规律，加强了行政管理和教学科研的互动与合作，极大推动了学校各项工作快速发展。

四、哈军工办学思想对高校管理工作定位的启示

不断提升高等教育质量，是高校办学的永恒主题。高校的管理工作，对支撑高校的各项工作顺畅运行和中心工作积极推进有着重要的作用。发挥这

些作用的基础和前提，就是要明晰高校管理工作的定位。

（一）高校管理工作的定位

通过对哈军工办学思想的解读与分析，笔者认为，高校管理工作的定位可以简单概括为保障服务型管理主体：高校"以教学为中心"，教师与学生成为这项工作的主客体，而管理人员自然成为除主客体及传播媒介之外的保障体，为主客体的传播、互动提供保障；坚持"一切为了学员"，教师与管理人员自然成为与学生相对的服务提供者，与教师提供知识传授服务所不同，管理人员因个体角色差异则成为提供其他方面学生所需服务的服务体；借鉴"两老办院"，我们应该看到管理人员与教师在办学主体性上的平等，教师是教育教学的主体，管理人员是教育管理的主体，两者不应偏重，也不可缺失。

（二）高校管理工作定位的偏差

以往的高校办学实践中，部分学校受到"官本位"思想的影响，导致管理意识出现偏差。对此，很多研究学者呼吁，高校作为学术性组织，应强调学术权力，教育应该去行政化。经过一段时间的改革发展，高校管理各部门渐渐将自己定位于管理服务部门，或者服务部门，强调管理与服务并重，或者干脆弱化自身的管理职能，只强调服务，似乎要向"学术本位"回归。其实，这些都是由于我们对高校管理工作定位不清造成的认识和实践偏差。高校作为一个组织，管理是使其运行的基础途径和手段。高校管理工作的核心任务就是保障学校工作的运行，就是保障学术工作的开展。服务是保障的基本形式，管理是保障的能动形式。如果，高校管理工作仅仅满足保发展的基本形式，显然是不利于高校跨越发展的。我们在办学实践中，应看到在办学问题上高校管理人员与教师一样所具有主体的同等性，充分调动这些人员的工作积极性，大力激发他们在实践工作中的主观能动性，才能为高校和谐、稳定、科学、快速发展贡献力量。

（刊于《教育前沿》2015 年第 5 期）

哈军工"三全育人"人才培养理念的启示

李荣生　郭秀芳

1953 年创建的中国人民解放军军事工程学院（简称"哈军工"），是新中国第一所综合性高等军事技术院校。哈军工办学只招收 13 期学员，但她却蜚声中外，培养了一大批优秀的国防现代化建设人才，创造出许多具有世界领先的重大科技成果，而且哈军工的办学深刻地影响着我国的国防科技教育事业。哈军工的成功经验源自全院上下对人才培养的重视，紧密围绕人才培养积极开展工作，其中"三全育人"在人才培养中起到重要作用。

一、哈军工"三全育人"的内涵概述

哈军工首任院长陈赓大将高度重视人才培养工作，在人才培养上形成了"三全育人"的理念，即"全员育人、全过程育人和全方位育人"。

全员育人是指哈军工的每一位教员都依据各自的岗位承担学员教育工作，教员、管理人员、后勤服务人员等多方育人主体协调联动，教学人员、管理人员、服务人员和学生互动，形成多方参与的开放的全员育人格局。

全过程育人是指哈军工每个部门、每个环节工作对学员都有教育的职责。所实施的育人计划在时间上，不但包括学员在学校的全部时间，还要延伸至离校后的相当长一段时间内。通过系统设计、分步推进、全程实施，培养学生形成良好的学习品质和行为习惯，促进学生成才成长。哈军工每一个学员从入学到毕业，学院都注意了解他们在各个阶段的学习、思想、生活、成长等方面的特点与规律，多管齐下，对学员进行教育。

全方位育人是指全方位利用各种教育载体，通过机制体制的创新，实现课外教育与课内教学的有机结合，理论学习与实践活动的互相促进，校园引导与社区管理的双管齐下，更好地培养学生德智体美劳军的全面发展，实现毛泽东主席在给哈军工的训词中提出的"让哈军工成为培养又红又专军事工程师的摇篮"。围绕这一目标开展集教学管理、校园活动、课外实践、生产实习、文化生活等一体的管理和服务模式。

二、哈军工"三全育人"人才培养理念的实践

（一）全员育人理念的实践

哈军工高度重视育人工作，不论学院领导、教员，还是勤务人员、炊事人员都要把育人放到首位，通力合作形成育人合力。陈赓强调，全院上下要主动地为教学服务、为学员服务。他说："学员是我们的宝贝，是我们事业的希望，我们所有的工作部门，都要为学员服务"，"一切人都要为学员着想，对家属、保姆也要灌输这个思想"。他多次向学院领导干部念叨一句话：在学校，学员是"吃饭吃菜的"，教员是"做饭做菜的"，领导是"端盘子"的。当年哈军工每个人都把人才培养工作作为头等大事，主动服务于这一根本任务。许多学员回忆当年，感慨地说："从教师那里我们不但学到了科学知识，学到了为人民服务的本领，还得到了如何做人和做什么样人的启迪，教师严谨的治学态度和对学员高度负责的精神，对我们的人生成长和事业有成，产生了重要的影响。"

（二）全过程育人理念的实践

哈军工学员从入学到毕业，学院就开始进行有针对性的育人活动，"组织

严密、治学严谨、要求严格"的从严精神贯穿哈军工育人的始终，哈军工的严格精神潜移默化地影响着学员的意识和习惯正是这种意识和习惯让他们受益终身。哈军工教学计划是学校的宪法，必须坚决遵守，严格执行。在军事训练和军人作风养成上，陈赓十分重视，要求严格，他强调，军人是姓军的，军人的素质和作风要在平时养成，每天他总是早上六点准时站在操场中间，检查学员出操情况，对于迟到的学员他都严厉批评。哈军工在教学管理上也十分严格，对于不合格的学生，坚决淘汰，绝不放水。全过程育人使哈军工学员实现了由老百姓向合格军人的转变、由高中生向优秀大学生的转变。为我党我军培养了一大批吃苦耐劳、勇于攀登高级军事科学技术的干部。

（三）全方位育人理念的实践

德智军体全面发展是哈军工的人才培养目标。陈赓十分重视全方位培养学生，他经常从学习、生活等方面关心和指导学员，新学员入校，他都主动去探望新生，鼓励他们刻苦学习，勇攀科学高峰，他因材施教，多次与仅有初一文化程度的谭国玉谈话，耐心鼓励他，终使谭国玉成为全院的全优生。在学院的首届运动会上，他鼓励二系一名跳高冠军说，"你跳得高，以后研究出的高射炮也要打得高"。学院党委要求各机关部门和各个单位，都要为培养又红又专的高级军事科技人才的目标，凝心聚力、互相支持、互相帮助、齐心协力地开展工作。学院注重制度建设，加强制度与规定的执行，切实做到上下结合、教管结合，从制度层面促进人才培养目标的实现。哈军工主动与社会、家庭沟通，形成良性互动，陈赓经常请先进人物到学院作报告，他认为一个好的政治报告对学员的思想进步、树立革命的人生观有很大意义。学院这种上上下下、方方面面都参与育人的环境和氛围，促使学员快速全面发展。

三、哈军工"三全育人"人才培养理念的启示

"三全育人"是哈军工办学的重要财富，是哈军工育人的优良传统之一。

当前，各高校正在推进"双一流"建设，培养拔尖创新人才是"双一流"建设的重要内容之一，因此"三全育人"是学校实现立德树人任务的重要手段，是学校完成人才培养任务的内在要求，是推进学校科学、持续健康发展的基本要求。

（一）实施"三全育人"必须建立党委统一领导、党政齐抓共管、部门各负其责的领导体制和工作机制

"三全育人"的全员育人是在党委统一领导下，全体教职员工，上下联动，各部门通力协作的育人格局。一是学校党委做好"三全育人"的顶层设计，发挥党委的领导作用，明确职能分工，形成凝心聚力的合力，保证各项育人环节有序进行。二是教师是育人的主导者，也是"教学育人"的第一资源。教师不仅要做好知识的传授，而且在教书的过程中要对学生有耐心、有爱心，引导学生树立正确的世界观、人生观、价值观。三是发挥管理人员的管理育人作用。管理者要树立以学生为本的理念，优化服务流程，提高服务质量，将管理和育人紧密结合，并得到学生认同，进而潜移默化影响学生。四是发挥后勤人员的服务育人作用。为学生成长创造一个良好、温馨的氛围，真正为学生排忧解难，在搞好服务保障的同时，用自己的专业技能、工作态度和敬业精神去影响学生，充分发挥对学生的教育、感染等功能，对学生的思想认识和行为习惯等产生正面、积极的影响。

（二）实施"三全育人"必须健全和完善制度体系

没有制度体系保障，教育理念就很难成为实际的教育行动。"三全育人"机制的正常运作也需要一套完整严密的制度来加以保证。一是要健全落实立德树人的制度体系和配套措施，要明确"培养什么样的人、怎样培养人"的问题，把立德树人融入学校各项工作之中，提高培养质量，使德育扬善、智育启真、体育健身、美育塑心相互促进，让学生德智体美全面发展。二是在教学管理体制改革上，要制定着眼于教学管理体制改革健康发展的制度和措

施。三是建立激励制度。在教师的考核指标上更加科学，更能全面反映教书育人、服务育人和管理育人的成效，既要加大对科研、教学等业务的考核，更要加大思想教育的考评；建立系列的激励和表彰制度体系，加大表彰育人突出贡献的教师，做好典型宣传，用榜样的力量影响教师。

（三）实施"三全育人"必须营造良好的校园文化氛围

校园文化作为学校教育有机组成部分，是教书育人工作的有效载体，对人才培养来说是至关重要，高校要打造良好的校园文化，让这种文化深入每一名学生的内心，使其内化为精神追求，外化为自觉行动。一是要抓校风教风学风建设，优良的校风教风学风具有强烈的感染力和导向性，是师生言行举止的准绳，推动其人脑人心，使其转化为师生的自觉行动。二是打造开放包容的活动氛围。要拓展课外实践教育，把大学生社会实践纳入学校教学大纲，引导学生参加科技服务、社会公益和社会调查等各项实践活动，全面提高综合素质；与社会和家长建立合作育人机制，把校外知名人士请进来，用他们的学识、阅历、经验激发学生学习热情，引领学生健康成长。三是主动占领宣传教育阵地。充分利用校报、电子屏、校园广播、展板等校内传统媒体主导作用的同时，广泛运用微信微博等新媒体，弘扬主旋律、传播正能量，营造健康向上、文明和谐的舆论氛围，强化思想教育等方面作用。四是完善校园基础设施，做好硬件建设与育人的有机结合，为师生学习创造温馨舒适的校园环境，为教书育人、管理育人、服务育人创造必要的硬件条件。

哈军工为国家建设和国防工业现代化作出了卓越贡献，形成了底蕴深厚、内涵丰富、特色鲜明的哈军工文化。哈军工遗留下来很多办学思想和教育思想，现在仍然具有深刻的启示意义，我们要认真研究并与时俱进的加以继承，加快推进"双一流"大学建设。

〔刊于《哈尔滨工程大学学报（教育科学版）》2016 年第 1 期〕

哈军工"五化"办学战略方法论析

王 莹

哈军工(原中国人民解放军军事工程学院)存在的历史只有短短的 13 年,但却创造举世瞩目的辉煌成就,培养包括"两弹元勋"在内的 30 多位两院院士、100 多位省部级及其以上领导、200 多位将军、1000 多位所(校、厂)长(总工)和 1 万多名高级技术骨干。如此"卓越"与"辉煌",堪称新中国高等教育史上的一个"奇迹"。为此,笔者从哈军工办学的战略方法层面加以研究,探寻适应今天高校发展的可行性人才培养方法,以期对当前形势下高校的人才培养产生一定的启迪和借鉴作用。

一、哈军工办学的实效性方法

(一)明确的办学目的

1950 年 6 月 25 日,朝鲜内战全面爆发。同年 10 月 8 日,毛泽东主席发布命令组建中国人民志愿军。19 日,中国人民志愿军出兵抗美援朝。由于技术装备落后和技术人才缺乏,导致这场战争付出较大的代价,迫切需要一大批能够掌握和使用现代化武器装备的军事工程技术人才。毛泽东、周恩来、朱德等老一辈无产阶级革命家根据国家形势以及现有条件,提出要快速创办一所集各兵种于一身的军事院校,以解决此类人才短缺的问题。哈军工

于 1952 年 9 月开始筹建。

1953 年 8 月，毛泽东主席在为哈军工颁发的《训词》中清晰指出："中国人民解放军军事工程学院的创办，对于我国国防工业具有极其重大的意义。为了建设现代化的国防，我国的陆军、空军和海军都必须有充分的机械化的装备和设备，这一切都不能离开复杂的专门的技术。今天我们迫切需要的，就是要培育大批能够掌握和驾驭技术的人，并使我们的技术能够得到不断的改善和进步。军事工程学院的创办，其目的就是为了解决这个迫切而光荣的任务。"从以上论述可见，哈军工办学目的十分明确，既是朝鲜战争对于大量的能够掌握和使用现代化武器装备的军事工程技术人才的现实需要，也是加快建设强大的现代化国防的迫切需要，还是创建新中国独立的现代化国防工业体系、增强现代化国防科技自主创新能力的长远谋划和战略考虑。哈军工的创办有其鲜明的时代特点、明确的办学目的，为其快速、优质的培养专业性人才培养提供动力和方向支持。

（二）清晰的办学目标

在办学过程中，哈军工将明确的办学目的有效转化为具体而又清晰的办学目标，并始终保持办学目标与人才培养目标的高度一致。在办学目标确立后，又不断根据形势的变化，创新发展，与时俱进，适时地加以调整。哈军工办学目标可大致分为两个阶段，即初期阶段（1953 年至 1959 年）和后期阶段（1959 年至 1966 年）。

初期阶段，为了适应当时的政治斗争和军事斗争的需要，本着教育要与社会发展相适应的原则，办学目标在人才培养目标中体现为哈军工是为了培养维护使用工程师。1953 年 2 月，在《关于执行教育任务中几个主要问题的决定》中，规定办学目标是为了培养"对党高度忠诚""有高度的组织性、纪律性""工作积极、英勇顽强""精通技术"的军事工程师。1954 年，在《第一学期教学计划说明》中，适时对办学目标加以调整，规定的人才培养目标是"他们必须是政治上坚定，无限忠于党和人民，忠于祖国，具有高度爱国主义和国际主义精神的军事工程师；他们必须是精通并善于使用本兵种技术兵器，能够独立完成工程任务，并具有高度组织性、纪律性、较高文化程度和一定军事素养的军事工程师；他们是忠诚老实、勇敢顽强、富于主动性、警惕性、不怕困难并善于克服困难的军事工程师；又是能够教育与培养其部属、体格坚强、能忍受军事勤务中一切艰难困苦的军事工程师"。后期阶段，经过 6 年办学经验的积累，哈军工已经走出两届毕业学员，根据当时军内外形势的发展和社会对人才需求的变化，1959 年陈赓在提交给军委的报告中，将办学目标中的人才培养目标由培养维护修理工程师转向"培养研究设计制造工程师"。

（三）先进的办学理念

办学需要目标，需要理念支撑，更需要用理念来指导行动。办学理念是一所大学的精神凝结、灵魂所在。同时，先进的办学理念促使行动可行、快行、顺行。哈军工办学理念的凝练者主要是作为首任院长兼政委的陈赓，他不但是一位伟大的军事家，更是一位有远见、有韬略的思想家和教育家。他在哈军工的教育实践过程中，提出诸多富有远见的办学思想和办学理念，主要包括"两老办院"的人才工作理念、"善之本在教，教之本在师"的教书育人理念、"两个中心"的科研工作理念和以学员为本的育人宗旨理念等。

"两老办院"的人才工作理念是陈赓在哈军工筹建之时提出的。"两老"，即指老干部和老教授。陈赓将"两老"视为哈军工办学治校的宝贝，认为哈军工要想成功办学，必须依靠"两老"。充分肯定老教授和老干部是学院的两根柱子，既要看到自己的二万五，也要看到人家的十年寒窗苦，他要求老教授与老干部彼此之间要相互尊重、相互学习，取长补短，搞好团结，共建学院。"善之本在教，教之本在师"的教书育人理念是陈赓办学理念中的精髓之笔。他认为教师是立校之本，应倍加爱惜与呵护。对教师提倡不搞关门主义，政治上关心信任、工作上大胆使用、生活上多加照顾。"两个中心"的科研工作理念，即以教学为中心，教学和科研并驾齐驱。陈赓主张教学和

科研两条腿走路，两手抓，两手都要硬。以学员为本的育人宗旨理念，哈军工的育人宗旨，即以学生为本，一切为了学员，为了学员的一切，陈赓的名言"教员是炒菜的，学员是吃菜的，而干部是端盘子的"，即是对该宗旨理念的充分体现。

（四）系统的培养过程

哈军工成功办学的最大亮点是有一套系统的培养过程。该过程以明确的办学目的和清晰的办学目标为前提，以先进的办学理念为支撑。其系统的培养过程主要体现在两个方面：

1.精英化的教师队伍。高水平的师资队伍是哈军工办学成功的重要保障。梅贻琦说："所谓大学者，非谓有大楼之谓也，有大师之谓也。"哈军工培养出的学子品格优秀、出类拔萃，能够成为各行各业的精英人才，主要得益于此。哈军工的院领导坚持"名师办名校"的办学理念，放眼全国各地，倾其全力聘名师，耐心细致选教授。经过近三年的调聘，哈军工拥有一批国内一流的教授专家队伍。他们来自不同的院校、部门或留学不同的国家、地区，个人素质好，能力强，眼界宽。最重要的是哈军工的教师队伍具有多学科交叉优势，形成各学科的大融合，以至于学科发展思路越来越宽。这为哈军工人才培养提供得天独厚的条件。

2.严把"三关"。即哈军工严格把控学员的入学关、学习关和毕业关，学员只有"三关"全部通过，才算是合格的"哈军工人"。

（1）入学关主要是选好苗子。哈军工初期阶段的招生对象主要是经过战争锻炼与考验的部队干部和战士，以保送为主；后期阶段招生对象为普通应届高中毕业生，采取"提前选拔，参加考试，单独录取"的方式，面向军内、军外两条渠道，全国统一招生。招生标准极其严格，层层考查，层层筛选，不论是保送生还是报考哈军工的学员都必须具备高水平的政治素养、优异的学习成绩、过硬的军事素质和良好的身体状况。

（2）学习关主要是科学合理的设置课程体系。哈军工以培养德、智、体、军全面发展的军事工程师为目标，主线是"专业技术教育＋政治教育＋军事教育＋体育"，所占比重依次约为 80%、10%、6% 和 4%。前两期学员学制为 4 年，后期学员学制基本为 5 年。全院设 5 个系，23 个专科，并按学科划分专业，每个专业开 32 门课左右，每学期 7-8 门。专业技术教育由基础课、专业基础课和专业课等三个部分组成。政治教育由马列基本理论教育、现实思想教育和方针政策教育组成。军事教育由军事思想教育、各军兵种性能教育、军事地形教育和各军兵种战术教育组成。为了保证人才培养质量，通过考试和劝说的方式对部分学员进行留级或退学处理。哈军工办学 13 年，淘汰率高达 34.9%。

（3）毕业关主要是充分培养学员的实践动手能力。经过 3—4 年的大学本科培养，学生进入毕业实习和毕业设计阶段。本着专业与工作单位需要相一致的原则，分不同阶段把学员分配到对口的工厂劳动或部队当兵，实习期至少一个月。在实习期间，以动手为主，参观为辅，在教师的严格指导下亲自操作，实际动手能力得到充分的锻炼。真正把课堂所学的专业知识做到活学活用、学以致用。毕业课题在征求各军兵种的意见后选取，由教授会拟制。开题前召开毕业设计课题分发大会，由领导将课题分发给学员。领导们充满信任和期待的目光使学员们信心倍增。

（五）显著的办学成果

哈军工在以上办学实践方法的指导下，产出一系列显著的办学成果，主要包括科技成果和杰出人才。

1. 产出一大批具有开创性的科技成果。重视科学研究，坚持科研发展，是哈军工办学发展的战略基础。以教师为科研主体的团队，创造大量世界领先的科技成果。例如，慈云桂教授带领一批青年教师研制出 441B– Ⅲ型计算机，使电子管计算机过渡到晶体管计算机，又过渡到集成电路计算机。再如，青年教师柳克俊，他领导一个代号为"901"的科研组，大胆从事海军导弹指挥仪的研究，为国产晶体管在计算机上的应用开辟道路。

2. 为党和国家、军队、科技界培养一大批杰出人才。他们兢兢业业、无私奉献在国防、科技、教育等各领域，作出贡献，创造辉煌。培养包括"两弹元勋"在内的 30 多位两院院士 100 多位省部级及其以上领导、200 多位将军、1000 多位所（校、厂）长（总工）和 1 万多名高级技术骨干。如中国第一台并行巨型计算机总设计师中科院院士周兴铭、第一架现代歼击机（歼 –5）总设计师宋文聪、"中国巨型机之父"慈云桂、原子防护专家顾金才院士、"两弹一星"功勋科学家任新民、"爆破大王"林学圣教授、某新型潜艇总设计师邓三瑞、上将唐天标、中将周良友、少将周培根和谭国玉等。

在明确的办学目的、清晰的办学目标和先进的办学理念指导下，在系统可行的培养过程保障下，哈军工办学 13 载，培养造就出一大批杰出的管理和科技人才，堪称"卓越"与"辉煌"。这些人才为国家科技发展与进步、国防和军队现代化的加强与建设作出重大贡献。

二、"五化"办学战略方法的凝练

哈军工作为新中国历史上第一所综合性军事技术院校，为国防科技事业作出不可磨灭的重大贡献，至今仍深刻影响着我国国防科技教育事业。哈军工为何能在短短十几年间作出如此卓越贡献，究其原因，主要源于以陈赓为代表的老一辈军事教育家在办学上高超的战略思维能力与战略执行能力，即办学战略方法发挥极其重要的作用。

通过对以上哈军工办学实践性方法分析可知，哈军工在特定的历史背景下成立，其办学目的具有鲜明的时代特征和明确的办学目标，既顺应党和国家在那一时期对人才培养的历史要求，也符合高等教育为国家和社会培养所需人才的根本宗旨。在明确的办学目的指引下，哈军工能够根据形势的变化，将办学目的转化为可操作的办学目标，并在不同阶段加以细化和调整，确保办学目标的清晰，为具体的办学行动提供指南。其办学行动准确地反映办学规律，并升华到办学理念层次，具有先进性与前瞻性，成为哈军工人才培养的坚定信念和思想保障。以上目的、目标及理念为制定行之有效的培养过程提供重要支撑，通过组建精英化的教师队伍，严格把控"入学关、学习关和毕业关"，实现培养过程的系统化。哈军工的办学行动使培养过程系统、可控，有效地推动哈军工人才培养目标的实现，并促进办学实践向标志性办学成果的有效转化。笔者将哈军工人才培养的实践办学方法凝练为"五化"办学战略方法，即办学目的目标化、办学目标清晰化、办学行动理念化、培养过程系统化与办学成果标志化。办学目的目标化是指，哈军工始终能够将其办学目的有效转化为既具体而又清晰的办学目标，并使之成为哈军工人才培养的动力和方向。办学目标清晰化是指，哈军工始终能够将其办学目标有效地转化为既明确而又可行的人才培养目标，并使之成为人才培养可操作的指南和路径。办学行动理念化是指，哈军工始终能够将其办学行动有效提升到体现办学规律的理念层次，并使之成为促进人才培养目标实现的坚定信念。培养过程系统化是指，哈军工始终能够将其人才培养有效提升为一个过程可控制的系统，并使之成为推动人才培养目标实现的强大合力。办学成果标志化是指，哈军工始终能够将其办学实践目标有效转化为既可实现又可检验的办学成果，并使之成为表征人才培养成就的根本标志。

三、"五化"办学战略方法的现实启示

（一）办学目的目标化是实施办学战略的方向保证

高等教育的办学目的在《中华人民共和国高等教育法》中，从国家层面已经明确。高等教育"必须贯彻国家的教育方针，为社会主义现代化建设服务、为人民服务，与生产劳动和社会实践相结合，使受教育者成为德、智、体、美等方面全面发展的社会主义建设者和接班人"。其任务是"培养具有社会责任感、创新精神和实践能力的高级专门人才，发展科学技术文化，促进社会主义现代化建设"。

自 1999 年，中国的高等教育快速进入大众化阶段。高等教育大众化，不单单是量的扩张，更是质的跃迁，同时也催生新的教育理念、办学模式和管理方式等。这些问题在教育领域尤为突出，教育缺乏目的性和明确目标的弊端随着改革的深入并未有效根除，一些高校培养的人才不能适应社会和国家的发展需求。

最为突出的表现就是一些高校为追求规模上的扩张，盲目合并，争先恐后地建设最大的综合型大学，却忽视自身重点学科的建设，对优秀专业的长处视而不见，导致教学上没有明确的目标和方向，浪费大量的资源和资金，最终导致一些高校培育的人才不能满足社会发展的需求，毕业即失业成为普遍现象。国家层面的办学目的是要培养服务于社会主义现代化建设的高级人才，而不是统而全的庸才。

高等教育与社会需求脱轨，其目的偏离国家对高等教育要求的方向。高等教育应挖掘自身优势，本着教育服务于社会的宗旨，明确办学目的，才能使高校培养的人才为社会所需，为社会所用。

（二）办学目标清晰化是实现办学战略的重要指南

各个高校办学历史不同、办学特色不同、办学优势不同，其办学定位、发展目标也理应不同。高校要想实现符合国情和校情的办学战略，其办学目标必须清晰。要明确高校在院校系统的位置、明确办学层次定位、明确学科性质的定位、明确人才培养的侧重点、明确办学特色。既不是仅仅提出研究型、创新型、应用型、复合型等概念，也不是笼统地提出一流、领先、国际国内知名等来界定办学水平。这样制定办学目标可操作性不强，对实现办学战略不能提供现实指导。为便于办学目标的可操作，保证办学目的的最终实现，办学目标应针对自身特点加以细化。具体而言，办学目标要做到清晰化，就是要有阶段性，明确各个阶段的任务，层层分解，分步骤实施。各阶段任务应具体分解为学校管理、教学工作、学科建设、师资水平等主要领域目标，并根据领域目标的不同性质、难易程度，制定详尽的实施时间表。

办学目标的清晰化就是要将办学目的、办学目标、领域目标、阶段目标逐层延伸，形成由上至下、环环相扣的目标链条，使之成为完成各层次工作内容的可操作指南。同时，这些清晰的链条还应分解至学校的职能部门和个人，使每个层次的职工都有明确的任务和职责，促使办学目标的最终得以实现。

（三）办学行动理念化是实现办学战略的思想保障

办学理念是大学办学的内在灵魂，是高校健康发展的思想保障。它直接体现为大学的价值观，但又必须体现社会价值。先进的办学理念应能够体现出前瞻性、创新性和务实性，方能引领办学行动，促进办学目的和办学目标的达成，最终实现高校的办学战略。面对高校毕业生就业艰难的现实，有的学校提出"就业至上"的办学理念，将高等教育的育人职能单纯地转变为实现高就业率的终极目标。而复旦大学"推行通识教育，不是所谓的通才教育，通才是教育出多才多艺的机器，而通识教育要培养的是（具有）人文精神和科学精神的人才"。暂且不论各个高校"办学理念"是否切合高等教育的本质，单纯从理念引导行动的角度而言，在不同的理念指导下开展的办学行动，会对人才培养产生不同的结果：一是使学生成为"某种人"，二是"使人作为人而能够成为人"。显然，使学生成为"某种人"更倾向于培训班似的技能教育，而"使人作为人而能够成为人"更加重视人的全面发展，更能体现对学生人格培养的重视，更能体现人文关怀，更能体现学生的社会价值。

科学的办学理念应能够反映国家教育的方针和社会对人才需求的本质诉求，以科学的理念指引办学行动，才更能够保持大学具有独立的人格、自主的科学精神，同时又能够培育优秀的人才为社会所用。

（四）培养过程系统化是保证人才质量的根本途径

要确保人才培养过程的系统化，提高人才培养质量，思想政治教育工

作应放在首位。习近平总书记指出，办好中国特色社会主义大学，要坚持立德树人，把培育和践行社会主义核心价值观融入教书育人全过程。复旦大学原校长杨玉良认为，"如果只注重知识教育，不重视德育，那么培养出的将可能是社会的'祸害'，因为科学技术是一把双刃剑"。在培养人才的过程中应高度重视思想政治教育工作，不仅要传道、授业、解惑，更要培育和弘扬社会主义核心价值观，引导学生树立正确的世界观、人生观和价值观。

要确保人才培养过程的系统化，提高人才培养质量，高素质的教师资源是重要保障。培养造就高素质教师队伍是立教之本、兴教之源。在培养人的过程中，紧密依靠广大教师，加强教师师德、师风建设，以开放的姿态，打造一支品德高尚、结构合理、业务精通、充满朝气的专业教师团队。尊重教师权益，提高教师待遇，解决教师的后顾之忧。

要确保人才培养过程的系统化，提高人才培养质量，要始终坚持以教学为中心。制订培养方案应科学、严谨，创新教学内容与方法，提高教和学的效率，充分调动师生的积极性。可想而知，培养学生就像生产产品，生产工艺不完善必然导致生产的产品不合格。培养方案本身存在问题，按照其培养出来的学生必然存在缺陷。在当前"重就业率"的大背景下，很多高校追求就业率和考研率，将4年的学制调整为3年，原本应该实习和毕业设计的第四年则被找工作和复习考研所取代，导致实践性教学环节薄弱，影响学生对理论知识的理解和掌握，使学生的业务技能、独立工作能力和创新能力得不到应有的训练，实践技能与社会需求不能有效对接。人才培养质量由科学、系统的培养过程来保证，创新、完善现有的培养体系是保证人才培养质量的根本途径。

（五）办学成果标志化是检验办学效益的重要表征

办学成果包括培养出来的符合社会需要的人才和向社会提供的科研成果。具有显示度的标志化成果更是学校办学方向、教学质量、管理水平、教师队伍素质以及人才培养质量的整体反映。对于不同梯队、不同层次的高校，其标志化成果的界定标准也会有所不同，但这些标志化成果都基本具备创新性（原创性或独创性）、实践性、交叉性和显示度等特征。这些标志性成果涵盖人才培养与基础设施建设、高校运行管理、科研产出、成果转化与产业化贡献以及为社会提供的服务等领域。标志化成果产出率高，既间接表明高校能够为人才培养这一根本任务提供更为充足的条件支撑，也间接表明高校能够为提高人才培养质量提供更有效的保障。

习近平总书记指出，高校建设的根本目标是办好中国特色社会主义大学；高校肩负的重大任务是学习研究宣传马克思主义、培养中国特色社会主义事业建设者和接班人。高校要围绕自身特色，突出办学层次和水平，造就适应社会和国家发展需要的优秀人才，多出有力度的标志化成果，使人才规格化和成果标志化相辅相成、互相促进。高校应充分认识到，用标志化办学成果检验高校的办学水平，是实现社会主义办学目的的客观要求，是发展社会主义教育事业的必然要求。

哈军工办学受到党和国家领导人的极度重视，得到全国、全军的鼎力支持，获得苏联专家的积极帮助，再加上陈赓院长富有远见的教育思想，使其成功具有一定的不可复制性。除此以外，哈军工"五化"办学战略方法也是其成功办学不可忽视的重要因素。哈军工办学培养的全过程，目标定位准确清晰，办学理念引领行动，培养体系严谨完整。这些经验时至今日，仍然具有深远的影响，仍然值得当前高校在办学战略和人才培养方面借鉴和学习。

（刊于《黑龙江高教研究》2016 年第 6 期）

哈军工"两老办院"思想对高校
教学管理工作定位的启示

王志文

哈军工是我国第一所军事工程技术高等学府，其在短短的 17 年办学中培养了一大批国防工程技术的领军人才，哈军工的二次分建也奠定了我国国防军事工程技术高等教育的基本格局。哈军工的辉煌办学成就与建院之初陈赓院长所提出的办学理念和教育思想是紧密相连的，其中"两老办院"思想的提出在建院初期特殊的历史条件下对学院的教学管理起到了巨大的推动作用，具有统一思想和规范行为的双重意义。

一、哈军工"两老办院"思想的提出

哈军工"两老办院"思想的提出，有其深刻的历史背景，组建之初其办学主体主要由两部分组成：一是久经战争考验、革命意志坚定、思想政治素质过硬的老干部；二是留学欧美、学贯中西的国内知名专家教授。这两方面的办学主体力量来自不同的阶层，办学思想不易统一。陈赓院长正是基于办学的组织领导、尊重知识分子的主体地位和统一全院人员思想等多方考虑，提出了"两老办院"的办学方针。

1952 年底，在哈军工筹建阶段，陈赓就多次强调了"两老办院"的思想，在学院的第一次办公会议上，他告诫各部门领导人，"要看到自己的

'二万五'，也要看到人家的'十年寒窗苦'"。陈赓院长后又在全院党员干部会议上强调，"我们学院要请国内有名望的几千名教授、讲师和助教来院工作，他们都是办好军事工程学院的关键人物。学院能不能培养出高质量的军事工程师，能不能搞出科学研究成果，主要靠他们。当然党的领导是关键的关键，党政干部发扬革命传统，起模范作用是重要的一方面。""总之，我们要办好军事工程学院，完成党中央、毛主席交给我们这个光荣任务，既要依靠老教授，也要依靠老干部，我们的口号是'两老办院'，为教学服务，为教好学员服务。"在接着召开的教学座谈会上讲话，陈赓进一步阐明了开办军事工程学院的重大意义，以及知识分子在学院的地位、作用和党对知识分子的政策。他鼓励已经来院的专家、教授作学院的主人，要求大家克服做客的临时观念，同心协力办好学院。他说："在学院建设中，你们是一根柱子，军队的干部也是一根柱子，只有依靠这两根柱子，学院才能办好。"陈赓院长"两老办院"的思想得到了全院上下一致的认同和拥护，由此确定了哈军工办学的基本方针。

二、哈军工"两老办院"思想的内涵

陈赓认为老教师和老干部都是学校的主人，只有这两股力量拧成一股绳才能办好学校，因此他要求老干部和老教授彼此之间要互相尊重、互相学习、团结办院，共同培养服务于学员。"两老办院"思想，是陈赓结合哈军工教育实际提出来的思想，是实事求是地维护团结、尊师重道的体现，是对党的"争取、团结、教育、改造"知识分子政策的创造性执行，也是党在教育领域构筑统一战线的体现。这一思想既提高了全院干部的思想觉悟，也帮助来院工作的专家教授树立了主人翁的责任感，并将教育置于党的领导下，起到了凝聚办学力量、团结办学的作用。"两老办院"的建院指导方针是哈军工的一个创举，也是陈赓尊重知识、尊重人才、实事求是作风的具体体现。

（一）"两老办院"思想是从路线上对"党的绝对领导"在办学实践中的贯彻

党对军队的绝对领导是建军的基本原则，哈军工作为中央军委直属的军事院校，更应是执行党的方针路线的模范，陈赓作为党的高级将领，自然在这一党性原则问题上是坚决执行的，并且他结合其以往办学实践，面对培养"大批能够掌握和驾驭技术"的工程师这一迫切任务，在坚持党对教育的正确领导，确保教育政治方向的同时，紧紧抓住办学主体这一核心，创造性地提出"两老办院"的思想，不仅加强了党委的领导力量，更极大地夯实了办学的群体基础。学院也通过多方面的制度，来保证"两老办院"的实施。建院之初，在考虑哈军工干部任命时，陈赓提议科学教育部、教务处等部门由知识分子担任主要领导，老干部作副手。后任命张述祖教授为科学教育部部长，曹鹤荪教授为教务处处长，任新民为教务处副处长，各系的教学副主任、教研室主任也都由知识分子担任。军委任命干部的命令下达之后，知识分子都感到在哈军工真正受到器重。在陈赓的鼓励支持下，这些知识分子都能大胆管理，工作十分负责。1953 年 10 月，在陈赓的倡导下，学院又成立了由教授专家组成的"教育工作者协会"。协会负责组织会员学习马克思主义，向院领导反映意见，开展文化娱乐活动，协助行政组织解决教师生活福利问题等。此后，学院按不同的学科专业成立了教授会，教授会对哈军工教学计划的制定、教学内容的选取、培养目标的设定等起到了关键性的决定作用。1956 年 1 月，院系委员会成立 7 人小组，提出了院系委员会改组方案，确定委员会成员中老干部、老教师各占一半以保证两老在学院办学决策中的作用。两老办院、团结建院，有力地调动了老干部、老教师两方面的积极性，遵循了教育规律，加强了行政管理和教学科研。

（二）"两老办院"思想是从政治上对知识分子在办学中主体地位的认定

1952 年筹备建院时，在陈赓的要求下，周恩来总理亲自出面召集中央组织部、教育部、部分高等院校及军队负责人会议，商讨解决哈军工师资问题，先后从北京大学、清华大学、浙江大学、复旦大学、上海交大、华中工学院、中国科学院、华东军区、民航局等单位抽调老教师作为教学骨干力量，至 1953 年 9 月开学之时，共来院报到 77 人。其中曾留学欧美 42 人，教授或相当于教授 37 人，副教授或相当于副教授 19 人，讲师或相当于讲师 13 人，助教或相当于助教 8 人。这批教师的政治历史情况是：在 74 人（有的人档案暂缺）中，出身剥削阶级家庭者 42 人，占 61%；直系亲属在台、港、澳等地有 38 人，占 51%；本人参加过国民党、三青团等反动组织的有 37 人，参加民主派人士 6 人，共占 58%。老教师的政治成分在当时的历史背景下，是较为复杂的，许多都是要列为教育改造和批判的对象。而当时，共产党、解放军的威信极高，各行各业的领导人几乎都是刚刚进城的部队干部，参加筹建学院的老干部，特别是那些师军职以上的领导干部也都是为新中国浴血奋战、出生入死，战功卓著的老革命。在当时的历史背景下，将老教师的政治地位提升至与老干部同等，是需要极大的胆识与魄力的。正是陈赓院长高瞻远瞩，深刻认识到知识分子在办学中的作用，提出了"两老办院"的思想，在政治上确定了老教师办学的主体地位，确保了办学主体的积极性和创造性。同时在生活上也尽可能首先保障老教师，解除他们的后顾之忧。1953 年 2 月，学院就下发了《对本院教授、讲师、助教物质生活照顾暂行规定》。哈军工对老教师既在政治上充分信任、工作上放手重用，又在级别调整、住房分配、物资供应等生活方面优先照顾，真正将知识分子作为办学的主体。

（三）"两老办院"思想是从制度上对所依靠的办学力量在教管融合中的统一

哈军工是军事工程技术高等学府。一方面需要懂得军事知识的人员来制定相关的军事课程和军事训练计划，培养学员的军人作风和纪律，以及军人应当具有的良好心理素质和强健体魄；另一方面需要懂得科学、教育的专家，遵循教育规律，制定专业知识的培养目标、教学计划和课程体系，培养学员

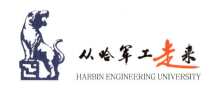

的科学精神和工程师素养。参加办学的"两老"就是完成这一培养目标的中坚力量，调动和发挥"两老"的积极性，老干部和老教授团结互助，相互学习，取长补短，从而形成强大的合力。陈赓对学员、教员、管理干部三者的关系作了一个非常形象的比喻：学员是点菜吃菜的，教员是炒菜的，管理干部是端盘子端碗的。哈军工的育人理念是全过程育人、全方位育人，老教师、老干部的教管融合贯穿于学员的学习、工作、生活的各个方面，贯穿于学员科学文化知识学习积累与革命意志品德培养的全过程。正是"两老办院"这种全方位教管融合的培养方式，不仅使学员掌握从事专业所需的文化科学知识，也培养了他们坚定的革命意志和政治信仰。哈军工的学员在各行各业都能勇挑重担、取得丰硕成果，与这种教管融合的培养理念是分不开的。

三、哈军工"两老办院"思想对高校教学管理工作定位的启示

从高等教育的发展趋势来看，深化教学管理是当今高等教育发展的客观要求，如何提高高等院校人才培养的质量是所有高校面临的课题，提高教育和教学质量更是高等教育永恒的主题。教学管理工作在很多层面上是对人的管理，高等学校各个部门都要以培养社会主义事业需要的合格人才为中心，协调配合，认真落实"教书育人、服务育人、管理育人"。哈军工的"两老办院"思想对高校教学管理工作的定位仍具有启示意义。

（一）教学与管理结合，坚持主体的同等性

教学管理是为了实现教学目标，按照教学规律和特点，对教学过程的全面管理。教学管理的主体是教师及其从事相关工作的行政管理与后勤保障人员，这两部分人员分工的侧重点不同，但其工作服务的对象是相同的，其最终的目标是一致的，都是为了培养全面合格的社会主义事业的建设者。高校的教学科研任务和学科专业建设与其高水平的教师队伍是密不可分，这也是高校建设的关键性指标。正"所谓大学者，非谓有大楼之

谓也，有大师之谓也"。师资力量水平的高低决定了大学的建设水平，影响着其发展潜力。而高校的制度建设、文化建设和后勤保障与其行政管理人员队伍素质关系密切，这也是高校全面建设的重要方面。高校的校风学风、人文环境、规章制度与后勤保障等方面的建设好坏更影响到学生的身心健康。因此，从高校的人才培养目标和培养对象主体来看，教学与管理的从业人员具有同等性。

（二）管理与服务并重，调动主客体的互动性

教学管理的目的就是营造一个科学、重教、严肃、民主的人才培养氛围。在管理过程中最重要的是以人为本，学生是教育成败的关键因素。在教学管理过程中的换位思考就是力求站在学生的角度考虑问题，尊重学生，想学生之所想，最大限度的关怀学生和服务学生，创建人性化的新型管理模式，摒弃以往呆板刻薄的服务方式，提倡科学、方便、有效的办事方法。高校教育的目的是要培养自觉的社会主义建设者，因此，对学生重在社会思想道德内化，培养其坚定的信念、自觉地规范自己的言行、自觉地遵守社会行为准则，必须加强正面教育、引导，充分调动学生的自我教育积极性，不允许采取压服的方法对待学生。但是教育过程中又必须加强对学生的管理，用一定的规范、要求来约束调节学生的思想行为。管理与服务并重反映了教育的工作特点，高校的管理是以育人为目标的，这种管理还不同于一般的管理，要把管理过程变为服务过程，通过服务保证教育管理的正常进行，促使学生向教育目标的方向发展，调节、控制自己的行为。从这个意义上说管理也是服务。

〔刊于《哈尔滨工程大学学报（教育科学版）》2017 年第 1 期〕

哈军工办学育人的成功实践

孔　诤

中国人民解放军军事工程学院是我军第一所综合性高等工程技术院校，1953 年 9 月 1 日正式创建于哈尔滨，被称为"哈军工"。1966 年 4 月 1 日改制退出军队序列，1970 年 6 月 15 日主体南迁长沙改名长沙工学院。在 17 年办学治校育人实践中，"哈军工"成功探索出一条培养高级工程技术人才的道路，为国防和军队现代化建设作出重大贡献，谱写了中国军事高等教育的光辉篇章。

一、坚持坚定正确的政治方向，培养献身国防科技事业的合格人才

（一）听党指挥、忠贞不渝的政治信念

学院党委要求，在办学治校全过程中，要始终坚持高举旗帜、铸牢军魂，确保办学治校的正确政治方向，培养的人才听党话、跟党走，对党对人民高度忠诚。

坚决贯彻执行毛泽东主席和党中央、中央军委的指示要求。新中国成立之初，西方国家对中国进行经济封锁、政治颠覆、外交孤立、军事威胁，特别是朝鲜战争使新中国清醒地看到人民军队技术装备与作战对手的差距。为适应机械化战争需要，加快军队武器装备研制，培养驾驭先进武器装备的技

术军官，打赢反侵略战争，毛泽东主席、党中央审时度势，决策创建军事工程学院。毛泽东主席为学院颁发《训词》，希望"保持和发扬中国人民解放军的光荣传统，特别是全心全意为人民服务的精神和自我牺牲的英雄气概"。强调"今天我们迫切需要的，就是要有大批能够掌握和驾驭技术的人，并使我们的技术能够得到不断的改善和进步。军事工程学院的创办，其目的就是为了解决这个迫切而光荣的任务"。开学典礼之际，周恩来总理题词鼓励"努力学习，建设现代化的国防军军事工程学院"。朱德总司令题词要求"努力学习近现代科学技术，为建立巩固的国防，保卫祖国而奋斗"。贺龙、刘伯承、罗荣桓等军委和总部领导分别题词勉励。邓小平、彭德怀、陈毅、粟裕等党和国家领导人多次视察学院，对学院政治建设、人才培养、科技创新等提出明确要求。学院党委认为，技术院校一般不会忽视技术，而容易忽视政治，往往存在一手硬、一手软的问题，因而突出把学习《训词》作为思想政治建设的重要内容。陈赓多次强调，毛主席《训词》是学院的传家宝，主席的指示要坚决照办，新学员一入学就要好好学习《训词》，使《训词》牢记于心。"哈军工"始终做到与党中央、中央军委保持高度一致。

（二）坚定正确的办学治校方向

毛泽东主席在《训词》中强调了"哈军工"的地位作用、使命任务、办学目标，1954年上半年又亲自审定学院教学计划，对学院提出"政治坚定，无限忠诚于党、社会和人民"要求。学院党委坚决贯彻毛泽东主席重要指示，坚持党的教育方针，坚持为国防和军队建设服务，为国家建设发展服务。陈赓院长明确提出，要坚持以政治统帅技术，防止单纯地学技术而忽视政治。强调军事工程学院是"军校"，是"党校"，是军事技术学院。培养的人才是合格军人，合格党员，合格军事技术人员。在《军事工程学院教学过程组织基本条例》和第一期教育计划中，都明确提出把政治放在首位，对学员进行政治、技术、军事、体格综合训练，培养德才兼备的军事工程人才。后来的教育计划和教学组织条例，一直坚持军、政、技、体相统一的要求。

（三）坚持把政治合格放在人才培养首位

"哈军工"的培养目标就是培养又红又专的高质量的军事工程师。因此，对学员政治素质的要求很高。1953 年 2 月，在《关于执行教育任务中几个主要问题的决定》中明确培养目标首先是"对党高度忠诚""有高度的组织性、纪律性""工作积极、英勇顽强"，然后才是"精通技术"。1953 年 8 月《第一期教学计划说明》突出强调培养的人才必须"政治上坚定，无限忠于党和人民，忠于祖国，具有高度爱国主义与国际主义精神"。陈赓强调，"我们培养的军事工程技术干部在思想上必须是以马克思列宁主义及毛泽东思想武装起来的"。不仅是具有军事科学技术知识的工程师，而且是一个政治坚定，品质优良的军官。"哈军工"为国家和军队培养 12000 多名高素质人才，有效满足了新中国成立初期军队对工程技术人才的紧迫需求，许多人成为军队建设、国防科技和社会经济建设领域的精英。

二、坚持服务国家安全和战略利益，开展科学研究和人才培养

报效国家、献身使命的价值追求，是"哈军工"优良传统的核心。"哈军工"自觉肩负起国家和民族复兴的使命，围绕国防和军队建设急需，开展相关研究，培养专业人才。

（一）始终肩负国家和军队重大任务

20 世纪 50 年代，中央作出发展"两弹一星"的决策后，学院分别于 1959 年和 1961 年组建导弹工程系和原子工程系，许多毕业学员分配到科研设计单位和试验现场工作，为"两弹一星"事业的发展作出了重大贡献，仅在两次核爆炸试验过程中，原子工程系就有 34 人分别荣立二等功和三等功。"哈军工"在完成攸关国家战略利益的重大任务中发挥着不可替代的作用。在学院发展到一定规模和水平后，陈赓从整个战略部署出发，向中央军委提

出"尖端集中，常规分散"的分建改建意见，使人民军队工程技术院校形成三级分工体制。根据 1959 年 12 月 31 日中央军委办公会议"军事工程学院专门培养研究、设计和制造工程师"的精神，分建改建后，学院集中力量发展导弹、原子、电子等尖端技术专业，为国家生产众多科研成果，为部队研制出一批性能先进的武器装备。

（二）培养出一大批治党治国治军的杰出人才

"哈军工"之所以享誉中外，就因为学院短短的时间里，为党和国家、军队培养了大批杰出人才。学院坚持把对祖国高度忠诚，有严格的组织纪律性，精通现代科学技术，能钻研、肯吃苦、敢负责，具有较强的军事指挥和领导管理能力，作为人才培养的目标要求，培养的学员奋战在国防、科技、教育等各条战线上，创造了辉煌业绩，作出了重要贡献，300 多人担任省、部、军级以上领导职务，100 多人在军队院校、科研院所担任负责人。1988 年恢复军衔制时就有 100 多名进入将军行列。先后有 17 人当选为党的十六届中央委员、中央候补委员和中纪委委员，12 人当选为党的十七届中央委员、中央候补委员和中纪委委员。办学质量、办学水平和综合实力受到社会的高度认可，办学影响与声誉与北大、清华齐名。

（三）培养出一大批立足前沿勇攀高峰的科技帅才

"哈军工"的突出特色是注重打牢军事工程技术人员的理论基础，始终瞄准世界科技发展前沿，培养战略思维、创新思维能力，培养造就了一批以"两院"院士为代表、在国内外有重大影响的学术大师和领军人才。涌现出一批学术带头人和著名科学家，有"两弹一星"功勋科学家任新民，"中国巨型机之父"慈云桂，中国第一台并行巨型计算机总设计师中科院院士周兴铭，第一艘实验用潜艇（0321 型）、某新型潜艇总设计师邓三瑞，第一架现代歼击机（歼 5）总设计师宋文聪，第一代地空导弹（红旗二号）主要研制者钟山，红箭导弹总设计师王兴治，第一个率队登上南极冰原的中国首批南

极科学考察队队长郭琨等，他们为国家科学技术的发展，国防和军队现代化建设作出了重要贡献。

三、坚持科学求真、严格训练、严谨治学，建设良好校风教风学风

严谨求实、笃学精业的治学态度是"哈军工"优良传统的鲜明特征。"哈军工"把从严要求贯穿办学治校始终，坚持从严治校、从严治学、从严施训，积淀形成了独具特色的办学风格。

（一）坚持"四严""三老"的校风

1953年4月，陈赓院长在全院干部大会上强调，"现代化的军事工程师，必须具备严肃的工作作风，严谨的学习态度，严格的组织纪律，严整的工作秩序。不具备这些条件，就难以完成军事工程师所担负的任务"。在全院干部、教师和学员中，倡导说老实话、做老实事、当老实人的科学求实精神和作风。学院各级党委、领导和机关，严格执行教育训练计划，严格选拔学员苗子，严格执行条令条例，严格正规军人生活养成，使军事工程学院成为锻造军人作风、锤炼军人品德、培养过硬的军事工程师的熔炉。学院规定学员上课必须遵守课堂纪律，听课必须精力集中，课堂必须保持肃静；教师开课前必须写出全部讲稿，不能临阵磨枪；学员在实验课前必须按实验讲义认真准备，弄懂实验原理和操作方法。学院在学习苏联、反对教条主义、抵制反右扩大化和"大跃进"的狂热等问题上，都表现出科学求实的精神。即使在"突出政治"的年代始终坚持以教学为中心不动摇。

（二）坚持科学严谨的教风

陈赓反复强调"只有严师才能出高徒"要学员做到的，干部首先做表率。全体教师把党的教育事业作为崇高追求，坚持学为人师、行为世范，崇尚严

谨、逻辑、实证、经验，崇尚脚踏实地，视教育计划为学院的"宪法"，一步一个脚印地艰辛探索和勤奋工作。一批知名教授活跃在本科教学第一线，主讲课程，编著教材，指导青年教师，开展教学研究，坚持以良好的教风影响培养学员，张述祖、周明鸂、曹鹤荪、卢庆骏、孙本旺等教授是严格教风的典型代表。公式逻辑推导、课堂板书、语言表达严谨，讲课没有废话，一堂课听下来，笔记就是教材。"哈军工"严肃的教学态度、严密的教学组织、严格的教学管理、严谨的教学作风、严整的教学秩序、严明的教学纪律，教师们一丝不苟、科学严谨、精益求精治学精神，潜移默化地影响着学员，在这样的环境里，学员系统地学习政治理论，接受政治思想教育，经过严格的军事训练和军事生活，思想得到了改造，养成说老实话、做老实事、当老实人的作风。

（三）坚持勤奋刻苦的学风

"哈军工"的淘汰率比较高，预科阶段的淘汰率最低是 8%，最高为 19.4%；本科阶段最低是 17%，最高为 36%（淘汰原因包括德、智、体各方面的问题）。如果没真正弄懂弄通课程教学大纲所规定的全部内容，是不可能侥幸过关的。学员把课堂当战场，视学习为战斗，集中时间精力抓学习。中午不休息是普遍现象，星期天和节假日成为补习薄弱环节的难得机会。整个学期不上街、不看电影的大有人在。有些学员从入学到毕业不知哈尔滨松花江边的斯大林公园在哪里，不知道哈尔滨江上风景区太阳岛是什么样。坚持排除各种困难和干扰，争分夺秒，锲而不舍学习钻研，圆满完成学业。战斗英雄谭国玉被推荐到学院上学时只有初一文化程度，他以"人在阵地在"的顽强精神投入学习，毕业时以全优成绩受到军旗前照相的奖励，后来留学苏联获得副博士学位，成长为共和国的少将。

四、坚持把握高等教育发展趋势，紧跟世界科技前沿，敢于超越

敢为人先、追求卓越的创新品格，是"哈军工"优良传统的特质。"哈军工"紧跟前沿、敢于超越，学院的建设历史，就是一部军事高等教育创新的发展史，也是一部国防科技创新的拓荒史。

（一）积极探索教育教学改革创新

随着人民军队陆、海、空诸军兵种的建立和发展，对技术装备和工程技术人才的需求日益增大。"哈军工"为了适应国防和军队现代化建设的需要，对人才培养、教育教学和科学研究进行了一系列探索。1954 年学院党委提出了"以结合教学为主，适当地联系解决国防生产中某些技术问题"的科学研究方针；1957 年陈赓指出，学院的科学研究要与全国的规划结合起来，开设的课程应具有最先进的科学技术水平。1960 年 4 月根据钱学森的建议，着眼为国防科学技术培养使用电子计算机的程序设计人才和战术计算机人才，掌握武器使用理论、战术计算理论、后勤物资调度理论的人才，研究论证设置技术数学系和运筹学专业。在 1953 年系、专业设置的基础上，把尖端新型专业集中起来，及时调整设置导弹工程系、原子化学防护系、原子工程系、电子工程系，率先在全国高校开办导弹、原子弹专业，1966 年又率先在全国设立计算机系。早在 1955 年学院就招收第一批研究生，成为新中国最先开展研究生教育的院校之一。

（二）大力推进军事科技创新

"哈军工"根据人民军队各军兵种武器装备建设需要，在原子能、火箭、半导体、雷达、计算机等尖端领域，积极开展科学研究。学院党委明确提出要"面向部队搞科研"，"科研为部队服务"，在全院掀起了"大搞科研，猛攻尖端"的热潮。1958 年 12 月 15 日，学院颁布《中国人民解放军军事工程学院教学改革方案（草案）》，明确科学研究工作"苦战 3 年，基本改变学院各专业技术科学的面貌，力争在 3 至 5 年内使学院各专业的技术科学赶上世界先进水平"。1961 年后又确立教学、科研、生产"一主二辅三结合"的原则，极大地调动了教师从事教学、科研的积极性。1961 年 9 月，学院派出电子工程系副主任慈云桂随国防科委赴英国参观团前往英国考察计算机，使学院计算机研制从一开始就处于世界先进前沿。"哈军工"先后研制成功中国第一台军用电子计算机、第一台声速梯度仪、第一个超音速风洞、第一个现代弹道实验室、第一代水陆坦克初样车、第一辆轻型坦克、第一艘潜艇、第一艘水翼艇和气垫船、第一部鱼雷快艇攻击射击指挥仪、第一门双 30 高炮和 240 迫击炮等 600 多项高水平科研成果，许多成果填补了国内空白，有的达到了世界先进水平。

五、坚持以党的事业为重，始终把国家和人民的利益摆在第一位

艰苦奋斗、无私奉献的崇高精神，是"哈军工"优良传统的特性。"哈军工"始终保持战争年代那么一种拼命精神和革命干劲，艰苦创业、自力更生、淡泊名利、奋发图强。

（一）坚持"边建、边教、边学"

20 世纪 50 年代初，新中国百废待兴、百业待举，抗美援朝战火纷飞，政务院、中革军委将学院列为国家第一个五年计划 156 个重点建设项目，但创建一所大型综合性高精尖的军事工程技术学院，一无师资，二无校舍，三无教材设备，四无办高等技术学校经验。院党委确立"边建、边教、边学"的"三边并举"筹建方针，干部、工人三班倒，轮流上阵，昼夜奋战，风雨无阻，在短短一年时间里筹建就绪，开始正规化教学工作。到 1957 年，建成校舍 60 万平方米、专业 34 个、实验室 149 个，汇聚教师 1600 多人。1958 年 9 月，国防部长彭德怀在"哈军工"蹲点几个月后，在给党中央和

军委的报告中写道："军事工程学院经过四五年的经营，规模很大，在远东来说，可能是唯一的。"1959 年 1 月，著名科学家钱学森来学院参观时说，在我国现有的条件下，在这么短的时间内办起这样一所完整的、综合性的军事技术院校，在世界上也是奇迹。

（二）坚持自强自立、发奋图强

"哈军工"开展军事科技和先进武器装备研究，培养军事工程技术人才，白手起家、从零开始，坚持依靠自身力量，边学边干，在实践中探索、在探索中发展。筹建原子工程系时，一些教员不但专业方面改行大，而且原子弹在中国还是未知数，外国的原子弹资料更是无从获得。院、系领导次次请教专家，根据专家透露的有限信息和参考性意见，推敲专业建设方案和课程设置范围。为适应人民军队技术装备和科学研究迅速发展的需要，从 1960 年下半年开始，学院按照"尖端集中、常规分散"的原则，全面开展分建、改建工作。面对苏联顾问全部撤走并带走所有科技资料的困境，院党委号召"顾问走了自己干，鼓足干劲争取新胜利"。全院干部和教师振奋精神自力更生，圆满完成分建、改建任务，学院建设艰难而稳步地登上了新台阶。

（三）坚持倡导"端盘子"服务保障

学院党委在全院倡导机关为教学服务，教员为学生服务，学生为祖国的未来服务。院党委通过的第一个决定就明确要"树立以教学为中心的思想"，强调使教师教好、使学生学好事全院的中心任务，不论哪个部门，不论做什么工作，都要以此为中心。陈赓用通俗的比喻，简洁、精辟地概括了干部和教师、学员的关系，指出"教师是炒菜的，干部是端盘子的，端盘子和炒菜的都是为了学生吃好，学校的宗旨是育人，一切为了学员的学习成长"。广大行政干部自觉树立"服务员"思想，心甘情愿居"后台"，给专家、教授当"配角"，全心全意为教员"配菜""端盘子"，不少红军、抗战老干部，默默无闻、兢兢业业地工作在教学保障的平凡岗位上。"哈军工"培养的学员始终把自己的人生理想与国防科技事业和军队现代化建设紧密联系在一起，在国防科技各个领域，在科技强军主战场，处处留下军工学子艰苦奋斗的足迹，表现出无私奉献的高尚道德情操。

六、坚持开放办学，广纳贤才、博采众长

兼容并蓄、开放办学的开阔视野，是"哈军工"优良传统的特点。"哈军工"以海纳百川的胸怀、宽阔的世界眼光，汇聚各方人才，学习借鉴先进技术、先进思想和有益经验。

（一）注重依靠"两老"办院

坚持把老干部、老教师作为办好学院的两根台柱子。陈赓院长在全院党员干部会议上提出"我们的口号是两老办院，就是依靠老干部、老教师，上上下下团结得像一个人，齐心协力，共同完成党交给我们的任务"。陈赓把"两万五"与"十年寒窗苦"相提并论，强调办大学要依靠知识分子。学院聘请上百名苏联专家，调请国内上千名教授和助教来院工作，他们都是办好学院的关键人物，学院能不能培养出高质量的工程师，能不能搞出科研成果，主要靠他们。1953年7月1日，在老干部、老教师座谈会上提出"既要承认两万五，也要承认十年寒窗苦"的著名主张。陈赓反复强调干部不能以教育者、改造者、领导者自居，要把知识分子当成"自己人"，提倡全院要尊师重道，干部应主动和老教师交朋友。重视发挥老干部的骨干作用和老教师在业务上的主导作用，产生强烈的认同感和向心力，构建了纯洁健康和谐的内部关系，把全院凝聚成高度团结统一的战斗集体。

（二）广泛汇聚优秀人才

为建设一支德才兼备的教师队伍，陈赓院长深入细致调查了解中央各部委、科学院、高等院校的专家、教授情况，请求党中央、中央军委和有关部

门领导给予支持，选调的专家、教授横跨全国全军教育、工业、铁道、邮电、兵工、船舶等 10 多个部门。1952 年下半年，周恩来总理亲自出面召集中央组织部、教育部、部分高等院校及军队负责人会议，商讨解决学院师资问题，先后从北京大学、清华大学、浙江大学、复旦大学、上海交大、华中工学院、中国科学院、华东军区、民航局等单位抽调 59 名教师作为教学骨干力量。这 59 人中，38 人留学欧美，占 64%；获得博士学位的 16 人，硕士学位的 11 人。开学时，以基础学科和专业基础学科为主的师资队伍达到 500 多人，从各军兵种部队调来的高水平教学辅助人员达到 200 多人，学院成为全军知识分子、特别是高级知识分子最集中的单位，很快形成相互学习、相互补充、相互交融、百舸争流、百花齐放的教学科研局面。

（三）积极开展对外交流与合作

"哈军工"创建初始就重视对外交流，以列宁格勒莫热斯基军事航空学院副院长奥列霍夫中将为首的苏联专家顾问团，长期在学院指导建设，苏联专家顾问团在校人数最多时达到 77 人，先后有 141 名专家在学院工作过。后来又成立外国留学生系，培训了一大批国外军事留学生。1957 年 5 月，学院组成以刘居英院长为团长、装甲兵副司令员张文周为副团长的中国人民解放军院校参观团，前往苏联、波兰、捷克斯洛伐克，访问斯大林坦克工程学院、伏龙芝军事学院等十多所军事院校，学习办学经验，索取技术资料，商谈建立对口学术联系。还派出 3 批 32 名青年教师，到苏联高等技术院校攻读副博士学位，实现了多层次、多领域、多渠道对外交流与合作。

〔刊于《哈尔滨工程大学学报（教育科学版）》2017 年第 1 期〕

"哈军工"注重人才培养质量的历史经验

高跃群

"哈军工"的历史是一部中国高等军事工程技术教育创新的发展史，也是一部中国国防科技创新的拓荒史。学院党委坚决贯彻党的教育方针，坚决贯彻党中央、中央军委决策部署，始终坚持为国防和军队现代化建设服务的办学育人方向，紧紧抓住培养什么样的人、怎样培养人这个根本问题，在很短的时间里走出一条培养高素质人才的成功道路，为国防和军队现代化建设培养了一大批高级军事工程技术人才。

一、科学确立人才培养目标，实现又红又专全面发展

"哈军工"根据人才培养目标对技术和政治两方面的要求，坚持走又红又专的道路，努力培养学员具有社会主义觉悟，为人民服务和献身国防现代化建设，掌握精通本专业的科学技术知识，能够圆满完成所承担的各项任务。

（一）坚持以毛泽东《训词》为指针

学院党秀始终把《训词》作为办学的根本指针和传家之宝，遵照《训词》精神，制定了《军事工程学院教学过程组织基本条例》、《关于执行教育任务中几个主要问题的决定》和《第一期教学计划说明》等一系列教学、训练的

重要文件和规章制度。在办学全过程中，始终做到用《训词》指导教学、开展工作。招生时注意政治条件，严格把好政治质量关；新学员入学时组织学习《训词》，将《训词》牢记于心；调干部、选教师时注重政治条件；使用、提拔干部把思想品德作为重要条件。学院把《训词》作为思想教育的重要内容，院、部、系领导经常宣讲《训词》，用《训词》凝聚共识，使全院人员团结一致，为实现《训词》赋予的艰巨光荣任务而努力奋斗，为加速国防现代化建设作出重要贡献。

（二）坚持发挥政治工作的统帅作用

学院坚决按照中共中央、中央军委确立的人才培养目标办学育人，实行政治和技术、政治和业务的密切结合。在探索推进教学改革中，提出培养具有共产主义觉悟的、有一定军事素养的、有高度科学技术水平的又红又专、全面发展的研究设计和维护修理的军事工程技术干部。当中央军委调整学院任务为培养军队所需的尖端技术研究设计人才时，院党委立即对教学计划中的人才培养目标作出修改要求，要培养具有共产主义觉悟，有一定军事素养，有高度科学技术水平，又红又专、全面发展的军事工程研究设计技术干部。中央军委把学院学制调整为5年后，根据军队发展水平和对人才的需求，院党委明确，对学员进行全面、高标准、严格的综合培养，培养的人才必须政治坚定，对党忠诚，具有高度爱国主义与国际主义精神，能够独立解决本专业的工程技术问题。政治觉悟高，组织纪律观念严，技术上比较过硬，组织领导能力较强，有相当的军事素养。

（三）坚持"红"与"专"的辩证统一

学院坚决贯彻落实人才培养目标对政治素质和技术素质的要求，把"红"与"专"统一起来，培养的学员不仅是具有军事科学技术知识的工程师，而且是政治坚定、品质优良的军官。院党委强调，先进的科学技术必须由忠于社会主义事业的人来掌握，技术军官不仅要精通业务，而且必须具备为社会主义、为人民服务的思想品质。学院颁发的《关于执行教育任务中几个主要问题的决定》要求，首先是"对党高度忠诚""有高度的组织性、纪律性""工作积极、英勇顽强"，然后才是"精通技术"。针对技术、政治两种素质的特点和不同要求，学院在教育和训练安排上，把坚定正确的政治方向放在首位，始终以政治统帅技术，从政治角度考虑、处理教学训练的各种问题，从政治上衡量学员的整体素质，较好地发挥了政治教育改造世界观的作用，确保培养的学员听党话、跟党走。

二、科学制定教学计划，加强德智军体教育训练

"哈军工"科学制定教学计划，科学设置课程，确保教学时间，提高师资水平，保证讲课质量。在每个教学环节上，都严格要求学员认真对待，努力学好教育计划中规定的各门课程，热爱专业，刻苦学习科技知识。

（一）强化学员的独立钻研

学院《当前教学工作中几个问题的总结》强调，教师保姆式的辅导，不利于教师备课，容易助长学员的依赖思想，影响自学。第一期学员补习教育计划教学指导原则，规定要发挥学员独立思考能力。新学员入学或学习进入一个新阶段，各系都请老教师和高年级学员介绍学习方法。有些主干课程在开课前和学习过程中，讲课老师多次组织学习好的学员介绍心得体会。教师重点帮助学习差的学员改进学习方法，提高自学能力。注重把培养学员自学能力和独立钻研能力贯穿教学训练全过程，使学员掌握了学习技能，在学习中学会了如何学习，为今后的发展奠定了扎实的基础。

（二）突出为部队服务的特点

学院《第一期教学计划说明》中明确提出，学员必须政治上坚定，无限忠于党和人民，忠于祖国，具有高度爱国主义与国际主义精神；必须精通并

善于使用本兵种技术兵器，能够独立完成工程任务，并具有高度组织性、纪律性、较高文化程度和一定军事素养；必须忠诚老实、勇敢顽强，富于主动性、警惕性，不怕困难并善于克服困难；必须能够与部属合作共事，体格强壮，能承受军事勤务中一切艰难困苦。学院培养的学员不论学什么专业，都要首先成为无产阶级革命事业的接班人，政治上坚定，精通现代科学技术，在国防、科技、教育等各条战线上创造辉煌业绩。

（三）注重实际操作和应用能力

学院建设生产实习工厂，把教学、生产、部队实习和公益劳动列入教学计划，每学期制定相应实习计划，使学员巩固、加深对书本知识的理解，掌握必需的生产知识和操作技能。《工学》报经常介绍好的经验，发表有关方面的文章。《军事工程学院教学过程组织基本条例》进一步强调培养学员实际操作和应用能力的重要性。《军事工程学院教学工作暂行条例（草案）》，对学员实际能力作出专门论述。教务部经常组织老教师座谈，研究大学与中学的不同学习特点，帮助学员适应大学学习要求。"哈军工"培养学员善于应用、提高动手能力的做法，非常适应科学技术快速发展的需要。

三、科学统筹教学和科研工作，始终坚持以教学为中心

"哈军工"注重把握高等教育发展趋势，遵循高等军事技术教育特点规律，牢固树立以教学为中心的思想，妥善处理教学与科研的关系，取得了教学与科研双丰收。

（一）坚持把育人放在首位

学院牢固树立为教学服务的思想，坚持以教学为中心，正确处理教学工作和其他各项工作的关系，使一切工作都围绕中心运转。教学计划是学

院的"宪法"，必须不折不扣地执行。院党委作出的第一个决定，就要求全院上下树立以教学为中心的思想，强调教师教好、学员学好是全院的中心任务，不论哪个部门，不论做什么工作，都要以此为中心。在以教学为中心的方针下，学院加强教学过程管理，建立试讲制度、教学检查制度、毕业设计和国家考试制度等各项制度和条例，使全部教学环节都有明确规定。为改进教学方法，加强教学工作，学院成立教学方法指导委员会和院务委员会，指导开展修订教学计划、教学大纲，改进教学方法，组织课程设计、毕业设计等教学工作。各系定期召开有关会议，具体分析各门课程教学的方法特点，研究解决教学中的实际问题，推动教学工作沿着正确的方向健康发展。

（二）坚持紧紧围绕教学开展科学研究

学院妥善处理教学工作与科研工作的关系，作为事关学院发展和人才培养质量的重大问题来处理，在抓好教学的同时，密切结合教学科目适当地开展研究，解决有关国防生产中的技术问题，使教学和科研有机结合、传授知识与发展知识相统一，促进师资水平的提高和教学内容的更新。院党委强调，学院是育人的场所，也是学术研究和发明创造的场所。育人是中心任务，搞科研不应离开育人的要求，必须充分考虑育人的需要，为育人服务。光搞教学，不搞科研，教学水平难以跟上科技发展的形势，教学质量难以持续提高。理论密切结合实际，科研紧紧围绕教学，教学和科研相互促进，使科学研究取得重大成就，有力地推动了学科专业建设和教学工作。科研紧紧围绕国防建设，尽可能选择符合学院性质和专业发展方向的课题，既提高教师业务水平，充实教学内容，又带动专业实验设备建设，提高教学质量。

（三）坚持通过科学研究提高学术水平

学院第一届科学技术研究会提出，教师参加科学研究才能提高学术水平，丰富、更新教学内容，提高教学质量。全院教师会议进一步强调教学与

科研互相促进的辩证关系，以及正确处理教学与科研的关系。学院每个系的专业不同，各系有自己的科研方向，所讲授的课程都吸收最先进的科技成果。为适应国防和军队现代化建设的需要，紧跟科学技术发展和专业服务方向、任务的变化，学院加强教学方法的研究和交流，不断探索总结提高教学质量的改革经验。先后举办两届教学方法研究会议，围绕课堂讲授、练习课、实验课、辅导、答疑等各个教学环节中教与学方面的问题开展研究。许多教师通过科学研究和任务设计，把研究成果运用到课堂教学中，讲课既有理论又有实际，普遍受到学员欢迎。

四、科学落实从严治校方针，培养良好校风、教风、学风

"哈军工"把从严治校贯穿始终，从严治校、从严治教、从严治学，形成了独特的办学风格，营造了良好的校园氛围。

（一）坚持"四严""三老"的校风

学院在办学育人实践中，从教师到学员，从理论教育到实际锻炼，始终倡导和培育"严肃的工作作风、严谨的学习态度、严格的组织纪律、严整的工作秩序"和"说老实话、做老实事、当老实人"的"四严""三老"校风。注重正规化建设，认真贯彻全军"三大条令"，制定一系列从严治校的条例和规章制度。在全院干部、教师和学员中，倡导说老实话、做老实事、当老实人的科学求实精神和作风。严格选拔学员苗子，严格执行教育训练计划，严格执行条令条例，严格养成正规军人形象，学院成为锻造军人作风、锤炼军人品德、培养过硬的军事工程师的熔炉。学员上课必须遵守课堂纪律，听课必须精力集中，课堂必须保持肃静；教师开课前必须写出全部讲稿，不能临阵磨枪；学员在实验课前必须按实验讲义认真准备，弄懂实验原理和操作方法。学员系统地学习政治理论，经受严格的军事训练和军事生活，潜移默化地受到熏陶，养成严格自律的习惯和意识。

（二）坚持科学严谨的教风

学院注重在执行教育计划和组织日常教学活动，每一个教学环节都贯彻严格要求、严格训练的精神，要求教师用人格魅力、渊博学识、严谨治学态度，感染激励影响学员，向学员传授科学技术知识，培养学员的革命品质。召开教育准备会、集体审查教案、教师互相听课、助教向教授报告对学员辅导工作情况等，都形成制度规定。老教师开新课或新教师首次开课必须在教研室试讲，试讲通不过的不得上讲台讲课。青年教师走上讲台要过"三关"，第一关是用较短的时间熟悉教学内容，找到课程重点，写出教学日历；第二关是完整地写出教案和试做全部作业，分课时写出讲课提纲或讲稿；第三关是能够通过试讲。一批知名教授活跃在教学一线，主讲课程，编著教材，指导青年教师，开展教学研究，以良好的教风影响培养学员，公式逻辑推导、课堂板书、语言表达严谨、讲课内容完整，一堂课听下来，笔记就是讲义。广大教师一丝不苟、科学严谨、精益求精的治学精神，潜移默化地影响着学员成长成才。

（三）坚持勤奋刻苦的学风

学院的淘汰率比较高，如果没有真正弄懂弄通课程教学大纲所规定的全部内容，是不可能侥幸过关的。在军队工程技术院校中属最高层次，学院分建新建后明确规定，学员基础课和专业课的水平不低于国内高水平的重点大学。学员把课堂当战场，视学习为战斗，集中时间精力抓学习，扎扎实实学好基本理论、基本知识、基本技能，掌握必要的战略、战术思想和军事知识，具有高度的组织纪律观念，养成军人特有的生活习惯和思想作风。坚持排除各种困难和干扰，争分夺秒，锲而不舍学习钻研，圆满完成学业。在不畏艰苦、勤奋学习、刻苦钻研的环境氛围中，学员自觉排除干扰，以顽强的精神投入学习，把自己造就成为合格的国防科学技术干部。从军事工程学院毕业的学员，绝大多数都成为国防和军队现代化建设的重要力量。

〔刊于《哈尔滨工程大学学报（教育科学版）》2017年第1期〕

哈军工优秀校友成长路径研究

——以哈军工的校友院士为例

郭　峰

2019年1月8日，在北京人民大会堂举行的2018年度国家科学技术奖励大会上，中国工程院院士、哈军工校友钱七虎获得2018年度国家最高科学技术奖。此前2018年，中国工程院院士、哈军工校友王泽山获得2017年度国家最高科学技术奖。连续两年国家最高科技奖都被哈军工的优秀校友所获得，不能不说明这就是一个新时代的"哈军工现象"。

哈军工自1953年建校，办学培养了13期一共12000余名毕业生，其中200余名高端领军人才，其中39位两院院士成为最顶尖的校友代表。哈军工培养的校友产生众多优秀校友的原因是多方面，有毛泽东等党和国家领导人对国防事业、对教育事业、对人才培养的高度重视、亲切关心和大力支持，有全国地方政府、科研院所和军队的尽力支援，有以陈赓大将为代表的创建者们呕心沥血、白手起家，也有苏联专家等的悉心帮助等。

哈军工不仅为国家科技、国防建设、军队现代化和高等教育事业奠定了坚实的基础，产出了一大批高端成果，最重要的是培养一大批忠诚、坚韧、创新的校友，形成了在新时代建设"双一流"高校的管理者、服务者所值得借鉴学习的人才培养路径模式。

一、优秀校友人才群体的内涵界定

高等学校作为知识集聚地和人才培养地，高校所产生的优秀校友人才群体界定这一概念有着丰富的内涵。不同地域、不同类别、不同层次高校对优秀人才群体有着不同的认知。综合哈军工、哈船院、哈工程人才培养的实际，本文对优秀校友人才群体的定义为：由高校培养、具备高校特质特征，在某个或多个领域具有高深的学术造诣和专业能力，具有很强的国内外视野和交流能力，所从事的领域对于国家发展、国防建设、民生经济等领域起到重要作用，能够协同或带领团队进行创新研究并保持国际先进水平的专业技术人才。

二、哈军工优秀校友成长路径的研究价值

哈军工组建的 13 年，人才培养可谓硕果累累，据不完全统计，在哈军工工作过的教师和在哈军工学习过的学生，有 39 人成长为中国科学院和中国工程院院士。他们有些长期致力于科技教育事业，治学严谨、勇于创新；有些长期工作在工程建设实践领域，基础深厚、工学凸显；有些长期服务于国防和军队现代化建设，攻坚克难、不畏艰险。哈军工也成为"培养院士比例最高的高等学府"，显示了超乎寻常的人才培养成果。

拥有院士对于一所高校的引领作用是巨大和有深远影响的意义，促进了学科的发展、科研能力的提升、高水平科研团队的形成。国内各高校均把培养本校的院士作为人才工作的重中之重。而哈军工能够群体性、批量性培养出众多院士，更是哈军工凸显于其他国内高校的特色。

三、哈军工优秀校友成长路径及启发

（一）培养终生不渝的爱国精神

2016 年 12 月 7 日，习近平总书记在全国高校思想政治工作会议上发表重要讲话，强调，高校思想政治工作关系高校培养什么样的人、如何培养人以及为谁培养人这个根本问题。要坚持把立德树人作为中心环节，把思想政治工作贯穿教育教学全过程，实现全程育人、全方位育人，努力开创我国高等教育事业发展新局面。这是对全国高校提出的一项重要指示，也是高校办学育人的核心要务。

其实早在哈军工从创建之初，就把思想政治工作放在一切工作的首位，因此对学生人生观、世界观和价值观的教育如同"随风潜入夜，润物细无声"，扣好了青年大学生在人生中的第一粒扣子，热爱祖国、热爱人民、热爱中国共产党、热爱国防事业，成为哈军工全体校友终生不渝的信念。中国工程院院士、哈军工校友钟山曾说："在哈军工，我们真切体会到我们肩上承担了什么责任，这激发了我们学习技术、保卫祖国、振兴中华的雄心。我在当时就在心里暗暗发誓，一定好好学习，决不能再受外国人的欺负。"

（二）培养勇于奉献的拼搏精神

哈军工培养学子一件必做之事就是引导学生树立勇于奉献的人生目标，励志是必不可少的教育教学内容。建校初期，学校就把钱学森树为学生的人生楷模，哈军工办学魄力和育人眼界可见一斑，这样的路径对学生产生了巨大的精神催化力和强烈的感召力。

除了严格的军人养成教育，对于学生的组织性、纪律性、团结协作精神之外，潜移默化中让学生胸怀大志，下决心为革命事业做出大事、作出奉献，这是哈军工教育的一个标志性特色。在这样神圣庄重的氛围中，学校学生刻苦拼搏、志存高远，决心为富国强军，民族复兴奉献一切，这是一个刻骨铭心的修身明志的人生历程。中国工程院院士、哈军工校友彭先觉等一大批哈军工人，都是在草原和山沟中奋斗一生的无名英雄，他们的工作是不能公开的，默默奉献对他们来说早已成为生活中的一部分。

（三）培养追求严谨的研究精神

哈军工"三老四严"作风是学校最著名的校风，陈赓院长为首的学校领导集体实事求是，不尚空谈，严谨治学，一丝不苟，这是哈军工能在教学和科研上成绩斐然，在高端人才培养方面取得丰硕成果的重要原因。中国工程院院士、哈军工校友黄瑞松40多年担任过多种型号导弹的总设计师，他性格耿直，在技术问题上从来不含糊，领导说可以定型了，他硬说不行。在靶场上常和军代表争得面红耳赤，有人说他没有总师风度，他回答："理不辩不明，你们别管我嗓门大，全当我不是总师。"他天天泡在设计和生产第一线，挂在嘴边的话是"对质量问题就是要小题大做"。

60余年来，哈军工校友院士群体和广大从事国防科技工业校友们，均受益于在学校时养成的这种崇尚科学、唯真理是从的求实精神。如今的哈尔滨工程大学，已经把"大工至善，大学至真"写入了校训，成为追求卓越的代名词。

（四）培养勇于开拓的创新精神

哈军工本身就是中国共产党人创新精神的重要成果，在党中央的支持下，陈赓院长以勇于开拓的创新精神走上中国高等教育的大舞台，他提出了"两老办院""三严"等一系列教育思想，他根据中国实际情况所制定的办校方略，就是创新意识的体现。1959年，他审时度势提出"尖端集中，常规分散"的学校分建方案，为中国国防事业、高等教育事业起步做好了人才的储备，这是陈赓创新精神的一个重要体现。

科学本质就是不断创新，从哈军工风洞群到歼–10，从901舰载计算机到银河巨型计算机，从第一艘实验型潜艇到辽宁舰航母，从第一艘水翼艇到

水下智能机器人，以两院院士为核心的哈军工校友勇于开拓、敢字当头，创造出前所未有的光辉事业。歼-10总设计师、中国工程院院士、哈军工校友宋文骢从参加东风-113设计开始一直默默奉献、隐姓埋名，直到2003年当选院士之后才为社会所知，40年的航空科研生涯，他不畏艰难，大胆创新，终于把战鹰送上了万里长空。

就哈军工优秀校友人才群体而言，研究其能力特征及成长路径只是第一步，是为了让我们对这一群体形成初步认知，之后便是路径的意义和效用了。因此有关该群体的研究未来主要有两个方向：一是就高校优秀校友人才群体本身展开的内涵和外延研究；二是研究这样一个群体对新时代我国高等教育事业有什么样的价值，目的也是帮助高校更好地吸引、培养、联络校友各领域人才，进一步增强中国高校人才培养的核心竞争力。

值此2019年哈军工创建66周年、首任校长陈赓大将诞辰116周年的重要时刻，以习近平新时代中国特色社会主义思想为指导，全面贯彻党的十九大精神，落实立德树人根本任务的哈尔滨工程大学，更需要秉承哈军工精神、继承哈军工人才培养模式、传承哈军工优良文化，为建设制造强国、网络强国、海洋强国，实现中华民族伟大复兴的中国梦不懈奋斗。

（刊于《工学校友》2017年4月）

哈军工"教书教人"育人理念及其现实意蕴

王春晖

1953 年，陈赓大将受命创办了中华人民共和国历史上第一所综合性的高等军事工程技术院校——中国人民解放军军事工程学院，简称哈军工。哈军工办学 13 期，共培养了 12000 多名合格毕业生。据不完全统计，哈军工培养出两院院士 24 人、省部级以上领导 27 人、将军 200 多名，其成才比例之高，堪称我国高等教育史的奇迹。哈军工之所以能取得如此辉煌的人才培养成果，是因为其在办学中紧紧抓住教师这个影响人才培养的关键因素，形成了"教书教人"的育人理念。这种理念在今天的师资队伍、师德师风建设等方面仍然具有重要的借鉴价值。

一、哈军工"教书教人"育人理念的内涵

哈军工《关于执行教育任务中几个主要问题的决定》中明确规定人才培养的目标：对党高度忠诚；有高度组织性纪律性；工作积极、英勇顽强、精通技术，又红又专。在这样清晰明确的人才培养目标导向下，哈军工在办学中逐渐形成了"教书教人"的育人理念。这一理念从建院初期一直贯穿学院办学的全过程，成为哈军工办学理念体系的重要组成。"教书教人"育人理念的内涵就是要求教师既要管教又要管学，向学员传授知识的同时帮助学员把知识真正学到手；就是要求教师既教书又教人，不仅向学员传授科学技术

175

知识，还要培养学员的思想政治素质和革命品质；就是要求教师既要言教更要身教，不仅要在课堂上向学员传授马克思主义的立场、观点和方法，还要在日常的工作和生活中、实践中成为学员的表率；就是要求干部教师不仅要以教学为中心，还要全方位为学员成长成才服务。哈军工的教师们在教学工作中经常深入学员班，有计划、有目的地到学员班了解、检查学员的学习情况，帮助学员学好科学文化知识，帮助解决学员的思想问题和生活问题，努力做到"管教又管学"。不管是政治课教师，还是自然科学技术课教师，都不只是单纯地传授学生知识，而且逐渐在教书过程中和日常生活中教给学生辩证唯物主义的立场、观点和方法，培养学员的共产主义道德品质。无论是哈军工对教师"教书教人"的要求，还是哈军工教师"教书教人"的实践，在今天看来都具有极其重要的现实意义。

二、坚持"教书教人"育人理念，做四有好老师

习近平总书记曾指出，国家繁荣、民族振兴、教育发展，需要我们大力培养造就一支师德高尚、业务精湛、结构合理、充满活力的高素质专业化教师队伍，需要涌现一大批好老师，即"有理想信念、有道德情操、有扎实学识、有仁爱之心"的四有老师。这是站在塑造灵魂、塑造生命，推进国家繁荣、民族振兴、教育发展的高度，为广大教师成长发展进一步明确目标、方向、路径和具体要求；同时，也是哈军工"教书教人"育人理念的现实意蕴所在。

（一）坚定理想信念，做思想政治素质过硬"有灵魂"的好老师

教师培养人、影响人和塑造人的职业特点，决定了对其思想政治素质有着特殊和更高的要求。一位好老师心中首先一定要装有国家和民族，要明确意识到自身所肩负的国家使命和社会责任。教师要始终同党和人民站一起，做中国特色社会主义共同理想和中华民族伟大复兴中国梦的信仰者、实践者

和传播者，忠诚于党和人民的教育事业，自觉把党的教育方针贯彻到教育教学人才培养工作的全过程。教师只有具备这种优秀的思想政治品质，才能焕发出自觉增强立德树人、教书育人的荣誉感和责任感，学为人师，行为世范，做学生健康成长的指导者和引路人，引导学生热爱祖国、热爱人民、热爱中国共产党，感染和教育学生牢固树立中国特色社会主义理想信念，践行社会主义核心价值观，帮助学生筑梦、追梦和圆梦。

哈军工长期办学实践中的人才培养目标非常明确：就是要对党高度忠诚；有高度组织性纪律性；工作积极、英勇顽强、精通技术、又红又专。也正是在这一清晰目标的指导下，学院高度重视以教师的理想、信念、使命、责任为重点的思想政治工作，坚定马克思主义信仰，坚持中国共产党领导，加强教员自身世界观的改造，广泛进行爱国主义教育，培养国际主义精神，积极为实现共产主义远大理想而努力奋斗。正是这种长期不懈地对教师的理想信念教育，有效保证了教师思想行动和理念上的先进性，进而潜移默化地影响教育广大学员，保证所培养人才根正苗红。

（二）培育道德情操，做职业道德素质过硬"有操守"的好老师

教师必须是道德高尚的群体，率先垂范、以身作则，应取法乎上、见贤思齐，不断提高道德修养，提升人格品质，并把正确的道德观传授给学生，以德施教、以德立身，引导学生扣好人生的第一粒扣子。好教师应自觉坚守精神家园、坚守人格底线，带头弘扬社会主义道德和中华传统美德，以模范行为影响带动学生。

哈军工长期办学实践中，非常重视对教员品德的要求和培养，明确提出：教学人员不仅要传授科技知识，还要把学员培养成有高品质和有教养的军事工程师；不仅要在课堂上讲授马列主义，更要在思想、工作、生活方面对学员起到表率作用，要身教言教一起抓，身教重于言教。教员们对事业无限忠诚热爱，治学研究脚踏实地、锲而不舍、精益求精。教员在教育教学中经常深入学员班，有计划有目的地了解检查学员学习情况，帮助学员学好科

学文化知识，帮助学员解决思想和生活问题，做到"管教又管学"。哈军工教员渊博的学识、优良的作风，特别是为人师表、教书教人、对学生高度负责的精神，深刻地影响着哈军工的每一位学员。

（三）锻炼扎实学识，做业务素质过硬"有本事"的好老师

事业靠本领成就。教师的专业能力是教师的看家本领，其高低决定着教育教学水平和质量，尤其决定着教师的核心竞争能力。一位业务素质过硬"有本事"的好老师应具备丰富的知识结构、扎实的知识功底、良好的理论素养、先进的教育教学理念、科学的教育教学方法、过硬的教育教学能力以及可持续的学习研究能力。教师必须主动适应经济社会和教育发展要求，始终处于学习状态，把握国内外教育发展动向，站在知识发展前沿，跟上教育理论发展步伐，刻苦钻研、严谨笃学，不断提高自己，拓宽视野，更新知识结构。

哈军工一直强调打铁还需自身硬，坚持"三严"作风，重视对教师特别是青年教师业务能力素质的培养锻炼。哈军工坚持每名教授、老教师要完成带4—5名青年教师的任务，给每个教师定课程、定任务、定方向，并制定出3—5年培养提高规划和实现规划的具体措施。哈军工还派出青年教师到国内外有关单位进修、参加研究生班学习、到苏联高等军事工程技术院校攻读博士学位等，大多数教师业务水平通过边工作边学习得到了提高。哈军工还号召广大教师积极参加科学研究，在科研中提高水平，许多教师"通过科学研究和任务设计，讲课中既有理论又有实际内容，生动充实，普遍受到学员欢迎"。

（四）怀有仁爱之心，做文化素质过硬"有情怀"的好老师

教育原点就是爱，有爱才有责任。习近平总书记指出，教育是一门"仁而爱人"的事业，爱是教育的灵魂，没有爱就没有教育。一位充满爱心的教师一定是一个人文素养丰厚的人。教师以自己理性平和、包容和谐、关爱尊

重的良好人文素养去教育影响学生。好老师对学生的教育引导应是充满爱心和信任，晓之以理、动之以情，让学生亲其师信其道。通过真情、真心、真诚拉近与学生的距离，滋润学生的心田，使自己成为学生的好朋友和贴心人。

哈军工始终坚持"以学生为中心"的培养思路，陈赓曾明确要求哈军工所有部门都要为学员服务，要向全院一切人，灌输关心学员的思想。他还有一个形象比喻，学员是吃菜的，教员是炒菜的，干部是端盘子的。中心思想就是干部教师都要全心全意为学生成长成才服务。正是这种对学生满腔热忱的爱，使哈军工的广大教师从内心高度忠诚于党的教育事业，全面关心学员成长，主动细致做学生思想政治工作，用优良教学作风和严谨治学态度，潜移默化地影响、感染和教育学生，让学生充分感受到哈军工教员良好的师德师风，他们既高标准要求学生又平易近人、和蔼可亲；既是严师又是益友。

（刊于《开封文化艺术职业学院学报》2021 年第 10 期）

第三编
哈军工首任院长陈赓大将

陈赓大将"以学生为本"教育理念引发的思考

吕开东

　　陈赓大将是我国杰出的无产阶级革命家、军事家，是新中国国防科技、教育事业的奠基者之一。提起陈赓无人不敬佩他为中国人民的解放事业、国防科技和教育事业所立下的汗马功劳。今天我们肩负着传承"哈军工"优良传统的使命，不仅要学习他的优秀品质、人格魅力，更要研究和借鉴他的办学理念和教育思想，推动工作又好又快发展。在"哈军工"的历史故事中，记载着陈赓大将这样一句话："军工就好比一个饭堂，学员是来吃饭的，教员是上灶的大师傅，我们这些人（干部）都是端盘子的。"这句话简约、通俗、形象、易懂又富含哲理性，精辟地阐述了大学教育中应该"以学生为本"的工作理念。半个多世纪过去了，认真研究陈赓大将的这句办学名言，其内涵依然符合我国坚持以人为本、全面实施素质教育的教育改革发展战略的时代要求。

　　党中央要求牢固树立人才培养在高校工作中的中心地位，着力培养信念执着、品德优良、知识丰富、本领过硬的高素质专门人才和拔尖创新人才。强调了人才培养的地位和目标，育人是人才培养工作中重要一环，那么学生工作干部在育人的具体工作中发挥什么作用，如何发挥作用呢？陈赓大将的这句名言已经生动贴切地表达出来了，即"都是端盘子的"。陈赓大将教育理念启示我们广大高校学生工作干部，要牢固树立"以学生为本"理念，以"端盘子"的服务意识发挥自己在人才培养工作中的重要作用。

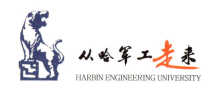

将陈赓大将的教育理念融入大学生思想政治教育、事务管理、日常服务、学业规划指导等学生工作中，当好思想政治辅导员、育人成才服务员、学业规划指导员、学生教师联络员和日常事务管理员，努力为培养德智体美全面发展的社会主义合格建设者和可靠接班人作出贡献。

一、明确核心使命，当好思政辅导员

学生工作干部作为大学生思想政治教育的骨干教师，不仅要明确自身所肩负的立德树人使命，清楚应该传什么道、授什么业、解什么惑，更要清楚如何传道、如何授业和解惑。树人先树己，不断提高自身素质，使自己成为一个与时俱进的、符合时代发展要求的思想政治教育工作者。围绕"三观"教育、民族精神教育、公民道德教育和基本素质教育找好载体，把思想政治教育渗透于日常管理和服务的各个环节，切实提高大学生思想政治素质，引导大学生树立正确的理想信念，增强政治鉴别力，有效防范和抵御敌对势力的思想渗透，确保党和人民的事业永葆青春，代代相传。

二、围绕核心任务，当好育人服务员

高校人才培养的核心任务是使学生健康成长和全面发展。开展学生工作就要围绕育人成才这一核心任务，以满足学生健康成长和全面发展的需要为目标，全方位地服务于学生的成长和成才的需要。哈尔滨工程大学党委多年前确立了为学生的全面发展和健康成长创造一流的校园环境的学生工作指导思想，这里的校园环境并非平常意义的校园环境，而是指为学生全面发展和健康成长提供一流服务的软环境，与陈赓大将所说的"端盘子"服务理念相吻合的。美国著名心理学家、人本主义心理学创始人马斯洛的层次需要理论表明人在不同时期表现出来的各种需要的迫切程度是不同的，人的最迫切的需要才是激励人行动的主要原因和动力。按照马斯洛的理论，不难给出学生的五种层次的需要：最基本的需要就是对食宿等生存资源和身心免受伤害的需要（贫困生和心理危机学生的需要），高层次的成长需求就是对与他人交往与社会融合的需要、他人对自己及自己对自己认可的需要（个性化的学习被接受的需要）、发挥各种潜能提高学识的需要。学生的需要就是对自身全面发展和健康成长的需求。这些需要有客观的也有主观的，客观的需要主要指人才培养方案中所描述的人才培养的需要，主观的需要主要指学生完全从个人的意愿和兴趣出发所提出的需要。所以要端好盘子当好服务员，不但要满足学生的需要还要善于刺激学生产生需要，行为心理学研究表明：人的行为是由动机支配的，动机来自需要，行为的方向是寻求目标、满足需要。激励与需要密切相关，激励作用于人的内心活动，激发人的动机，驱动和强化人的行为。我们要采取正当、合理的激励手段把学生的需要升华为学生的一种实现自我和发展自我的内在需要、追求，并让有需求的学生享受到全方位的服务。

三、搭建基础平台，当好学业指导员

子曰："不愤不启，不悱不发。举一隅不以三隅反，则不复也。"这是古人对学生主观能动性作用的认识。社会工作基本理论认为人都有与生俱来的价值与尊严；人都需要归属感；每个人都有改善自己生命的能力与动力；每个人都使自己和其他人包括社会负有责任；每个人都是独特的。那么我们如何激发学生的动机和需要呢？对学生工作干部来讲，最为关键的就是帮助学生自助。学业生涯规划是人才成长主体通过解决"学什么、怎么学、何时学"等问题，以确保自身顺利完成学业，成功实现就业的计划过程。搭建学生学业生涯规划平台就是为学生提供学业指导服务奠定基础。进行学业生涯规划指导操作可以项目建设的方式，指导学生通过对自身性格特点、能力特点和社会未来需求进行深入的分析和正确认识，确定自己的事业目标和大学四年后的学业发展目标，进而确定各自的大学学业

生涯路线，然后结合自己的实际情况、学习和生活现状、专业背景、学校资源以及家庭情况等，制订大学四年的学业发展计划。也就是引导学生独立地解决他们在大学各个阶段"学什么、怎么学"等一系列问题，使他们能够主动端正学习态度、明确学习目标、增强学习动力、挖掘个人的潜能，激励并确保自身顺利完成学业并成功实现就业或深造，为发展未来事业奠定坚实的能力基础。

四、依托课外载体，当好教学联络员

陈赓大将用诙谐的语言告诉我们，学生工作干部要当好老师的"教"与学生的"学"之间的联络员，学生课外活动就是学生工作干部开展工作的载体和阵地。根据党的教育方针和人才培养目标的要求，以课外科技创新、文化活动、社会实践活动以及学生科技、文化、艺术社团建设为主要内容进行载体设计，使学生通过"吃小灶"得到个性能力的培养锻炼和发展。一方面为学生创造力的发挥提供时间和空间上的条件保障，营造氛围；另一方面为自己创造与学生亲密接触的便利条件，将思想政治教育渗透到各项课外活动中。最重要的是为学生提供一个陶冶情操、培养能力、接触社会、积累经验的平台，培养学生的适应能力、表达与应变能力、创新能力、社交能力、独立工作能力以及团队协作能力，全面提高大学生的核心竞争力。让学生从中找到自己思想、感情以及所学知识的共鸣，使他们及时发现自己学识和能力的不足，从而更加珍惜课堂的时光并摸索合适的学习方法合理地利用课堂，真正做到扬长补短，勤学善用。以笔者所在学院的学生课外科技创新体系为例，结合数学、光电专业的特点，有针对性地建立了一个强化数理基础，集合光、机、电技术为一体的学生课外科技创新体系，以培养学生创新精神和实践能力。从实际运作效果看，学生参与积极性高，理论联系实际效果明显，课堂学习气氛得到了改善，促进了优良学风的形成。

五、制定工作规范，当好事务管理员

任何工作都要有规范的激励和约束机制，学生工作也不例外。学生事务虽然纷繁复杂，但是学生工作有其独有特点。铁打的营盘，流水的兵，每届学生在校四年共八个学期，尽管学生在不停地交替流动，但是在不同周期的同一对应时段上，所要处理的事情是基本不变的，这和饭店招待顾客的道理是一样的。学生工作干部要对学生的理想信念教育、大学新生适应性教育、学生党团建设、生活困难与学习困难援助、心理危机干预、突发事件预防、综合测评、优先模奖评定、学习学业指导、就业指导以及学生工作干部自身的队伍建设等工作规律进行研究，进行制度规范化、进度程序化管理，做到事前有章可循、事中有据可依、事后有史可鉴。制定工作规范，然后进行动态管理，对于管理者来说是事半功倍的事情。这样一来，学生工作干部就可以从繁杂的日常事务中解脱出来，便更加有精力和时间投入到对学生工作规律的研究中来，从而使工作更加规范化、科学化。

如今，陈赓大将已逝世 50 年，他的教育理念作为教育工作法宝留传下来。面对纷繁复杂事务、日新月异变化，我们必须紧密结合工作实际，进一步传承和创新陈赓大将教育理念，塌下心了，以"端盘子"育人意识，深入研究学生成长成才的发展规律，努力工作推动教育事业又好又快发展。

〔刊于《中北大学学报（社会科学版）》2011 年第 27 卷增刊〕

陈赓教育思想及对高等教育的启示

张素姗

中国人民解放军现代化、正规化建设从新中国成立初期就已开始实践探索。"治军先治校"。1952 年 6 月，陈赓将军从朝鲜战场奉调回国，创办中国人民解放军军事工程学院（后简称"哈军工"），任院长一职直至去世。哈军工是新中国第一所高等军事工程技术院校，为国防科技、教育事业培养了大批优秀人才。陈赓为哈军工办学治教奠定了基调，得到哈军工人及哈军工后人、社会的高度认可和称赞。陈赓的教育思想和观点主要体现在他创办哈军工、培养高级军事技术人才的实践过程中，至今仍绽放光辉，启迪深远。

一、陈赓教育思想内涵

陈赓教育思想，回答了办教育"为了谁、依靠谁"的根本问题，体现了他对教育规律的尊重和作为老一辈无产阶级革命家的远见卓识，彰显了他的教育领导方法和领导艺术，有效指导和推动了哈军工教育实践，为哈军工和哈军工分校群建设发展创造了好传统。

（一）寓教于爱，寓教于严，教育中坚持严爱合一

教育是辩证的。教育中的爱和严是一对矛盾关系，是辩证统一的。陈赓

把关爱学员成长和治校从严统一于办学实践当中，严爱合一，真正把学员当作祖国的人才来培养。

学员事无小事，陈赓要求全院要一切从"让学员学好"着眼。陈赓认为，学员是国家的宝贝，是事业的希望，为把他们"造就成又红又专的第一流工程师"，要求向全院一切人（包括家属、保姆）灌输关心学员的思想。陈赓要求基层干部对学员教育要符合青年学生的特点，采取科学的领导方法；教师要关心爱护学员。在政治活动频繁的历史年代，他要求保证学员的学习和自由活动时间，社会活动和工作不要给学生学习造成太多负担；保证学员的健康，让他们吃好、玩好，生动活泼地搞好学习。他特别关心食堂问题，多次召开食堂工作会议，强调食堂的钱要少存一点，改善学员伙食，而研究改进伙食及其他后勤服务工作，成为学院的一个传统。陈赓还通过请党政军著名人物做报告、树立榜样等方式，激励学员成长成才。

哈军工实施教育的目标可以概括为使学员高标准的德、智、军、体全面发展，这充分满足"又红又专"的国家要求。思想政治素质教育，是教育之首。陈赓要求学员做"一个忠于祖国、忠于人民、忠于党的优秀的革命战士"，毕业后"不仅是具有军事科学技术知识的工程师，而且是一个政治坚定、品质优良的军官"。他强调坚持以马列主义、毛泽东思想为理论武装，继承党和军队的优良传统，紧密结合党的路线、方针、政策进行教育，把抓思想放在全面教育的首位，并把学院首长亲自为学员做形势报告定为哈军工的一条规矩。陈赓要求教师以自己良好的教风去影响学员的学风，既教书又育人，对学员有高度责任感和服务精神，既是课程教员又是政治教员。

"严肃的工作作风，严谨的学习态度，严格的组织纪律，严整的工作秩序"是陈赓从严治校的概括要求，体现在哈军工教育组织的各个方面、全过程。哈军工以"严"著称，即是从此而来。锻造学员的军事工程师特色品格和塑造军工的特色风格，是陈赓从严治校的基本要求。"治军先治校"。执行严明的纪律，是哈军工形成良好的校风、教风、学风的可靠保障，是其革命化、正规化、现代化的内在要求。陈赓说："我们是培养军事工程师的场

所，也是锻造军人作风，锤炼军人品德的熔炉，对贯彻条令要求更高更严，人人要养成遵纪守法的自觉行动。我们必须强调，要养成有军工特点的校风校纪，因为它是学校的灵魂。"陈赓要求全院学习抗大"团结、紧张、严肃、活泼的优良作风"，继承我军光荣传统。20 世纪 60 年代初，高干子女开始成为哈军工一个特殊群体。陈赓同样要求严格管理、经常教育，不要特殊化，不要脱离群众，干部要对他们一视同仁，不要让他们养成优越感。他主张培养学员的独立工作能力，要求教师对学员严格要求。陈赓从严治校，塑造了哈军工的特色风格，也使严肃、严谨、严密、严格成为哈军工人的内在修养。

陈赓这一严爱互包、严爱合一的教育思想，是关心、要求和激励的统一，既将全员置于军队优良管理模式中，又结合了现实情况，超越了军队的命令式，是具有先进性的全员，全方位、全过程教育思想。

（二）以教学为中心，与时俱进，以科研促进教学

教育目的是创办高校的首要问题。明确了目的，才有方可寻、有路可走。创办培养高质量军事工程技术人才的高等学府，是中央赋予以陈赓为首的哈军工创建团队的崇高使命。陈赓在实践中抓住这一主旨，因而能够摆正教学、科研以及其他教育工作的地位，理顺关系。

哈军工是受现代化战争、国防事业急需而产生，其办学不仅具有教育意义，更具有军事意义和政治意义。毛泽东主席在为庆祝学院成立颁发的训词中明确指出，哈军工的创办是为了完成培养"大批能够掌握和驾驭技术的人"，"并使我们的技术能够得到不断的改善和进步"这一"迫切需要"的任务的。而完成这个"迫切而光荣的任务"，必须把教学放在中心位置。陈赓在建院之初就确立了"以教学为中心"的指导思想，明确要求全院必须统一思想，步调一致，以教学成绩作为衡量各种工作成绩的主要标准。1953 年年初，《军事工程学院党委会关于执行教育任务中几个主要问题的决定》明确规定："学院的中心任务是为完成国防技术教育，培养各兵种高级技术人

员。这一繁重而艰巨的任务，如无各种工作的有力保证，是不可能胜利完成的，因此在院党委的统一领导下，加强对教学工作的保证，应成为各部门工作的中心任务。"20世纪50年代政治运动频繁，陈赓对学院政治运动保持清醒态度。在他担任院长期间，即使有全国性的大运动，也基本不耽误执行教学计划。1958年，在全国执行教育与生产劳动相结合的方针，盛行勤工俭学的风气下，陈赓还努力纠正哈军工的执行偏差，叮嘱学院领导，勤工俭学不能脱离专业学习。同时，"以教学为中心"也从内涵上要求教师要通过学习提高教学质量，满足知识技术的现实需要。

与时俱进是哈军工人才辈出、成果卓著的重要原因，更是陈赓教育思想的重要组成部分。在保证"以教学为中心"的条件下，重视科研是陈赓教育思想中的一个闪光点。陈赓认为科技强军，科技在于人才；科研带动教学更新，促进教学水平的提高。他竭力支持图书资料的增加和更新，不限制科技阅读；鼓励发明创造，反对模仿的奴隶主义思想；对于取得重大科研成果的教师予以表彰奖励，树立科研典范，大力培养和提拔青年教师，提高老教师水平；大力促进实验室、实习工厂建设，对科研设备购置毫不吝啬。陈赓在学院成立之初就把培养高层次人才纳入教育发展视野，将哈军工办成一流大学。哈军工于1955年开始培养研究生。1959年底，陈赓提出学院集中精力办好尖端专业的战略规划，即"尖端集中、常规分散"，学院的培养目标由维护修理工程师转变为研究设计制造工程师，更加突出了哈军工的办学方向和特色——"尖端集中、常规分散"的思想也是陈赓的教育战略思想的体现。陈赓以高瞻远瞩的姿态准确把握国际军事高科技发展趋势，带领学院开创原子、电子、计算机等三个系，培养尖端专业人才，适应现代化国防科技需要。哈军工在陈赓与时俱进的思想引领下，培养了大批具有独立自主、自力更生、艰苦奋斗、勇于创新精神的青年才俊，他们创造了多个共和国科研第一，为我国国防科技现代化作出了巨大贡献，同时也继承和发扬了与时俱进的品质和风格。

"以教学为中心"思想，保障了哈军工教育活动的正常秩序和教学质量；

与时俱进，重视科研创新又促进了对教学效果的巩固和提高，锻炼和培养了科研型人才。这里也包含着陈赓的爱国主义情操和作为共产党人的奋斗理想。

（三）爱惜人才，以人为本，团结教育的主体力量

教育依靠人才，社会主义的教育工作者之间只有分工不同而不应有目的上的区别。陈赓认为，只有紧紧依靠专门教育人才、大师，才能使哈军工兴起。他提出"两老办院"，从而团结办学力量，是新中国成立初期弥足珍贵的教育思想。

陈赓强调，"善之本在教，教之本在师"，"中国革命没有知识分子是不能胜利的，社会主义建设没有知识分子同样不能胜利"。哈军工在建院之初就在陈赓的带领下汇聚了一批人才，这些人才中甚至有因在"三反"中被判处死刑缓刑的专家。陈赓称这些专家、教授是"国家最宝贵的财富"。哈军工建院主体由两部分人构成，一部分是在旧社会出国留过学的国内知名专家、教授（即老教授或称老教师），另一部分则是参加革命多年的思想政治素质过硬的老干部。在新中国成立初期，政治气氛严肃浓重、讲阶级成分的年代，工农干部对出身于旧社会、社会关系较为复杂的老教师在哈军工备受尊重多有偏见和不理解。陈赓提出"两老办院"思想，即"既要依靠老教授，也要依靠老干部"，团结办院。"两老办院"，肯定了高级知识分子在哈军工教育中的地位。

具体来讲，陈赓对爱国知识分子唯才是用，用人不疑，以情感人。他坚持"历史问题看现在，社会关系看本人，重在现实表现"的原则，尊重老教师，对他们做到"政治上信任，工作上放手，生活上关心"，为他们服务，解决他们的思想问题，使他们更好地、更安心地发挥专长，为国防建设做贡献。陈赓十分关心老教师的政治进步，积极在老教师中发展党员；在工作安排上力主让懂行的教授承担教学组织方面的行政职务，让他们有职有权；关心看望老教师，帮助他们解决生活中的困难和问题；每周找两位老教师谈

心，真诚与他们交朋友，平等相待，不掩饰自己的态度。老教师在政治运动中多面临冲击，陈赓为了保护教育人才，不让随便给他们戴帽子。这些都是以人为本的精神内核的具体化。

"两老办院"思想，是陈赓结合哈军工教育实际提出来的思想，是实事求是地维护团结、尊师重道的体现，是对党的"争取、团结、教育、改造"的知识分子政策的创造性执行，也是党在教育领域构筑统一战线的体现。实践证明，也正是这种尊重知识、尊重人才的思想和教育实践，使得哈军工能够留住人才，使他们成为主人翁，积极发挥作用。这一思想既提高了全院干部的思想觉悟，也帮助来院工作的专家教授树立了主人翁的责任感，并将教育置于党的领导下，起到了凝聚办学力量、团结办学的作用。

（四）教育本质是服务，党领导教育，干部以身作则

社会主义教育是为人民服务的教育，这在《中国人民政治协商共同纲领》及以后的文件中都有明确阐发和深刻体现。坚持党对教育的正确领导，是确保教育政治方向的关键。而党在领导过程中，主要对教育起到保障支撑作用，党的干部要全心全意服务于教育。陈赓作为教育领导，其服务思想和服务精神为哈军工干部和学员树立了良好的榜样，并深刻影响了学员。哈军工教育也正是在这一共同认识的基础上存在的。

哈军工教育本质就是服务，其表象就是贯彻良好的保障工作。陈赓说，"领导就是服务"。"两老办院"思想就包含着干部为教师服务、为学员服务的内涵；"以教学为中心"也要求党的中心任务是保障教学工作。著名的"端盘子"思想，在陈赓的倡导下发扬光大。陈赓要求党的干部发挥服务精神，对待知识分子而不要以改造者、教育者自居，为他们解决教学、科研上的困难和障碍，提供良好的工作、学习条件；要求干部发扬我党、我军的优良传统，用自己的一言一行为学员做模范，成为学员行为的教养者。他说，干部要经常深入到教学中去，认为天长日久总能产生影响。而他本人也这样要求

自己并付诸行动，在深入实际和基层教师、学员的接触中发现问题并努力解决问题。

党员干部为全院师生树立先进、模范的榜样，靠的是健康良好的组织关系和党员干部自身的品质和作风。陈赓坚持和带动干部坚持民主作风，以身作则，敢于开展批评和自我批评，重视党的内部团结。陈赓以身作则，哈军工干部纷纷发扬言行一致、注重行为示范的精神，在教育实践中高度要求自己，严格规范和约束自己，切切实实服务于教学、科研，为教师和学员树立做人、做事的榜样。哈军工学子多有取得成就非凡和地位显赫者，其服务意识、服务思想和服务精神就与哈军工的培养密不可分。

（五）学习先进，重视交流，处理好教育外部关系

教育的基点和起点在很大程度上决定了教育的水平和质量。哈军工是在国内一批人才的共同努力和苏联专家、顾问的帮助下，在国家、军委高层的关怀下建立和发展起来的，这说明了她的高基点、高起点。陈赓把哈军工创办目标定位建成全国、全军一流大学，这就把哈军工的发展战略规定在高水平、高层次上。尽管从零开始，也是向先进看齐。

把苏联的先进技术学到手，就是哈军工向苏联学习的目标。陈赓要求全院尊重、信任苏联专家，不卑不亢，正确处理并维护好同苏联专家、顾问的关系；学为己用。学习苏联的教学制度是哈军工正规化办学的基础，也是哈军工校风形成的重要因素。苏联专家、顾问的爱国主义精神和国际主义精神，严格细致的要求等都是有益的学习要素。陈赓主张学习苏联要"以我为主"，借鉴苏联的教学制度、管理模式、纪律条例等要结合我国实际制定和执行，根据毛泽东主席的指示"技术上全学，政治上不学，军事上又学又不学"，把学习苏联的原则性和灵活性结合起来。他抵制苏联的"一长制"，反对形式主义、教条主义，坚持我党我军的优良传统和作风，是辩证学习先进、结合实际的学习态度，是对马列主义、毛泽东思想的科学运用。

保密院校也要在经验技术上与外部交流。学习先进，不仅是学习苏联，也注重国内交流和借鉴。哈军工筹建之时，陈赓就向张述祖先生请教国内名校名师的治学理念；1957 年，副总参谋长任上的陈赓还亲自安排哈军工访问团到苏、波、捷等三国的军事工程院校参观考察事宜；他还到清华大学等知名理工科高校考察，借鉴办学经验和了解仪器设备情况。

哈军工办学，能够得从无到有到强，除了创建团队自身的艰苦奋斗和协调内部关系较为适当，处理好教育的外部关系也是不可或缺的因素。国家、军委以及中央部委的支持，是哈军工办学的上层支持力量，而陈赓认为，要办好军校，不能只拿着尚方宝剑提要求，还要多方协调、虚心求教，处理好与地方政府、军区、地方院校、工厂和老百姓的关系，赢得他们的支持。恰当处理教育的外部关系，也是陈赓教育思想的内容之一。

二、陈赓教育思想研究总结

陈赓教育思想是具体的历史的实践的产物。陈赓长期丰富的革命经历锤炼了他高尚、优秀的品质，为教育积累了经验。从黄埔军校到抗日军政大学，陈赓多次受到较为严格、系统的军事训练和教育培养；同时，陈赓担任过彭杨步兵学校校长、红军干部团团长，还创办过豫陕鄂军政大学、云南省军区步兵学校等，把军事、政治教育运用到办学校和干部培养上，重视思想政治工作、作风培养。在战争时期，陈赓就十分注重部队对知识分子的吸收和培养，使他们积极发挥革命作用。陈赓对马列主义忠诚而坚定的信念和对毛泽东思想的深刻领会，为他的教育实践提供了精神引领和认识基础。现代化战争加深了陈赓对科技和军事技术人才重要性的体悟。陈赓在朝鲜战场深刻体会到我志愿军面对现代化武器装备，显得十分落后，处于不利地位，在战争中蒙受巨大损失。1954 年以来陈赓担任军事领导职务，他从全局出发，对科研事业和科技教育备加重视。因此，对陈赓教育思想进行研究，就必须置入历史中，把教育思想与历史的、政治的、军事的教育环境融合，不能使

陈赓的思想游离于大背景之外，同时抛开个人偏好和崇拜情结，使其呈现尽量客观，也避免落入庸俗。

把握陈赓教育思想不可忽视共产党人本色。其一，理解"两老办院"、团结办院的思想，执行党的知识分子政策，不能忽视党的领导和政治正确性。陈赓说："正确地执行党的知识分子政策，是从思想上和政治上不断帮助他们，使其逐渐清除资产阶级的意识，而代之以革命人生观。应树立坚强的党的领导作用，而决不忌讳这个作用。党与政治机关要敢于公开地对其进行领导，党的干部要主动地向其接近进行工作。"政治教育思想是陈赓教育思想的最突出方面，体现了艺术性。其二，为实现共产主义而奋斗是无产阶级革命家矢志不渝的伟大理想，要培养青年为实现这一理想而继续奋斗，因此对青年的培养是爱与要求相结合。陈赓多次对青年提出期望，他说："老一辈的战士打了江山，但是老一辈不会总留在世界上，我们总是要死的。我们希望你们这些年轻人快快长大，好好接我们的班。建设共产主义的伟大任务是要你们来担负的！不要忘记过去，继承革命先烈的遗志，实现共产主义的伟大理想。"

此外，必须认识到陈赓教育思想含有哈军工创建团队集体智慧的补益，不能把所有的光环都加在陈赓一人身上，使研究贴近历史的真实性。我们在相关研究中常常看到"两个中心论"，即把教学和科研并重而提，这不符合陈赓所处的教育环境，因而本文也不予认同。

三、陈赓教育思想对高等教育的启示

教育思想是指导教育实践活动的灵魂。高等教育需要先进的、超越现实并引导实践进步的教育思想作为精神导向。陈赓教育思想是无产阶级革命家在高等教育史上留下的宝贵遗产，渗透着当今提倡的价值内涵，也展露出与时俱进、争创一流，培养适应未来需要的人才的战略眼光和雄伟气魄，对当今高等教育具有启示作用。通常，从宏观来讲，启示高校做好自身定位，实施战略规划与管理，突出特色办学方向和人才培养思路，辩证借鉴吸收外部有益成果；高校在教育标准的控制上要严谨，遵从高规格，以教学为中心，人才培养的过程与目的、目标合一，不能偏离教育的本质；做好教育集体内部团结工作，建设和谐校园，增强合力育人的效果；教育工作者要全方位育人，教书育人，用良好的师德师风影响学生；同时，启示我们高等教育面向现代化、面向世界、面向未来，重视科技创新。笔者认为，陈赓教育思想对高等教育还有以下四个方面的重要启示：

（一）实抓教育人才和学术建设，提高高等教育质量

教育兴则国家兴。充分认识、把握教育和人才在发展中的地位和作用，才能振兴教育。人才强校。教育人才的素质和水平是影响高等教育质量的关键因素，紧紧依靠高素质人才实施教育，才能更好地培养人才。要"坚持教育人才优先发展"。其一，高校教师是高等教育的主导力量，要从多方面保证高校教师整体质量的提高。要优化高校教师队伍结构，提高整体水平，把引进和培育相结合，高端引领，优先保证教育人才投资，对于高层次教育人才要有良好的制度环境和培养平台。要从未来着眼，注重创新型人才的发掘和着力培养，为青年英才脱颖而出搭好梯子。注重高校教师思想政治素质和道德素质建设，使他们既用知识教人，也用情感和行为修养育人。其二，推进高水平教育管理队伍建设。从校长到各机关部门人员再到辅导员、班主任等，都应具备德才兼备的条件，不仅要具有管理意识和能力，更应强化服务意识和能力。学校要把德育放在培养全面发展的人的首位。改革开放以来，德育工作越来越专业化、规范化，但它的实际地位明升暗降，"全员育人"的氛围淡化，辅导员、班主任等主管学生的角色成了德育工作的主要承担者，而更多与学生直接接触的授课教师实际承担的责任不够。要提倡"全员育人""全过程育人"，所有教育者都把育人作为自己的职责，言传身教，把看似"虚"的德育做实。政治路线确定之后，干部就是决定的因素。校领导干部要能够运用理论，结合实际治理学校，高屋建瓴，具备善于选人用人

的素质，发挥人格魅力和领导艺术等。其三，做好教育人才的保障工作毫无疑问是必需的。毛主席曾指出，要得到广大群众的真心实意地爱戴，"就得关心群众的痛痒，就得真心实意地为群众谋利益"，"一切群众的实际生活问题，都是我们应当注意的问题"。关心教育人才的工作和生活问题，解决他们存在的实际困难，做好保障工作，才能使他们安心工作，发挥积极性和创造性，更好地克服教育发展阻力。

同时，要尊重学术权力，贯彻教授治教原则，营造学术自由氛围。教育去行政化，确保专家、学者以及专业教师在教学和科学研究上的话语权，真正创造学术浓厚的氛围，才能从真正意义上激发他们的主动性、积极性和创造性，使他们真心喜爱学术，钻研学术，而不是为学术所累，才能从内涵上促进教育事业发展。

（二）发扬学校优良传统和完善制度、文化建设，优化育人环境

马克思主义认为，环境与人是互构共生的，人在改造环境中也改造自我。育人环境直接影响育人质量。制度、传统和校园文化共同构成了高校育人环境。

制度是行为的依据，是高校发展成熟与否的重要标志之一。高校完善自身制度建设，规范教育过程管理，能够保证教育秩序扎实稳重推进。制度文明是校园文明的重要组成部分，完善制度建设有利于提高校园文明水平。学校的优良传统是历史文化积淀的产物，是学校的宝贵财富，也是学校特色的深层基础，是校友间的共同话题。要注重继承和发扬学校的优良传统，培植知校、爱校、有母校情结的人。校园文化彰显学校魅力，对学生品格起到塑造作用。大学精神即蕴含于校园文化当中。校园文化具有凝聚力，这也就是学校的魅力。校园文化建设促进学校的和谐建设。学生对校园文化的认同和自身的融入，使他们具有校园文化的特征。努力进行校园文化建设，理所当然应是高校的要务。因此，重视育人环境建设——完善学校制度、珍惜优良传统、弘扬优良校园文化，对于提高师生素质、增进校园文明、提高学校凝

聚力以及建设和谐校园具有十分重要的促进作用。

（三）以党风引领校风、教风、学风，发挥党的先进作用

党委是高校中的领导力量。党风对于校风、教风、学风，都具有重要的影响和带动作用。健康、优良的党风，能够团结教育力量、凝聚人心，拨正不良行为，提高教育效率、保证教育效果和推进教育改革。党风建设关键是要树正气、辟邪气，引领正确的政治思想方向，为高校建设保驾护航。要注重党的组织领导，在党的干部管理和考核上，扎实推进，严格管理、细致考核，把"德"放在第一位；在发展党员工作中，要保证质量、严格要求，不把党的工作当成边缘工作，而把它做到实处，是一项基本工作。注重基层党组织建设，使其在群众中其实发挥教育作用。党的领导干部特别注意坚持群众路线，深入到基层了解实际问题。党员干部要以身作则，继承和发扬党的优良传统，全心全意为教育事业服务，以优良的党风带动营造健康的校园风气。理论联系实际、密切联系群众、批评与自我批评的作风，是中国共产党人的优良传统，也是辩证唯物主义和历史唯物主义的科学世界观在党风上的体现，实践证明是有益于教育发展的先进经验，在高等教育中必须得到强化。

（四）全面贯彻落实"以人为本"，用科学理念感染青年

陈赓教育思想总体上渗透着"以人为本"思想——是在科学的马克思主义人学思想被遮蔽的时代展露的光辉。在高等教育中贯彻落实"以人为本"，不仅要在观念上打破传统思维，更要在行动上全面贯彻落实，尤其在基层。高等教育中贯彻落实"以人为本"，对于培养青年成长成才，尤其是对学生和青年教师，都有极其重要的深远影响，同时也为高校建章立制、科学发展奠定文化基础，内化为办学治教的软实力，从而成为宝贵财富。当前高校的"以人为本"，从培养学生的角度来说，就要从学习、生活上以及活动中主动为他们提供帮助，尤其是解决成长路径上的障碍，为他们发挥主动性、积极

性和创造性提供优良的硬件和具有向心力的文化。教育的领导者、管理者和教师以及其他人员，都应从关心爱护青年、着眼全局、面向未来的层次认识自身的工作，放在历史的长河中加以考量，真正把工作当成事业对待。"以人为本"的科学理念，对青年人具有潜移默化的感染教育作用，对他们的成长进步有极大的积极意义。

（刊于《黑龙江高教研究》2014 年第 6 期）

论陈赓的办学思想

王春晖

陈赓原名陈庶康，1922 年加入中国共产党，1955 年被授予大将军衔。曾任中国人民解放军军事工程学院院长兼政委、中国人民解放军副总参谋长兼国防科委副主任、国防部副部长等职，是我国伟大的无产阶级革命家、军事教育家。

作为革命家的陈赓，被人们所熟悉，而陈赓作为教育家的历史，却鲜为人知。1924 年，黄埔军校创办，陈赓成功考入黄埔军校成为第一期学员。毕业之后，他以优异成绩留校任第二期入伍生连长、第三期本科副队长，这是陈赓教育生涯的起点。1934 年，回到中央苏区的陈赓被任命为彭杨步兵学校校长，为培养红军初级指挥员立下了汗马功劳。同年，为适应战争形势的需要，中革军委决定，将中国工农红军大学与第一步兵学校等学校合并，恢复工农红军学校建制，长征开始后改称干部团。陈赓任干部团团长，为党培训、储备了大批干部。正是这些教育实践经历，为陈赓办学思想的形成打下了坚实的基础；也正是因为有丰富的办学经验，毛泽东主席才任命陈赓为我国第一所高等军事技术院校——中国人民解放军军事工程学院（即哈军工）的首任院长兼政委。在哈军工的办学实践中，陈赓形成了一整套科学的先进的在今天看来仍然具有指导意义的办学思想，成为他留给中国高等教育的一笔宝贵财富。

一、"高起点"的办学主导思想

"高起点"是在筹建哈军工之初，陈赓提出的办学主导思想。1952 年 9 月 1 日，在哈军工筹委会的成立大会上，陈赓表达了这种思想，他说："中国人民解放军军事工程学院已经'怀胎'，明年'出世'，她将在我军建设史上占有重要地位。……在朝鲜战胜了最现代化的美国侵略军，说明我军已经成为世界上第一流的军队，问题是我们缺乏技术，武器装备很差。……掌握技术是当前军队建设的头等大事。创建这样一个高级工程技术学院，对我们的国防现代化建设有十分重要的意义。"虽然在陈赓的讲话中，没有明确使用"高起点"这三个字，但他对学院在我军建设史上的重要地位的定位，对我国国防现代化建设重要意义的分析，都蕴含了他"高起点"的思想，并且在筹建学院、建设学院的实践中，陈赓实实在在地践行着自己"高起点"的办学主导思想。这种践行主要体现在以下方面。

（一）聘请苏联顾问，引进世界先进的教育理念与模式

苏联的军事技术教育理念及实践在 20 世纪 50 年代是世界先进的。哈军工从筹建伊始，就邀请了以苏联空军中将、列宁格勒莫热基军事航空学院副院长奥列霍夫为首的苏联顾问团来院指导教学工作，引进当时世界最先进的军事技术教育理念和模式，这是哈军工"高起点"办学的第一个突出表现。从 1953 年 4 月到 1960 年 8 月，来哈军工工作的苏联专家累计 141 名。从学院选址到专业设定，苏联专家都全程参与指导。学院领导设首席顾问，各系配系主任顾问，专业教授配专家，帮助制订教学计划、辅导和培训教师。新中国成立初期，完全依靠自己的力量快速建设一所综合性高等军事技术学府是非常困难的。聘请苏联专家顾问，是哈军工创办的重要条件之一，也使哈军工在建院时起就引入了世界先进的军事技术教育理念，并在先进的理念支撑下，走出了一条科学、先进、正轨的"高起点"办学之路。

（二）走出国门，向世界先进的军事技术院校学习

走出国门，锁定世界先进，向其他国家军事技术学院学习，是陈赓"高起点"办学思想的第二个突出表现。1957年5月18日，陈赓起草了《关于军工与装甲兵司令部联合组成中国人民解放军院校参观团出访苏联、波兰、捷克的报告》，旨在学习世界先进军事院校的办学经验，索取技术资料，商谈建立对口学术联系的问题。5月19日，周恩来总理批复"同意"。此行，哈军工代表团参观了茹柯夫斯基空军工程学院、捷尔仁斯基炮兵工程学院、斯大林坦克工程学院、古比雪夫工程兵学院、伏龙芝军事学院、克雷洛夫海军工程学院（研究生院）等院校，在教学制度、课程设置、教学方法、学校管理等方面收获颇丰。参观团成员柳克俊还撰写了一份《关于发展舰用电子计算机，研究试制供快艇用的快速电子指挥仪的报告》，详细地介绍了数字式指挥仪的技术现状和未来应用的广阔前景，提出学院应该进行立项研究的建议和方案设想。报告得到学院的批准和重视，最终课题组只用了不到一年时间，研制出了我国第一台军用电子数字计算机。从1957年开始，学院开始选派教师赴国外留学，攻读学位。他们学成归来后成为哈军工的技术骨干和中坚力量，为祖国的国防科研作出了巨大贡献。

在陈赓"高起点"办学主导思想的引领下，哈军工高起点、高速度的创建，不仅招生分数堪比清华、北大，对招收学员的政治要求也极高。在不到10年时间里，就一跃成为与清华、北大齐名的国内一流大学，享誉中外。在陈赓"高起点"办学思想的实践中，我们可以总结出，对于一所大学而言，先进的教育理念和开放的国际视野是其"高起点"发展的保障；而只有一开始就占有"高起点"发展的有利先机，才能使大学沿着高水平的发展路径逐渐走向成熟。

二、"教之本在师"的师资队伍建设思想

陈赓强调，在教学工作中，要贯彻"教之本在师"的师资队伍建设思想。1952年12月9日，在学院全体党员干部会议上，陈赓就曾提出"教之本在师"的师资队伍建设思想。他说："我们学院邀请国内有名望的上千名教授和助教来院工作，他们是办好军事工程学院的关键人物，学院能不能培养出高质量的军事工程师，能不能搞出科学研究成果，主要是靠他们。"在"教之本在师"的师资队伍建设思想指引下，哈军工很快就汇聚了一支国内一流的教师队伍。哈军工的成功办学以及培养出大批人才的关键，就在于牢牢抓住了师资队伍建设这个根本。

（一）重视人才，统一思想

为了统一思想，提高学院上下对"教之本在师"的师资队伍建设思想的认识，在学院老教师座谈会上，陈赓用"两老办院"进一步阐释了自己的"教之本在师"的思想。他说："我们学院既有经历长征两万五的八角帽（红军帽），也有经历十年寒窗苦的四角帽（博士帽），八角帽上过井冈山，四角帽去过旧金山，都是国家的宝贝，是建设国家的财富，我们要办好军事工程学院，完成党中央、毛主席交给我们的光荣任务，既要依靠老干部，也要依靠老教授，我们的口号是两老办院。"在当时的历史背景下，在哈军工这样一个密级很高的单位，陈赓把知识分子的地位提到如此之高，提出"两老办院"，是需要相当的勇气的，是基于其"教之本在师"的师资队伍建设思想的决策。

据统计，哈军工创办初期的59名教学骨干力量中，有43名是曾经就读于国外著名大学的博士、硕士。如，朱起鹤在美国加州大学伯克利分校化学系，师从诺贝尔化学奖获得者、低温化学家吉奥克从事化学热力学研究，获博士学位；陈百屏先后就读于美国斯坦福大学、布朗大学，获得博士学位；罗时钧在美国加利福亚理工学院航空系攻读博士学位，导师是著名科学家钱学森。这些人才在哈军工的教学科研工作中发挥了重要作用，作出了突出贡献。

（二）爱惜人才，勇超常规

正是因为认识到了教师在办学中的重要地位，在建院初期师资匮乏的情况下，陈赓亲自指挥请调教授的工作。其中就有一个陈赓"刀下抢人才"的事例。请调教授专家的名单中有一位国内有名的弹道专家，在调来哈军工前因为某些原因被判死刑，缓期两年执行。陈赓求贤心切，为此找到当时负责"三反""五反"运动的主要领导和最高人民法院院长商量可否让此人到哈军工戴罪立功。领导打趣说："你老陈真是爱惜人才，死刑犯都敢要！你敢要我就敢给。"陈赓爱才心切，在人才工作中，勇超常规，救下一个死囚，为哈军工的教学科研服务，这件事在哈军工脍炙人口。这位专家也不负众望，来到哈军工后，翻译了很多弹道方面的技术资料，补充了学院教材和技术资料的不足。陈赓爱才、惜才的口碑为哈军工培养和汇聚了一大批优秀教师。

陈赓"教之本在师"的师资队伍建设思想，肯定了教师在办学中的主体地位和作用，也证明了陈赓对高等学校办学的规律有着深刻的认识，这与今天高等教育"以教师为本"的理念是一致的。

三、"尖端集中、常规分散"的学科建设思想

1959 年 11 月，陈赓给中央军委写报告，提出哈军工分建改建的建议。报告中写道："由于我军技术装备和科学研究工作的迅速发展，对工程技术干部的需要日益增大……无论尖端或常规，今后所需工程技术干部的数量都会增长很快，全军只办一所综合性学院无论如何不能满足需要，势在必分。从现实可能性看，军事工程学院常规武器各系已具有一定规模，分建的条件已经基本具备。"中央军委办公会议原则上同意了陈赓提出的"尖端集中、常规分散"的建议。

（一）启动我国军事技术院校重大调整，形成三级培养格局

1959 年 12 月，中央军委办公会议针对陈赓提出的建议，作出针对哈军工分建改建的决定，并将其作为军委常委会议文件第六号下发，开始启动我国军事技术院校的一次重大调整工程。经过调整，我国培养军事技术干部的格局形成三级：中级技术学校、新建的军兵种工程学院和哈军工。其中，中级技术学校，培养一般技术干部；新建的军兵种工程学院，培养维护、使用军事装备的工程师；而哈军工是最高级的军事技术院校，负责专门培养研究、设计、制造的工程师。陈赓领导的哈军工不仅毫无保留地支援了一批军事工程学院的建立，并使这些学校在很短的时间里，迅速走向成熟，为我国高等教育事业特别是国防科教事业作出了重大贡献。在陈赓"尖端集中、常规分散"思想的指引下形成的我国三级军事技术教育格局，标志着我国国防科技教育事业迈上了一个崭新的台阶。

（二）新建尖端军事技术专业，精心培育优势学科

哈军工依据陈赓"尖端集中、常规分散"的学科建设思想，致力于打造军事科学的尖端学科。哈军工成立了导弹工程系，又新建了原子工程系、电子工程系和计算机系，并将培养目标由培养维护修理的军事技术干部改为培养研究与设计的军事技术干部，在办学中逐步形成了尖端优势学科方向和突出的办学特色，办学实力不断增强，办学水平不断提升。正是由于率先建立了原子、电子、计算机等尖端专业，哈军工在计算机、电子信息科学研究和领军人才培养方面取得了很大成就。我国第一台舰载计算机、第一台机载火控计算机、第一台晶体管电子数字计算机都诞生在哈军工。在我国计算机事业的发展过程中，哈军工人站在了关键的岗位上，发挥了推动、引领我国计算机技术向前发展的关键作用。银河巨型机之父、哈军工教师慈云桂带领着他的哈军工学生周兴铭（银河—Ⅱ总设计师）、卢锡城（银河—Ⅲ总设计师）为我国的巨型计算机事业作出了重要贡献。这些都得益于哈军工尖端优势学

科的滋养。换句话说，这些成果的取得和人才的诞生都是陈赓"尖端集中、常规分散"学科建设思想的产物。

"尖端集中、常规分散"学科建设思想的提出，是因为陈赓看到了优势尖端学科培育与建设对一流大学的发展具有重要的引领和牵动作用。现代高等教育实践证明了陈赓学科建设思想的正确性。优势尖端学科的精心培育和集成建设，不仅有利于带动高校的配套学科水平上层次，更有利于重大创新科研成果的产出、高质量人才的培养。优势尖端学科的培育和建设，成为高校在大学新的分层次建设中抢占制高点、赢得战略发展机遇的重要途径。

四、严格的教育管理思想

陈赓严格的教育管理思想的首次表达，是在 1954 年 3 月学院的行政队列会议上。陈赓在会上作了题为"加强正规化建设"的报告。他指出："在军队自古以来就是治军必严，严的依据是法，军队的法就是统一的条令条例和规章制度，条令是有权威的。……各级领导干部在行政管理上要严字当头，严中有爱……特别是学员队干部，要把一个老百姓学生训练成一个标准军人。"在陈赓院长严格的教育管理思想要求下，学院呈现出教师治学严谨、教学组织严密、生活养成要求严格的局面。

（一）治学严谨

陈赓严格的教育管理思想，首先表现在要求教授治学严谨方面。哈军工海道测量教授会主任刘恩兰教授，是我国第一位获得英国牛津大学自然地理学博士学位的女科学家，也是我国第一个环球考察北美及欧亚社会地理、自然环境、风土人情的女学者。她以极其负责的态度从事教学工作，把培养高质量的军事工程师视为最神圣的事业。她从不以名教授自居，相反地认为自己缺乏军事、战术知识，于是老老实实跟着学员去听战术课，认真学习战术知识，根据海军战术的要求改写自己的讲义。哈军工如刘恩兰一样谦恭好学

的大师举不胜举，他们用自己严谨的治学态度为学员的成长、成才树立了榜样。

（二）组织严密

在教学组织工作上，陈赓要求组织一定要严密。举一个学院考试的例子。1953年12月，学院制定了《第一期考试与测验实施办法》。这个办法，经过修改和补充，后来形成了《军事工程学院考试与测验办法》，于1954年5月作为院长命令公布。办法明确了考试与测验的目标、实施的具体办法和有关规定，考试方式采取口试。1957年12月，学院教务部颁发《本学期考试工作的几项暂行规定》，对考试方法进行改革，明确考试方式可以根据课程具体情况采用笔试、口试或笔试加口试的方式，并指出，理论性强的课程以口试为宜，计算问题多的可以采取笔试。1962年以后，学院取消口试，全部采取笔试。哈军工的口试非常严格，一人一试，单独抽取试题卡，在黑板上答题，主考教员现场给应试学员评分。这仅是哈军工教学组织严密的一个例子。

（三）要求严格

陈赓严格的教育管理思想的第三个表现，就是对学员的军人作风养成教育要求严格。野营教育是哈军工军人作风养成教育的一个重要组成部分。1954年7月11日，野营司令部举行入营典礼时，陈赓说："野营教育是整个教育计划中的一个重要组成部分，它对学院今后正规军事教育有很大的意义。"他要求学员"在学习中要树立敌情观念，英勇顽强，坚决执行命令，加强正规军人的军事生活锻炼，使自己通过野营战术的学习，进一步加强组织性和纪律性"。除野营训练外，学员严格执行"一日生活制度"。每周末以班为单位列队检查军容风纪。在日常点点滴滴的养成教育和管理之中，各级领导起到身先士卒的表率作用，和学员建立了亲密无间的战友情谊，也使学员得到了严格的训练，养成了良好的生活习惯，磨炼了意志品质。

陈赓严格的教育管理思想，对学院良好的风气的形成起到了基础性的锻造作用，成为影响师生思想、品格形成的重要因素，成为学院人才培养和科学研究工作取得成绩的重要保障。

五、"一切为了学员"的服务思想

陈赓院长有句名言："学院好比大饭堂，教师是炒菜的，干部是端盘子的，学生是来吃饭的。"教师炒好菜、干部端好盘子，就是为了让学生吃好饭。"一切为了学员"是陈赓提出的服务思想。

（一）为学员成长成才服务

作为院长，陈赓率先垂范，从各个方面关心学员，为学员的成长成才服务。每一期新生入学，他都要亲自到学员宿舍去看望，与学员谈心，鼓励他们好好学习，报效祖国。他指示教务部门制订教学计划要注重学员独立思考能力的培养，学习任务不能太紧，要给学员独立思考的时间。他批评开会、点名、活动太多的系，要求他们不能用简单的带兵方式去管理学员。1958年3月25日，在第一期学员毕业典礼之际，病中的陈赓还给学员们写了一封信。信中说："几年来，你们在学校学到了很多理论，这是非常必要的。今后，如何运用这些理论去解决各种实际问题，又从实际中进一步提高理论就成为你们的重要任务了……只有精通理论，并具有丰富实践经验的干部，才能称得起精通某项业务的专家。"他鼓励学员们要为祖国和我军的现代化建设贡献出自己的力量。在陈赓的带领下，学院上下都秉承"一切为了学员"的思想，为学员成长成才服务。

（二）既教书又教人

哈军工的教师既管教、又管学，向学员传授知识的同时帮助学员把知识真正学到手。学院还要求教师既教书，又教人，不仅向学员传授知识，同时

引导学员坚定共产主义远大理想，教育学员走又红又专的道路。陈赓院长要求担任教学工作的同志，必须系统地了解学员，和学员交朋友。哈军工的教授们，除了讲大课之外，还在学员自习时到辅导室进行辅导，和蔼可亲地听学员提问题，耐心细致地启发诱导、指点迷津。教员极为重视绪论课的讲解，认为这是培养学生宏观能力的重要环节。哈军工所有开课的教师，在正式上课之前，都首先以高度负责的精神，热情地向学员详细介绍所开课程对培养军事工程师的重要意义，指出这门课程与中学课程的联系和区别，说明课程的特点、重点、难点，以增强学员的学习兴趣和爱好。哈军工的教员们以"一切为了学员"的服务思想，从事教学工作，以自己良好的教风去影响学员，帮助他们树立正确的人生观、价值观，忠诚于党的事业。

人才培养是大学的核心使命。陈赓用端盘子、炒菜的形象比喻，说明了无论教师还是教学管理人员，都是为学生服务的，是为学生的成长成才服务的。今天我们的教育所秉承的"以人为本"的理念中也蕴含着为学生服务的思想。陈赓在当时的时代背景下，如此重视作为教育客体——学生的主体地位，十分难得。

哈军工辉煌办学成就的取得原因来自多个方面，但我们应该看到，陈赓作为院长，其办学思想在哈军工起到的关键作用。陈赓先进科学、内涵丰富的办学思想，对我们今天高等学校的办学仍具有积极的借鉴意义。

（刊于《教育探索》2015 年第 2 期）

陈赓与我国高等军事技术
教育关系的历史考察

王春晖

陈赓曾任中国人民解放军军事工程学院院长兼政委、中国人民解放军副总参谋长兼国防科委副主任、国防部副部长等职，是我国伟大的无产阶级革命家、军事家。作为革命家、军事家，陈赓在抗日战争、解放战争以及抗法援越、抗美援朝等战争中的丰功伟绩早已为人们熟知，而陈赓领导创建我国第一所高等军事技术院校并成功办学、拉开我国高等军事技术教育序幕的历史却鲜为人知。1952年党中央从朝鲜战场紧急召回陈赓，任命他为我国第一所高等军事技术院校——哈军工的院长兼政治委员。从此，陈赓便与我国高等军事技术教育事业结下了不解之缘，并成为我国高等军事技术教育的奠基人和开拓者，为我国高等军事技术教育作出了重要的历史性贡献。

一、领导创建我国第一所高等军事技术教育学府

1950年8月，毛泽东指出："鉴于人民解放军指挥员、战斗员一般的文化水平太低的情况，为了要完成伟大的新任务，就必须提高全体指挥员、战斗员的文化科学与技术水平。"自20世纪50年代初，党中央、中央军委和毛泽东主席充分估计到高等军事技术教育在新时期的重要战略地位和作用，把建设高等军事技术院校问题提上议事日程。在此背景下，哈军工于抗美援

朝战争的炮火中开始孕育。

（一）学院创建的领导者

1952 年 6 月，任志愿军代司令员的陈赓接到中央电令，回到北京，即向军委报到，要求安排向毛主席和周总理汇报前线情况。23 日，毛泽东、周恩来、朱德、彭德怀在中南海怀仁堂召见陈赓。陈赓首先汇报了朝鲜战场的情况，随后，毛主席和陈赓谈到了党中央要创建一所高等军事技术院校，并打算让他来担任院长兼政委的想法。陈赓得知要创建高等军事技术院校，解决我军现代化建设的问题，十分激动，然而，谈到由自己任院长，他显然没有思想准备。毛主席和周总理非常看重陈赓办红军步兵学校、带红军干部团的教育经历，在谈话中都表达了对陈赓的信任，并告诉他，党中央为着手筹建学院已经聘请了一批苏联顾问，这些都坚定了陈赓办好学院的决心。他也不再推辞，欣然受命。其实，早在朝鲜战场亲眼看着战士们用手榴弹打榴弹炮、用燃烧弹打坦克车时，建设现代化人民军队的想法就在陈赓心中落地生根了。同年 7 月 3 日，中革军委主席毛泽东签发命令，任命陈赓为中国人民解放军军事工程学院院长，免去其三兵团司令员兼志愿军第二副司令员及总高级步校校长职务。从此，陈赓举起了培养我国国防科技人才的大旗，开始领导创建我国第一所高等军事技术院校。

（二）筹建工作的组织者

1952 年 8 月 22 日，中革军委批准哈军工成立筹备委员会，并任命陈赓为筹委会主任，徐立行等 3 人为筹委会副主任。学院筹委会于 9 月 1 日在北京恭俭胡同 1 号（现为 59 号）开始办公。陈赓在筹委会的第一次全体会议上讲话，强调了党中央决策建设高等军事技术院校的重要意义和学院所肩负的培养我军急需的军事技术工程师的重要任务，明确了学院的筹建时间和"军事工程学院"这个校名（根据周总理的意见，校名隐晦一点，不要技术两个字）。陈赓的讲话统一了筹委会的思想认识，大家深知，现代化的国防需要大批技术干部，而哈军工的建立就是为了解决这个问题。在新中国刚刚成立、百废待兴的年代，要在一年内建成一所高水平的军事技术院校，面临着一无师资、二无校舍、三无教材设备、四无办学经验等诸多困难。以陈赓为首的学院临时党委提出了"边建、边教、边学"的"三边"建院方针，坚持依靠老教授、老干部的"两老办院"思想，在苏联顾问的指导和帮助下，使我国第一所高等军事工程技术教育学府如期屹立在了世界的东方。

（三）各方力量的协调者

哈军工是一所动用全党、全国、全军的力量创建的学院，陈赓作为首任院长，自然成为协调各方力量支援哈军工建设的关键人物。在陈赓的建议下，1952年9月5日，在中南海居仁堂，周恩来总理主持召开了筹建哈军工的联席会议。时任华东军区司令员陈毅，国家财政经济委员会、中央组织部、高等教育部、建筑工程部、总参谋部、总政治部、总政干部部、总后勤部等部门的国家和军队要员，以及空军、海军、炮兵、装甲兵、工程兵五大军种的司令员参加了会议。中革军委的苏联总顾问列席了会议。周总理在联席会上讲话，要求各个部门慷慨支援哈军工的建设，积极协助陈赓的筹建工作，尽快把这所大学办起来，早出人才。陈赓在周总理讲完话后，站起来向各位参会领导敬了个军礼，诚请得到各位军政首长的支持。与会领导纷纷表示大力支持哈军工的建设，也是在这次联席会议上，陈毅将华东军区司令部的军事科学研究室交给了陈赓。这个研究室汇聚了当时国内的一批顶尖人才，对于求贤若渴的哈军工来说，这个"聚宝盆"成了学院一个重要人才库。

（四）亲力亲为的建设者

从无到有创建学院，师资和房舍缺乏是两个突出的问题。在解决这两个问题的过程中，陈赓亲力亲为，站在了哈军工筹建工作的第一线，流传下来了陈赓"刀下抢人才"和"厕所办公"两件事。当年，在哈军工请调教授专家的名单中有一位国内有名的弹道专家沈毅，在调来学院前因为某些原因被

判死刑，缓期两年执行。陈赓求贤心切，为此找到当时负责"三反""五反"运动的主要领导薄一波和最高人民法院院长董必武，商量可否让此人到哈军工戴罪立功。在新中国成立初期人才稀缺的年代，陈赓爱才，敢于救下一个"死囚"，为哈军工的教学科研服务，这件事在哈军工脍炙人口。1952年11月初，学院筹委会副主任徐立行作为先遣部队抵达哈尔滨，他了解了一些情况后，就苏联专家的住所问题向陈赓进行了汇报。中长铁路移交后，其苏联顾问陆续回国，徐立行建议陈赓可以把铁路局苏联顾问住的大和旅馆要来，给哈军工的苏联顾问居住。陈赓次日清晨就拿着报告去找周恩来总理。当时，周总理正在会议室主持会议，陈赓就坐在会议室门旁边等着。大约等了一个多小时，陈赓发现总理离开座位从会议室的侧面出去上厕所，于是陈赓快步跟上，站在厕所门口等候。周总理刚从厕所出来，陈赓就将报告递了上去。周总理对报告作出批示："请滕代远部长（铁道部部长）与陈赓面谈，电话即告哈尔滨铁路局局长余光生同志，务须按照军事工程学院所需房子借给他们。"在总理的大力支持下，学院苏联顾问的住房问题得到了圆满解决。

哈军工是我国高等军事技术教育的起点，为我党我军培养了大批治国治军的英才。陈赓作为哈军工筹建工作的领导者，在毫无经验借鉴的情况下，开创性地完成了建院任务，功不可没。

二、形成一整套高等军事技术教育的办学方略

20世纪50年代，我国的高等教育处于起步阶段，高等军事技术教育还是一片空白。陈赓在苏联顾问的指导下，立足哈军工的办学实践，总结凝练出了一整套科学先进的、符合我国高等军事技术教育实际的办学方略。这些方略是陈赓留给我国高等军事技术教育的一笔宝贵财富。

（一）"以教学为中心"的办学主导思想

1953年4月，哈军工颁布了学院教学工作的重要文件《关于执行教育

任务中几个主要问题的决定》。决定中规定了学院的核心任务是培养各军兵种所需的高级工程技术人才，并强调："在学院党委的统一领导下，加强对教学工作的保证，应成为各部门工作的中心任务。""以教学为中心"的办学主导思想，奠定了哈军工教学工作的中心地位，形成了哈军工重视教学的良好氛围。1953 年 9 月 1 日下午，哈军工成立暨第一期开学典礼隆重举行。哈军工由此成为我国历史上唯一一个开学典礼在下午举行的高校。其实，哈军工的开学典礼原定是在上午举行的，但考虑到学员上午都有课，陈赓决定，为保证正常的教学工作不受影响，将开学典礼改在了下午。这件事充分体现了陈赓对教学工作的重视。

（二）"两老办院"的人才工作思想

哈军工初建的年代，解放军的威信极高，各行各业的领导人几乎都是部队干部。为了整合老干部和老教师这两股力量服务于哈军工办学，陈赓提出了"两老办院"的人才工作思想。1952 年 12 月，陈赓在学院全体党员干部大会上的讲话中提出了"既要承认长征两万五，也要承认十年寒窗苦"的著名论断。他说："我们学院既有经历长征两万五的八角帽（红军帽），也有经历十年寒窗苦的四角帽（博士帽），八角帽上过井冈山，四角帽去过旧金山，都是国家的宝贝，是建设国家的财富，要办好哈军工，完成好党中央交给我们的任务，要靠老干部，也要靠老教授，我们要坚持两老办院。"在特定的历史条件下，在从事国防科技教育与科学研究的绝密单位里，陈赓提出的"两老办院"的人才建设思想，把知识分子的地位提到如此之高，是需要相当的勇气和魄力的。这也从另一个侧面佐证了陈赓对高等教育的办学规律有着深刻的认识，这与当今高等教育"以教师为本"的理念是内在一致的。

（三）"科研与教学并重"的科研工作思想

在"以教学为中心"的同时，哈军工也非常重视科研工作。以陈赓为首的学院党委提出"紧密结合教学，适当解决国防工业生产中的技术问题"的

科研方针，并同时指出："科学研究是高等学校教学的基础，必须大力开展，不应有一个教员例外。"在陈赓的科研工作思想指引下，学院的科研工作迅速开展起来。1956年，哈军工学术刊物《工学学报》创刊，军事科学研究技术协会成立，教员、学员都投入到科学研究中。当年，学院参加科研的教师259人，与全国19个工厂、8所院校、3个研究所签订了科学研究协议和合同，帮助国防生产部门解决大小技术问题58项。协议与合同执行过程中，哈军工与兄弟单位在相互学习、相互帮助中得到了成长。同年2月29日，学院召开第一届科学技术研究会议。会议明确提出了学院科研工作的基本任务和方向，要求各教授会制订科研工作的长远规划，通过科研活动和学术论文，提高教师的学术水平。同时，要求组织学员参加科研活动。此次会议，经过院系两级严格推选，从全院教师的论文中精选出20位教员的论文登台宣读。这些论文代表了当时军事工程学院的最高学术水平，数十年后，这20位教师很多都成为两院院士。也正是基于陈赓科研工作思想的裨益，哈军工才诞生了我国第一台军用电子计算机、第一条水翼艇等诸多的共和国第一。

此外，陈赓还提出了"教书教人""一切为了学员"等办学理念。哈军工取得辉煌的办学成就的原因是多方面的，但我们应该看到，陈赓作为院长，其治校方略在哈军工办学实践中所起到的关键作用。陈赓科学先进、内涵丰富的办学思想，对今天的高等军事技术教育仍具有积极的借鉴意义。

三、提出"尖端集中、常规分散"战略思想，奠定高等军事技术教育格局

集中力量建设一所综合性的军事技术学院，是在我国当时没有条件分别建立各军兵种高等技术院校情况下所采取的措施。早在哈军工的建院方案中就曾提出，各系应尽量包括未来各军兵种教学组织的全部雏形，在条件基本具备时单独成立学院。随着军事技术的发展，全军只办一所军事技术学院已

不能满足国防需要。于是，陈赓立足国家需要和国防需求，提出了"尖端集中、常规分散"的战略思想，推动了哈军工的分建，奠定了我国高等军事技术教育的格局。

（一）"尖端集中、常规分散"思想的提出

20世纪50年代末60年代初，我军各兵种所需技术干部数量日益增加，只办一所高等军事技术院校已不能充分满足国防建设之需。为了适应当时新中国军事技术迅速发展的形势、加快我国国防科技事业的发展速度、更好地为国防事业做贡献，出于对国防科技专业总体布局的考虑，1959年11月19日，陈赓给中央军委写报告，提出了关于哈军工分建、改建建议。报告中写道：学院成立之初，已设常规武器的五个系，人才培养目标是维护、使用和研究、设计的工程师。从当时的国情看，建设一所综合性的军事工程技术学院是有利的。现在，各军兵种对军事技术工程师的需求不断增加，哈军工的规模也越来越大，仍无法满足所需。从长远看，尖端技术方面的任务必须扩大。根据军委的方针，建议对哈军工的任务进行调整。调整之后，哈军工的培养目标是培养研究、设计及制造的军事技术工程师。中央军委同意了陈赓的建议，在陈赓"尖端集中、常规分散"战略思想的倡导下，我国高等军事技术院校的一次重大调整工程开始启动。

（二）促进我国军事技术教育格局的形成

1959年12月31日，中央军委办公会议针对陈赓提出的哈军工的分建、改建建议作出决定，并将其作为军委常委会议文件第六号下发：将哈军工的炮兵、装甲兵、工兵工程系分出，分别成立炮兵、装甲兵、工程兵工程学院；海军、空军各新建一所工程学院，并将军事工程学院的军械科学研究所拨给炮兵建制。经过这样的调整之后，我国军事技术教育的体系呈现出三级：中级技术学校，培养一般技术干部；新建的相关军兵种的工程学院，培养维护、使用工程师；哈军工专门培养研究、设计、制造工程师。从此，哈

军工成为我国高等军事技术教育的源头，我国高等军事技术教育的格局开始形成。

陈赓所倡导的哈军工的分建不仅培育扶持了一批高水平军事技术学院的建立，也奠定了我国高等军事技术教育的格局，形成了较为完整的我国军事技术教育体系，有力地推动了我国高等军事技术教育事业的发展和跨越。

四、创建高等军事技术教育尖端专业，打造高端军事技术人才的摇篮

陈赓非常关注苏联以及西方发达国家的国防科技发展，对标国际军事科技前沿，克服困难亲手决策创建了电子、原子、导弹、计算机等我国高等军事技术教育的前沿尖端专业，培养了一批高新技术领域里的军事技术力量，使哈军工成为我国高端军事技术人才的摇篮。

（一）倡导成立导弹、原子、电子工程系，为我国"两弹一星"事业培养了大批人才

1955年11月初，在陈赓的倡导下，哈军工任新民、周曼殊、金家骏三位教员给国防部写了一封信，提出研制我国火箭的建议。次年元月，哈军工三位教员的建议书已经摆在了彭德怀的办公桌上，引起了中央军委领导的高度重视。这份建议书表达了以陈赓为首的哈军工人准备把导弹科研项目推上马的坚定决心。1957年8月7日，哈军工向军委上报了《关于军事工程学院成立导弹专业组织计划的报告》。9月10日，军委批准学院空军工程系建立我国导弹专业，后成立导弹工程系，这是我国第一个导弹工程系，下设弹体发动机、自动控制、无线电遥控遥测、飞行力学和射击原理、特种武器5个专业，后又更名为火箭工程系。1959年的1月末，时任五院（导弹研究院）院长的著名科学家钱学森第二次来到哈军工，主要是为了导弹工程系成立后同五院的合作问题与学院领导交换意见。陈赓还亲自派人抢建了存放我国最

早的教学导弹 1059（我国从苏联引进的第一枚弹道导弹）的库房，保证了导弹工程系的教育教学工作顺利开展。在陈赓瞄准尖端、紧跟前沿的思想指引下，1961 年 8 月，学院又相继成立了原子工程系和电子工程系。两个系的很多专业科目都是 20 世纪 60 年代的尖端专业。那时核武器问世才十几年，我国还没有原子弹，哈军工却已敢为天下先地成立了原子工程系，设置了核爆炸、核动力等专科。哈军工教师王孝先编写的《核物理》、陆琰编写的《核武器杀伤破坏因素》成为我国早期核武器试验时必读的参考书，张若琪编写的《内爆力学讲义》、欧阳昌宇编写的《原子核反应堆理论纲要》成为我国原子专业的第一批专业教材。在陈赓倡导下创建的导弹、原子、电子等尖端系及专业，培养了一大批国防科技事业发展急需的专业人才，为我国"两弹一星"事业的起步准备好了人才库。据不完全统计，哈军工前三期毕业生中有 29% 分配到五院，第四到第八期毕业生中有 63% 分配到五院、六院（航空研究院）、九院（原子能科学研究院）、十院（雷达电子技术研究院）工作。从五院到十院，从东风基地到马兰基地，哈军工人成为我国"两弹一星"事业的先行者、亲历者和见证者。陈赓领导创建的哈军工为我国"两弹一星"事业培养了大批人才，成为我国军事技术高端人才培养的摇篮。

（二）决策创建计算机专业，开创我国计算机事业发展的先河 1960 年 4 月 11 日，国防部第五研究院院长钱学森起草了一封哈军工建设工程数学系的信，他建议：学院在原计划设五个系（空军工程系、原子工程系、海军工程系、电子工程系、导弹工程系）之外，再设一个"技术数学"（或名"工程数学"）系。这个系分别设置两个专业：其中计算数学专业为国防科学技术培养使用电子计算机的程序设计人员，也培养战术计算机械化的人员；运筹学专业为国防科学技术培养武器使用理论、战术计算理论、后勤物资调度理论的人员。钱学森在信的最后写道"能不能本年秋天即开始招生"，足见我国的导弹事业对这方面人才的迫切需求。时任学院院长兼国防科委副主任的陈赓批示道："这样的专业，对军事科学是不可缺少的。我意：在五个系外另成立一个工程数学系，请刘、谢考虑，着手准备。因为这门专业你们已有

基础。"陈赓指的这个基础，是指哈军工的海军工程系具有设立计算机专业的基础。早在 1957 年 10 月 8 日，海军工程系教员柳克俊就起草了《关于发展舰用电子计算机—研究试制供快艇用的快速电子指挥仪的报告》，这份报告点燃了中国人自主研制计算机的第一把火。1960 年 10 月，学院海军工程系指挥仪与电子计算机科组建，开始培养计算机方面的人才。1965 年 1 月 22 日，哈军工完成我国第一台晶体管通用电子计算机 441-B 的研制工作。国防科委所属 17 个研究院所技术人员来院学习后纷纷仿制，441-B 遍地开花，占当时全国计算机总量的三分之一。哈军工不仅成为我国第一台机载电子模拟计算机、第一台军用电子数字计算机的诞生地，还培养了我国巨型计算机之父慈云桂以及银河计算机的总设计师周兴铭、卢锡城等一批计算机领军人才。

陈赓作为我国第一所高等军事技术院校的首任院长，在我国高等军事技术教育事业上所做的工作是开创性的。他凭借卓越的高等军事技术教育思想及成功的办学实践，为我国的高等军事技术教育作出了独特贡献，成为我国高等军事技术教育事业的奠基者和开拓者。

（刊于《学术交流》2015 年第 5 期）

陈赓与我国高等军事工程教育

魏　漭　张素姗

中国人民解放军军事工程学院（简称"哈军工"）是我国第一所综合性高等军事工程技术大学，为国家创造了大批科研成果并培育了众多高水平人才，为国防现代化作出了突出贡献。军事工程学院成就的取得，与其创建者、首任院长兼政治委员陈赓的作用密切相关。虽然军事工程学院已成为历史、淡出社会视野，但陈赓创办军事工程学院的实践及其历史意义值得探讨。

一、服从国家需要，高标准高速度创建军事工程学院

新中国成立初期，面对危机重重的国际、周边安全形势和实现祖国统一的任务，国家领导人审时度势，及时作出向军队和国防现代化迈进的战略决策。而军队和国防现代化的实现，有赖于掌握先进的军事工程技术和培养驾驭技术的人才。在革命战争中发展壮大的人民解放军无疑是世界上具有一流战斗力的军队，但武器装备和相应的技术人才奇缺。因此，改善军事技术装备和培养大批有素质的军事技术干部以适应现代化战争，成为迫切需要。然而，各军兵种已建的专门技术院校缺乏系统性，水平和实力也十分有限，且由于当时国内经济、技术、人才等多方面的限制，由各军兵种分别建立单独的高等军事工程技术学院一时难以实现，所以应首先建设一个综合性的军事

工程技术学院，待条件成熟时再谋发展。

为创建这样一所我国从未有过的综合性高级军事工程技术学院，经过慎重选择，中央军委急调志愿军副司令员陈赓将军回国。1952年6月23日，毛泽东、周恩来、朱德和彭德怀接见刚回国的陈赓，授予其创办军事工程学院的任务；7月8日，陈赓被正式任命为军事工程学院院长。在政务院、中央军委以及各军兵种的关怀、支持和大力协助下，陈赓全力统筹、组织、协调学院筹建工作。在朝鲜前线亲历过现代化战争的陈赓对于发展军事科学技术有深切的体会，深知创办军事工程学院对于国防现代化建设有着十分重要的意义。因此，尽管他面对无校舍、无师资、无教材设备、无办高等军事工程技术学校的经验的现实，但还是发誓不办好军工学院决不罢休。在筹建工作中，经过深思熟虑，陈赓提出：建设军事工程学院，不能按部就班，四平八稳，而要边建、边教、边学。这就是非常条件、迫切需要情况下产生的"三边并举"的建院方针。对于聘请教授、招收学员、购置设备、编制预算、建校舍等诸多问题，陈赓总体上抓全局，而把选调教授工作作为头等大事来抓。1953年9月1日，军事工程学院在哈尔滨如期正式开学。陈赓自受命创办军事工程学院直至1961年去世（1955年以后工作重点转移到北京），始终心系人才的培养和学院的发展。在陈赓的领导下，军事工程学院于1955年已初具规模。到1957年，全院已经建立起27个专科36个专业、101个教研室（教授会）以及配套的实验室、专修室、陈列室、实习工厂和图书、期刊、资料丰富的图书馆、图书室，一个郊外野营训练场和同各军兵种、国防工厂合作的院外实践性教学基地，以及完备的生活服务体系，等等。1957年底，第一期学员完成了毕业答辩（个别专业是毕业考试），学院教学工作走完一个周期，至此，学院基本建成。

二、结合办学实践，确立高等军事工程教育的基本理念

毛泽东主席在颁发给军事工程学院的训词中指出："为了建设现代化的

国防，我们的陆军、空军和海军都必须有充分的机械化的装备和设备，这一切都不能离开复杂的专门的技术。今天我们迫切需要的，就是要有大批能够掌握和驾驭技术的人，并使我们的技术能够得到不断改善和进步。军事工程学院的创办，其目的就是为了解决这个迫切而光荣的任务。"陈赓在办学实践中，以此为指南，为学院发展确立了基本方针，形成了完整的教育理念，这些理念实际上也成了我国高等军事工程教育发展的重要思想来源。

（一）洋为中用，坚持实事求是学习苏联经验

建院初期的军事工程学院领导班子成员以军队干部为主，缺乏学校管理经验，必须依靠苏联专家顾问的帮助。对于如何向苏联学习，毛泽东主席对陈赓作出了原则性指示：科学技术教育与研究方面要全学，吸取精华为我所用；军事行政管理与训练方面既学又不学，主要学习正规化建设经验与良好作风，克服我们多年形成的"游击习气"，在官兵关系和军民关系上要保持我军的光荣传统；在政治思想工作方面要发扬我军数十年来行之有效的思想领先传统，不搞"一长制""命令主义"。陈赓出色地执行了这一原则，他多次对干部们强调：向苏联学习，不应有半点动摇；要学习人家那种严格认真，一丝不苟的好作风；不懂的问题多问顾问；把经验认真学到手，慢慢变成自己的；要以学生对待老师的态度，去对待尊重顾问团对我们的帮助，搞好团结。同时陈赓也强调，学习人家的经验要注意结合自己的工作实际，要发挥自己的独创性，不能被牵着鼻子走。在苏联顾问、专家的帮助下，军事工程学院虚心学习苏联相关军事院校的科学技术、教学及管理经验，快速进入了正规教育秩序，大大加快了正规化建设进程，同时也坚持了我军的优良传统。1953年，军事工程学院实行苏联顾问团直接嫁接的"横宽竖短"的苏联领导管理体制，实施不到一年，陈赓就对组织编制进行了改革。此外，陈赓还对苏联顾问制定的学院军人教养中的一些形式主义、教条主义予以抵制。

（二）"两老"办院，树立尊重知识依靠人才的思想

陈赓历来重视知识分子工作，模范执行党的政策，使他们积极发挥专长。他曾说，中国革命没有知识分子是不能胜利的，社会主义建设没有知识分子同样不能胜利。他强调要尊重人才、爱护人才、依靠人才，自觉做好知识分子尤其是高级知识分子的工作。陈赓教育全院"善之本在教，教之本在师"，提倡尊师重道，因此，对专家、教授工作上大胆使用、生活上关心照顾、政治思想上信任帮助。当时的老教师和工农出身的老干部是军事工程学院建院两大主体，学院的各级行政领导由老干部担任，而专业技术领导则由老教师担任。在当时背景下，院内许多老干部对社会关系较为复杂的老教师在这个绝密级的军事单位备受尊重多有偏见和不理解。为此陈赓提出了"两老"办院思想，即"既要依靠老教授，也要依靠老干部"，团结办院，为培养国防急需的人才共同奋斗。他多次教育、动员干部，要做好团结教师的工作，做贯彻知识分子的模范；强调"你有光荣的'两万五'，他们有'十年寒窗苦'"；不要轻视他们，要接近他们，和他们交朋友，使他们感到温暖，充分发挥积极性，为国防建设贡献聪明才智。在陈赓的大力倡导下，军事工程学院形成了尊重知识、尊重人才的风气，激发了广大教师主人翁的责任感，也奠定了全院团结育人、合力育人的基调。在军事工程学院筹建中，陈赓把教授工作作为头等大事来抓，在军事工程学院建设中，陈赓把建设高水平的教师队伍作为保证人才培养质量的重要举措。在学院筹建和成立初期便多次请求政务院、高教部批准调进知名专家、教授，从而迅速汇聚了一批高水平人才、形成了师资队伍基础。陈赓要求把专家、教授安排在适当的位置上，让他们有职有权，主持教学、科研工作，充分发挥作用。1954年，学院党委又提出"提高老教师和大力培养新教师，扩大专家队伍"的任务，采取以老教师带新教师的方式培养师资队伍，充分发挥老教师的作用。"两老"办院思想实际上是充分肯定知识分子在办学过程中的主导地位。在当时历史条件下，在一个专门从事国防科技教学与研究的绝密单位，陈赓把老教师与

老干部相提并论，这是需要相当的勇气和魄力的。这种模范贯彻党的知识分子政策的做法，对于中国共产党人探索自己的执政规律具有重要意义。

（三）以教学为中心，明确全院育人为本的核心使命

为完成"迫切而光荣的任务"，早在 1953 年 2 月，以陈赓为核心的学院党委作出把教学作为中心工作、加强对教学工作保证的决定，这体现在《军事工程学院党委会关于执行教育任务中几个主要问题的决定》这一学院早期纲领性文件当中："学院的中心任务是为完成国防技术教育，培养各兵种高级技术人员。这一繁重而艰巨的任务，如无各种工作的有力保证，是不可能胜利完成的，因此在院党委的统一领导下，加强对教学工作的保证，应成为各部门工作的中心任务。"以教学为中心，本质上是以培养人才为根本任务，围绕教学开展工作，为教学服务，明确了教学工作与其他各项工作之间的关系，统一了全院的步调。服务教学，归根结底是为学员学好服务。因此"以教学为中心"，换言之就是以服务为教育本质，为教育人才服务，从根本上讲是对党忠诚、对国家和人民负责。

（四）严爱合一，培养德智军体全面发展的专业人才

陈赓认为，学员是国家的宝贝，全院要一切从"让学员学好"着眼，既要严格要求又要关心爱护，即寓教于爱、寓教于严、严爱合一。为了保证能够培养出合格的军事工程技术人才，他从严治院，以制度严肃学院风纪，建设具有军工特色的校风；要求全面控制教育过程，要求学员在政、技、军、体诸方面全面发展。要求毕业的学员应当是政治立场坚定，对党的事业无限忠诚，具有高度的爱国主义和国际主义精神，全心全意为人民服务，身体健康，具有一定的军事修养，能够独立解决本专业的工程技术问题与善于教育自己部属的军事工程师。同时，提出保证学员的健康，让他们吃好、玩好，生动活泼地搞好学习。对于学员的培养，要对国家负责、对学员成长负责，要全员参与、全过程控制、全方位服务，特别是要求教师在教学中培养学员

的政治思想品质，要求干部深入教学，以身作则、用自己的一言一行潜移默化地影响学员，成为他们的榜样。军事工程学院先后共培养出万余名服务于国防事业的高层次专业技术人才，用人单位对其高度评价，尤其是对其政治思想素质予以认可，评价其作风具有母校风格。

三、追赶国际水平，谋划高等军事工程教育长远发展

1956年国家制定了《1956—1967年科学技术发展远景规划纲要》，把发展原子能技术、喷气与火箭技术、半导体技术、电子计算机技术、自动控制技术等国防科技作为重点任务排在前列。陈赓在军事工程学院的教育实践过程中，以国家的战略需要为军事工程学院的使命，以政治家、教育家的眼光和建设一流大学的气魄，带领全院突破科学技术现状、追赶科学技术发展潮流。

（一）与时俱进，积极开拓发展新技术新专业

1954年，陈赓随同彭德怀所率军事代表团赴苏联参观原子弹爆炸实兵对抗军事演习，深受触动，回国后就考虑要着手培养原子弹、导弹方面的人才。他与学院党委委员研究提出：军事工程学院要适应这一新的形势，必须紧密结合教学，自觉解决国防工业生产中的技术问题的科学研究方针。1955年，学院在此方针指导下，成立科学研究组织和领导机构，制定系列促进科学研究的办法、条例，举办科学研究会议，创立学术刊物等，大力推动开展科学研究工作。此后，军事工程学院的科学研究工作走向高潮，科研成果不断涌现，并包含着诸多"共和国第一"。在陈赓的大力推动下，开拓新专科新系与开展科学研究工作并举，学院由建院之初23个专科24个专业发展到1960年35个专科43个专业，并建有研究生点16个。陈赓推动发展新武器装备技术、建设新专业，其中导弹和电子计算机技术是他大力推动的两个重点。学院于1958年10月在空军工程系下设导弹原子科，并于1959年2月

正式成立导弹工程系（1961 年以后改为火箭工程系）。1959 年海军工程系下设海军指挥仪与电子计算机科，后来成立电子计算机系。新技术新专业的开拓发展，为军事工程学院分建改建、培养尖端人才奠定了基础。

（二）着眼未来，适时提出军工分建改建建议

军事工程学院组建之初的组织设计就包含着将来单独建立多所专门的军事工程学院的规划。20 世纪 50 年代后期，国家已初步具备建立多所军事工程学院的能力。1959 年 11 月，时任国防部副部长兼军事工程学院院长的陈赓给中央军委写报告，正式提出关于军事工程学院分建、改建的建议。陈赓建议将学院的炮兵、装甲兵、工兵三个常规工程系，以及防化兵学专科、空军和海军工程系的 5 个专科分出，交有关军兵种，扩建为单独的兵种工程技术学院或并入有关的工程学院；学院除原有的空军、海军、导弹三个工程系外，再建原子、电子两个工程系，将学院的培养任务由培养维护、修理、使用现代化武器装备的工程师调整为培养研究、设计、制造国防尖端武器的工程师。1959 年 12 月底，中央军委第 15 次办公会议同意了陈赓的建议，并以"尖端集中、常规分散""双方兼顾、照顾尖端"为方针对军事工程学院指导分建。军事工程学院的任务调整和分建，使我国高等军事工程教育格局产生了改变：全军工程技术院校形成三级分工体制，即中级技术院校培养一般技术干部，新建的军兵种工程学院培养维护、使用工程师，军事工程学院、军事电信工程学院等院校集中力量培养研究、设计、制造工程师。军事工程学院处于该体系的顶端。至此，我国高等军事工程教育格局初步确立。由于这一措施，各分建成立的学院得以在继承军事工程学院办学理念及优良传统的基础上迅速走向成熟。

四、结语

陈赓创办军事工程学院的实践，对我国高等军事工程教育起到了奠基

性、开创性、引领性作用，为我国高等教育事业作出了重要贡献。第一，陈赓以共产党人高度的忠诚心、使命感，以无产阶级革命家的魄力，克服重重困难，成功地领导创办了军事工程学院，为我国高等军事工程教育发展奠定了基础。陈赓在办学治院过程中，注意把学习苏联经验同积累自己的实践经验相结合，明确建立具有军工特色的校风和培养有军工特色的人才，同时以建设一流大学的雄心，领导全院不断开拓进取、发展创新，使军事工程学院培养出大批国防科技和高等军事工程教育领军人才，走出一条具有中国特色的高等工程教育之路。第二，陈赓办学治院方针中所体现的教育思想和理念，在高等教育领域中创造性地诠释了人民解放军全心全意为人民服务的精神，揭示了教育的本质，是宝贵的精神财富，特别是以人为本、严爱合一的高等教育理念仍具有现实意义。第三，陈赓以国家需要、军队和国防现代化发展为战略着眼点，提出军工分建改建建议，积极谋划军事工程学院及我国高等军事工程教育发展的方向，推动了高等军事工程教育格局的确立和高等军事工程教育的发展。今天由军工分建发展而来的各军地院校，均以军事工程学院时期设立的学科专业为根基发展成服务于国防事业、具有特色的优势学科专业。

在推进世界一流大学和一流学科建设、向高等教育强国迈进的时代背景下，陈赓的实践赋予当代高校以重要启示：一要增强道路自信、理论自信、制度自信、文化自信，走中国特色的现代高等教育发展道路；二要有开放的、敏锐的学习意识，抓住机遇、与时俱进、开拓创新；三要以崇高的使命感、强烈的责任感和充分的自觉性开展教育工作，以立德树人为根本，走内涵式发展道路；四要树立特色立校、争创一流、追求卓越的发展理念和品牌战略意识，明确办学层次定位和服务领域，发挥学校的比较优势；五要加强党对高校的领导，把发扬党的优良传统与本校优良传统相结合，加强党在基层的凝聚力、感染力和服务力，提高党对教育工作的科学化领导水平。

（刊于《学术交流》2016 年第 12 期）

风雨晨昏照引人

——陈赓将军和"哈军工"知识分子

魏 漪

　　陈赓将军不仅是一位卓越的军事家，也是一位不可多得的教育家。人们也许还记得，新中国成立初期，他受命担任人民解放军军事工程学院（即"哈军工"）首任院长兼政委，为国防现代化培育了一大批优秀人才。在此期间，他与一批高级知识分子朝夕相处，肝胆相照，结下了深厚的情谊，留下了许多感人肺腑的故事。

一、他的知识没有罪

　　1952 年 6 月，党中央、中央军委决定调志愿军代司令员陈赓（五次战役之后，彭德怀司令员已回国主持军委工作）回国主持筹建军事工程学院。临阵易将本是兵家大忌，当时朝鲜前线仍然硝烟弥漫，中央决定抽调一个统帅几十万大军的主将回国，足见创建军工的决心。陈赓回国后，毛泽东、朱德、周恩来、彭德怀当面交代，为了迅速实现国防现代化，一定要办好军工，培养出大批掌握现代化军事技术的高级人才。从此，陈赓的名字便和"哈军工"紧紧地连在了一起。

　　陈赓上任之后抓的第一件事就是调教师。在他看来，白手起家创办大

学、器材、设备、房屋等困难都能克服，唯有教师不能马虎，必须挑最好的。当时，全国专业技术方面的高级知识分子哪儿都奇缺。陈赓的做法是，请几位先期到达的专家按军工专业设置需要，列出他们所知的专家教授名单，他拿名单找周恩来签字，然后就按名单一个一个人地去落实，办完一批再请这些新来的专家列第二批名单。就这样，在很短的时间里，军工便汇聚了一大批国内一流的专家学者。

有一次，陈赓听说有一位留法的弹道专家很有水平，就连忙找人打听情况，想把这个人挖过来。一了解才知道，这个人叫沈毅，曾是国民党兵工总署的少将专员，解放战争中起义，后来到民航总局工作，在"三反"中被查出犯了贪污罪，判了死刑，后改为死缓。陈赓也没想到问题有这么严重，一时间有些犹豫。可当他听说这个人懂几国语言，在弹道界同行中有个外号叫"宝贝"时，就下决心把沈毅调到军工。对此许多人都感到不可思议，保卫部门说什么也不同意，说军工是绝密单位，怎么能要死刑犯呢？大有"抗命不从"的架势。为此，陈赓不厌其烦地做通了其他同志的工作，告诉大家沈毅是有罪，但可以让他立功赎罪，调到军工可以发挥他的专长，让他专门翻译资料，对国家有好处，也有利于他的改造。

后来，陈赓专门去找薄一波（当时薄一波指导全国"三反""五反"运动），薄一波说：你可真爱惜人才，这个人可是个"大老虎"啊！你敢要，我就敢给，不过他已经判了刑，你得去找董老。于是，陈赓又给董必武打电话："董老啊，你老人家刀下留人呀！"董必武觉得很奇怪："你们军工怎么这样的人也要？"陈赓说："我要的不是劳改犯，是弹道专家，现在的专家不可多得呀，他有罪，他的知识没有罪，他可以为我所用。"后来沈毅被改为监外执行，送到军工筹建处。陈赓便派专人送沈毅到哈尔滨市，并且一再叮嘱："小同志啊！这个任务交给你了，你可要给我完成好啊！一定要把他安全送到。沈毅是个犯人，又是个人才，你要把他当人才看。"

沈毅能调到军工，使不少老教师都感叹不已。后来，有人向陈赓反映，沈毅经常酗酒，陈赓就在一天夜里踏着积雪，来到沈毅的屋子里。沈毅一天只睡几个小时，蓬头垢面，拼命地翻译科技情报资料。陈赓一进屋就打了一个冷战，原来屋子里没生炉子。沈毅住在一间平房，当时的哈尔滨冬天常常达到零下三十七八度，三九天里不生炉子，屋子里冷到什么程度是可想而知的。保卫人员责问沈毅为什么不生炉子？沈毅说：这满屋子的资料全国只有一份，非常珍贵，我怕生炉子万一管理不善引起火灾，再说温度高了人也容易犯困。陈赓说，这样是要冻病的！沈毅说：不要紧，太冷了我就喝一口酒。当时陈赓看了看沈毅没再说什么，临走时嘱咐他不能搞疲劳战术，在这里是来日方长。第二天，陈赓就下令让沈毅搬进了大楼。

二、咱们都是主人公

陈赓多次要求军工各部门对知识分子要以诚相待，不把他们当外人。他自己从来都不以领导自居，和知识分子平等相处，推心置腹，亲如手足。他曾对军工政治部主任张衍将军说："从中国历史上看，知识分子和你相交，不是看你官位大小、地位多高，而是看你是否把他视为知己，真诚相待。所以古有'士为知己者死'的说法。"陈赓在军工从来不请客，就是彭德怀来视察，也和大家一起在小食堂吃饭。他只请老教师。在北京筹建处时，只要有南方来的教授赴军工报到途经北京的，陈赓都要请他们吃饭，一边拉家常，一边询问有什么困难。在军工时只要有新来的教授到哈尔滨，他都要去看望。当时有些旧社会过来的老教师担心在绝密单位得不到信任，陈赓在同他们座谈时说："我们请诸位来不是马马虎虎、随随便便的，是很认真的，是经过一番调查和慎重选择的。如果不信任又何必请来呢？"他的真诚使许多老教师都深受感动。

1952 年 10 月，一封周恩来签发的电报发到武汉大学，调周明瀚教授到哈军工。当时周明瀚心里很矛盾，一方面深感党和政府的信任，一方面又舍不得离开武汉，对哈尔滨的寒冷也畏惧三分。犹豫再三，他还是踏上了北上的旅途。后来周明瀚回忆这段往事时说：一到哈尔滨，我心里的矛盾就被一

颗心融化了，被昔日战场上叱咤风云的将军——陈赓的心融了。从陈将军身上我看到了共产党人捧向科学家们的是一颗赤诚的心。记得那是我刚到哈尔滨的一个夜晚，天下着大雪，满身雪花的陈赓将军敲开了我的房门。我怎么也没想到陈将军会顶风冒雪来看我。他对我说："我了解你，从你1947年回国，从你由上海滩奔向珞珈山（武汉大学校址），我就认定你的心和咱们党和军队是一回事了。我们现在已经成了国家的主人公了，咱们一起干吧！"主人公！我也是"主人公"？我当时简直不敢相信自己的耳朵，可陈赓将军就是这样说的，我只觉得心里热乎乎的。他又说："咱们军工，以后就靠你们这些知识分子喽！"听着听着，我眼睛湿润了。人生最难得的就是信任，我只不过是个普通知识分子，可陈将军对我这么信任，我无以为报。"士为知己者死"，就决心在哈军工干下去。后来周教授把全部精力都放在了哈军工，40多年来他牢记陈赓的嘱托，刻苦钻研，在固体力学领域作出了突出的贡献，培养出了一大批优秀人才，受到了江泽民同志的接见。

三、党没把他们当外人

在哈军工，陈赓每次从北京开会回来都要先去看望老教师，给他们讲形势，传达新的精神。无论工作多忙，他每周都要找两位老教师谈心。在此之前要由专门做高级知识分子工作的第一政治处主任王序卿向他汇报这两位教师的家庭、历史、工作、思想、生活等各方面的情况。有的时候他掌握的情况比王序卿还全面、具体。他对王序卿说："一定要做好老教师的工作，让他们成为终生为军事科学事业服务的专家。要在思想进步的老教师中发展党员，让他们体会到党没把他们当外人。"

1953年7月1日，陈赓召集要求入党的专家教授座谈，给他们讲党的优良传统，介绍毛泽东、刘少奇、朱德等人在革命斗争中坚持原则、顾全大局、忍辱负重的事迹。他对教授们说："党的大门是敞开的，欢迎每一个愿为共产主义事业奋斗终生、具备共产党员条件的同志加入中国共产党。"陈赓曾经热情鼓励军工保卫部副部长陈忻介绍两位社会关系复杂、政治表现突出的老教师入党。1954年7月1日就有黄明慎、熊正威等一批教师入党，陈赓专门出席了入党宣誓大会并讲了话。

1957年反右派时，陈赓提出，军工的专家教授在政治上是好的，是拥护党、拥护社会主义的，由于思想认识跟不上而发表错误言论的，能不划右派的就不划。这话在当时一般人是不敢说的。当学院政治部把张述祖教授的"错误言论"报告给陈赓，请示对他是否划右派时，陈赓说："那么大岁数了，算了吧，他还是有功的嘛。解放军里也有错误言论的。"张述祖后来听说是陈赓保护了他，激动得痛哭流涕。

1960年全国开展"反右倾"运动，因彭德怀1958年来哈尔滨视察时住在军工院内，和干部教师有广泛的接触，上级要军工开展"肃流毒"的工作，并把彭德怀在庐山会议上写给毛泽东的信拿到军工要求组织批判，对此一些教师有抵触情绪。陈赓听说之后立即命令副院长刘居英带队，由高教六级以上的全体教师组成庞大的参观团，去长春第一汽车制造厂、长春电影制片厂等地参观学习，没有陈赓的命令不准返院。参观结束后，刘居英请示陈赓，陈赓答复：继续参观。又过了几天再请示，答复是："再参观、再学习、再讨论。"当时老师们不知真情，有人提意见，说陈院长太不珍惜时间，家里还有许多工作要做，纷纷要求返院，可是陈赓就是不批，谁也回不去。又过了十多天，"反右倾"运动快到尾声了，才让他们回去。这一次，军工没有一位知识分子受到冲击。过了很久，教师们才知道其中的原因。不少人感慨万分："陈院长为了保护我们，真是用心良苦啊！"

四、我们都是端盘子的

陈赓几次跟军工的干部们讲，军工就好比一个饭堂，学员是来吃饭的，教师是上灶的大师傅，我们这些人都是端盘子的。我们一定要树立教学第一的思想。1952年11月11日，在老教师座谈会上，陈赓对老教师说：在我们

学院建设中，你们是一根柱子，军队干部也是一根柱子，许多工作没有他们不行，没有你们更不行。不过部队干部文化水平低，在科学技术上是外行，拿我来说，是半生戎马，赳赳武夫（说到此，会场上响起一阵笑声），讲冲锋陷阵，同志们也许要向我学习，但讲自然科学，讲到微积分、空气动力学，那我要向你们学习，尊你们为师。他还说，以后这个学校就要全都交给你们办，你们要大胆工作，不要有顾虑，干出成绩给你们记功，出了毛病让毛主席打我陈赓的板子。

建院之初，在考虑军工干部任命时，陈赓提议科研部、教育部、教务处等部门由知识分子担任主要领导，主持工作，老干部作副手。在各系配置教学副主任，由知识分子担任。当时，哈军工直属中央军委，是大军区级，知识分子都是党外人士，一下子提拔一大批知识分子到许多重要部门担任正职，在党委会上许多老干部想不通。他们认为，知识分子专业强，领导水平、组织能力不一定行，应该当副手，由老干部担任正职。为此陈赓就耐心地逐一做党委委员的工作。他对张衍说："在科学技术上我们是外行，只有靠他们。你让人家干，就要让人家有职有权，心情舒畅，把肚子里的东西全都掏出来。老干部当副手一样能发挥作用，做思想工作。"经过陈赓耐心做工作，院党委终于达成一致意见，提请中央任命张述祖教授为教育部部长，高步昆教授为科研部部长，曹鹤荪教授为教务处处长，薛鸿达教授为图书馆主任，各系的教学副主任、教研室主任也都由知识分子担任。中央任命干部的命令下达之后，在老教师中引起了强烈的反响，大家都感到知识分子在军工真是受器重。在陈赓的鼓励支持下，这些知识分子都能大胆管理，工作十分负责。

五、老教师应该住的比我们好

军工刚筹建时，住房非常紧张，陈赓下令让教授们住进市里专门拨给军工的斜纹二道街的楼房，那里有暖气、煤气、上下水，条件很好，上下班有车接送，而陈赓自己却住在小平房里，冬天要生炉子，每套三间屋，寝室只有 8 平方米，放上一张床、一个写字台，连转身的地方都没有。彭德怀视察军工时，就住在这里。他见到陈赓住在这样的地方，而让老教师住在楼里，满意地对陈赓说："你还是老作风！"当时的军工除苏联顾问团住处外所有办公室都不配沙发，陈赓自己用的是一把老式旧转椅，一次跟干部谈话，一转身，椅子断成了两截，他摔在了地上，可他毫不在意。而在配发营具时，陈赓看到管理部门比照部队的标准，按营级团级给老教师配发营具，却大发脾气。他说："这是什么规定？怎么能把营团概念套到教师身上！老教师应该比我们住得好些，这是工作需要！他们书多，桌子小了不行！"营房处赶紧进行调整。

陈赓对知识分子的照顾是多方面的。一次，苏联专家从青岛撤走，他带人去"寻宝"，在火车上，座位不够，他让老教师坐软席，系主任坐硬座。当年的一些老教师回忆说："在哈尔滨时，陈院长是教师家常客，他脚上负过伤，挂个拐棍成天在下边转，没有闲的时候。哪个老师家水龙头不好使、下水道不通、暖气不热、墙上有霜他都知道，并亲自打电话叫营房处去修。"何水清教授回忆说：1954 年底，陈院长来到宿舍楼看望教师，我们听说后都跑来想往屋子里挤，门口的工作人员拦住大家说：不要急，都要去的！果然，陈院长挨家挨户地看望了每一位教师。那情景真令人感动。一年冬天，谈到防寒取暖工作时，他叫来营房管理处处长张泮农（师职干部），严肃地说："我们的老师都是南方来的，都是人才，你要是给我冻坏一个老教师，我可饶不了你！"张处长立正回答："是！"

对教师的家属就业和子女上学，陈赓也十分关心，他不但要干部部门联系，有时候还亲自打电话或派秘书去办，每逢专家、教授结婚举行婚礼，他一定要去参加，有时候还要当主婚人。他还要求文化部门多组织舞会、晚会，电影队要多放电影，文工团要多演节目，看戏时让老教师坐前排。刘长禄教授曾说过这样一件事：军工时期每个周末都要在大和旅馆（苏联专家驻地）为知识分子举办舞会，一个星期六的晚上，他正在一个地下室（实验室）

里忙着，为第二天的工作做准备，突然，门开了，陈赓走了进来。他一进屋就对刘长禄说："我说你这个老兄，人家都跳舞去了，你还在这里忙乎呢，快去丰富丰富你的文化生活！"刘长禄向陈赓解释说，要为下一步的实验做准备工作。陈赓说："你去跳舞，有什么困难我给你解决。"刘长禄说，别的都行，只缺一个10千瓦的电动机。陈赓说："好，这事包在我身上，现在我给你要个车，快去洗洗手玩去吧！"一见刘长禄还迟迟疑疑不想去，陈赓干脆把他拉出屋子，推进自己的车里，挥手让小汽车直奔大和旅馆，他自己又拄着拐棍消失在黑夜里。

六、既要承认二万五，也要承认十年寒窗苦

军工有一大批经过长征和抗战初期参加革命的老干部，资格很老。他们中不少人对知识分子看不惯，有人一提起老教授，就想到资产阶级。军工是绝密单位，有的一座大楼里出入证就有好几等，而这些老教师都是从旧社会过来的，有不少是从国外回来的，有的人甚至当过国民党的将校军官，在当时的条件下"政审"怎么也不合格。看到军工对知识分子关怀、重用，很多人一下子成了自己的领导，不少老干部思想上的弯子转不过来，有的干部思想情绪很大，有的人还闹着要回部队，回朝鲜前线。陈赓就不厌其烦地做他们的工作，给他们讲道理，要他们主动跟知识分子搞好团结。他还专门要政治部请省京剧团来院演出"将相和"。

陈赓对老干部说："你带过八角帽，他带过四角帽（指博士帽）；我们既要承认两万五，也要承认十年寒窗苦；你是老资格，他在科学技术上奋斗了几十年，也是老资格。""老资格光荣，做好知识分子工作就更光荣。"他把"四角帽"和"八角帽"，把"两万五"和"十年寒窗苦"相提并论，使许多人都感到吃惊。但陈赓坚定地说："要办好军事工程学院，首先要依靠老教师，不能光靠两万五。"一位老干部至今回忆起此事还连声赞叹："当时我们对陈院长都很不理解，今天看来，他真是高瞻远瞩，远见卓识啊！"

家庭出身和社会关系是老干部们发难的"重磅炮弹"，陈赓却轻描淡写地说："老教师们有些海外关系是免不了的，不必大惊小怪。"一次，保卫部门向陈赓反映，一位教师留在学院工作不合适，因为"她哥哥在台湾，是国民党的要员"。陈赓说："你只看到她有一个哥哥在台湾，是个国民党的要员，可你知不知道她还有一个哥哥是我们共产党的中央委员？她没有跟国民党的哥哥跑到台湾去，却跟共产党的哥哥留在大陆，这不正好说明她的进步吗？"

在谈到社会关系家庭成分问题时，陈赓说："要说社会关系复杂，谁有我复杂？东征讨伐陈炯明时，我当过蒋介石的侍卫参谋，冒着炮火把他背出重围，救了他的命。有人批评我，说我不该救他，好像我犯了个大错误似的，我不承认！我当初要知道蒋介石后来叛变革命，早把他丢掉了。问题不在于和蒋介石有没有关系，而要看是什么关系，怎么对待这种关系，不能把过去的社会关系当成包袱。谁也不能因为我救过蒋介石就不让我革命。"

七、为社会主义建设培养千千万万的知识分子

陈赓对军工的学生在生活上、思想上和学习上都非常关心。他要求政治课教师要深入学生食堂、宿舍，了解学生的思想，上课时讲理论要联系学生的思想实际，他自己也常常来到学生中间，和大家一起谈思想、谈学习、谈生活。他一出现在哪里，就会为哪里带来一片笑声。

原国防科工委副主任谢光中将是军工一期学生。他回忆说："1953年我在军工入党时，陈院长亲自参加了我们的入党仪式并且讲了话。陈院长当时非常高兴，他对我们说：这次能参加18位知识分子的入党仪式，是我有生以来的第一次。过去，我们党内、军队里的知识分子是凤毛麟角，现在形势不同了，我们就是要培养造就千千万万在党领导下的知识分子，成为为社会主义建设服务的工程师！"

军工刚组建时，学员大多数是从全军选拔、保送的。工程兵指挥学院院

长谭国玉少将当年是军工一期的预科学员，入学前只有初中一年级的文化程度。他对预科所补习的高中数、理、化课程一窍不通，头两个月测验，没有一门功课及格。苏联顾问对学院招收这样的学员很有意见，说："军队最高学府，怎么能收初中一年级的学生？"谭国玉觉得学习太困难，也要求退学回部队。教务部门也主张让他退学。

陈赓了解到谭国玉七岁就给地下党送信，十七岁参加东北抗日联军，解放战争中多次立功，是第四野战军某部"老虎连"的指导员，来院后学习刻苦，上进心强，只是因为基础差学习跟不上，就想破格留他继续学习。有一天，陈赓把他叫到自己宿舍里，请他吃饭，同时做他思想工作。陈赓严肃地批评他说："你口口声声喊'人在阵地在'，实际啥也不在，给你创造这样好的条件，你不好好学习还要走，你死也要死在哈尔滨！"陈赓还对他讲："要讲究学习方法嘛，学习搞拼命主义怎么行！"谭国玉见陈赓对自己一个学习跟不上的普通学员如此关心，非常激动，他当即表示一定要以"人在阵地在"的劲头攻下文化堡垒。从此后他把一切可以挤出的时间都用于学习。晚上熄灯以后，一个人溜出集体宿舍，站在走廊、过道灯下学，有时躲进有灯的锅炉房里学，实在躲不过去，就在被子里用手电筒照着学，不仅中午不休息，夜间也时常整夜不休息。队上、班上每周都要发生一两次"谭国玉不见了"的事故，每次都发现他晕倒在锅炉房、地下室等有灯光的地方。一段时间以后，谭国玉的学习成绩开始提高。然而，在升入大学本科的考试中，谭国玉只有数学一门及格，物理、化学都不及格。按规定，两门不及格就要退学。别人因为要退学而忧心忡忡，谭国玉反而如释重负。苏联顾问团又一再施加压力，教务部门实在顶不住了，只好去找陈赓。陈赓详细了解了谭国玉的学习情况，再次把谭国玉叫到宿舍里，和他谈心，再三要他看到自己的进步，坚定信心。陈赓指出："在你面前虽然有不寻常的学习困难，但你顽强的学习精神我们早就知道。批评你是爱护你，听说你现在注意了学习方法，这很好嘛！小伙子，想走不行，你死了心吧，相信你会完成学习任务的。"只要保持住这股劲头再注意学习方法，提高学习效率，就一定能学好。陈赓还告诉他院党委决定破格把他分到工程兵工程系试读一年。谭国玉对于党如此信任、关心自己，感到无比温暖，更没想到陈赓居然一直这么关注着自己。虽知试读期间将有更大的困难在等待自己，然而他战胜了消极情绪，痛下为党的事业攀登科技高峰的决心。

由于在谭国玉在学习中一步一个脚印，没有一点虚假成分，学习成绩不断提高，后来由试读生转为正式生，后三学期考试所有的功课都是 5 分。系领导对谭国玉的进步高兴又怀疑，每次考试谭国玉得了 5 分都不让走，总要他再抽一张卡片多回答几个问题。苏联顾问团对谭国玉的学习成绩更是持怀疑态度，工程兵工程系的苏联顾问克拉辛克夫每当谭国玉抽题作答时，都到考场观察、监督。在铁的事实面前，也服气了。他对专科主任林铁峰说："在谭身上，我看到了中国人民解放军是战无不胜的"！

最后，谭国玉以全优的成绩毕业，并且获得了"军旗前照像"这一极少数品学兼优的学员才能得到的最高荣誉。回想四年自己走过的每一步，他激动地表示，没有陈院长的关怀和帮助，我谭国玉哪有今天！

当年和陈赓接触过的知识分子，都对他怀有十分深厚的感情。听到陈赓逝世的消息后，无不悲痛万分，很多人泪如雨下，泣不成声。曾石虞教授经过几夜的辗转反侧，写成一首七律，表示了广大知识分子对陈赓的怀念和哀思之情：

> 百战勋名素所钦，得瞻犹觉范仪新。
> 乐言脱险怀同志，笑对殷伤见赤心。
> 屡胜总推袍泽力，临群长是语情真。
> 党风党性如天色，风雨晨昏照引人。

（刊于《工学周报》2021 年 4 月）

第四编
哈军工历史与哈军工人

哈军工风洞群与我国航空事业现代化

王春晖　吴韶刚

历经岁月的洗涤，灰红色的花岗岩已稍许风化，但石牌上的字迹透过岁月的沧桑仍异常清晰。这块挂于原哈军工开口式低速风洞实验室墙面，刻有"中国人民解放军军事工程学院空军工程系空气动力学实验室"字样的石牌，如今已静静走过了 60 多个春秋。她不仅伴随了哈军工人胸怀国防大业、勇攀科技高峰、自力更生、艰苦奋斗的创业过程，更亲身参与了我国航空飞行器自主研制的起步与发展。

2012 年 5 月，校党委副书记、副校长魏潾率纪念馆筹建办人员来到了与我校一墙之隔的中国航空工业空气动力研究院（哈尔滨院区）。据研究院技术人员介绍，风洞在气动力研究和飞行器气动设计中起着关键作用，一般由洞体、驱动系统和测量系统三个部分组成。风洞也称风洞实验，就是依据运动的相对性原理，将飞行器的模型或实物固定在地面人工环境中，人为制造气流流过，以此模拟空中各种复杂的飞行状态，获取试验数据。现在气动院哈尔滨院区有 4 座风洞，其中有 3 座是哈军工时期建设的，保留至今。尤其是哈军工的 8 号风洞，现在仍然在我国飞行器研制中发挥着重要作用，是飞行器进行吹风试验的主力低速风洞。

参加哈军工风洞建设的纪士坪教授曾撰文记载：六院七所派来的支援建造 8 号风洞的技术人员，后来都成为四川绵阳低速风洞建造中的骨干力量（解放军四川绵阳风洞基地现总体规模居亚洲第一）。仅 30 年来，有 6 个单

位以8号风洞天平为蓝本设计了各自的塔式天平，但其精度都低于8号风洞塔式天平。20世纪60年代末，8号风洞在国内第一次对水轰5模型成功地进行了滑流试验。70年代初，8号风洞对我国自行设计的第一代超音速战斗机歼8，不仅进行了主要的常规空气动力实验，还对歼8模型进行了难度很大的有尾喷流情况下的全机测力试验，从而确定了尾喷流对飞机空气动力，特别对俯仰力矩和平尾效率的具体影响，国内为首创。到1990年为止，通过8号风洞安全上天的自行研制的飞机和导弹共有26个型号。实践证明8号风洞实验数据不同期的重复性很好，可谓之"功勋风洞"。

下面就让我们一起来回顾一下哈军工风洞群从无到有建设发展的历史：

哈军工风洞群的建设正是当时空军工程系空气动力教授会岳劼毅、马明德等教授基于自身在空气动力学方面的前瞻性思考，立足我国航空工业发展实际作出的大胆实践。

1954年底最早建成两座低速风洞，其中开口式的命名为1号风洞，闭口式的命名为2号风洞。后来，教授会又紧跟跨音速空气动力学的研究前沿，开始设计建造超音速风洞，即3号风洞，并于1956年试车成功。3号风洞装有我国自制的第一台纹影仪（将气流变化转换为可见图像）。接着又建造成两台截面为八角形的闭口、开路式木结构低速风洞，即4号和5号风洞。

1958年初，为进行超音速飞机的空气动力课题研究，教授会着手进行大型超音速风洞（6号风洞）和回流式的大型低速风洞（8号风洞）的建造计划。两个风洞同时上马，后因实验室人手不够，资金困难，材料紧缺，便暂停了8号风洞，全力进行6号风洞建设。1959年9月6日，6号风洞进行首次通气实验，经改造11月达到设计数值，正式投入使用。这是由我国自行设计、建造的第一座吹气式超音速风洞。1960年10月，8号风洞进行了第二阶段的建设。1963年8月试车成功，成为当时全国最大的低速风洞。

1960年5月，实验室安装了从民主德国定购的近音速风洞（7号风洞）。经不断改进，1963年9月改造成跨音速风洞，为我国高等院校第一座大型跨音速风洞。至此，哈军工空军工程系空气动力实验室在岳劼毅教授、马明德教授的带领下，在无经验可循，技术人员缺乏，资金物资保障有限的条件下，历时12年，建成了从低速、跨音速到超音速，整体配套的八座风洞，形成了当时国内第一个大型风洞群。1965年在哈军工召开了以交流我国风洞群建设经验为主的交流会，确定了检验各家风洞质量的标准，形成了我国风洞试验技术经验交流和协作攻关的传统。

1964年5月，国防科委决定将哈军工的第七、第八号风洞编入"国家队"，以承担国家的重大实验任务。1965年4月，又把哈军工风洞群中的6号、7号和8号风洞组成空气动力实验研究室，由六院和哈军工共同领导。1970年，哈军工主体南迁，空气动力研究室划归航空工业部。哈军工风洞群为我国空气动力学研究与试验基地的建设提供了可借鉴的成功经验，成为我国风洞发展史上的一段传奇。

风洞实验被誉为现代飞机、导弹、火箭等研制定型和生产的"绿色通道"。从经哈军工风洞群吹风助飞的几个代表机型身上我们不难感受到，哈军工风洞群与我国航空事业起步、发展乃至走向现代化这一历史进程之间的关系，感受到哈军工风洞群为我国航天航空工业现代化作出的突出贡献：

初教-5：原型为苏联雅克-18教练机，其仿制成功标志着我国航空工业由修理走向制造迈出关键性的一步；

歼教-1：亚音速喷气式中级教练机。它是我国自行设计和制造的第一种喷气式飞机，在新中国航空史上占有重要地位；

初教-6：长期服役于我国空军和地方航校，至今仍是我国初级教练机主力，并出口亚非拉等关系友好国家，加其改进型共生产了2000余架；

歼-6：第一代超音速战机，1959年9月首飞，至2006年8月整建制退出空军战斗部队序列，期间生产了4000余架，守卫祖国领空近半个世纪。

（刊于《工学周报》2013年6月）

哈军工船模水池实验室与共和国第一

王春晖　　吴韶刚

　　船模水池实验室作为海军工程系的实验室，在学院科研、教学工作中到底发挥着什么样的作用？带着疑问，我们一边查找历史档案，一边采访了几位对船模实验室工作有一定了解的哈军工人。

　　在对历史档案的搜寻中，我们找到了数据翔实、字迹工整、分析透彻、配有船模实验相片的"四种艉型的驱击舰阻力研究报告"；各类船模在水池试验时的相片；记录试验数据标绘而成的船模水中阻力曲线图；032 小型试验潜艇船模试验报告记录；学员水池试验记录笔记本等历史档案。因历史原因，学校现存的军工档案大都与海军工程系相关。看着找到的数量可观的历史档案，笔者在欣喜的同时也认识到，对我们这些门外汉来说，要想解开心中的谜团，务必要走一趟了。

　　我们带着相关资料，拜访了几位海军工程系的哈军工人。校友邓三瑞教授谈道：舰艇的研制，一般都得经过前期设计、船模试验、自航艇试验、再到定型这个过程。因此，在水池做船模试验，不仅是舰艇研制的必备步骤，更是进行自航艇试验的先决条件，对舰艇研制至关重要。校友、船模实验室实验员黄锡荣讲述道：水池的建造是由顾懋祥主任主持的，他来自上海交通大学造船系，是这方面的专家，所以当时的水池实验条件，技术含量是很高的，算是头一家吧。水翼艇船模刚开始试验时就是在水池。气垫船船模试验开始也在水池搞过，当时气垫船的吹风设备很简单，船模围裙都是用裤

246

腿做的。长期从事实验室工作的校友丁正良教授，在看过水池试验的原始档案材料后，从专业角度进行了说明。"水池专门用于舰艇水动力性能试验研究，曾为我国第一艘水翼艇、第一艘气垫船和第一艘小型常规动力试验潜艇的开发、研制提供了相关试验数据和技术支持"。校友马文彬也给工作人员讲述了朱德元帅视察时情景：作为给元帅汇报讲解船模试验的教员，自己讲解时心情很是激动，回想当年的情景，现仍心潮澎湃。

历经岁月沧桑后，当年见证了共和国第一艘水翼艇、第一艘气垫船、第一艘小型试验潜艇诞生，承载了海军工程系学员设计建造现代化舰艇梦想的拖曳水池，如今是否已鬓髯白霜？走进31号楼大厅，顺着左侧的走廊一直往里走，拐弯后，快到尽头时，一块编号001的标识牌映入眼帘，"学校重要历史事件原址：一九五七年四月二十四日，朱德元帅视察学校，到海军工程系船模实验室（本室）参观"。那么，这个许多领导人都曾视察过，三个共和国第一都曾畅游过的水池就近在咫尺了？笔者的心情不由得有一丝紧张和激动。

毕竟已经60多年过去了，走进实验室，我们凭着脑中记忆的历史档案相片中的水池样貌，努力地与映入眼帘的水池默默地比较：水池的形状没有改变，水池墙面上固定航车拖曳装置标杆的铁镙钉仍在，安装在水池头的拖曳装置还在……目光搜寻中，一幅"水声信道模拟水池"概况的挂图拉回了自己的思绪。挂图上这样写着："水声信道模拟水池，长25米、宽2.5米、深2.5米，是我国第一个以研究海洋声传播规律与声信道特征为目的的设施。"

水池一头的墙面上悬挂着的朱德元帅视察历史照片和那些似曾相识的感觉告诉笔者，水池还在，实验室还在，只是哈军工船模水池实验室如今所肩负的研究内容和方向已经改变了，也加装了更加现代化的技术设备。从船模拖曳水池到水声信道模拟水池，我们看到，她所承载的荣光与梦想，仍在传承，仍在延续。

（刊于《工学周报》2013年7月）

我军鱼雷快艇从"滑行"到"飞翔"的拐点

王春晖　吴韶刚

那是一个阳光灿烂的初春的上午，哈军工纪念馆筹建人员来到了 42 号楼——船舶工程学院的船模水池实验室。笔者见到在大水池东边的墙上，挂着几排被李凤来老师当作宝贝的试验模型。顺着李老师手指方向，一艘艇身已经有些斑驳的水翼艇试验模型将我们的思绪拉回到 20 世纪 50 年代，我们的人民海军还比较弱小的那段时光。

那时，鱼雷快艇是人民海军建设的重点之一，中国要组建起一支可以作战的鱼雷快艇部队还只能走向苏联购买、学习的道路。从 1950 年到 1955 年，我国从苏联一共购买了 70 艘 P-4 级鱼雷快艇。

1958 年夏天的哈军工，掀起了一场技术革命的热潮。为了壮大我国的人民海军，海军工程系老教师、舰船科主任顾懋祥的目光锁定在了我国海军鱼雷快艇上。

我们知道，制约鱼雷快艇战术性能的因素一方面在于艇载武器装备的性能，另一方面则在于快艇的自身性能。而顾懋祥所努力的正是如何提高鱼雷快艇的艇速和耐波性，一旦鱼雷快艇的艇速和耐波性得到有效提高，快艇的战术性能将得到加强，其作战能力也将进一步提升。

当时我军装备的鱼雷快艇都是滑行艇，相对于水翼艇"腾空"于水面"飞翔"，其速度和耐波性都相距甚远。顾懋祥根据之前取得的研究成果，提出在鱼雷快艇上安装艏水翼的方法来提高鱼雷快艇的航速和耐波性。然而这个研究需要通过加装艏水翼的试验模型在高速水流状态下反复试验，才能得出相关数据。哈军工当时没有满足实验条件的水池，哈尔滨旁边也没有大海。5 月份，实验组决定到松花江上寻找类似水文条件的场所。一路沿松花江往东，又沿呼兰河北上，终于找到做试验的理想河段。顾懋祥带领人员，在一个当地人叫鸭子圈的荒岛上安营扎寨，开始了艰苦的野外科研实验。

经过实验组同志的反复探索，采用双水翼艇在飞航中带动试验艇模型，并在拖船上安装动力仪横杆进行测量的试验方案，巧妙地解决了动力和水面干扰等难题。顺利测量出模型在静水、逆浪、顺浪等情况下的运动与阻力数据，圆满完成实验。顾懋祥教授所提出的顺浪与逆浪下水翼改角变化的理论。该理论后用于海军 123K 鱼雷快艇的改装，提高其航速 5 节（9.26 公里／小时）多，完成了海军鱼雷快艇发展上一个重要的科研课题，为海军舰艇改装作出重大贡献。

1958 年 9 月 10 日，彭德怀元帅视察哈军工时，还特地到荒岛上看望了顾懋祥的水翼艇实验小组，并观看了水翼艇的表演。彭总高兴地说：水翼艇跑得快，可以在海上打游击，以小打大，符合我国的战略方针。同时鼓励实验人员：这个科研项目很重要。搞科研不要怕失败，只有不怕失败，才能取得最后胜利。

同年 11 月 12 日，哈军工海军工程系在北京公主坟海军机关俱乐部举办了一次科研成果展览，水翼艇位列其中。周恩来总理在看完水翼艇在呼兰河上试验的纪录片后，肯定道："这个成果很不简单。"

历史不允许假设，时间也不会为任何人停留。哈军工水翼艇试验在海军鱼雷快艇的发展历史上书写下了浓墨重彩的一笔，为我们将那段艰难而辉煌的历史定格为永恒的瞬间，永远铭记。

（刊于《工学周报》2013 年 2 月）

恽良与他的气垫船

王春晖　吴韶刚

　　阳春四月，军工纪念馆筹建办一行三人，踏着暖暖的阳光，带着"本该世界第一的发明权，为什么被历史尘封二十多年"的疑惑，拜访了哈军工时期气垫船的主要研制者恽良先生。老人记忆力超强，精神矍铄，我们的到访将老人又拉回到那激情的青春岁月。"那时我才24岁……"

　　1956年第二学期，海军工程系开设了舰艇设计课，学习设计各类新型艇船。通过苏联顾问乌沙柯夫，得知了国外研制气垫船的信息。科主任顾懋祥和恽良便决定进行气垫船的设计研制。经过半年多的研发，完成了理论设计并于1957年春制作了船模。后在呼兰河，用水翼艇拖拉船模进行实验，取得了相关理论数据并上报，受到上级重视。

　　1958年初，在学院"大搞科研、猛攻尖端"的形势下，实验组又进行了气垫船的建造，命名为"33号艇"。7月，实验组将气垫船运达松花江，进行试验。8月1日，该艇接受了彭德怀元帅的检阅。恽老讲，当时还有段插曲。7月30日试验时，船上有一根轴断掉了，第二天彭总就得看，院系下了死命令，连夜必须修好，好在顾懋祥主任有经验，用空心管套住断轴，两头再铆上销子，才解决问题。彭总视察时，恽良又被顾懋祥推荐出来，作气垫船的原理和试验介绍。说到这里，老人沉思半刻，摇头叹惜道，"当时也没跟彭总合张影，留下个纪念，太可惜了！"试航时，第一次机器没发动起来，彭总安慰道："别着急，慢慢来。"经过调试后，自航艇开动起来，加速后船身从水面浮起，并越滩登陆成功。彭总看后评价很高，认为气垫船对解放台湾的意义重大，"是个好家伙哟"。

后因河面结冰，在国防科委的要求下，恽良跟刘文龙、张天元、张长福、宋文翰等多位同事转战到旅顺海军基地，在黄金山继续进行气垫船试验。经实验组不懈努力，1959 年 7 月 12 日这天，"33 号艇"海上长航试验获得成功。从旅顺的羊头洼飞驰至旅顺西港，全程 16 海里，最大时速 69 公里，并成功抢滩登陆。据相关报道，世界公认的第一艘气垫船，由英国科克莱尔发明，1959 年 7 月 25 日海上试验成功，横渡英吉利海峡，全程 25 海里，平均时速 24 公里。由此，不难看出，谁才是真正的世界第一。

当我们问到"关于真正的世界第一艘气垫船是谁发明的，后来是否澄清？"时，恽老淡淡笑着，叹道"因为保密的关系，我们的世界第一的确低调了些，却货真价实"。他拿出英文刊物，翻到某页，指给我们看，并幽默地说，"这个官司虽然没人给打，但哈军工的气垫船是得到国际上认可的"。"你们看，这文章中对两艘气垫船作了性能的比较，我们的船吨位大，主机功率大，速度也快。但遗憾的是，在海上试验成功的时间上，英国为：1959 年 7 月 25 日，中国为：1959 年 7 月，外国人在这个问题打起了马虎眼"。"事实上，若这样算起来，我们是早 13 天了！"老人也爽朗地笑了，笑声中，大家心里也都释然了。

不知不觉，约定的时间到了，我们未及细问当时的一些历史背景，便起身告辞。笔者隐约感觉点什么，直到从档案馆查找到"海军工程系 1960 年 3 月 16 日写给国防科委的'关于 4 吨喷气快艇实验艇（33 号艇）实验工作的报告'"，心中的疑团才彻底解开。红色的"绝密"二字触目，小心翼翼翻开那泛黄的油纸，一行行看下去，便不由心跳加速，既而神驰形往，深受鼓舞。依据"33 号艇"实验成果，给海军设计的用于实战的喷气式登陆艇战术性能为：排水量 26 吨，最大航速 80 节（约 148 公里 / 小时），艇长 25.6 公尺（米），可运载一个登陆排。第二次改进方案进一步强调了海陆通过性：艇体浮起高度要达 40 厘米，可通过一切水雷障碍和其他障碍，有可能在地

势不平的滩头强行登陆，并能在没有公路的陆上活动，自由在滩头上陆下水。可在 5–6 级（甚至 7 级）浪中进行战斗活动。当时，建造如此高性能的登陆艇对海军来说是何等振奋的事情。我们找到的，军工学员朱典明的笔记中也有类似的记载。

在"海司首长意见"中，详细记载了对登陆艇的速度、耐航性、通过性、艇载武器和导航设备等战术要求。"最主要是速度，速度应达 80 节，这样的速度有很大意义。登陆（作战）最怕是离敌海岸 1500–2000 米的距离，即敌用速射炮攻击（我）。但敌人发现我们后还要炮火准备。过去通过 2000 米左右距离要十几分钟，现在还不到一分钟，很有意义"。"艇能突破水中障碍，它对水雷是不怕的，（对）水压场水雷不会有影响。能爬 30 度以上的坡或能爬泥滩（3 — 5 公里）"。"要作为登陆后之桥头堡，为对付小艇和登陆后的掩护，（艇上）装 14.5（毫米）机枪。""要有艇的导航设备，防止放单，最好由飞机来导航，操纵性一定要好，艇机动灵活，也可考虑 123K（鱼雷快艇）导航"。"这艇也可精神作战，艇声音大，敌人可能以为飞机群。可以造成怪啸，重要部位可以用防弹尼龙防弹"……一项科研工作的开展必定有其研究背景和特定的原因，哈军工的每一项科研成果、每个共和国第一总是与国防需求密切相连。

回顾当时的历史背景：为减轻我沿海军事压力，逼美国从台湾海峡撤军，1958 年 8 月 23 日，中国人民解放军发动了炮击金门战役。在这种海峡两岸军事对峙的严峻形势下，能在渡海登岛作战中高速飞越敌方滩头阵地，载人抢滩登陆的气垫船，是注定要严格保密的，研制者自然不会为世人所知。然而，历史不会忘记，共和国终将铭记，以祖国需要为第一需要，以国防需求为第一使命的那些哈军工人。

（刊于《工学周报》2013 年 4 月）

哈军工的历史变迁

叶晓丽

1953年9月1日，在北国冰城哈尔滨，我国第一所高等军事工程技术教育学府——中国人民解放军军事工程学院诞生（后人将其简称"哈军工"）。因新中国成立初期，我军急需培养自己的军事技术工程师，这所高等学府在创办初期便承担着此项重要任务，创建之初设置了空军、炮兵、海军、装甲兵、工兵五个工程系。随着国家的发展，对人才需求的变化，学院也逐渐增加所设置的系和专业。

一、哈军工的创办

1952年，是中国人民志愿军抗美援朝的第二年，武器装备和军事技术的落后使得新中国发展国防科学技术、培养技术军官的需要变得更加迫切。经过周密论证，同年3月，解放军代总参谋长聂荣臻和副总参谋长粟裕向中革军委呈送了《关于成立军事工程学院的报告》。《报告》经周恩来、朱德审阅同意，送达毛泽东主席批办，中共中央、中革军委主席毛泽东批示"同意，退粟裕办"。

同年6月23日，毛泽东主席签署了《全国应办的军事院校的番号级调整方案》。《方案》指出，军事工程学院拟设在哈尔滨，要求1953年9月1日开学，并决定以中国人民解放军第二高级步兵学校、华东军区司令部军事

科学研究室和志愿军第三兵团的部分干部为组织基础，筹建军工工程学院。7月8日，毛泽东主席签发命令，任命陈赓为中国人民解放军军事工程学院院长。8月22日，中革军委批准成立军事工程学院筹备委员会，于9月1日暂时在北京恭俭胡同1号（现为59号）开始办公。9月16日，中革军委批准学院成立临时党委，陈赓为书记。9月22日，中革军委向全军下达《关于调查登记大学、专科学校学生及各种技术人才的指示》，为军事工程学院调集生源作准备。随后陈赓又主持召开学院招生工作会议，会议决定成立8个招生工作组，分别到六大军区、特种兵部队以及军委直属部队招生。

同年10月，学院筹备委员会部分同志到哈尔滨选择校址，初步勘察后，确定院区范围是东至橡胶厂，西至极乐寺和苏联红军烈士陵园，北至太平桥边界，南至马家沟河南岸，其中还有一座宫殿式建筑——文庙（后被用作哈军工图书馆）。由于建院任务紧迫，中央人民政府政务院命令卫生部将哈尔滨医科大学的4万多平方米校舍移交军事工程学院使用。

学院筹备委员会在北京的最后一次会议决定，12月1日起，启用"中国人民解放军军事工程学院关防"公章，筹委会正式迁往哈尔滨办公。

1953年1月26日，中革军委通知学院党委暂时执行兵团级党委权限，随后批准成立中共军事工程学院委员会。2月21日，中革军委命令，军事工程学院隶属于中革军委和总参谋部、总政治部、总后勤部直接领导。在中革军委明确学院的编制序列后，学院各级组织机构相继建立，主要领导干部先后任命。3月15日学院筹备委员会、哈尔滨市设计院、松江省工程公司三方签署了军工基建合同。4月25日，举行了奠基典礼，揭开了校园基建工程的序幕。8月26日，毛泽东主席为学院成立暨第一期学员开学颁发《中央人民政府人民革命军事委员会训词》。训词对学院的办学宗旨、培养目标、工作与学习作风等提出了具体的要求，成为军工办学的指导思想。9月1日，军事工程学院成立暨第一期开学典礼隆重举行，解放军副总参谋长张宗逊代表中革军委向陈赓院长授军旗。院长兼政治委员陈赓庄严宣布："中国人民解放军军事工程学院——我国历史上第一所军事工程学院正式成立了。"

二、哈军工的发展

军事工程学院开学后发展迅速。1954 年 1 月 28 日，学院第一届教学方法研究会开幕。上级机关和军内外兄弟院校 50 多名代表参加了会议。研究会主题为"半年来教学方法上的几个问题"。应邀参会的各个高等院校的代表深深感叹，学院正式开学不到一年，却已基本步入了正规化的教学之路。此后，学院每年都召开一次教学方法研究会，总结交流经验，提高教学质量。依据苏联专家的建议，学院教学工作已步入正轨，应该适当开展科学研究工作，空军工程系于 1954 年底首先建成了两座 1.5 米单回路式风洞，这是新中国成立后我国最早建成的两座实用型低速风洞。在风洞的建设过程中，不仅提高了教师的业务水平，还为国家培养了一批能够熟练驾驭、维护、修理风洞的技术力量。

1958 年 3 月 26 日，学院举行第一期学员毕业典礼大会。国防部副部长李达上将在大会上宣布了国防部批准军事工程学院第一期学员毕业的命令，并在讲话时指出："军事工程学院第一期学员是中国人民解放军建军以来第一次由我们自己的学校培养出这样大批的军事技术干部。我受委托代表中央军委、毛主席、国防部长彭德怀元帅、人民解放军各总部以及在京的各军兵种等领导机关，向我们毕业的同志和全院的同志致以热烈的祝贺。"1959 年 2 月，学院以空军工程系第七科（导弹原子科）为基础，并入炮兵工程系的火箭专业，成立了导弹工程系。

从 1953 年到 1960 年，学院的系和专业全部是按各军兵种兵器、装备建设的需要设置的，主要任务是为各军兵种培养维护、修理现代化技术兵器和装备的军事工程师。随着兵器、装备的更新发展及新兵种的建立，学院的系和专业也进行了调整和充实，增加了一些按学科设置的系和专业，1961 年 8 月，军事工程学院以原有部分专业和科为基础，成立了原子工程系和电子工程系，随后又成立了计算机系。1961 年以后，学院的任务改变为主要为国防研究机关培养尖端技术的研究、设计、制造人才和各军兵种所需的技术

干部。

1966 年 4 月 1 日，军事工程学院改名为哈尔滨工程学院，全院军人集体转业。

三、哈军工的分建

哈军工十几年的办学过程中，共经历了两次的分建。

早在学院建院方案中就曾提出，各系应尽量包括未来各军兵种教学组织的全部雏形，在条件具备时单独成立学院。1959 年 11 月 19 日，陈赓给中央军委写报告，提出学院分建改建的建议。报告中说："由于我军技术装备和科学研究工作的迅速发展，对工程技术干部的需要日益增大……全军只办一所综合性学院无论如何不能满足需要，势在必分。从现实可能性看，军事工程学院常规武器各系已具有一定规模，分建的条件已经基本具备。"在陈赓的倡导下，我国军事技术院校的一次重大调整工程开始启动，这也标志着我国国防科技教育事业迈上了一个新的台阶。此后，哈军工炮兵工程系迁往武昌，与武昌高级军械学校合并，建立炮兵工程学院，后迁往南京，现为南京理工大学；工兵工程系迁往西安，与长沙迁去的工程兵学校合并，建立工程兵工程学院，后迁往南京，现为中国人民解放军陆军工程大学的一部分。装甲兵工程系迁往西安，成立装甲兵工程学院，后迁往北京，现为中国人民解放军装甲兵工程学院。

1969 年 12 月 4 日，国防科委副主任罗舜初传达中央军委指示："根据毛主席的思想，东北是前线，哈尔滨是重工业区，交通枢纽，是第一线，为了防止敌人的突然袭击，军委决定学院要内迁，到三线去办学……这是国家的需要。"哈军工迎来了第二次的分建。

1970 年 3 月 1 日，国防科委派出调研组进入学院，主持学院分建和搬迁工作。哈军工主体（院直领导机关、导弹工程系、电子工程系、计算机系、外国留学生系及基层单位）内迁到长沙，组建长沙工学院（现为国防科技大学），后原子工程系也并入长沙工学院；航空工程系迁往西安，并入西北工业大学；舰船工程系暂留哈尔滨，组建船舶工程学院（现为哈尔滨工程大学）；风洞实验室改名风洞研究所。

　　从 1953 年到 1970 年，哈军工虽经历了两次的变迁，但是她光荣而出色地完成了自己的历史使命。一批继承了哈军工优良传统的高等军事技术院校都已发展为全国知名大学，哈军工为我国高等军事技术教育事业作出了重要的贡献。

（刊于《黑龙江史志》2018 年第 8 期）

哈军工原子工程系的创建历程

李　宏

1954 年 9 月以后，陈赓院长的工作重心转移到北京，哈军工办学的具体工作由刘居英副院长主持。刘居英副院长在哈军工长达 12 年的工作中，忠诚地、正确地执行了陈赓院长关于哈军工办学的一系列思想，并予以进一步发展和创新。

一、自力更生完成改建新建任务

1959 年 11 月上旬，陈赓院长与刘居英副院长谈了关于军事工程学院分建和改建的想法，他指出：国防现代化建设的形势发展很快，各军兵种需要的技术干部数量越来越多，仅军事工程学院一所学校已不能满足国防科技发展的需要，可以将几个常规兵器系和一些常规专业分别交给有关军兵种单独组建工程技术学院，而军事工程学院只集中力量办尖端专业，为军队建设培养尖端科技人才。希望学院党委认真讨论，提出关于学院分建和改建的初步方案。

学院党委讨论后，认为陈赓院长的意见既能迅速满足部队需要，又能重点发展学院建设。刘居英副院长说："这是学院的非常时期，是决定性的时刻，成败在此一举。"哈军工在"尖端集中、常规分散"战略实施中，大批专家、学者打破学科界限，大胆开创了我军历史上最新的专业和学科。这次学科与专业建设与以前比较有很大不同，过去的学科与专业建设都是教授们在相关领域取得了重大突破后，才建立的新学科和新专业。而哈军工的导弹工程系和原子工程系是在技术条件，尤其是师资力量严重不足的情况下创建的，充分展现了哈军工办学的魄力和水平。

在1961年暑假之前，全院64个专业的教育计划全部制定出来，计划开出的484门课程中，389门落实到了教师，259门课程拟订了教学大纲，164门课程已有教材。从9月1日开始的新学期，即按分建改建后新的培养目标、教育计划开始教学，艰难而稳步地登上了新台阶。

二、涉险履难筹建新学科

1961年8月，经中央军委批准，学院以导弹工程系的原子科为基础，合并海军工程系的核动力专业，在原炮兵工程系教学大楼成立了原子工程系。

建系的首要任务是搭建干部队伍。中央军委从广州军区调来军区干部部长祝玉璋大校，重点抓原子工程系筹建。1961年初，中央军委批准了原子工程系编制。学院党委从实际情况出发，决定先组建内爆装药设计、核爆炸测试分析、核动力装置3个专科。

建系的第二个任务是组建教师队伍。哈军工改建新建，等于在两三年内重建一所规模更大、技术水平更高的全新军事科技学府，所遇到的最大困难是师资的严重不足。全院64个专业大约需要教师1600余名，缺额900余名。为解决师资问题，学院不得不从学院第三、四、五、六期学员中选拔出432名"青苗"，分到各系的专业教研室和教务部所属各基础课教研室。当时原子工程系仅分到6名教师，教师们都是边学边教。

据朱起鹤院士回忆："1958年，我们国家开始搞核潜艇设计，军委抽调了哈军工10个教员到原子能研究所，其中有几位物理教员，包括我本人，还有三系海军工程系的陈宽老师。另外还有一批毕业班学员以及教员加起来

将近 20 人，一起参与了我国最早的核潜艇设计。虽说不是核武器，但毕竟是参与过核技术研究，所有这些人在哈军工筹建原子工程系时就都参与其中了。"朱起鹤院士还说："原子工程系最初分 3 个科，一科是关于原子弹研制的；二科是与原子爆炸有关的；三科是核潜艇这方面的。当时我调过去，是因为比较缺人，特别是抓技术业务方面的人选比较少。我在二系开始教固体物理，后来又教了一门专业课。"

欧阳昌宇教授是建系的第二位骨干教师。据欧阳昌宇教授回忆："1961年，哈军工的专业由'常规'转为'战略'，我面临一场更大的挑战。当时，我正在辽宁抚顺挖掘机厂带学生实习，给第三期学员上'工程机械制造工艺学'，刘居英院长到我家与俞咸宜（欧阳昌宇教授夫人）谈话。事前我已知道学院准备把我们留下从事新专业，我们商量好，听从组织分配，作再次改行的准备。俞咸宜向刘院长说明我们的意见后，刘院长表示：'那好，就这么定了。'"就这样，欧阳昌宇教授奉命从分出的工兵工程系机械装备科主任的岗位上留下来，参加筹建原子工程系。欧阳昌宇教授说："当时的教师多数是地方大学物理系和力学系的毕业生，也有哈军工上两届留校的学生，他们都没有讲课经验，讲过课的也只有时任教研室主任等三人。按照刘居英院长要求，老教师要带领新进教师去九院与有关专家联系，了解专家拟订的课程大纲，并组织试讲，帮助他们讲清内容，树立专业信心。"为了保证青年教师过好"教学关"，系里规定每门课程都要做到"每讲必试，不行重来，直到讲清楚为止"。有的专业组成了干部、教师、学员三结合备课小组，有些教研室集体研究教案，讨论每堂课内容的重点、难点及课外作业等问题。

建系遇到的另一困难是缺少尖端专业的技术资料。当时原子弹在我国还属于未知领域，外国的原子弹资料更是无从获得。"专业怎么建？课程怎么设？全无头绪。"当时的教学计划和各课程的教学大纲均按国防研究院专家的意见制定。朱起鹤院士和欧阳昌宇教授一次又一次地带领青年教师与九院的朱光亚同志联系，由他引荐到对口的研究单位去请教专家。根据从专家们那里获得的有限信息和参考性意见，再回院推敲专业建设方案和课程设置范围。几经反复，逐步形成教育计划、课程体系、教学大纲及实验室建设规划。以核爆测试分析专业为例，学制为五年半，设置 29 门课，总计 2690 学时，其中基础课 786 学时，基础技术课 1208 学时，核爆炸光辐射测试、核爆炸冲击波、冲击波测试等 8 门专业课 696 学时，占总学时数的 25.9%。由于原子弹是国家绝密，且尚在研究中，教师们只能根据专家指示的方向和线索，到图书馆查阅国外期刊，摘录点点滴滴的公开资料，按学科要求，一点一点积累，编写出专业教材，再到研究院请相关专家审核、把关。一些青年教员也发挥了先锋模范作用。张若琪老师在图书馆连续查询资料半年，从大量的期刊中"淘金"，编出了 18 万字的《内爆力学讲义》，在评审中获得专家好评，成为哈军工原子系第一批专业课教材之一。

闯过了"开课关"之后，学院就工作重点转移到实验室建设方面，着力将一批复员战士培训成合格的实验员。当时，"哈军工有一位叫陈钢的复员战士，虽文化水平不高，但政治素养好，事业心强，干什么钻什么，系里安排他学习高速摄影，派他到电影制片厂学习，可电影厂对他保密，他不但没有气馁，还虚心向有经验的人请教，反复琢磨体会，终于掌握了全套高速摄影技术，开出了爆炸实验课。"原子工程系当时在哈尔滨市郊柞树林建立了内爆、高能炸药、核燃料 3 个实验室，把放射性物质都保存在那里，也形成了严格的规章制度。

三、排除万难终显成效

原子工程系是新成立的系，全系师生怀着对国防事业的使命感，团结一致，艰苦奋斗，夜以继日地苦干、实干，为国家培养出一批又一批优秀的毕业学员，完成了一项又一项科研任务，为我国核武器的研制输送了一批后备力量。

1963 年，原子工程系第一批学员还没有毕业，因国家急需，全部提前毕业分配到青海金银滩参加原子弹试验；核爆炸测试分析专业 38 名学员提

前毕业到新疆马兰基地，即总装备部第 21 试验训练基地，成为 21 基地重要的一支科研骨干力量，哈军工为我国核武器的发展作出了应有的贡献。在两次核爆炸试验过程中，赵伊君、花栅和傅信礼 3 名教师参加了冲击波和光辐射的测量任务，其中傅信礼老师带领的机测小组荣立集体二等功，另有多人荣立三等功。原子工程系的教学、科研成果得到了学院党委的充分肯定，并受到了朱德、董必武、刘伯承等国家领导人的称赞和勉励。

（刊于《工学周报》2015 年 12 月）

哈军工导弹工程系的创建历程

吴韶刚

20 世纪 50 年代初，只有少数几个发达国家能够研究、生产火箭与核武器，并在本国高等学校中设置火箭与核物理专业，新中国在这方面还是空白。1955 年 11 月，刚回国的火箭专家钱学森先生到访哈军工，在欢迎钱学森先生的晚宴上，陈赓院长提出"中国能否搞导弹"的试探，得到钱学森的肯定答复。其后，哈军工炮兵工程系副主任任新民教授、周曼殊、金家骏教员联名给国防部写了一封信，提出研制我国火箭的建议，引起了中央军委的高度重视。1956 年 10 月，中央军委决定成立以钱学森为院长的国防部第五研究院，标志着中国导弹研制工作的正式开始，哈军工空军工程系的梁守槃、朱正、任新民、庄逢甘和卢庆骏等教授、专家先后调入五院工作。1956 年秋，哈军工在炮兵工程系自主招收了 2 个班共计 60 人的导弹专业的学员，哈军工导弹专业的酝酿和筹备也正式起步。

一、远赴苏联求援助

1957 年 5 月 30 日，刘居英副院长率中国人民解放军院校参观团访问了苏联、波兰、捷克三国的军事工程院校，对各国军事工程院校的教学科研和专业设置进行了认真考察，并重点关注了导弹专业。9 月 7 日，中央军委派聂荣臻为团长，陈赓、宋任穷为副团长，率中国政府军事代表团到莫斯科，

同苏军总参谋长安东诺夫大将为首的苏联政府军事代表团会谈，签订了苏联援助中国发展导弹、原子弹武器协议，即《国防新技术协定》。回国后，陈赓院长向学院布置筹备创建导弹、原子工程系的任务。陈赓同当时空军工程系副主任戴其萼谈话时说："这次同苏联政府军事代表团谈判，他们仅卖给我们近程导弹及器材设备，不同意中国研制生产原子弹，我们只买回一个供教学用的原子弹头。苏联政府虽然同意给学院派少数教授、专家帮助创办导弹及原子专业，但我们要以自力更生为主，争取外援为辅，自己创建导弹、原子专业。"

二、自力更生建新系

1957 年 8 月 7 日，刘居英副院长、刘有光副政委向中央军委上报了《关于军事工程学院导弹专业组织计划的报告》。9 月 10 日，军委批准军事工程学院在空军工程系建立导弹专业。随后，学院派空军工程系副主任戴其萼分别到空军、海军、装甲兵、炮兵、工程兵各军兵种领导机关和一机部、二机部、化工部等单位走访，就筹建工作及相关培训任务寻求支援。陈赓院长非常重视筹建工作，曾给工程兵司令员陈士榘打电话，请他安排人员负责给学院设计导弹、原子弹实验室和教学陈列室。

1958 年 3 月，学院在空军工程系成立七科（导弹原子科），为国家培养导弹、原子弹专业人才。系主任唐铎兼任七科科主任，周祖同教授任副主任，高天炎任政委，苏克任副政委。并从空军工程系各专科和院基础课教研室、学院各系抽调教学骨干补充到新成立的导弹原子科的师资队伍中来。从空军工程系抽调了董绍庸、周祖同和青年教师陈启智和曹昌佑等一批骨干力量，从基础部抽调了电工教研室张良起，数学教研室张金槐，从炮兵工程系208 教研室抽调了周曼殊、卢思玉和黄成栋等骨干，组成了七科的教学骨干力量。陈赓院长还与七科的教授、副教授等骨干教师在北京座谈，向他们介绍了苏、美、法各国发展导弹、原子弹的概况，鼓励大家自力更生，奋发图强，努力做好教学、科研工作。

1959 年 2 月 15 日，中央军委批准学院以空军工程系第七科为基础，并入炮兵工程系的火箭专业，成立导弹工程系，即七系。导弹工程系下设弹体发动机、自动控制、无线电遥控遥测、飞行力学和射击原理、特种武器 5 个专科。

三、软件硬件齐发展

导弹工程系的创建中，面临着诸多困难，在师资力量、教材建设、实验室建设及设备器材等方面都较为薄弱。

关于师资队伍建设。为建设高水平的师资队伍，学院以原七科师资力量为骨干，又从空军工程系第一、二期学员中，选留一部分毕业生做教学工作，充实、加强教学力量，邱东立、唐羽章、张唯、张冰、王富活和郭松玉等都是当时学员留校任教的代表。同时陈赓请示周恩来总理批准，从留苏的导弹、原子弹专业毕业的研究生和地方重点大学的毕业生中，抽调一批科技人员担任教学、科研工作。后又从四、五、六年级的未毕业学员中"拔青苗"，选调优秀学员补充到各教室培训，边教边学，举办教师进修班，培养年轻的教师队伍。多途并举，导弹工程系较快地组建起一支具有较高水平的教师队伍。为解决学员的实际操作问题，经总参谋部批准，学院从空军、海军各技术兵种的技术骨干中选调 100 余名专业军士成立导弹训练机械教练队，为导弹工程系的教学实习服务。

关于教材建设。教授们主要通过内编外译的办法不断补充专业课程的讲义和教案。陈赓院长曾指示国防部办公厅让驻外使馆的武官搜集外国相关资料，直接寄到学院，教授们翻译后将内容编入教材。学院也主动到国防部五院取经，搜集资料。但教材建设主要还是依靠授课的教员根据手中有限的资料，进行融会贯通，加工编写而成。周祖同教授凭借自身的学识与专业技术的积累，研究了苏联卖给我们的地空导弹无线电系统说明书和

线路图，通过解剖、分析，并带领青年教员到五院对照导弹实物分析数据，编写出《543无线电控制系统》作为专业教材，不仅供学院使用，还被五院及兄弟院校当教材用。周曼殊教员从国外杂志一张没有说明的简图里得到启发，大胆研制火箭等离子发动机。经过反复试验，终于产生了等离子火焰，为实验室创造出热试验的热源，他还在多年研究的基础上编写出《导弹总体设计原理》。

关于教学设备建设。学院的教学设备器材购买得到了陈赓院长的有力支持，1959年秋季，陈赓院长在了解到学院的建系困难后，同总后勤部联系，批给学院外汇款，可以同第五研究院、二机部一样从国外订购专业器材设备。还批给学院导弹工程系150万元人民币，指示国防科技委员会各电子工厂减价卖给一大批器材，使教学的实验设备初具规模。

关于实验室建设。在苏联专家的指导帮助下，导弹工程系建了10余个专业实验台及控制系统，并把这些实验室建设资料和研究成果补充到教材中，同时，学院还接受了从苏联购买的供教学用的P-2导弹（仿制后称1059），抢建了导弹大楼。实验室建设为学员们提供了重要的实践平台，在学科建设上具有重大意义。

1960年，根据陈赓院长提出的"尖端集中，常规分散"和"双方兼顾，照顾尖端"的办学原则，学院炮兵工程系、工兵工程系、装甲兵工程系相继迁出组建新的兵种工程学院。1961年，学院重新确定了编制序列，导弹工程系为五系，学院及时调整了导弹工程系的专业设置和人才培养方向，其专业也由常规到尖端进行了调整，由原来的5个专科扩充为7个专科，分别为：弹道式导弹设计科、带翼式导弹设计科、火箭发动机科、导弹飞行射击原理及飞行测试科、弹道式导弹自动控制系统科、带翼式导弹自动控制科、导弹无线电遥控系统科。自此，导弹工程系构建了较为完整的学科体系，直至1970年哈军工分建，其专科未曾进行大的调整。

四、服务国防结硕果

1958 年 3 月，导弹原子科成立后，为加快人才培养的速度，学院从空军工程系、炮兵工程系、海军工程系和装甲兵工程系相近专业的 55 级、56 级、57 级本科生中选调 400 多名学员到空军工程系七科学习，并决定从秋季正式招生，逐年增加招生名额。1960 年，学院从全国各重点大学调入 500 余名二年级学生，到各系插班学习，其中分配到导弹工程系学习的约 200 人，进一步补充了生源。

1959 年 1 月，国防部五院院长钱学森教授第二次访问哈军工，就导弹工程系成立后与五院合作问题跟学院领导交换意见，对学院的导弹工程技术人才的培养寄予了厚望："目前五院是一翼，你们哈军工的七科也是一翼，有这两翼，中国的导弹一定会很快地飞起来的。"导弹工程系为国防建设输送了一批高素质专业人才。"红箭 –8"总设计师王兴治，参加第一批地空导弹营组建的粟戒生，空间技术研究院副院长、卫星总指挥马世俊，载人航天工程办公室主任谢名苞，载人航天工程办公室副主任林树，第一次原子弹、导弹结合实验中被誉为"七勇士"之一的张其彬等都是导弹工程系毕业的学员，为国防现代化事业的推进作出了突出贡献。

1961 年 5 月，导弹工程系还调出一批教师帮助空军、海军、炮兵分别筹建了 3 所专门培养导弹维护使用人才的导弹工程学院。协同制订教育计划和教学大纲，提供教材和教学设备，并代培专业课教师。

哈军工导弹工程系的建立，在我国国防科技发展历程中具有重大意义，它标志着我国火箭技术人才培养体系的进一步完善，国防尖端科技在追赶世界发达国家的征程中迈出了坚实的一步。

（刊于《工学周报》2016 年 4 月）

第五编

哈军工纪念馆与哈军工文化园

"哈军工文化园"

——讲述哈军工的故事

王春晖

"哈军工文化园"位于哈尔滨市南通大街 145 号，哈军工原址，现哈尔滨工程大学院内。经过长期积淀和建设，如今的文化园已经初步形成了军工历史区、文化景观区、船海特色区和军工博物馆"三区一馆"的格局。仅 2006 年 9 月至 2007 年 8 月一年的时间内，共有社会游客、新生家长、省内中小学生等 15 万人次来园参观。

走进哈军工文化园，讲述哈军工的故事，体会哈军工的文化，让我们共同感受哈军工人及其后继者身上闪烁的"以祖国需要为第一需要、以国防需求为第一使命、以人民满意为第一标准"，即"三个第一"的忠诚精神……

一、军工历史区——厚重深沉见胸怀

进入文化园首先迎接我们的是军工历史区。军工历史区主要立足于军工时期的大楼，"共和国第一"诞生地，国家党、政、军领导视察过的地点等哈军工历史上的原址原貌，着重向参观者展示哈军工高速度、高标准创建的历史，面向国防、跨越发展的历史。在该区游览，我们将深切地感受到哈军工对我国高等军事技术教育格局所产生的深远影响，对我国国防事业所作出

的独特贡献，深切地感受到哈军工"以祖国需要为第一需要、以国防需求为第一使命"的精神境界。

在中国高等教育的发展史上，哈军工高起点、高速度的创建是绝无仅有的。由毛泽东主席、周恩来总理亲自指示、直接安排学院建设，从1952年的一份报告到1953年学院开学，这所学院的创建动用了全党、全军的力量。一年创建、四年发展，到1957年哈军工已经成为青年学生向往的圣地，在亚洲乃至世界上都产生了重要影响。

哈军工创建之初按军兵种设置了空军、炮兵、海军、装甲兵和工兵5个工程系。后来，为了更好地为国防事业做贡献，学院选择了"尖端集中、常规分散"的分建道路，将部分常规专业从哈军工分出去交给各军兵种独立办学。在给中央军委的学院分建、改建的报告中阐述了分建的原因："今后所需工程技术干部的数量都会增长很快，全军只办一所综合性学院无论如何不能满足需要，势在必分。从现实可能性看，军事工程学院常规武器各系已具有一定规模，分建的条件已经基本具备。"以独特的方式、磅礴的胸怀、高度的忠诚，在发展的鼎盛时期分建，为国家的高等军事教育、为国防事业做贡献，这样的大气魄、大手笔至今仍让世人折服。

这所学校在短短不到10年的时间里经历了两次分建。按军委指示1960年到1962年学院进行了首次分建。现在的南京理工大学、工程兵工程学院、装甲兵工程学院、防化兵工程学院、海军工程学院都是融聚了哈军工血脉与精神的军工之花。哈军工在1966年退出军队序列后改称哈尔滨工程学院。至此，第一次分建完全结束。1970年，学校经历了第二次分建。学院主体南迁成立了长沙工学院，即现在的国防科技大学。海军工程系留在原地继续办学，成立了哈尔滨船舶工程学院，即今天的哈尔滨工程大学。哈军工的后继者们历经磨难而不衰、饱尝艰辛而不屈、千锤百炼而愈强，把"忠诚奉献、坚韧拼搏、艰苦奋斗、团结协作、求实创新"的哈军工精神在这片土地上演绎得更加精彩。

通过两次分建，哈军工孕育的种子开花结果，使分布在祖国各地一批继承了哈军工优良传统的军事技术院校迅速走向了成熟，并发展成为知名的全国重点大学。至此，哈军工真正成为了国家培养高科技人才的园地。这是哈军工人用自己的忠诚为我国高等教育事业作出的重大贡献，它为促进我国武器装备现代化，为中国高等军事工程教育体系的形成起到了奠基性的作用。

进入哈军工海军工程系所在地 31 号楼正厅，毛泽东主席对海军的题词"为了反对帝国主义的侵略，我们一定要建设强大的海军"就在对面的墙上。当年，哈军工人就是在这样一种义不容辞的责任感下创造了一个个奇迹。在一个简陋的实验室里，一个以柳克俊为课题组长，平均年龄只有 25 岁的科研团队，为了海军的急需开始了艰苦的努力。当时我国的计算机事业还是一片空白，可就是这些没有专家头衔的年轻人坚信中国人一样能搞出自己的计算机。在这种信念的支持下，火花就成了星星之火。1958 年 9 月 28 日凌晨 4 点，在总调阶段的计算机开始算题了，中国历史上第一台军用电子计算机诞生了。一个月设计出草图，四个月使计算机问世，这不得不说是一个奇迹。

军工大院里象柳克俊这样忠诚奉献、心系国防的教师随处可见，他们创造了诸多的"共和国第一"。我国第一艘增压式气浮艇诞生于 50 年代末，并在呼兰河试航成功，彭德怀元帅亲临观看。后来，该艇在旅顺基地进行长航试验取得成功，比英国某同类艇第一次横渡英吉利海峡早 13 天，使我国成为世界上第一个在海上长航试验成功的国家。哈军工人用这些科研成果为年轻的共和国筑起一道巍峨的屏障，坚不可摧！

漫步军工历史区，哈军工创建、发展的历史历历在目，凝结了建设强大国防希望的哈军工从无到有的历史蕴含的是"以祖国需要为第一需要"的使命感，为了国家的急需而诞生的"共和国的第一"从无到有的历史蕴含的是"以国防需求为第一使命"的责任感。这从无到有的艰辛过往里还蕴含着哈军工在办学上以"高起点创建、跨越式发展"为基本模式的发展战略，在学科建设上以"尖端集中、常规分散"为核心的特色理念，这些都饱含了哈军工人一颗颗赤诚的报国之心。

二、文化景观区——静水深流担使命

从军工历史区走出来，我们便来到了文化景观区。我们将在这里看到继承了哈军工历史与反映海防特色的原有和新建景观。哈军工的创建者们为哈军工的创建作出了永远值得赞颂的历史性贡献，哈军工人用自己的智慧、青春和热血，为中国高等军事技术教育树起了一座不朽的丰碑。漫步在文化景观区，我们将深深感受到哈军工人以对党和祖国的高度忠诚、身肩强国使命、"国家利益至上"的爱国主义精神；深深感受到哈军工人把个人命运和祖国的独立富强紧紧联系在一起、把个人志向与民族振兴紧紧联系在一起的民族主义精神。

1952年，毛泽东主席任命刚从朝鲜战场回来的陈赓去创办一所高等军事工程技术院校，拉开了陈赓白手起家创建哈军工的一段传奇。当年的陈赓面对的是比战场杀敌更为艰巨的任务。一无师资，二无校舍，三无教材设备，四无管理经验。经过一年的紧张筹备，1953年9月1日，一个"永远值得我们纪念和庆祝的日子"，哈军工正式成立了！

陈赓院长不拘一格、唯才是用，在哈军工的历史上曾留下了一段"董必武刀下抢人才"的佳话。当时留法弹道专家沈毅因贪污已判死刑（缓刑）。陈赓为此找到时任最高人民法院院长的董必武和"三反""五反"主要领导薄一波，商量让此人到哈军工戴罪立功。薄一波打趣陈赓说："你老陈真是爱惜人才，死刑犯都敢要！你敢要我就敢给。"事实证明，沈毅没有辜负陈赓的期望，他翻译的弹道方面的资料，为哈军工相关的教学与科研工作提供了难得的技术支撑。

尊重知识、尊重人才是陈赓院长的重要办学理念，其中著名的"既要承认两万五，也要承认十年寒窗苦"，即"两老办院"的主张成为哈军工办学成功的思想基础。陈赓向老干部强调："要办好军事工程学院，首先要依靠老教师，不能光靠两万五。"要求老干部要团结好专家、教授，尊重他们，发挥他们的才能，不要因为他们没有经过战争的考验而轻视他们。陈赓多次讲：有长征两万五和有十年寒窗苦的、有老红军的八角帽、有博士的四角帽、有上过井冈山的和去过旧金山的，都是国家的宝贝，是建设国家的财富，必须要团结一致，必须借助这两部分人才的力量才能将学院建设好。

在特定历史条件下，陈赓提出了"两老办院"的著名主张，充分肯定知识分子在办学过程中的主导地位，把知识分子的地位界定在与老干部并列的高度，实属不易。"两老办院"的思想具体到今天的办学实践里就是"以教师为本"的理念。哈军工能在十几年的时间内成为中国著名的大学，与这一理念密切相关。

以陈赓为代表的哈军工的创建者们还提出了"善之本在教，教之本在师""教书教人"等教育思想，教师就是要既管教，又管学；既教书，又教人，以教风带学风。数学教授会主任卢庆骏是体现哈军工严谨、严密、严格"三严"作风的突出代表。他上课不会动一下黑板擦，黑板上没有一个错字，没有一道废题，就像印刷好的教科书投影在黑板上。军工大院就是这样，教师对自己、对学员的要求都尽显是一个严字。严谨、严密、严格的"三严"作风内化为每一个哈军工人的行动。正所谓严师出高徒，军工学子的成就印证了这一点。

陈赓作为一位伟大的无产阶级革命家、军事家，教育家，对哈军工乃至国家的高等教育事业的贡献是不可磨灭的。他留给哈军工的宝贵财富与世长存；哈军工的精神已经被发扬光大，哈军工的事业后继有人。

文化园里有一位我们永远铭记的外国朋友，他就是哈军工苏联顾问团首席顾问奥列霍夫中将。奥列霍夫对学院给予了最宝贵、无私的帮助。他不断对学院的发展提出建议，还身体力行、深入一线——冒雨视察宿舍、教学楼等工程的情况；严寒中亲自选择野营地点。他所强调的培养学员独立思考和独立工作能力的思想，至今仍是先进的教育理念。1957 年 3 月 27 日，奥列霍夫不幸逝世，终年 55 岁。按照协议，他早该回国了，但他一定要等第一期学员毕业，看看毕业生质量以后才走。最后，因为心脏病突发，倒在办公

室里。在他的手稿中写道："苏联顾问在学院的任务，是在于帮助中国同志能独立地掌握教学及科研的全部过程。"这种襟怀坦白的情谊永远值得我们怀念。苏联顾问团保持了苏联共产党人的本色，具有高度的国际主义精神，为哈军工的创建与发展作出了重要贡献。

文化园里的故事被人们讲了又讲，讲拔地而起的高楼是怎样盛满了民族的渴望；讲哈军工人怎样和年轻的共和国一道奋发图强；讲陈赓院长怎样把楼房让给别人，自己住进低矮的平房。如今，那些跋涉的艰辛已成过往，但以"善之本在教、教之本在师"为根本的办学观念，以"教书教人"为基本原则的育人理念，以"两老办院"为主要标志的人才建设思想，以"严谨、严密、严格"为基本要求的军工作风都已经融化在每一个哈军工继承者的血脉之中，支撑着他们为国防服务、办人民满意大学的征程。

三、船海特色区——"三海一核"定乾坤

下面让我们去船海特色区体会一下文化园里浓浓的海味、军味。船海特色区里主要展现的是体现了哈军工文化的船海特色与标识部分。在这里我们将看到哈军工及其继承者为国防、海防事业作出的重大贡献，将深深感受到作为哈军工传承者之一的工程大学人坚持"三海一核"办学特色、发展祖国船海事业的信心和决心。

军工操场周围的四海路为这所学校的历史和精神都描摹上了一层蔚蓝，船舶博物馆里的展品和中国十大名船展展出的名船徜徉在这蔚蓝色的世界里，如同回到了自己的家那般亲切。郑和铜像下、世昌园里朗朗的读书声表达的是忠诚于祖国和人民，身肩国防、海防使命的哈军工后继者之一的工程大学人对先行者的崇敬，他们的精神已经在文化园里被传承、发扬光大。无论是敢为人先、把中国古代的海洋事业推向发展高峰的郑和，还是在中日甲午海战中明知死在眼前仍勇敢赴难牺牲的邓世昌，他们精神将永远激励着哈军工及其后继者为国防事业而奋斗，那些深沉的情感和独特的情结让哈军工

后继者之一的工程大学人充满信心地走向海洋。文化园里的海军国防生和严格的军训彰显的正是工程大学人多年的国防和海防情愫……

"我邓某人六十立志，志在必得，言必有信。"这是有着"中国潜艇之父"美誉的邓三瑞教授主动请战"智能水下机器人"项目时掷地有声的话。邓教授没有以两个共和国"第一"安享余生，而是以青年人的无畏，承担了又一项共和国第一的研制工作。年近花甲尚有如此拳拳报国之心，不禁让人们心怀景仰。

在核工业需求不足的困难时期，时任军用核动力安全委员会小组成员的杜泽教授，多方争取支持，寻找支撑专业发展的新起点。2005年，当平均年龄只有35岁的核动力仿真团队获得国防科技进步一等奖时，他们依然清晰地记得老师的判断："无论国家还是国防工业，这个阵地不能丢"。

文化园里还辛勤耕耘着水声元勋杨士莪院士、水下机器人专家徐玉如院士等，正是这样一群"以国防需求为第一使命"的坚守者，在满足国防需求的历程中，为这所大学半个世纪的信仰追求找到了最佳落脚点。"三海一核"特色办学方略已经成为支撑哈军工传人奋勇前行的动力。中国十大名船落户学校，船舶博物馆的建立都昭示着"三海一核"办学方略已经在这片土地上深深扎根。向前、向前，这是工程大学人对发展祖国船海事业充满信心的呼喊。工程大学人正朝着"大工至善、大学至真"的校训所描绘的人类认识世界和改造世界的最高境界进发。

四、军工博物馆——海纳百川写忠诚

原哈军工的26号楼历经岁月的冲刷，如今依然端庄而优雅地矗立在文化园里。再过不久，它将成为文化园的核心部分——也就是即将规划建设的军工博物馆。博物馆建成后将与其他三区有机配合，将所有体现哈军工历史的有关文字、图片和实物集中展出，向参观者展示哈军工筹建、发展的历史。参观军工博物馆我们将看到哈军工及其继承者取得的辉煌办学成就，为

国家培养出的杰出人才，将深深感受到哈军工人及其后继者始终不畏艰难、勇担使命的忠诚精神。

校史馆里陈列的一本发黄的教学计划是哈军工人永远的骄傲，因为在共和国的历史上，只有哈军工的教学计划经毛主席亲自审阅过。这充分说明了党中央对哈军工、对教学、对人才培养的高度重视。"一切为了学员"是哈军工办学的根本宗旨。陈赓院长就曾经这样比喻：学院就像大食堂，学生是来吃饭的，教师是大师傅，其他人都是端盘子的。20世纪90年代，江泽民主席写下了"哈军工桃李满天下"。这句赞誉对哈军工来说当之无愧。从第一批走出军工的学子起，哈军工毕业生就不断地在国家建设的各领域创造着业绩，赢得了广泛的赞誉。建成后的军工博物馆里将举办各种形式的主题展览，现在暂时陈列在启航活动中心里的院士、将军主题展览就印证了哈军工人才培养的累累硕果，一本本优秀学员的毕业证书是军工学子对祖国对人民所给予厚望交上的满意答卷。

哈军工凝结了国家建设强大国防的希望，因此，它受到的关注是最高级别的。建院起，来院视察和检查工作的中央首长络绎不绝。陈毅元帅就是其中一位。1963年6月的一天，陈毅元帅来到哈军工，在军工操场上向全校师生发表了关于学习、成才的讲话。岁月斑驳，余声犹在。当年听过演讲的哈军工校友感慨道："自那以后我们更加坚定了前进的方向，学校的学风也越来越浓郁了。"

在优良的育人氛围中，军工学子自身更体现出以天下为己任的刻苦学习精神和自强不息的拼搏精神。说到这里我们不得不提哈军工历史上的名人谭国玉。他入学前只有初中一年级的文化，补习期间对所有课程一窍不通，测验功课全都不及格。谭国玉坚决要求退学回部队。陈赓院长了解到他的情况，想破格留他继续学习。于是把他请到家里，边吃饭边批评教育："你口口声声喊'人在阵地在'，实际啥也不在，给你创造了这么好的条件，不好好学习，还要走！"陈赓院长的话坚定了谭国玉学到底的决心。他以"人在阵地在"的劲头攻文化堡垒。恨不能一天24小时统统用于学习。队上、班上每周都要发生一两次"谭国玉不见了"的事故，每次都发现他晕倒在锅炉房、地下室和其他有灯光的地方。从部队保送生到本科试读生，最后升至工程兵副司令员，少将军衔，谭国玉的成长历程让苏联顾问折服："在他身上，我们看到了中国人民解放军是战无不胜的。"以谭国玉为代表的军工学子的成材是国家的财富，而他们的精神更是值得后人传承的宝贵精神财富。如今，文化园的启航活动中心里还经常上演学生话剧团以谭国玉为原型自编自导的话剧《奔流》，观众席上爆发出的阵阵掌声传递的是广大工程学子对国玉精神传承与弘扬。

建成后的军工博物馆里蕴含的故事多得不胜枚举，哈军工及其继承者取得的辉煌办学成就、为国家培养的大批杰出人才让我们由衷的赞叹。不畏艰难、勇担使命，从哈军工诞生那天起，半个多世纪以来已经成为融于工程大学师生血脉中军工情结。血脉相承，哈军工留下的不仅仅是那些巍峨的大屋顶，更重要的是那笔让学校人才培养得益巨大的精神财富。我们看到无论学校如何变迁，以"三个第一"为核心的忠诚文化，"以学生为中心"的传统，"国家利益至上"原则，这些宝贵的精神传承将永远成为鞭策哈军工后人们前行的精神动力。

"当年军工圣殿，今日精英摇篮，流云间青檐碧瓦，回首处栋梁参天。"漫步在文化园里，徜徉在历史的纵深中，我们看到哈军工是一个传奇，是一座丰碑，更是一种精神。以忠诚为核心的哈军工精神在与时俱进中得到不断的丰富发展，哈军工的文化对社会的影响力正不断扩大。作为哈军工的传人之一，"以祖国需要为第一需要"这一最高信仰已深深铭刻在每个工程大学人的心中。今天在这里展现给您的仅仅是哈军工文化园一个基本轮廓，您读到的也仅仅是厚重的哈军工历史故事的短短的一瞬。我们相信，建成以后的文化园必将成为承载哈军工文化核心价值体系的重要载体，成为哈尔滨工程大学文化育人的核心基地，成为国防科技工业军工文化教育基地的独特子系统，成为哈尔滨市红色旅游线路的重要一站。

（刊于《工学周报》2007 年 12 月）

关于哈军工纪念馆筹建工作的思考

——赴哈工大博物馆等单位调研有感

王春晖

5月13日，学校党委下发了《关于成立哈军工纪念馆建设筹备工作领导小组通知》的文件，标志着我校哈军工纪念馆筹建工作正式启动。为了做好筹建工作，纪念馆筹建办公室一行5人日前对省内外10个不同类型的馆进行了参观调研，收获颇丰。尤其是5个高校的校史馆，引发了笔者对如何建好哈军工纪念馆的一些思考。

一、调研及5个高校校史（博物）馆概况

（一）调研概况

调研工作的主要目的是为我校筹建哈军工纪念馆学习经验、汲取教训，建立概念、引发思考，开阔视野、拓宽思路。围绕如何建设纪念馆这个主题，确定了五个主要的调研任务：第一、筹建纪念馆的基本工作流程、方法、难点；第二，现代技术手段（声光电）在展馆中运用；第三，实物的选择及陈列；第四，序厅设计、参观流线及布展；第五，展馆筹建时间、面积及建馆资金投入情况。

调研对象通过学校领导推荐、调研单位推荐等方式，最终确定为哈尔滨工业大学校史博物馆、大庆铁人纪念馆、葫芦岛某部队科技馆、北京理工大学校史馆、清华大学校史馆、黄埔军校纪念馆等 10 个单位。

根据调研主题，结合各调研对象特点，确定的调研方法主要为参观和座谈。在参观过程中通过对展览的录像、拍照，对解说的录音，搜集展览资料；通过与展馆建设者的座谈深入了解相关细节、重点和难点。

通过对 10 个单位的调研，我们在建馆的技术细节方面收获了一些信息和资料，为后续筹建工作的开展积累了经验。

（二）5 个高校校史（博物）馆概况

概况	哈尔滨工业大学校史博物馆	北京理工大学校史馆	清华大学校史馆	南京大学校史博物馆	南京理工大学校史馆
展厅面积（平方米）	2000	500	2000	1000	约 1500
建成年代（年）	2010	2010	2011	2002	2006
投入资金（万元）	700 多	200	2000	300 多	不详
馆址选择	该校土木楼	学生教室	新建	该校老图书馆	新建
优势特色	馆址选择好；实物搜集工作到位；展馆空间结构设计饱满；整体色彩运用和谐、精妙；对校史馆纪念品进行了专门的开发，有纪念意义；序厅设计巧妙。	对历史的深入挖掘，成就该馆亮点；纸质实物的陈列方式值得借鉴；学校前身院区沙盘设计巧妙；解说员解说将展馆的内容和思想放大、延伸、打动、教育参观者。	展览线索清晰；参观流线流畅、自然；序厅设计大气厚重；现代手段运用巧妙得当；展馆引入了油画、浮雕等艺术手段，提高了展馆的艺术层次。	序厅设计具有地方特色；展厅中场景还原设计巧妙；实物搜集成果突出，实物珍贵。	调研工作充分；实物搜集有亮点。

概况	哈尔滨工业大学校史博物馆	北京理工大学校史馆	清华大学校史馆	南京大学校史博物馆	南京理工大学校史馆
不足之处	参观流线不顺畅；展馆容纳的实物量过大，基本展示重点不够突出；现代化展示手段运用没有达到预期效果；解说不理想，影响参观者的接受和认同。	展馆的材料选取和布展工程质量较差；基本没有序厅，进馆直奔主题，有仓促感；展馆展区空间狭小，空间布局单一。	展出实物较少，展品种类单一。	布展展柜设计效果不理想，展厅色调偏沉闷，有压抑感；文字展示线索不够清晰。	文本策划不够严谨；参观流线不顺畅；实物陈列感觉无序。

二、关于哈军工纪念馆筹建工作的思考

通过对 5 个高校校史（博物）馆的参观和与哈尔滨工业大学校史博物馆、北京理工大学校史馆、南京大学校史博物馆馆长的座谈，引发了笔者对我校筹建哈军工纪念馆工作的一些思考。

（一）哈军工纪念馆筹建技术细节方面的思考

第一，文本策划方案是纪念馆筹建工作的重中之重。文本是纪念馆思想性的体现，是纪念馆的定位与功能能否实现的首要因素，是纪念馆成功的前提和基础。很多高校校史馆在建设中都投入了较多的人力和时间在此项工作上。建设哈军工纪念馆，我们一定要认真研读相关哈军工的史料，做到史料谙熟于心，在充分尊重历史和满足展馆定位的前提下，最终实现文本史实准确、详略得当，主题突出、线索清晰，有故事、有亮点、有感人点的创作目标。其中，"文革"时期文本的处理是展馆文本策划中的敏感话题，各兄弟院校在建馆前期，对如何处理"文革"时期的文本均有考虑，实际布展中在

涉及"文革"部分的时候，均未展开表现。哈军工纪念馆文本的策划要认识到，"文革"时期是展馆不可回避的历史阶段，我们应本着尊重历史、不回避、不渲染的原则低调处理。

第二，实物与文本的呼应、配合是展馆成功的关键。兄弟院校在建馆过程中，都非常注重对实物的征集，但却不同程度地出现了展馆实物承载过多、重点不突出，实物陈列缺乏线索、缺乏与文本的呼应，陈列实物没有故事性、缺乏吸引力等问题。纪念馆的实物征集要以点为主，点面结合，征集要有目的性、故事性。实物搜集可以与展馆文本初稿的征集意见、修改并行。

第三，恰到好处的现代化展示手段的运用对于提高展馆的层次和展示水平、激发参观者兴趣具有一定的作用。作为一个依托大学平台建立起来的展馆，现代化的展示手段必不可少。在参观过程中，我们发现，一些大学的校史馆对现代化手段的采用上有盲目性。虽然多处引进了现代化手段，但缺乏对现代化手段应用的巧妙设计，没有达到预期的展示效果。清华大学校史馆现代技术手段运用不多，但仅荷塘月色一处足以打动参观者。荷塘中的荷叶和小鱼在参观者手下随风而动。朱自清先生的名篇就在这美妙的荷塘中缓缓展开，给参观者留下深刻影响。纪念馆对于现代化展示手段的应用，应在高性价比的前提下，本着设计精巧、恰到好处的原则，在必要、必须之处采用最适当的展示手段，为纪念馆增色。

第四，参观流线是影响展示效果的重要因素。纪念馆的参观流线要结合展馆的实际结构进行认真设计，做到不走弯路、回头路，设计出符合观众参观习惯和参观需求的参观流线。另外参观流线的设计要考虑纪念馆展示空间的安全性，参观流线的安排必须设想到各种可能发生的意外因素，如停电、火警、意外灾害等，必须考虑到相应的应急措施，必须有足够的疏散通道和应急指示标志、应急照明系统等。

第五，展示的面积及所属单位性质直接决定了各馆在陈列文字、照片、实物方面的容量及比例关系，一味地追求在固定的展区面积中容纳过多的文

字、照片、实物只能适得其反，无法突出重点、亮点。我们在计划纪念馆面积与容纳的文字、照片、实物的比例关系时，要本着适度的原则，给予重点和亮点足够的展示空间。

第六，解说的优劣决定了纪念馆功能的实现程度。纪念馆筹建工作不能仅仅局限在馆的建设工作中，要有专人负责解说员的选拔与培训工作。解说员不仅是展馆的解说员，更是学校的宣传员，要对其进行展览知识和校史知识、礼仪等多方位的培训。解说词要有计划地针对不同的参观人群，精心设计出满足不同层次参观者参观需求的，详略不同、深浅不同的解说词，才能充分实现展馆的功能。

（二）哈军工纪念馆定位、功能方面的思考

欧美大学早已认识到校史馆的重要性，牛津、剑桥大学都设有校园历史博物馆。2002 年 5 月 6 日，历时五年兴建的北大百年校史馆正式对外开放，开辟了我国校史馆发展的新历程。20 世纪末 21 世纪初以来，由于校庆活动和教学评估等重大活动，以兴建校史馆为代表的与大学历史有关的文化产品不断涌现，高校校史馆、历史陈列馆、校史博物馆方兴未艾。

但在调研中，笔者发现，很多高校都是为了建馆而建馆，缺乏对展馆定位、功能的深入思考。反而在馆建成之后，去开掘展馆的功能，本末倒置。所以也就出现了馆建成了没人参观，参观了没有效果等情况出现。

哈军工纪念馆的建设，首要解决的就是纪念馆的定位和功能问题。定位和功能的问题就是为什么要建馆和建一个什么样的馆的问题，这个问题不解决，就没办法确定展览的结构，必然也会影响文本创作等后续筹建工作的开展，最终影响纪念馆建成后的效果。

哈军工纪念馆是我校为纪念哈军工这段辉煌的历史而筹建的，笔者认为它应该具纪念、文化、收藏、研究、开放、育人六大功能，实现用纪念传承文化，用收藏支撑研究，用开放服务育人。建成以后的哈军工纪念馆应该成为一个记录哈军工辉煌、凝聚哈军工校友的纪念馆；一个再现哈军工传统、

传承哈军工精神的文化馆；一个承载哈军工历史文字、容纳哈军工照片实物的收藏馆，一个提炼大学精神与办学传统、挖掘教育思想和育人理念的研究馆；一个面向世界、宣传交流的开放馆；一个熏陶学子、激发向上的育人馆。而且我们应充分认识到，哈军工纪念馆的核心功能应与哈军工的首要任务相一致，那就是育人。育人应成为哈军工纪念馆的首要统领功能。

一所有历史、有未来的大学，一所有责任、有担当的高校，才能得到社会各界的认同。作为哈军工分建后的六所高校之一，我校党委适时作出决定，建设哈军工纪念馆，这是所有哈军工人热切期盼的一件事，也得到了刘居英老院长的支持。日前老院长还为哈军工纪念馆题写了馆名。我们相信，哈军工纪念馆的建成一定会对哈军工人产生激励作用，我们也一定会将哈军工留给我们的宝贵财富不断地发扬光大。

〔刊于《哈尔滨工程大学学报（教育科学版）》2011 年第 1 期〕

论传播学视域下的红色纪念馆传播路径拓展

——以哈军工纪念馆为例

邢佳妮

"纪念馆是文博事业的重要而特殊的组成部分，是传承优秀民族精神，进行爱国主义教育的重要阵地，也是社会主义文化建设的重要部门，在中华民族伟大复兴中国梦实现过程中有着重要的地位和作用。"红色纪念馆是红色主题的特殊博物馆类型，它主题专一，以教育功能为主，红色文化传播是其主要工作内容之一。红色纪念馆因反映的题材不同，有事件和人物为主线两种类型，哈军工纪念馆主要以哈军工建校兴校的时间为经，关键人物为纬，编织了一段在艰难环境下自力更生，严谨治学，科学兴校，高度忠诚，强军为国的红色故事，不仅收藏了大量重要的哈军工档案，促进了对办学治校的理论研究，更发挥了重要的思想政治教育和社会教育功能。

一、红色纪念馆的传播功能

作为与外界产生联系的基本形式，纪念馆传播必然服务于纪念馆各项社会功能的实现。在功能和运行上的独特性，决定了纪念馆在信息传播中偏重教育功能，突出社会教育，传播目的性较强，是政治传播的渠道之一，在引导和塑造公众的政治认同方面具有十分重要的作用。

红色纪念馆是纪念馆的一种类型，收藏红色档案、研究红色文化和实现社会教育是红色纪念馆的主要功能，而红色纪念馆的传播正是为了实现这些功能服务的，尤其是文化的传承和社会教育。红色纪念馆的传播具有保存和展示红色档案，弘扬红色文化和进行社会教育的功能。红色文化以红色档案为依托，"在各种文化中，红色文化以其鲜明的政治立场、崇高的价值取向、深厚的群众基础、坚决的奋斗精神等，为实现中华民族伟大复兴提供强大精神动力"。一方面，红色纪念馆是国家红色历史传统的重要保存地，是红色文化的重要载体，它用实物直接传达历史内涵，通过吸引公众参观，让人们与红色历史近距离接触，触景生情，增强对这些文化传统传承和记忆，从而培养其对国家红色传统和红色精神的认同，促进中国红色文化传统的传承和弘扬；另一方面，红色纪念馆在开展爱国主义教育和思想道德教育方面也具有独特优势。以哈军工纪念馆为例，它立足校园，以努力学习科技，立志保卫祖国的哈军工文化为核心，树立了大学文化传承创新的典范，更具有加强社会主义核心价值体系建设、推动大学文化育人的重要价值。作为国家国防教育基地和省级爱国主义教育基地，哈军工纪念馆不仅为区域红色旅游增加了一站，开辟了展示国防建设成就和为国防建设忠诚使命、甘于奉献、勇攀高峰的新模式，更发挥了重要的社会教育功能，每年接待大量的中小学生，为培养青少年的民族精神、爱国主义情操发挥了重要作用。

二、红色纪念馆的传播特点

随着纪念馆公共服务理念的不断深化，从传播学视角为改善纪念馆传播质量、更好服务公众提供了新的理论工具。红色纪念馆的文化传播是具有特殊传播内容和特殊传播形式的传播活动。因此，具有普通的传播过程及其他类型博物馆不同的特点。

从传播学的视角来看，虽然纪念馆的传播与普通传播过程一样，都包括传播者、受传者、信息、媒介和反馈五个环节，但是发挥作用的形式却存在较大

的差异。在传播者方面，传播学上的传播者又称信源，是发出讯息作用于他人的人；纪念馆的传播者也是发出讯息的主体，但是相较于传统传播者来说，主动性更弱，发出讯息的范围多局限在展馆内部，近些年随着观念的转变，纪念馆逐渐突破了用实物和讲解传递信息的方式，逐渐开拓了举办主题活动和开发延伸文化产品的方式增强传播效果。在受传者方面，传播学上的受传者指讯息的接受者，但并不是完全被动的存在，他可以通过反馈和互动影响传播者，二者的角色可以随时互换；纪念馆的受传者是参观者，他们在参观过程中以接受讯息为主，反馈较少，不存在角色互换。在信息方面，传播学里的讯息指的是能够表达某种完整意义的符号系统，其形式是多种多样的，既可以是文字和话语等语言符号，又可以是音视频和表情等非语言符号。纪念馆的讯息则以实物和文字为主，视频音频为辅，表达形式相对单一，内容以史料为主，风格严肃庄重。在媒介方面，传播学的媒介是信息传播的手段、渠道和工具，随着大众传播媒介的发展，传播媒介早已突破了人际、组织和群体传播的局限，网络、电话极度丰富了大众传播系统。纪念馆的传播媒介是以管内展示为主，真人讲解为辅，网络传播渠道也不断拓宽。在反馈方面，传播学中的反馈指受传者对接收到的讯息的反映和回应，反馈是双向性社会传播的重要机制。在纪念馆的传播中，反馈机制相对匮乏，但随着观念的转变，博物馆传播正逐渐从人—物互动向人—人互动转变，但持续有效的互动模式仍有待探索。

与其他类型博物场馆相比，纪念馆也具有自身的独特性。它是"纪念重要历史人物或事件的博物馆"。因此，场馆主题鲜明，内涵边际明确。与一般性博物馆的综合性内容相比，纪念馆的教育功能更多体现在对于主流社会价值取向的确认、导向，对于先进的社会价值的阐发、弘扬。而红色纪念馆是以红色历史为主题，陈列与展示更突出红色历史与红色文化的和谐共生。以哈军工纪念馆为例，它在哈军工档案整理，哈军工遗物展示的基础上，创新阐释哈军工文化，诠释哈军工精神，具有历史性、政治性、教育性和创新性强等突出特点，不仅是哈军工文化的宝库，校园育人的第二课堂，更是传播红色文化，进行爱国主义教育的基地。

三、红色纪念馆的传播路径

红色纪念馆传播目的在于弘扬红色文化和实现社会教育，与大众传播的文化传承和社会教育功能在本质上是一致的，但是由于其传播内容和方式的特殊性，又不同于一般的大众传播，因此应开拓更加独特而有效的传播模式。从传播学视角探讨红色纪念馆的传播质量改善，我们应该立足红色纪念馆的功能和特点，创新红色纪念馆的传播模式。

第一，以自我传播为主体。纪念馆是用声、光、电、图、实物等手段对人物和事件的表现。观众的参观过程以人—物互动为直接形式，因此更多的是个人接受外部信息并在体内进行信息处理的过程。信息的输入过程是复杂的，文字言语信息和色彩、声音、气味、情景等非言语声音也都发挥着重要作用，因此展馆的设计至关重要。要综合运用纪念馆陈列展示设计要素，在赋予红色纪念馆严肃庄重氛围的同时，采取更加符合受传者心理接受过程的展示方式。人内传播是一个复杂的心理活动，人会根据既有的知识观念进行积极的精神劳动，在已知的基础上发现未知，创造新知。因此纪念馆不是传递的信息量越大，展示越精美就越能达到效果，而应根据传播理论的分众原则，根据群体定位的不同，体现出纪念馆的特色差异。哈军工纪念馆立足于校园，因此展示内容贴近学生生活，陈列的物品中包括哈军工时期的学生笔记、教材等物品，很能引起参观学生的情感共鸣。

第二，以人际传播为辅助。"人际传播是个人与个人之间的信息传播活动，也是由两个个体系统相互连接组成的新的信息传播系统。"人际传播具有传播渠道多，方法灵活，信息意义丰富复杂，互动频率高的特点。在纪念馆传播过程中，要拓展人际传播模式，一方面要加强传统的现场讲解，注重应用丰富多样的自我表达方式，将语言、表情、服装、发型、随身物品和姿态等都考虑进讲解过程，让人际互动中的每一个自我表达媒介都充分发挥作用；另一方面，要增加现场互动和网络互动，弥补纪念馆传播中互动不足的现象，将人际传播模式引进纪念馆传播。

第三，以组织传播和群体传播为延伸。当今社会是一个高度组织化和群体化的社会，无论是有着明确的目标、制度、纪律和严格分工和统一指挥管理的组织，还是松散的非组织群体都对提升信息传播的速度和效率发挥着十分重要的作用。红色纪念馆要避免封闭的办馆模式，积极走出去和引进来。一方面，要利用组织传播的优势，在组织内部，借助组织规范，利用集体参观、内部媒体开展宣传、讲座、会议等多种途径实现传播内容的最大覆盖率，在充分利用自上而下的传播渠道的同时，重视横向传播的拓展。在组织外部，利用公关、标识系统和广告等进行传播，对普通社会公众形成强大的吸引力。另一方面，要借助群体传播的群体压力和趋同心理，积极举办主题展览和讲座，吸引中小学校集体参观，与旅行社协作，吸引团体参观者，组织现场答题等形式丰富的活动，调动群体互动氛围，培养群体意识，将传播效果最大化。哈军工纪念馆立足校园优势，在校园内，通过组织本校学生集体参观培养学生的爱国爱校精神，了解艰苦建校的历史，在校园外积极利用大众传播媒体传播哈军工文化，与中小学联系组织集体参观活动，同时走出校园，到学校企业举办讲座，实现纪念馆传播功能的最大化。

第四，以大众媒介传播为拓展。随着媒介化生存时代的来临，大众传播媒介已经成为人们生活娱乐必不可少的一部分。红色纪念馆的传播要顺应媒介的发展趋势，充分利用广播、电视、书刊和网络传播红色文化。哈军工纪念馆的大众媒介传播以哈军工网上纪念馆为基础，制作播出哈军工纪念视频，出版《走进哈军工纪念馆　走近哈军工》《军中名校哈军工》《哈军工画传》《哈军工传》等图书，开发了形式丰富的创意文化产品，还打造了具有丰富微课堂和微视频，并有全景导览功能的公众号，积极拓展媒体传播路径，不仅能够实时播报场馆最新动态，推送各种消息，还实现了掌上参观，并开拓了网上预约功能，最大限度地利用了媒体资源展示哈军工风采。

（刊于《山西青年》2019 年第 2 期）

从《走进哈军工纪念馆·走近哈军工》的编辑出版谈红色文化类图书的出版启示及德育价值

王春晖

党的十八大报告提出，要扎实推进社会主义文化强国建设。大学文化是社会主义先进文化建设的重要推动力。中国人民解放军军事工程学院，即哈军工，是我国高等军事技术教育的一个重要里程碑。哈军工文化是我国红色文化和大学文化的融合体，是我国先进文化的突出代表。结合哈尔滨工程大学出版社出版的《走进哈军工纪念馆·走近哈军工》的编辑出版工作实践，总结出具有历史特质和文化属性的红色文化类图书的编辑出版启示，挖掘出哈军工红色文化类图书的德育价值，以供红色文化类图书的编辑出版工作借鉴。

一、红色文化类图书的涵义及特征

要弄清楚红色文化类图书的涵义，首先要了解什么是红色文化。"红色文化"是中国共产党领导中国人民在长期的革命和建设实践中积淀、创造、整合形成起来的一种特定的文化类型。它形成于五四运动之后，在新民主主义革命和社会主义建设时期成熟并发展起来，在改革开放新时期与时俱进地被赋予崭新的内容。红色文化是中国共产党带领中国人民创造的文化，是推

进中华民族伟大复兴的强大精神动力。而红色文化类图书，顾名思义，就是以反映中国共产党领导中国人民在革命和实践中形成的精神文化为主题的图书。红色文化类图书反映的特定主题和内容，决定了这类图书具有以下特征。

（一）先进性和政治性

红色文化类图书所反映的红色文化，是以马克思主义为指导、具有中国特色的先进文化的重要组成部分。创造红色文化的人民先进，红色文化所反映的时代精神先进，红色文化代表的发展方向也是先进的，这些都决定了红色文化类图书的先进性。而从本质上说，红色文化是中国共产党领导的群众性文化运动的产物，是一种具有中国特色的政治文化。毛泽东认为："一定的文化（当作观念形态的文化）是一定社会的政治和经济的反映，又给予伟大影响和作用于一定社会的政治和经济。"因此，红色文化是共产党人根本宗旨和核心价值观的科学表达。红色文化类图书表现出突出的政治性。

（二）历史性和开放性

马克思主义的文化观认为，文化是通过人们的实践创立的，是人化的过程。红色文化产生于由中国共产党领导的中国人民革命与建设的历史实践中。革命与建设的实践是一个长期的历史过程，是红色文化孕育的过程。反映红色文化这个主题的图书，必然要反映红色文化形成的历史过程，具有历史性。同时，红色文化随着历史的变迁与时代的发展，其内涵及形式都会伴随着时间发生变化，内涵更丰富、主题更鲜明、形式更多样。这就决定了红色文化类图书所具有的开放性，图书内容要在红色文化与社会演进的历史的交织碰撞中，完成弘扬优秀文化的使命。

二、《走进哈军工纪念馆·走近哈军工》的编辑出版过程及启示

《走进哈军工纪念馆·走近哈军工》是一部以哈军工精神为主题的红色文化类图书。该书以哈军工历史为基础，以重点人物、重大事件、重要成果为线索，揭示哈军工作为新中国第一所综合性高等军事科学技术学府为我国国防科技事业作出的卓越贡献以及对我国高等军事技术教育格局产生的深远影响。

（一）编辑出版过程

鉴于红色文化类图书所具有的历史性，编辑从介入选题策划工作伊始，就深入研读介绍哈军工的各类图书、史料等，最大限度地了解哈军工辉煌的历史。此外，确立了由哈军工历史专家、文博专家、文化专家、哈军工资深校友、具有一定哈军工历史储备的青年教师组成的图书编委会，力图从编委会角度保证图书所展示的历史脉络清晰、客观真实。

对于相同的展示主题，从传统意义上讲，展馆相较于图书，是一种更加生动和轻松的展示和传播方式。该书编辑另辟蹊径，将展馆和图书的展示与传播优势相结合，确立了"读馆"的编辑视角，营造了一个文字、照片、史料的立体三维展示空间，使该书成为对历史与文化题材类图书的表现形式与传播方式进行有益探索的范例。

此外，确定了主线清晰的图书内容编写大纲，依据大纲内容，采用无偿捐赠、有偿征集、复制仿制、借用代管等方式征集哈军工史料。通过专门的史料征集和对 23 个散居全国的哈军工校友采访，获得了非常珍贵的哈军工历史第一手鲜见的资料。编委会对图书原稿进行了三轮讨论与审定，最终编辑出版的成书共 29.6 万字，涉及哈军工历史与贡献的表格 21 个，历史照片706 张，与哈军工有关的现代照片 107 张，哈军工史料过程照片 123 张，附

录3个。其中历史照片主要由历史人物照片、历史事件照片、历史实物照片、历史建筑照片组成。

（二）编辑出版启示

结合《走进哈军工纪念馆·走近哈军工》的编辑出版过程，立足编辑实务和行业发展需求，得到了三方面的启示。

（1）红色文化类图书的编辑工作要做到"三严"。《走进哈军工纪念馆·走近哈军工》作为一本红色文化类图书，内容都是围绕哈军工的历史这条主线来反映。书中所讲述的历史事件、展示的照片和实物要真实、可靠，因此对其所反映的信息要进行反复核对、比证。例如，1952年9月5日，在中南海居仁堂周恩来总理主持召开了筹建哈军工的联席会议。当时，国家各主要部委的领导和解放军各军兵种的司令员都参加了会议。据能查到的史料记载和校友回忆文章中记载，军委苏联总顾问也参加了该会议。但这个总顾问的名字在各种出版物和回忆文章中却不一致。后经编辑多方核实，该总顾问名为波特鲁塞夫基斯（上将）。为印证该信息，编辑又结合军委先后共三任苏联总顾问在我国的工作时间进行推算，确认当年在我国工作的顾问为波特鲁塞夫基斯，才最终将此信息编校准确。从该书的编辑出版过程来看，红色文化类图书多涉及历史事件、人物等，编辑在编校这类图书时，一定要坚持"严谨、严密、严格"的原则，做到态度严谨、程序严密、要求严格，做到历史信息有出处、信息真实性有核实、有佐证，务必保证图书内容对历史的还原高度准确。

（2）红色文化类图书的表现形式要满足新媒体时代读者的阅读习惯。在针对以哈军工为主题的红色文化类图书的出版市场进行调查的时候，编辑发现，很多内容上称得上是好书的图书得不到意料中的有效传播和青年读者的认可。原因在于，红色文化类图书的表现形式过于庄严、传统。但随着时代的发展，读者，尤其是青年读者在接受红色文化传播、阅读红色文化类图书的过程中，往往会因为形式的呆板、枯燥，而逐渐失去或丧失阅读兴趣，使红色文化类图书的传播中断，价值得不到有效实现。因此，在此类具有历史性的图书出版策划时，要注重对读者阅读习惯的调查，要在表现形式上最大限度地符合新媒体时代读者的阅读习惯。《走进哈军工纪念馆·走近哈军工》的编辑出版工作关注到了这一点，在结构上进行了一种因果的设计。因，即上篇——青檐碧瓦，以编年体的方式逐年展示哈军工从 1952 年筹建到 1970 年分建后退出历史舞台的过程，力图向读者介绍哈军工做了什么，也就是哈军工办学历史的再现；果，即下篇——丹心铸剑，以专题展示的方式，集中展示哈军工在人才培养和科学研究方面的贡献，力图向读者介绍哈军工的成果，也就是哈军工的历史贡献。这样一种因果设计，结构上完整，逻辑上顺畅，符合人们的接受心理。该书通过符合读者阅读习惯的结构安排，让读者在轻松阅读的过程中，完成了一次心灵净化、精神升华的旅程。

（3）红色文化类图书的数字出版与纸质出版同步。《走进哈军工纪念馆·走近哈军工》在编辑出版过程中所征集到的历史史料十分珍贵，因为历史的原因，有很多资料没有得到很好的保护，部分资料甚至被损坏或残缺不全。为了保护这些珍贵的历史资料，同时适应数字阅读的需要，哈尔滨工程大学出版社对该书进行了数字化出版。红色文化类图书的数字出版应与纸质出版同步进行，这样才能使该类图书的传播空间得到延伸，图书价值得到充分发挥，图书所反映的珍贵历史史料资源得到有效保护。

三、红色文化类图书的德育价值分析

哈军工是集合全党、全军、全国人民的力量在特殊的历史背景下创建的我国第一所高等军事技术院校，是我国高等军事技术教育的摇篮。办学十多年间，哈军工为我国的国防现代化和高等军事教育事业作出了突出贡献。习近平总书记 2013 年 11 月视察国防科技大学（哈军工分建出的六所高校之一）时曾发表重要讲话，指出：哈军工在艰难困苦中奋起，在艰辛探索中前进，为我国培养高级军事技术人才、发展先进武器装备发挥了开创性作用。

哈军工是我国国防科技和高等教育史上的一座丰碑，哈军工传统值得发扬光大。

哈军工红色文化图书所反映的哈军工及哈军工人在办院过程中所形成的忠诚使命、胸怀大局，甘于奉献、勇攀高峰的精神在当代仍具有现实意义。哈军工人所坚持的"国家利益至上的原则"，所呈现出的"以祖国需要为第一需要、以国防需求为第一使命、以人民满意为第一标准"的大学精神都是社会主义核心价值观的重要组成部分。通过编辑出版成书，对哈军工历史再现，对哈军工精神挖掘，本质上就是对社会主义核心价值观的弘扬，对读者自觉践行社会主义核心价值观的培育，符合主题出版的需求和文化育人的规律，具有积极的德育价值。

（刊于《科技与出版》2015 年第 8 期）

哈军工建筑的保护与哈军工
文化传承关系研究

杨　帆　路　军　冯金辉

一、哈军工时期建筑风格解析

哈军工建筑具有深刻的文化内涵，它体现了哈尔滨工程大学教育历史的发展和教育内涵的转变，参与了哈军工文化传统承接的整个过程。哈尔滨工程大学校园内有闻名全国的五大教学建筑楼群，这五栋教学楼是砖混结构，仿中国传统建筑风格，端正严谨，形态庄重。五栋教学楼把中国传统图样元素与欧式建筑构图完美的融会贯通，是中西合璧的典范。11 号楼、21 号楼分立于文庙街的南北两侧，立面运用横三段、竖五段的构图，歇山顶组合屋面，主体部分为重檐歇山顶，顶层窗下设有传统清式栏杆的阳台，主入口设歇山顶红柱门廊。水刷石墙身、黑瓦屋面构成建筑整体稳重淡雅的色调，歇山顶的山面采用红黄两色的鲜艳彩绘。哈军工时期建筑是所有哈尔滨工程大学人共同的精神家园。

二、哈军工精神及文化解读

哈军工共招生 13 期，取得了大量的先进科研成果，培养出了一万多名毕业生，为国防经济建设和作出了突出的贡献。哈军工的毕业生身上体现了

一种精神即"哈军工精神"——终生不渝的报国精神，自强不息的拼搏精神，志存高远的奉献精神，科学严谨的求实精神，敢为人先的创新精神。哈军工精神是哈军工人这个特殊群体经过长时间所形成的由情感、信念、理想、意志、作风等品格凝聚成的素质。习近平总书记曾高度评价：哈军工精神值得发扬。

哈尔滨工程大学是在哈军工海军工程系全建制基础上发展起来的国家"211工程"首批重点建设院校。作为哈军工的继承者之一，哈尔滨工程大学在毛泽东同志为哈军工题写的训词"工学"二字的基础上，凝练出"大工至善、大学至真"的校训；提出了"以人才培养为中心""人才强校""以人为本"的理念。"治学严谨，组织严密，要求严格"的"三严"风气被传承为哈尔滨工程大学的教风，进而形成了"忠诚、坚韧、团结、创新"的校风。哈尔滨工程大学在哈军工文化的精神引领作用下形成了学校以"三海一核"为特色办学理念和以"忠诚"为灵魂，以"工学"为境界，以"海防"为特色的大学文化。

三、哈军工时期建筑保护与哈军工文化传承策略

建筑不仅能够承载文化、发扬文化，还能形成自身独立的文化体系和文化特征。哈军工时期建筑是哈尔滨工程大学高等教育发展的见证，是中国传统建筑艺术在东北地区探索与实践的成果。哈军工时期建筑的保护与哈军工文化传承的关系，其实就是一个相辅相成，互为促进的过程。对我校建筑文化的传承，要在对现代功能要求等客观因素进行科学分析的前提下，结合时代加以发展，达到现代的功能与传统历史文脉的沟通，现代与传统的结合。

（一）注重哈军工建筑风格的隐性传承

在对原有的历史建筑进行保护的基础上，对于未来校园再建工程的设计创作，应提倡运用隐性传承的方式，通过对传统建筑的设计方法、创作思想

和价值观念等较之建筑形式更具生命力的传统要素的继承，从更本质的方面把握传统的精华，使高校建筑文化真正得以延续和发扬。

（二）推进具有人文关怀的物质文化环境构建

大学的物质文化是大学在多年发展过程中积累下来的、由校园内的物质设施和校园环境表现出来的物质形态的文化。哈尔滨工程大学文化中蕴含的大学精神、办学理念等都通过大学的物质设施和校园环境表现出来。

我们要在哈军工校址的原有基础上进行文化标识、文化景观和文化设施建设，设立文化建设专项经费，为大学文化建设提供有力保障。在设计建造校园景观建筑和美化校园环境时要把握爱国精神和国防教育的主题，更要突出哈军工的文化底蕴。哈尔滨工程大学已经建设了以"三区一馆"格局为重点的物质文化环境，建设了哈军工纪念馆、陈赓院长纪念展厅、船舶博物馆、陈赓铜像、哈军工首席顾问奥列霍夫铜像、中国近代造船第一人徐寿铜像等文化场馆和景观。在哈军工原址建设哈军工文化园，为发挥哈军工精神的育人作用提供了有效载体。

（三）打造哈军工精神引领下的文化育人环境

应该大力推进以弘扬哈军工精神为灵魂的大学文化建设，塑造了具有海防特色的文化品格，为培养可靠顶用的国防科技人才打造了特色文化育人环境。

有传承就有发展。传承是发展的基础，发展是传承的深化。哈军工建筑和文化就是在传承与发展这样一个动态的过程中不断完善提高的。在这个历史演变的过程中，固有的文化传统不断地传承下去，建筑和文化以自我更新的方式保持其生命力，适应着时代变化，为哈尔滨工程大学聚焦"双一流"建设，实现内涵式发展提供着物质和文化保障。

（刊于《课程教育研究》2018 年第 6 期）

后　记

　　这部书稿 2021 年入选了"教育部思想政治工作司高校思想政治工作研究文库"项目，获得教育部全额资助，在人民出版社出版。在哈尔滨工程大学建校 70 周年之际，能够促成哈尔滨工程大学出版社和人民出版社合作出版，有着别样而特殊的意义。

　　作为在哈军工原址办学的哈尔滨工程大学的老师，我有幸在筹建哈军工纪念馆的过程中，系统了解哈军工的历史，借阅研读珍贵的哈军工档案，聆听记录哈军工前辈的口述，征集鉴定出部分哈军工文物。了解哈军工历史的过程，走近哈军工校友的过程，也是我受教育的一个过程。这个过程在春夏秋冬、寒来暑往中慢慢地转化为我对哈军工精神与文化的崇敬、热爱。从此，我走上了对哈军工历史文化开展研究、传承传播的道路。

　　筹建哈军工纪念馆时，我就曾带领同志们一起，将征集到的哈军工文物背后的故事甄选编研，集结成"军工往事"在学校校报上刊发。为了满足那些想看看哈军工纪念馆，但年龄较大校友的心愿，我在建馆同时还策划拍摄了电视片《寻根哈军工》，编辑了与展馆同步的书籍《走进哈军工纪念馆 走近哈军工》，作为对广大哈军工校友的情感慰藉。哈军工纪念馆建成之后，虽然我不再直接从事哈军工纪念馆相关的工作，但一直没有停止对哈军工历史文化的研究与探寻，积极申报立项与哈军工有关的研究课题，笔耕不辍撰写哈军工研究的文章，编研策划哈军工展览，坚持多年为哈尔滨工程大学预备党员讲授《哈军工精神及其社会责任担当》的党课。为了在"娃娃们"的心里就种下哈军工红色基因的种子，我申报成功教育部首批中小学生研学基地建设项目，坚持依托哈军工研学基地，在红军小学、贫困地区学校、农民工子女聚集学校、少数民族学校、老牌名校等中小学的学生中传播哈军工文化，撒播哈军工红色的种子。2021年，适逢中国共产党建党100周年，习近平总书记指出，要发挥好革命文物在党史学习教育、革命传统教育、爱国主义教育等方面的重要作用。本人以"国家二级文物——哈军工邓三瑞的毕业设计手稿《中型潜水艇的设计》"为题材，策划创作视频作品，并成功入选全国革命文物百佳讲述人。讲述人视频在人民网+APP进行了展播，开启了哈军工文化在更广阔范围传播的新路。

我深知能出版这部集子，是因为我站在了众多哈军工前辈的肩膀上，是他们对哈军工文化的传承与创新，激发了我作为编者的灵感，给予了集子大量鲜活的素材。这些哈军工前辈的传承实践，帮我梳理出"溯源—赓续—物化"的哈军工文化传承逻辑，编研出"用纪念传承文化、借创新支撑研究、以开放服务育人"的哈军工文化传承模式。我要感谢这些哈军工文化的传承者，让我有机会将这些宝贵的实践成果呈现在世人面前。我要感谢我们所在的哈尔滨工程大学，让我一直浸润在哈军工红色文化的滋养中。我更要感谢无数让世人敬仰的哈军工前辈谱写了一曲忠诚祖国的红色赞歌，让我们的精神之旅充沛丰盈。

"刚柔交错，天文也；文明以止，人文也。观乎天文以察时变，观乎人文以化成天下。"优秀文化的作用在于潜移默化、润物无声地对人产生影响。文化是隐性的，所有的辉煌都会在岁月的冲刷和时光的磨蚀中归于沉寂。这也决定了文化工作者的工作是隐性的，甚至是寂寞的。工作之余的时间，就是编研的时间。尤其寒暑假，那更是我难得的静心时光。迎着朝霞，披着星光，编研《从哈军工走来》的过程，我很快乐。

快乐源自记录，来自倾力编研哈军工的记忆工程。这个记忆工程里面蕴藏着哈军工人的初心，让我们永远铭记我们从哪里来，怎样一步一步走到今

天。快乐源自传承，来自我们倾心编研哈军工的文化工程。延续历史、认识规律、总结经验、传承文化、服务育人。以纪念传承文化，延展文化传播空间；借研究支撑研究，催生文化成果产出；以开放服务育人，打造军工文化品牌。在传承中，我们正在驶向更远的远方……

有着"中国试验潜艇之父"美誉的哈军工前辈邓三瑞教授，在哈军工纪念馆开馆时曾经说过这样一段话："哈军工纪念馆不是一个节令性的作品。你们要先展示后研究，让后人在你们的研究中受益，这样你们的工作才是长久有用的。"哈军工文化的力量是持久而深厚的。希望我可以成为一座连接历史与现实的桥，让哈军工的历史历久弥新，让哈军工的精神越发红艳，让后人铭记：哈军工人的幸福永远在祖国和人民的幸福里头。

春　晖

2022 年 10 月于哈尔滨

王春晖　主编

1953-2023

从哈军工走来

物化集·军工风范

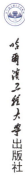

人民出版社

哈尔滨工程大学出版社

责任编辑：翟金明

封面设计：李海波

图书在版编目（CIP）数据

从哈军工走来 / 王春晖 主编 . —北京：人民出版社；哈尔滨：哈尔滨工程
　大学出版社，2023.4
ISBN 978－7－01－025395－4

I. ①从… Ⅱ. ①王… Ⅲ. ①哈尔滨工程大学－校史 Ⅳ. ① G649.283.51

中国国家版本馆 CIP 数据核字（2023）第 019960 号

从哈军工走来
CONG HAJUNGONG ZOULAI

王春晖　主编

人民出版社 出版发行
哈尔滨工程大学出版社

（100706　北京市东城区隆福寺街 99 号）

北京中科印刷有限公司印刷　新华书店经销

2023 年 4 月第 1 版　2023 年 4 月北京第 1 次印刷
开本：710 毫米 ×1000 毫米 1/16　印张：50.75
字数：608 千字

ISBN 978－7－01－025395－4　定价：260.00 元（上、中、下）

邮购地址 100706　北京市东城区隆福寺街 99 号
人民东方图书销售中心　电话（010）65250042　65289539

版权所有·侵权必究
凡购买本社图书，如有印制质量问题，我社负责调换。
服务电话：（010）65250042

代序一：传承红色基因　铸就国家栋梁

哈尔滨工程大学党委书记　高　岩

《光明日报》2020 年 1 月 2 日

"不忘初心、牢记使命"主题教育开展以来，哈尔滨工程大学认真学习贯彻习近平总书记重要讲话和重要指示批示精神，按照"守初心、担使命，找差距、抓落实"总要求，牢牢把握"为党育人、为国育才"使命定位，寻找初心，用忠诚报国传承"哈军工"红色基因，勇担使命，以建设一流大学履行立德树人职责，很好地践行了"以祖国需要为第一需要，以国防需求为第一使命，以人民满意为第一标准"的"三个第一"价值追求。

加强党的领导，以祖国需要为第一需要

哈尔滨工程大学以开展"不忘初心、牢记使命"主题教育为重要契机，在回望"哈军工"光辉办学历程中寻找初心。"哈军工"从建立、发展壮大到分建的历史，就是一部以祖国需要为第一需要的历史，集中体现了对祖国"忠诚"这个不散的"魂"。中国高等教育当前阶段，办好社会主义大学，为建设社会主义现代化强国提供强大支撑，就是国家的最急迫需要，也是大学当前最重要的使

命。如何办好社会主义大学？习近平总书记指出，办好我国高等教育，必须坚持党的领导，牢牢掌握党对高校工作的领导权，使高校成为坚持党的领导的坚强阵地。

主题教育期间，学校党委从守初心、担使命的政治高度，进一步强化对完善党委领导下的校长负责制这一党对高校根本领导制度的认识，将"贯彻执行党委领导下的校长负责制"作为重点调研主题，由党委书记亲自带队开展调研，形成调研报告，党委班子集体交流讨论，凝聚共识。学校党委将党委领导下的校长负责制的"学"与"做"，贯穿主题教育的集中学习、专项调研、重点对照、整改落实各环节，进一步厘清了党委书记与校长的职责定位与事权关系，修订议事规则、强化沟通酝酿、严肃会议纪律，对党委班子建设存在的问题进行全面整改。学校党委的凝聚力、向心力不断增强，谋全局、议大事的能力水平不断提高，党对学校的领导得到进一步加强。学校党委牢牢把握"培养社会主义建设者和接班人"的根本任务，将培育和弘扬社会主义核心价值观落实到教育教学和管理服务各个环节，以培养时代新人的实际成效体现对党忠诚、践行责任使命的担当。

突出责任担当，以国防需求为第一使命

开展"不忘初心、牢记使命"主题教育期间，学校处级干部以"读书班"的形式，强化集中学习研讨。学校设计了"为国家战略需求提供更有力的人才支撑和智力支持"的研讨主题，引发了党员干部的热烈讨论，进一步深化了思想共识。对于一所具有红色基因

和光荣传统的工科大学而言，只有在服务国家重大战略需求中作出更大贡献，才能体现自身价值。作为行业特色型大学，哈尔滨工程大学必须坚持特色发展，服务"船海核"行业领域，培养具有爱国情怀、乐于为国防系统和行业奉献的"顶用"人才，这是我们神圣而光荣的使命。

哈尔滨工程大学始终将服务国家战略需求作为自觉的价值追求，坚持为"三海一核"（即船舶工业、海军装备、海洋开发、核能应用）领域发展服务。学校坚持"视野宽、基础厚、能力强、素质优、可靠顶用"的人才培养目标，以学生发展为中心，突出人才培养的"三海一核"特色属性，突出学生创新思维和实践精神培养，致力于培养一流工程师、行业领军人才和科学家。学校培养的毕业生怀有强烈的报国情怀，对国防系统和行业具有很高的认可度。据统计，"十二五"期间有70%的毕业生进入船、海、核、国防系统；国防科技工业系统"两总"人才中，学校毕业生居全国高校第四位；我国船海核领域的11位院士，船舶工业系统40%的高级技术人才，核工业集团60%的首席科学家毕业于哈尔滨工程大学。一批批栋梁之材从这里培养出来，投入到建设中国特色社会主义现代化强国的征程中，为国防和行业领域倾心奉献，践行忠诚报国之志。

强化思想政治工作，以人民满意为第一标准

学校党委围绕为党育人、为国育才开展主题教育。服务师生、让人民满意，是主题教育的最终落脚点。学校党委紧紧抓住新中国成立70周年这个重要时间节点，通过组织策划一系列活动，引导

党员干部和师生群众把爱党爱国爱社会主义统一起来。通过"我和我的祖国"师生文艺演出，讴歌新中国成立 70 年来取得的举世瞩目的历史成就，激励广大师生走在前、作表率、善作为、敢担当的决心。"与祖国共成长"校史图片展，展示了作为"哈军工"传人的哈工程人始终践行"三个第一"价值追求，与祖国共同发展进步的艰苦成长历程。"我向祖国表白""我与国旗同框"等活动，点燃了广大师生热爱祖国、奉献祖国的爱国激情。

学校党委充分利用主题教育中丰富的教育资源，扎实推进党支部"三个一"活动（一次志愿服务、一件实事好事、一次组织生活会），全校 133 个教职工党支部、1800 余名党员参与完成各类志愿服务活动 169 次，累计服务时间 400 余小时，受益学生数千人，成为学校推进全员全过程全方位育人体制机制建设的新亮点，取得了很好的社会反响。一堂堂生动的党课、思想政治课、爱国主义教育课，使得广大师生爱国热情空前高涨，进一步增强"四个意识"、坚定"四个自信"、做到"两个维护"。近日，学校学生自发在校园的"军工操场"上，用冰雪"铸造了"两艘航空"雪舰"，表达自豪感、爱国情，引发了全国大学生的强烈共鸣，相关新闻报道被广泛转载，关注人次突破 1 亿，有力传播了爱国主义正能量。这既是学校思想政治工作的成效，也是"三个第一"价值追求的体现。

哈尔滨工程大学通过开展"不忘初心、牢记使命"主题教育，更加坚定了通过"三个第一"的价值追求，践行为党育人、为国育才的决心，建设特色鲜明世界一流大学。

代序二：稳扎稳打"三海一核" 培养国家 关键领域紧缺人才

哈尔滨工程大学校长　姚　郁
《瞭望》2021 年 1 月 18 日

　　在远离大海的哈尔滨，在地处高寒的中国东北角，"国防七子"中唯一一所船海特色高校——哈尔滨工程大学（下称哈工程），始终以追求服务国家"三海一核"（船舶工业、海军装备、海洋开发、核能应用）领域战略需求为使命担当，打造了一批国之重器，培养了一大批"为船、为海、为国防"的杰出人才，为海洋强国贡献了力量与智慧。

　　这里产生过我国第一艘试验潜艇、第一部舰载计算机等数十项"共和国第一"。建校初期还有 200 余名共和国将军、50 余名省部级以上领导干部、39 名中国科学院和中国工程院院士，以及数千名高级工程师和教授从这里走出。近 30 年来，哈工程又向"三海一核"领域和国防系统输送了 5 万余名毕业生。

"国家需要什么就干什么"

哈工程师生传承着鲜明的"以忠诚为境界，以船海为特色"的精神气质。这一气质的练就与这所学校的办学历程相关。学校60余年的风雨变迁始终与新中国命运息息相关，她的前身是新中国第一所高等军事技术学校——中国人民解放军军事工程学院，即"哈军工"。她培养的13届学员成才率极高，她的科研也有力推进了新中国海军现代化建设的历史进程，很好地诠释了高校对社会的贡献。1970年，她以海军工程系为主体在原址组建了哈尔滨船舶工程学院，即"哈船院"。当年的学校领导集体在困境中克服各种困难，缔造了国内一流的船海核学科，创造了一大批高端科研成果，解决了诸多领域人才短缺和断档问题，支撑了国防科技事业和经济社会发展。

今天的哈工程传承红色基因，坚守"为船为海为国防"的使命担当，积淀形成深厚的"三海一核"特色优势，"以祖国需要为第一需要，以国防需求为第一使命，以人民满意为第一标准"的办学境界更是内化为师生自觉的价值追求。

高校是科技第一生产力、人才第一资源和创新第一动力的结合点。作为船海核领域的重要创新力量，学校聚焦国家急迫需要和长远需求，主动谋划布局，充分发挥海洋强国战略中"国家队"的作用，发挥科研在"双一流"建设中的"先行军"作用，面向国家和国防需求，发挥优势、拓展布局，提供高质量科技供给。为此，学校主要在承担重大科研任务、打造国之重器、强化基础研究和前沿创新、提升创新策源能力、推进高质量科研平台建设、探索推进机制体制创新等方面不断探索和尝试。

2020 年，全国第六家、海洋领域唯一创新工作站——水下智能技术协同创新工作站获批建设。协同创新工作站的建立充分彰显了学校在特色优势领域围绕国家战略主动谋划布局的能力。作为另一个服务国家战略的平台，复杂动力学与控制创新中心也已通过评审。创新中心不但是校内科研团队跨学科的协同，更是全国范围内跨行业的大协同，是新形势下新型举国体制的体现。要想抓住未来，就必须从"我会干什么就干什么"的站位转换成"国家需要什么就干什么"，更加注重原始创新，更加注重需求导向和问题导向、更加注重方向引领，引导广大教师做真科研，把科研成果应用于祖国的海洋国土和国家急需。通过创新适应未来社会发展，目的是以增量创新带动存量变革，这就是我们这所行业特色型大学应该承担的历史使命。哈工程人的血脉中有这样的基因，这也是我们要在新时代交好的历史答卷。

培养船海核关键领域紧缺人才　拓展布局未来人才培养

哈工程作为一所行业特色型大学，站在新的历史起点上，更需要客观冷静地认清形势，走出一条科技和人才培养自立自强之路，为国防事业产出高水平的科研成果，为国家培养船海核关键领域的紧缺人才。培养这些紧缺人才的关键是建设一流的教师队伍。哈工程为此推出了"师资队伍建设 20 条"，涉及加强教师理想信念教育、深化专任教师分类发展、构建创新领军人才特区政策等多方面内

容。为引导教师在世界科技前沿、新兴领域及解决"卡脖子"问题等方面开展持续深入研究，学校还加大了经费投入和政策性供给，力求重点培育与引进一批具有"领跑"潜质的中青年学术带头人和后备青年人才。同时，重点扶持一批潜心教育教学的学术骨干，充分调动全校教师教书育人的积极性，培育造就一支育人水平高超的教师队伍。学校还进一步完善了博士后管理制度，建立了具有竞争力的博士后人员薪酬待遇体系，使之成为聚集、培养、选拔优秀青年教师的蓄水池。注重以重大重点项目为牵引，推动青年人才主动融入学术圈，扩大学术影响力。

哈工程曾经培养了我国首艘国产航母副总设计师孙光甦，"蛟龙"号首席潜航员、我国多型潜水器总师叶聪等一批船海核领域一流工程师、行业领军人才和科学家。未来的人才培养，我们不会改变哈工程多年坚守培养行业关键领域紧缺人才的初心使命，也不会改变培养"视野宽、基础厚、能力强、素质优、可靠顶用"毕业生的定位，我们会大胆推进人才培养改革，适应人才需求新变化，回应国家关切和社会关切。

前　　言

　　1953 年 9 月 1 日开学的哈军工（全称中国人民解放军军事工程学院）是我国高等军事技术教育和国防现代化的奠基之作。毛泽东主席为哈军工的成立颁发训词，周恩来总理亲自主持召开筹建哈军工的联席会议。承载强国安邦使命的哈军工在办学实践中，奠定了我国高等军事技术教育三级的发展格局，培育扶持了一批高水平的军事工程学院，建设了当时我国最前沿的一些军事技术学科，形成了一套完整的、在今天仍然具有普适性的高等军事技术教育理念，培养了一大批高等军事技术人才，打造了"两弹一星"事业的人才库，创造了诸多国防科技的"共和国第一"。

　　2013 年 11 月 5 日，习近平总书记视察国防科技大学（哈军工分建高校之一），并发表重要讲话。习近平总书记指出："哈军工在艰难困苦中奋起，在艰辛探索中前进，为我国培养高级军事技术人才、发展先进武器装备发挥了开创性作用。以哈军工为基础，分建出军地多所高校，但形散神不散。哈军工是我国国防科技和高等教育史上的一座丰碑，哈军工传统值得发扬光大。"哈军工在办学中

形成的忠诚使命、胸怀大局、甘于奉献、勇攀高峰的精神，与"两弹一星"精神、东风精神、马兰精神、银河精神同出一脉，血肉相连，成为不朽的中华民族精神当中的重要一笔，滋养着我国军事技术教育事业和国防科技事业的过去、现在和未来。

哈尔滨工程大学从哈军工海军工程系一路走来，寻根溯源，这所大学的主体学科、办学特色、大学精神，都是从哈军工开始孕育、发展而来的。哈军工历史是哈尔滨工程大学扬帆起航的起点，哈军工精神是哈尔滨工程大学坚守共产党人初心的力量之源，哈军工文化是哈尔滨工程大学勇担立德树人使命，服务国家"三海一核"事业的红色基因。

同时，作为哈军工祖庙的守护者，哈尔滨工程大学人深知，哈军工精神与文化不仅仅属于哈军工人，更是国家的宝贵精神财富。因此，哈尔滨工程大学党委高度重视哈军工文化的传承创新工作，将其视为神圣的社会责任来担当。多年来，在这项不易短时间看到成果的文化传承创新工作上勇于投入，舍得投入，倾力投入，建成了哈军工文化园、哈军工纪念馆、哈军工研究中心，即"一园一馆一心"物质文化载体，致力于将"一园一馆一心"建设成为追忆展示哈军工历史、传承创新哈军工精神的物质载体，凝聚哈军工校友及关心向往哈军工人士的情感纽带，收藏哈军工史料实物、研究哈军工历史文化的机构，进而将哈尔滨工程大学打造成为哈尔滨市红色旅游线路的军工一站、黑龙江省爱国主义教育的重要基地、工业和信息化部推进军工文化建设的优秀示范、全国传承红色文化基因的特色组成。

2020 年 4 月 30 日，哈尔滨工程大学党委书记高岩在新学期工作布置会上强调，学校从哈军工海军工程系一路走来，发展实践中形成了"哈军工"精神、"三海一核"办学特色、"三个第一"价值追求，现在要更加注重创新文化建设，把创新文化建设作为一项长期的重点工作来抓，让创新文化成为学校发展的不竭动力。同年 5 月 26 日，在北京参加全国人民代表大会的高岩书记接受了《光明日报》记者的采访。采访中他谈道："哈尔滨工程大学毕业生身上具有一种敢为的自信、必成的劲头、开放的眼界、合作的气度。""大学的精神和文化对学生影响至深。""老一辈科研工作者秉持祖国需要为第一需要的使命担当，认识世界和改造世界的境界追求，以及求真务实的工匠精神，成为哈尔滨工程大学独特的精神品格，影响和熏陶了一代代青年学子的科研观和世界观。""未来，我们要继续发扬和传承哈军工红色文化基因，为党育人、为国育才。"

编者结合自身在传承创新哈军工红色文化服务育人方面的理论研究与实践成果，梳理编研了哈尔滨工程大学以及哈军工后裔、哈军工校友在哈军工文化传承创新方面的成果，编研成册，以飨读者。全书分为三册。上册为"溯源集·军工往事"，以编年体的方式，展现哈军工从创建、发展直至分建的办学历史，深入挖掘哈军工在人才培养、科学研究中以"祖国需要为第一需要、以国防需求为第一使命"的大学精神。中册为"赓续集·军工编研"，集合了公开发表的以哈军工为题材的论文和文章，为哈军工文化在当代的传承创新、不断发展提供理论研究方面的借鉴。下册为"物化集·

军工风范"，梳理编辑了在传承创新哈军工文化遗存方面的物化成果，包括展馆、展览、书籍、电视片、景观、国家文物、文创产品等，为哈军工红色文化的创新性发展、创造性转化奠定物质基础。

坚定秉持、积极践行哈军工文化，创造性转化、创新性发展哈军工文化，使哈军工文化在更广阔的范围、更大的空间产生积极的作用与影响，是哈军工后裔传播、创新先进文化的使命担当。《从哈军工走来》集结的这些成果是对哈尔滨工程大学以及哈军工后裔传承创新哈军工红色文化育人成果的高度浓缩。通过"溯源集"对哈军工历史的梳理，奠定哈军工文化育人的基础；通过"赓续集"集合后人对哈军工文化的理论研究成果，内在推动哈军工文化的创新性发展；通过"物化集"拓宽哈军工文化传播的载体途径，实现对哈军工文化的创造性转化。通过对溯源、赓续、物化这样一个完整的文化育人逻辑链条的编研，挖掘哈军工文化在未来更加深厚持久的文化内力，服务立德树人。

编者希望更多关注热心哈军工文化传承创新事业的人们，在实践中创造出更多哈军工文化传承创新的延展面、延长线、延伸点，让哈军工的红色基因代代相传，让后人在哈军工红色文化的滋养中受益终生。

目　　录

军工风范 · 文化景观

军工风范 · 哈军工纪念馆

军工风范 · 主题展览

军工风范 · 图书 · 电视片 · 画册

军工风范·网络展馆·微信公众号

军工风范·军工文创

军工风范 · 历史档案

军工风范 · 革命文物

军工风范 · 育人基地

军工风范 · 文化景观

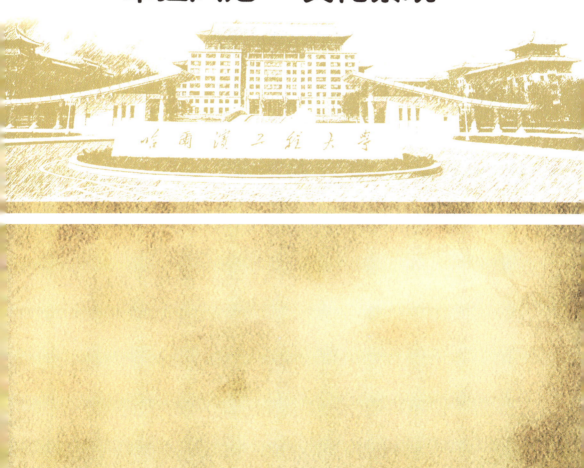

　　哈军工旧址，现在是哈尔滨工程大学的校园，也被人们习惯地称之为军工大院。军工大院里有很多蕴含深刻哈军工红色文化意蕴的文化景观。这其中包括哈军工建校之初建设的 5 栋教学大楼，哈军工教员、学员休憩谈心的杏花长廊，在哈军工海军工程系大楼正厅两侧的毛泽东主席为中国海军的题词和万里海疆图……伴随着哈军工的历史变迁，军工大院里的文化景观又新增了哈军工后裔为了传承固化哈军工精神而建设的与哈军工炮兵工程系大楼毗邻的 21B 教学楼，整合了军工操场，树立了陈赓铜像、受命群雕，为哈军工时期的"共和国第一"诞生地悬挂了标识牌。那些离开哈军工原址办学的高校，还在各自的发源地树立了溯源石……哈尔滨工程大学作为守在哈军工旧址的哈军工后裔，在修缮、改造原有的校园文化景观和规划、建设新的校园文化景观的过程中，始终保持谨慎的态度，兼顾历史、面向未来，扎实做好红色基因的传承和创新。

　　高校的校园文化景观是学校文化的重要物质载体，是隐性的教育资源，具有浸润、感染、熏陶的育人功能。这些文化景观体现了哈军工以忠诚为灵魂的价值取向，在给学生以给美的感染的同时，陶冶青年学生的情操，塑造精神品质。

哈军工时期教学大楼

11号教学楼垂脊

11号楼是哈军工空军工程系的旧址，大楼的飞檐上是一排飞机。20世纪50年代，周恩来总理曾亲临这里视察，在大楼里观看了"东风—113"射击指挥系统的研制，还视察了刚刚成立不久的导弹陈列室。现在的11号楼是哈尔滨工程大学航建学院的所在地。

11号教学楼

21号教学楼垂脊

屹立在文庙街，与11号楼相对的是21号楼。21号楼是哈军工炮兵工程系的旧址，大楼的飞檐上是一排火炮。21号楼现在是信通学院和计算机学院所在地。

21号教学楼

4

坐落在军工操场一侧，与学校的体育馆遥遥相对的建筑是31号楼。31号楼是哈军工海军工程系的旧址，大楼的飞檐上是一排军舰。我国第一艘水翼艇、第一艘气垫船、第一台军用电子计算机都诞生在这里。工程大学人对这栋大楼的感情尤为深厚。要知道，工程大学的前身就是哈军工的海军工程系，工程大学是唯一留在哈军工原址办学的大学。学校30周年校庆时，由聂荣臻元帅题写的"哈尔滨船舶工程学院"至今仍悬挂在楼前的门檐上。50周年校庆的时候，学校将这里重新粉饰一新，雕梁画栋、紫砂铜门、朱红立柱，中国气派分外鲜明。31号楼目前是核学院和经管学院的所在地。

▌31号教学楼垂脊

▌31号教学楼

| 41号教学楼垂脊

| 41号教学楼

　　41号楼是哈军工装甲兵工程系的旧址，大楼的飞檐上是一排坦克。41号楼与31号楼成掎角之势分立在军工操场的两侧。

▍51 号教学楼垂脊

▍51 号教学楼

　　51 号楼是哈军工工兵工程系的旧址，大楼的飞檐上是一排工程车。51 号楼是哈军工五栋大楼中唯——座没有归属学校使用的大楼。大楼外观的色彩相较于其他四座大楼暗淡了许多。

哈尔滨工程大学新建的军工建筑风格教学楼

　　与 21 号楼并肩而立、紧紧依偎的是学校的 21B 教学楼。21B 竣工于 2007 年，虽然建设的年代不同，但 21B 保持了与 21 号楼等哈军工建筑相同的建筑色彩和风格。

新建建筑 21B 教学楼

军工操场

对于在紧张的学习之余，热爱晨跑的发烧友来说，军工操场终将成为莘莘学子青春时光中难忘的一个所在。这就是中国高校面积最大的操场——军工操场。它的周长足足有 1080 米。某年有一位校友返校，正在军工操场边漫步，正好听到学生上课的军号声响起。这穿越时空的军号，顿时让其热泪盈眶。军工操场铭刻着那段关于"军"的记忆。

陈赓铜像

军工操场的东端，31号楼前正中位置，伫立着陈赓院长的全身铜像。陈赓铜像坐北朝南，高5米，底座高2.4米。底座正面刻有"陈赓"和"1903—1961"字样，背面刻有陈赓院长的生平简历。陈赓院长铜像选取了他双手背在身后，表情略带微笑的样子，一位将军校长的睿智、有独特治校理念的风采就这样展现在了人们面前。每天，盛夏的第一缕晨光都是从陈赓院长的肩头升起，照满整个校园。陈赓大将是哈军工的首任院长兼政治委员。哈军工的办学实践充分证明，没有陈赓，就没有哈军工的奇迹与辉煌，就没有新中国国防科技教育事业的蓬勃发展。陈赓院长虽然已逝，但他留给哈军工及其后人的宝贵精神财富与世长存。由他开创的哈军工的事业，正在哈军工后继者的手中不断推向前进。

陈 赓 路

    "陈赓路"贯穿学校南北，以哈军工首任院长陈赓大将命名，有怀念继承前辈遗志、创造工程大学美好未来之意。

陈赓院长生平图片展厅

    为纪念哈军工首任院长兼政治委员陈赓大将诞辰100周年，2003年哈尔滨工程大学策划举办了"风雨晨昏照引人——纪念陈赓大将诞辰100周年图片展"。在

图片展的基础上，结合征集到的陈赓院长实物，2008年学校建设陈赓院长生平图片展厅。图片展厅分为黄埔英杰与红军勇士，抗日英豪与沙场名将，革命功臣与军工元勋，高风亮节、彪炳青史等四个部分，从各个侧面真实地再现了陈赓作为一位军事家、教育家的戎马生涯。

受命群雕

群雕位于世昌路与哈军工纪念馆间的绿化带。群雕基座东西宽3.5米，南北长10米，高0.5米，铜像座高1.5米。群雕摆放呈扇面形状，坐东向西。群雕再现的是1952年陈赓在中南海怀仁堂受命担任哈军工首任院长的场景。场景中的五位由左到右依次为周恩来、陈赓、毛泽东、朱德、彭德怀。这里是筹建哈军工的起点。陈赓也就是在这里举起了我国培养国防科技人才的大旗。

奥列霍夫铜像

21B 教学楼门前总面积约 2 万平方米的广场是奥列霍夫广场。奥列霍夫广场位于校园的中部，广场中间的地面上有一块校园中心的标识。广场的西北角是奥列霍夫的半身像。铜像面向西北，像高 1 米，基座高约 1.5 米。广场与铜像的建立，是为了纪念哈军工初创时期一段中苏两国友好合作的日子。奥列霍夫是苏联空军中将，是周恩来总理致函邀请来协助建设哈军工的苏联顾

问团首席顾问。按照约定，奥列霍夫早该回国的，但他非要看到在他的指导下，走出校门的我国第一批高等军事技术军官的培养质量如何再走，不幸 1957 年 3 月 27 日在哈尔滨逝世于工作岗位，时年55 岁。奥列霍夫是苏联人民优秀的战士，是中国人民最亲密的朋友。奥列霍夫为哈军工的办学呕心沥血、鞠躬尽瘁的过往，将永远被我们铭记。

哈军工后裔所立溯源石

哈军工后裔西北工业大学树立的溯源石

哈军工后裔南京理工大学树立的溯源石

哈军工后裔装甲兵工程学院树立的溯源石

在哈军工短短十余年的办学史上，曾历经两次分建，分建出军地多所高校。这些高校如今在祖国各地，依旧心系哈军工，积极投身国防科技建设。11号楼门前左侧的空地上伫立着的溯源石是同为哈军工后人的西北工业大学树立的，是哈军工的后人们不忘初心、追根溯源的体现。21号楼门前右侧的空地上伫立着的溯源石是同为哈军工后人的南京理工大学树立的。2013年哈军工校庆60周年之际，南理工还组织了"追本溯源，再续辉煌"主题骑行活动。南理工15名优秀骑行队员，沿着学校发展阶段所历经的城市骑行，从南京出发，途经武汉、西安、北京、沈阳，经过十多天的骑行，最终到达骑行的终点哈尔滨。他们沿着前辈的足

迹，探寻哈军工的精神，在溯源石前举行了闭幕仪式。41号楼门前右侧的空地上是装甲兵工程学院树立的溯源石碑。51号楼门前左侧空地上伫立着的是解放军理工大学工程兵学院树立的溯源纪念碑。

▌哈军工后裔解放军理工大学工程兵学院树立的溯源石

杏花长廊

　　"人间四月芳菲尽，唯有工程杏花浓"。杏花，在工程大学别有一番意蕴。近400米长的杏花长廊曾经承载着哈军工师生的芳华，记录了一代代哈军工人的梦想。遥想当年，哈军工的创业者们栽下杏林，寓意为党为国育英才。如今，花开花落几十春，当每年春天来到，满廊杏花绽放时，作为后辈子孙的工程学子们由衷地感恩前辈的心血付出。

校 训 碑

　　工程大学的校训既继承和发扬了哈军工传统，又体现了与时俱进，道出了学校坚守的原则和前进的方向。"工"意为工程、工作，可以引申为一切改造世界的活动；"学"意为学问、学习，可引申为一切认识世界的活动。事理在于求善，学理在于求真。"大工至善"，是改造世界的最高境界；"大学至真"是认识世界的最高境界。校训八个字嵌含毛泽东主席给学校校报的题名"工学"二字。

校门·工学桥

▌校门

▌工学桥

学校东门是 2003 年 50 周年校庆时建设的。连接校门和 1 号办公楼的是工学桥。桥的东端左右各有一栋呈帆状的建筑，宛如张开的双臂，向走进这所大学的人们敞开赤诚的胸怀。校门中心前处的位置是校名石，校名石的背面镌刻着"大工至善、大学至真"的校训。远眺校门与校训碑，三个建筑造型组合成了一个"八一"的字样，寓意着工程大学所肩负的为国防现代化服务的使命。

共和国第一诞生地

在工程大学的教学楼里，行人的目光总会不时地被那一块块写着"共和国第一"的标志牌所吸引。这些标志牌做工并不精致，

上面的文字也朴实无华，但却记录了哈军工人在满足国防需求的奋斗历程中，在异常艰苦的条件下所创造的开天辟地的成果。

世界第一艘气垫船诞生地

中国第一台电子计算机诞生地

我国第一艘水翼艇诞生地

共和国领导人视察地

哈军工凝结了国家建设强大国防的希望，从建院起，来哈军工视察的共和国领导人络绎不绝。这些既增加了哈军工分量，也成为哈军工的荣光。可以说，哈军工是在党、国家、军队领导人的关怀和厚爱中建设发展的。

▎周恩来视察地

▎朱德视察地

▎邓小平视察地

▎彭德怀视察地

▎贺龙视察地

毛泽东主席全身像

　　毛主席像伫立在 11 号楼的正厅。每天，莘莘学子就是在毛主席的注视下进出这里，学习真知的。要知道，当年，哈军工的第一期教学计划是毛主席亲自审阅过的，哈军工的院报是毛主席定名的。哈军工是一所得到了领袖关怀与厚爱的学校。

毛泽东主席题词 · 万里海疆图

31 号楼是哈军工海军工程系大楼，是哈尔滨工程大学的发祥地。大楼里的历史印记无不鼓舞鞭策着这所大学一心向海、一心为海的办学历程。31 号楼正厅的左侧是毛泽东主席的题词：我们一定要建设强大的海军。正厅右侧是祖国万里海疆图，承载着这所大学的光荣与梦想。

▌毛泽东主席题词

▌万里海疆图

校 友 廊

　　位于哈尔滨工程大学启航活动中心三楼东侧的校友廊是新生入校、校友返校的打卡地，陈列了从哈军工到哈船院直至哈工程历届毕业生的班级合影。在这里你可以看到院士们、将军们青春年少的面庞，可以聆听奋战在国防科技一线的总工讲述大国重器的故事，可以和师哥师姐们一起分享军工大院里那些携手奋进的学习生活……

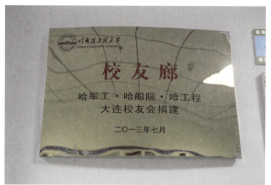

徐玉如院士半身铜像

　　2013年9月29日，徐玉如院士半身铜像在哈尔滨工程大学船海楼水下智能机器人技术实验室正厅落成。徐玉如是哈军工海军工程系九期学员，是我国智能水下机器人事业的开拓者和奠基人，是水下智能机器人技术实验室的创始人。徐玉如身上集中体现了哈军工人艰苦创业、无私奉献的拼搏精神和运筹帷幄、勇于开拓的创新精神。

军工风范·哈军工纪念馆

2011 年 5 月 16 日，哈尔滨工程大学党委下发文件，成立哈军工纪念馆建设筹备工作领导小组，正式启动哈军工纪念馆的建设工作。筹建哈军工纪念馆，是学校面对培养社会主义合格建设者和可靠接班人这个大学的核心功能，倾力打造文化育人软环境一系列工程中浓墨重彩的一笔，是学校党委基于对育人软环境与人才培养内在关系的准确判断作出的科学决策。哈军工文化是工程大学文化的根，哈军工精神是工程大学精神的魂。建设哈军工纪念馆就是为了溯根凝魂，就是为了把哈军工留给我们的物质遗存和精神遗存整合利用起来，使这些宝贵的文化资源成为学校文化育人环境的重要组成。

哈军工纪念馆虽然建在哈尔滨工程大学，但它绝对不仅仅属于哈工程，而是属于哈尔滨，属于全中国。2013 年 11 月 5 日，习近平总书记视察国防科技大学（哈军工分建高校之一），发表重要讲话，并指出："哈军工在艰难困苦中奋起，在艰辛探索中前进，为我国培养高级军事技术人才、发展先进武器装备发挥了开创性作用。以哈军工为基础，分建出军地多所高校，但形散神不散。哈军工是我国国防科技和高等教育史上的一座丰碑，哈军工传统值得发扬光大。"

哈军工纪念馆筹建过程文件资料

▌关于成立哈军工纪念馆建设筹
备工作领导小组的通知

▌黑龙江省文化厅关于同意设立哈军工纪念馆的批复

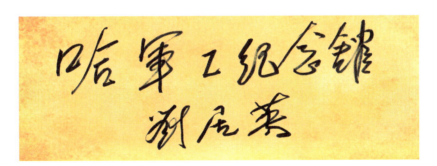

▌刘居英院长为哈军工纪念馆题写的馆名

▌哈军工纪念馆筹建办统一的对外联络标识

哈军工纪念馆筹建办公室网络工作平台

哈尔滨工程大学文件

中共哈尔滨工程大学委员会文件

校党政办字〔2011〕18号

校党字〔2011〕69号

★

关于对哈军工不可移动实物及大型实物
进行摸底调查的通知

关于做好哈军工史料、实物征集工作的通知

各单位:

各分党委、党总支,各处级单位:

　　为进一步做好哈军工纪念馆的筹建工作,丰富馆藏,学校现通面向哈军工校友(家属、子女)、全校教职工及社会各界人士广泛征集哈军工有关史料、实物,现将哈军工史料、实物征集相关工作通知如下:

　　为使哈军工实物得到有效的保护,同时推进哈军工实物档案信息库建设,学校近期将责成实验室与资产管理处、哈军工纪念馆筹建办公室相关人员对全校范围内的哈军工不可移动实物及大型实物等进行摸底调查。

　　请各单位向相关工作人员及时通报通知精神,积极配合此次实物摸底工作。

　　附件:1.哈军工实物摸底调查工作组名单
　　　　　2.哈军工不可移动实物及大型实物摸底调查表

二○一一年十月二十七日

▌关于做好哈军工纪念馆史料、实物征集工作的通知

▌关于对哈军工不可移动实物及大型实物进行摸底调查的通知

哈军工纪念馆捐赠证书

哈军工纪念馆筹建工作宣传片

目　录

走访校友征集实物材料汇编

■ 哈军工纪念馆维修改造开工仪式

■ 哈军工实物照片巡展

■ 哈军工纪念馆文本展示方案征求意见会

■ 哈军工纪念馆展馆设计方案

■ 哈军工纪念馆立体结构图

哈军工纪念馆馆藏章印模

哈军工纪念馆 LOGO

哈军工纪念馆馆藏展示查询系统界面

哈军工纪念馆总体设计方案

按照学校"哈军工纪念馆"建设筹备工作领导小组的指示精神，为切实做好"哈军工纪念馆"的筹建工作，使后续筹建工作有章可循、有则可依，结合"哈军工纪念馆"建设项目实际，特起草此总体设计方案。

一、"哈军工纪念馆"建设项目概述

为了弘扬哈军工精神，使哈军工文化能够得到更好的传承、创新和发展，哈尔滨工程大学党委决定建设中国人民解放军军事工程学院纪念馆，即"哈军工纪念馆"。"哈军工纪念馆"建设项目工程共两期。一期建设工程于2011年5月13日启动，预计在2013年60周年校庆前完成建设任务，正式开馆。

一期建设项目位于原哈军工一食堂。该建筑共一层，总使用面积820.77平方米，屋顶及门窗为木质结构，外墙立面为砖混结构，位于世昌路东侧、标志性历史文化景观"受命群雕"后，毗邻美食广场、12公寓、奥列霍夫广场。二期建设项目位于学校26号楼，该建筑与一期建筑毗邻，为一栋地上整体一层、局部二层，地下一

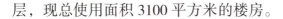

层，现总使用面积 3100 平方米的楼房。

一期与二期工程在地理位置上形成了一个完整的参观序列，位于学校中轴线上的文庙街东端、启航活动中心对面，交通便利，位置开阔，是"哈军工纪念馆"馆址的极佳选择。

二、"哈军工纪念馆"建设的指导思想

以哈军工成立 60 周年为契机，以哈军工历史为基础，以重点人物、重大事件、重要成果为线索，以弘扬哈军工文化为主题，以史料、实物的基本陈列和主题展览为主要形式，展示哈军工筹建、发展、分建改建的历史，揭示哈军工作为新中国第一所综合性高等军事科学技术学府为我国国防科技事业作出的卓越贡献、对我国高等军事技术教育格局产生的深远影响，挖掘哈军工文化对哈军工所取得辉煌办学成就的支撑作用，传承哈军工精神，为学校实施文化育人战略、创建特色鲜明的高水平研究型大学提供文化支撑，为我国高等军事技术教育及国防科技工业的军工文化事业作出贡献。

三、"哈军工纪念馆"建设的目标

按照《哈军工文化园 2008—2012 年建设规划》，用 2 年左右的时间建成"哈军工纪念馆"。

总体目标：

①追忆展示哈军工历史、传承发扬哈军工精神的物质载体；

②凝聚哈军工校友及关心向往哈军工人士的情感纽带；

③收藏哈军工史料实物、研究哈军工历史文化的权威机构。

具体目标：

①学校文化育人的核心基地；

②哈尔滨市红色旅游线路的特色一站；

③黑龙江省爱国主义教育的重要基地；

④工信部推进军工文化建设的优秀示范。

四、"哈军工纪念馆"建设的原则

高校纪念馆是为了纪念在教育史上有重大影响的人或事件而建立的专题类校史馆。"哈军工纪念馆"亦属此类。因为展馆所表现的哈军工是现实生活中已经逝去的历史，所以，尊重历史、实事求是是"哈军工纪念馆"建设应该秉承的首要原则。

此外，针对"哈军工纪念馆"筹建过程中的专项建设工作，我们还应坚持如下原则：

1. 针对馆舍维修工作，应坚持"保持原貌、修旧如旧"的原则

哈军工的一草一木都具有教育和启迪作用，特别是历经时间洗礼的哈军工历史建筑，更是哈军工历史生动的记录者。馆舍的维修要本着"保持原貌、修旧如旧"的原则，在满足展陈需要的前提下，最大限度地恢复哈军工一食堂及 26 号楼的历史原貌，将建筑本身作为"哈军工纪念馆"中一个独特的展品，从而使历史建筑本身的文化价值得到充分的保护和挖掘。

2. 针对文本策划工作，应坚持"深度挖掘、高度凝练"的原则

纪念馆的展陈重在展示史料。在"哈军工纪念馆"文本策划中，我们既要保证搜集到史料的真实性、准确性，同时要注意对史料的

深度挖掘和高度凝练。通过挖掘史料背后所蕴含的哈军工文化对哈军工辉煌办学成就的支撑作用，实现文本叙述的由表及里；通过凝练哈军工精神的实质，保证文本表现的重点突出，从文本方案的策划上使哈军工的历史得到准确延伸，哈军工的精神得到充分传承。

3. 针对实物展陈工作，应坚持"适度展陈、动态选取"的原则

"哈军工纪念馆"不能将所有实物都放在馆内陈列，因此需要适度；也不是所有实物都适合放在"哈军工纪念馆"内陈列，因此需要选取。馆内陈列的实物数量是由展馆性质和展厅面积共同决定，展陈的实物数量要充分考虑与文字、照片的比例关系，适度展陈，给予重点实物足够的展示空间。而在实物的选取上，我们要做到动态选取。换而言之，就是选取那些有故事的实物，使静态的实物动态化，将实物内部所蕴含的精神内涵与情感信息被开发出来，引人入胜。

4. 针对展示内容和展示形式设计工作，应坚持"虚实结合、人事平衡"的原则

任何历史都是由精神和物质、人和事组成。"哈军工纪念馆"的展示内容与展示形式设计要充分关注哈军工的文化、办学成就、重要代表人物和重大历史事件这四个设计要素，做到文化与成就的结合，人物与事件的平衡，紧紧围绕纪念馆表现的主题，基于哈军工是一所培养人的大学这个定位，做出符合大学特征风貌的设计，从而达到最好的展示效果。

五、"哈军工纪念馆"的功能

"哈军工纪念馆"建设的目标决定了建成后的该馆应具有"用纪念传承文化、借收藏支撑研究、以开放服务育人"这样一种功能模式。换而言之,"哈军工纪念馆"应具有文化、研究、育人三大功能。其中,文化功能是对哈军工历史的记录、哈军工文化的传承;研究功能是对哈军工文化的保护、创新和发展;育人功能则是哈军工文化核心价值实现的最高目标。从这个意义上说,无论是对哈军工历史的记录,还是对哈军工文化的传承、保护、创新和发展,都只是哈军工文化核心价值实现的方式方法,这些方式方法最终都要服务并服从于哈军工文化核心价值实现的最高目标——育人。因此,我们筹建"哈军工纪念馆"要始终坚持育人这个第一要务不动摇。

1. 文化功能

50多年来,哈军工文化得到哈军工人及哈军工后继者以各种方式的不断继承和弘扬。建成以后的"哈军工纪念馆"无疑会成为追溯哈军工文化的有效手段,成为传承哈军工文化的物质载体,成为向世人深度展示哈军工优良传统、可贵经验以及体现在办学、育人、科研等方面的思想、理念和作风这些哈军工文化核心要素的重要基地,成为学校文化建设的重要标志性成果。通过建馆记录哈军工的历史、再现哈军工的辉煌、传承哈军工的文化,引起参观者对哈军工的深切怀念,勾起广大校友对哈军工生活的无限追忆,将已经淡出历史舞台的哈军工的名字永远铭刻在新中国国防科技事业、

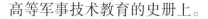

高等军事技术教育的史册上。

2. 研究功能

如果说"哈军工纪念馆"将散落于各处的有关哈军工的史料、照片、实物等珍贵资料收集起来，在纪念馆中收藏、展陈可以使哈军工留给后人资源的价值得到有效实现的话，那么充分利用馆藏资源，对哈军工的历史在更深的层面进行研究则是使哈军工史料价值实现最大化的重要途径，是对哈军工文化的创新和发展。"哈军工纪念馆"不仅应该成为全面展览哈军工历史的机构，成为研究哈军工历史的资料库，更应该成为哈军工历史的权威研究机构，成为哈军工史料研究成果的编辑和出版机构，最终成为推动哈军工文化在当代不断创新和发展的动力。此外，"哈军工纪念馆"建成以后，还应担负继续面向校友、社会征集有关哈军工史料的职责，不断丰富馆藏，使"哈军工纪念馆"成为一个国内收藏哈军工史料最为全面的机构，稳定支撑对哈军工文化的深入研究。

3. 育人功能

"哈军工纪念馆"不仅是哈军工文化传承的重要载体，更是哈军工文化创新的重要源泉。我们要坚持在哈军工文化的传承和创新中育人：通过建成"哈军工纪念馆"，面向社会开放，使之成为哈尔滨市红色旅游线路的特色一站、黑龙江省爱国主义教育的重要基地、工信部推进军工文化建设的优秀示范，用哈军工的精神泽被后代。

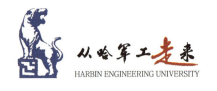

六、"哈军工纪念馆"（一期）结构分区与表现内容

根据纪念馆的构成要素及"哈军工纪念馆"的功能设计，将"哈军工纪念馆"在内部结构上分为主体展区、补充展区和非展览区三个部分。

（一）"哈军工纪念馆"主体展区结构及表现内容

"哈军工纪念馆"的主体展区分为基本陈列和主题展览两个部分。主体展区展览面积约为641.57平方米，约占该馆总使用面积的78.15%。

1. 基本陈列

基本陈列展览面积约为545.17平方米，分为上、下两个篇章，包括序言、青檐碧瓦、丹心铸剑、名垂青史、宝贵财富、结语六个部分。上篇主要以哈军工筹建、初创、发展、分建的历史脉络为基本线索，侧重于对基本史实的展示，真实地再现哈军工的历史；下篇主要以哈军工的办学实践、历史贡献、成功经验为展示重点，侧重于对哈军工基本史实的总结、凝练和升华，传承哈军工的精神，凝练哈军工的文化，挖掘哈军工办学17年为我国作出的突出贡献、留给后人的历史经验，给人以启迪。

上篇：

（1）序言：以提出问题的形式，"为什么短短的17年能够打造出一所一流的大学"，阐释筹建"哈军工纪念馆"的意义；

（2）青檐碧瓦：按照哈军工筹建、初创、发展、分建的历史脉络，以办学、育人、科研为核心线索，主要展示1952年3月至

1970年1月间，哈军工决定创建的背景、筹备建设的艰辛、初创开学的难忘、跨越发展的辉煌、分建改建的大气、被迫解体的遗憾及其在这个过程中的重要人物、重大事件等基本史实，使参观者感受到哈军工人把个人命运和祖国的独立富强紧紧联系在一起、把个人志向与民族振兴紧紧联系在一起的民族主义精神，感受到哈军工人以对党和祖国的高度忠诚、身肩强国使命、"国家利益至上"的爱国主义精神，感受到哈军工"以祖国需要为第一需要、以国防需求为第一使命"的精神境界，并受到以"忠诚"为核心的哈军工精神的鼓舞。

下篇：

（3）丹心铸剑：结合典型人物、典型事件及其背后的故事，从哈军工育人、科研、办学等方面全方位展示哈军工的办学实践及其在办学实践中形成的理念、做法、成效，使参观者体会其底蕴深厚、内涵丰富的哈军工文化，进一步认识哈军工为国防科技事业及高等军事技术教育事业所作出的独特贡献；

（4）名垂青史：主要从哈军工人才培养的累累硕果，开展科学研究诞生的诸多"共和国第一"，高起点创建、跨越式发展的成功之路，对哈军工历史地位的评价等四个方面展示哈军工为中国高等教育及国防事业、为国防科技的发展、为我国高层次各类人才的培养等方面作出的不可替代的贡献，使参观者认识到哈军工对自己所服务的国防科技事业以及自己在国防科技事业中所承担的历史使命始终不渝的高度自觉，认识到哈军工对我国高等军事技术教育体系的形成起到奠基性的作用，对我国高等军事技术教育格局产生的深远

影响；

（5）宝贵财富：主要从哈军工的成功经验、历史经验的启迪与借鉴意义、哈军工后继者对哈军工精神的继承发展与创新三个方面展示哈军工以"高起点创建、跨越式发展"为基本模式的发展战略，以"尖端集中、常规分散"为核心的特色学科理念，以"善之本在教、教之本在师"为根本的办学观念，以"两老办院"为主要标志的人才建设思想，以"一切为了学员"为根本宗旨的学生工作思想等哈军工在管理、科研、教学、育人等方面的经验，揭示哈军工留给后人的宝贵精神财富的深刻内涵与现代价值；

（6）结语：扼要陈述哈军工在中国高等军事技术教育中里程碑的意义及哈军工留给我们的宝贵遗产的当代价值，表达哈军工精神永放光芒之意。

2. 主题展览

主题展览即学人展厅面积约为 96.40 平方米，分为院士展、将军展、杰出校友展三个部分，紧紧围绕哈军工培养出来的院士、将军和各条战线的杰出人物等主题，表现哈军工对我国人才培养方面作出的贡献。

（二）"哈军工纪念馆"补充展区结构及表现内容

"哈军工纪念馆"的补充展区主要指视频展区、场景还原展区、纪念品展区三个部分，在空间结构上不做硬性分隔。补充展区的三个部分将与纪念馆出口周围的闲散空间结合在一起，组合成一个环形展厅，给参观者留有自由选择的空间，带来愉悦的参观感受。补充展区展览面积约为 90.00 平方米，约占该馆总使用面积的

10.97%。

（1）视频展区：用投影、半环形荧幕等多媒体手段集中展示策划制作好的总体介绍哈军工历史的视频短片，使参观者通过更加直观的方式感受哈军工辉煌的历史，备受震撼。

（2）场景还原展区：通过对哈军工一些值得纪念的场景的还原，如教室等，作为对主体展区的有效补充，使参观者身临其境，让校友倍感亲切。

（3）纪念品展区：在该厅展陈并同时出售现已出版的哈军工的书籍、光碟及由学校自主开发的、富有特色和纪念意义的哈军工纪念品，如珍贵的实物模型、纪念馆馆舍模型、纪念馆画册（邮册）、纪念馆 3D 馆参观光盘（带解说）等等，充分满足参观者的不同需求。

（三）"哈军工纪念馆"非展览区结构及作用

"哈军工纪念馆"的非展览区主要基于保障纪念馆开放、服务参观人群而设置，总面积约 89.20 平方米，约占该馆总使用面积的 10.85%。其中，办公室面积约 25.00 平方米，值班室面积约 13.00 平方米，实物仓库面积约 12.00 平方米，洗手间（两个）面积约 24.20 平方米，走廊面积约 15.00 平方米。

（四）"哈军工纪念馆"结构分区及模拟参观流线图

"哈军工纪念馆"的内部结构按照展馆功能分区，采用单线式参观流线设计，确保了参观者在参观过程中不重复浏览，同时也比较利于集体参观的人群便捷地完成参观过程及合理疏散。具体分区情况及模拟参观流线如下图：

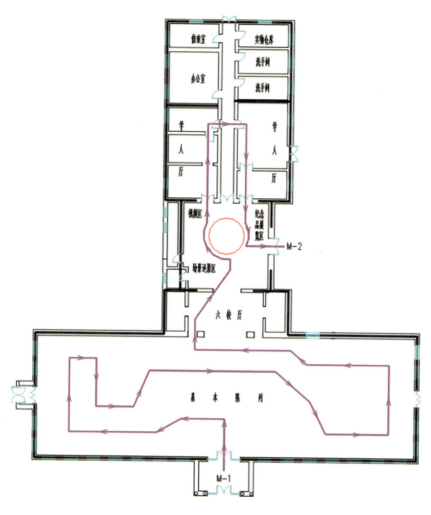

■ "哈军工纪念馆" 分区情况及模拟参观流线图

参观流线设计：

入口 M-1　出口 M-2

基本陈列：545.17 平方米

学人厅（院士、将军、社会精英）：96.40 平方米

场景还原、视频及纪念品展示区：90.00 平方米

办公室：25.00 平方米　值班室：13.00 平方米

实物仓库：12.0 平方米　洗手间（两个）：24.00 平方米

七、"哈军工纪念馆"（二期）初步规划

按照哈军工纪念馆筹备建设领导小组提出的"统一规划、分步实施、兼顾校庆"的指示精神，哈军工纪念馆筹建办结合哈军工纪念馆一期建设实际及 26 号楼的客观情况，特作出此初步规划方案。

（一）"哈军工纪念馆"（二期）维修改造的初步规划

26 号楼建筑目前地上三层的建筑结构，其中第二层是曾因工作需要，在原一层和二层中间加出的一层。现将该建筑作为"哈军工纪念馆"（二期）馆址考量，后加的一层，也就是现在的二层，拟拆除，恢复原建筑两层的结构。

原因有二：

①该建筑历史原貌为两层，为了使老建筑原本的历史文化价值得到有效保护和发挥，"修旧如旧"；

②该建筑现第二层举架很矮，感觉比较压抑，不适合做展馆，无法满足布展需要。

改造后的 26 号楼将成为地上两层，地下一层的建筑，总建筑面积约 3296 平方米，使用面积约 2212 平方米。

（二）"哈军工纪念馆"（二期）内部结构分区的初步规划

立足于"哈军工纪念馆"（二期）这个定位、26 号楼现有的面积及空间结构实际，为了进一步推动"哈军工纪念馆"功能的实现，在"哈军工纪念馆"空间结构规划上，拟分成展览区和非展览区两大部分。

内部空间结构设置、面积、表现内容及作用详见下表：

		陈赓院长展厅（一层）	505 平方米	陈赓大将生平的展示，着重挖掘他对哈军工作出的贡献
展览区	主体展区	哈军工科技成果展厅（二层）	376 平方米	以哈军工诞生的科研成果为展示主体，表现哈军工为国防科技事业作出的重要贡献
		哈军工临时主题展厅（一层）	205 平方米	结合藏品库储存的哈军工实物、史料，提炼展览主题，分期分批展出，从不同侧面表现哈军工的历史、文化、精神、贡献
	补充展区	军工大院微缩景观（天井）	420 平方米	利用天井进行仿真场景还原，使参观者对整个军工大院的景观、建筑、设施有一个全面的感性认识，有身临其境之感
		哈军工视频展厅（一层）	371 平方米	利用多媒体手段及场景还原形式展示哈军工，达到更生动直观的展示效果
		哈军工场景还原展厅（一层）	213 平方米	
		纪念品展厅（一层）	48 平方米	用以陈列与哈军工历史文化有关的特色纪念品
非展览区		哈军工纪念馆馆藏实物库（地下）	300 平方米	用于保存征集到的哈军工备展实物
		哈军工纪念馆馆藏史料库（地下）	66 平方米	用于保存征集到的哈军工备展史料

续表

非展览区	哈军工校友接待休息室	48 平方米	便于凝聚校友，促进校友交流
	哈军工历史文化研究所	53 平方米	为开展哈军工历史文化研究工作而设
	哈军工历史档案查阅室	53 平方米	为服务哈军工历史档案的查阅与共享，支撑哈军工历史文化研究而设
	洗手间（一、二层）	72 平方米	常规设置

（三）"哈军工纪念馆"（二期）初步规划分区图

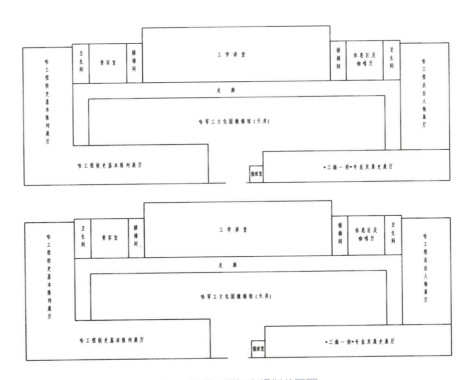

26 号楼一层初步规划分区图

陈赓院长展厅 505 平方米　　　　　　哈军工视频展厅 371 平方米

哈军工场景还原展厅 213 平方米　　　哈军工临时主题展厅 205 平方米

军工大院微缩景观（天井）420 平方米　哈军工校友接待休息室 48 平方米

纪念品展厅 48 平方米　　卫生间（2 间）36 平方米　　　值班室 8 平方米

26 号楼二层初步规划分区图

哈军工历史文化研究所 53 平方米　哈军工科技成果展厅 376 平方米

哈军工历史档案查阅室 53 平方米　卫生间 10 平方米

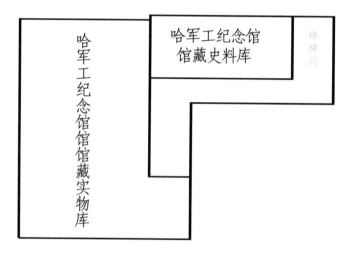

26 号楼地下室初步规划分区图

哈军工纪念馆馆藏史料库 66 平方米　　哈军工纪念馆馆藏实物库 300 平方米

八、"哈军工纪念馆"的特色

特色一：将"哈军工纪念馆"建成哈尔滨市红色旅游线路的重要一站。

旅游是以休闲、娱乐为目的，而红色旅游作为有主题的旅游活动，则是以学习、受教育为主要目的。从这一点上看，红色旅游的受教育目的与"哈军工纪念馆"的育人功能不谋而合。将展馆的公共服务、对外开放与旅游结合起来，这已经成为未来展馆发展的一个趋势。将"哈军工纪念馆"与城市的红色旅游结合起来，让参观者在"哈军工纪念馆"中领略哈军工的辉煌，从哈军工文化的熏陶中润德励志，从而得到更高层次的文化享受，受到更深层次的爱国主义教育，这将成为"哈军工纪念馆"的特色之一。

特色二：将"哈军工纪念馆"建成哈军工文化的重要研究中心。

"哈军工纪念馆"不仅是一个展示哈军工历史、收藏哈军工史料实物的所在，将更加强调其作为植根大学这个特定环境中的展馆的研究功能，依托高校的资源和人才优势，将其建设成为国内哈军工文化的重要研究中心：不断丰富哈军工史料实物的馆藏，推出高水平研究成果，出版高水平论著，使"哈军工纪念馆"成为哈军工文化的研究馆，成为哈军工历史的权威研究机构，成为哈军工史料研究成果的编辑和出版机构，最终成为推动哈军工文化在当代不断创新和发展的动力，使哈军工留给我们的宝贵的非物质文化遗产的价值得到充分的发挥和高度的共享。

哈军工纪念馆筹建负责人答记者问

刊登哈军工纪念馆筹建负责人答记者问的《工学》报

编者按：

2011 年 5 月 16 日，学校党委下发文件，成立哈军工纪念馆建设筹备工作领导小组，正式启动哈军工纪念馆的建设工作。一年时间过去了，为让校内外广大哈军工校友、我校师生及时了解哈军工纪念馆的筹建工作，本报记者采访了哈军工纪念馆筹建办王春晖，她就有关情况回答了记者的提问。

问：您能从一个建设者的角度谈一下筹建哈军工纪念馆的意义吗？

答：这个问题是我们在筹建工作之初就着力思考的一个问题。可能不少人会将这件事定位在"60 周年校庆的献礼工程"去看待。这没错，但这仅仅是基于事件表层的认识。我理解，其实哈军工纪念馆的雏形早已在学校领导的心中绘就了。

筹建哈军工纪念馆，是学校面对培养社会主义合格的建设者和可靠接班人这个大学的核心功能，倾力打造文化育人软环境一系列工程中浓墨重彩的一笔，是学校党委基于对育人软环境与人才培养内在关系的准确判断作出的科学决策。哈军工文化是工程大学文化的根，哈军工精神是工程大学精神的魂。建设哈军工纪念馆就是为了溯根凝魂，就是为了把哈军工留给我们的物质遗存和精神遗存整合利用起来，使这些宝贵的文化资源成为学校文化育人环境的重要组成，这才是建馆的主旨所在。

同时，我要强调一点，虽然把纪念馆建在我校，但它绝对不仅仅属于我们工程大学，而是属于哈尔滨，属于中国。哈军工人身上所反映出的，从国家领导人、老一辈革命家到知识分子、青年学生的高度一致的奋发图强、振兴中华，坚决捍卫自己国家的使命感和责任感，在今天仍然具有特殊的现实意义。所以继承和发扬哈军工精神，意义重大。

问：哈军工纪念馆建设的目标是什么？建成后的哈军工纪念馆有哪些功能？

答：哈军工纪念馆是我校"哈军工文化园"建设的核心内容，建设的总体目标是将哈军工纪念馆建设成为追忆展示哈军工历史、传承发扬哈军工精神的物质载体；凝聚哈军工校友及关心向往哈军工人士的情感纽带；收藏哈军工史料实物、研究哈军工历史文化的机构之一。具体目标是将哈军工纪念馆建设成为学校文化育人的核心基地、哈尔滨市红色旅游线路的特色一站、黑龙江省爱国主义教

育的重要基地、工信部推进军工文化建设的优秀示范。当然，这是一个长期的建设目标，需要通过我们经过长期不懈地努力才能实现。

这样的建设目标就决定了建成后的哈军工纪念馆应具有"用纪念传承文化、借收藏支撑研究、以开放服务育人"这样一种功能模式。换而言之，哈军工纪念馆应具有文化、研究、育人三大功能。其中，文化功能是对哈军工历史的记录、哈军工文化的传承；研究功能是对哈军工文化的保护、创新和发展；育人功能则是哈军工文化核心价值实现的最高目标，也是该馆的首要功能。

问：建设哈军工纪念馆遵循的原则是什么？

答：哈军工纪念馆所表现的哈军工是现实生活中已经不复存在的历史。尊重历史、实事求是哈军工纪念馆的建设所秉承的首要原则。此外，针对哈军工纪念馆筹建过程中的专项建设工作，我们还有一些具体原则：

第一，针对馆舍维修工作，坚持"保持原貌、修旧如旧"的原则，在满足展陈需要的前提下，最大限度地恢复历史建筑原貌，从而使建筑本身的文化价值得到充分的保护和挖掘。

第二，针对文本策划工作，坚持"深度挖掘、高度凝练"的原则，通过挖掘史料背后所蕴含的哈军工文化对哈军工辉煌办学成就的支撑作用，实现文本叙述的由表及里；通过凝练哈军工精神的实质，保证文本表现的重点突出。

第三，针对实物展陈工作，坚持"适度展陈、动态选取"的原则，展陈的实物数量要充分考虑与文字、照片的比例关系，适度展陈，给予重点实物足够的展示空间。而在实物的选取上，要选取那些有故事的实物，使静态的实物动态化，将实物内部所蕴含的精神内涵与情感信息被开发出来。

第四，针对展示内容和展示形式设计工作，坚持"虚实结合、人事平衡"的原则，充分关注哈军工的文化、办学成就、重要代表人物和重大历史事件这四个设计要素，做到文化与成就的结合，人物与事件的平衡，做出符合大学特征风貌的设计。

问：哈军工纪念馆的展厅结构是如何规划的？表现内容有哪些？

答：哈军工纪念馆目前从展厅结构上，主要规划为主体展区和补充展区两个部分。其中主体展区包括基本陈列和主题展览，面积约占该馆总面积的 78.17%；补充展区主要包括视频展区、场景还原区、纪念品展区三个部分，面积约占该馆总使用面积的 10.97%。

基本陈列部分主要以哈军工筹建、初创、发展、分建的历史脉络为基本线索，侧重于对基本史实的展示，真实地再现哈军工的历史，挖掘哈军工为我国作出的突出贡献、留给后人的历史经验，给人以启迪。

主题展览将紧紧围绕哈军工培养出来的院士、将军和各条战线的杰出人物等主题，表现哈军工对我国高等教育及人才培养方面做出的贡献。

补充展区在空间结构上将不做硬性分隔，主要是将视频展区、场景还原展区和纪念品展区这三个部分与纪念馆出口周围的闲散空间结合在一起，加以利用，组合成一个环形展厅，给参观者留有自

由选择的空间。

问：日前，学校召开了哈军工纪念馆建设筹备领导小组会，确定了馆舍的维修改造方案。请介绍一下馆舍及馆舍维修改造的情况。

答：学校早已经决定将哈军工纪念馆馆舍选定在现在的助学超市，才会把受命群雕建在那里。这个建筑是哈军工的一个食堂，维修改造后的建筑面积约为 1067 平方米。馆舍的维修改造工程主要围绕建筑的平面、立面、内部装修等展开。

馆舍是纪念馆筹建工作的重要一环，是纪念馆的物质依托。而在馆舍运营的助学超市是我校师生学习生活中重要的后勤保障场所，它的搬迁问题是事关师生正常生活秩序的问题。为了不影响师生的生活，学校现已决定将超市搬迁时间定在今年暑假。届时助学超市将迁往图书馆西侧一层继续营业。8月1日正式进行维修改造，10月底交付筹建办进行下一步的建设工作。

问：哈军工纪念馆已经步入国家博物馆序列。能更详细地说说这申报的过程和意义吗？

答：申请设立博物馆，加入国家博物馆序列，我们主要出于三点考虑：第一，哈军工纪念馆建设的科学性、规范性，建成后的长久性、可持续性；第二，提高纪念馆的社会影响力和辐射力，深化其育人功能的实现；第三，在实物征集过程中，争取更多校友的支持与信任。基于这些原因，我们多次与省文化厅博物馆处联系，按照申报要求，组织准备申报材料。目前我省高校博物馆中只有三家进入了国家博物馆序列，但他们都是在建成以后才进入申报程序的。只有我们一家是在筹建阶段就启动了这项工作，因此没有经验可循，也无形中增加了申报难度。4月20日，我们接到了文化厅的批复，标志着哈军工纪念馆成为我省第四家步入国家博物馆序列的高校博物馆，并且是唯一在筹建过程中即完成申报程序的高校博物馆。

问：筹建办现在征集到的哈军工实物有多少件？具体情况如何？

答：从去年10月27日学校党委下发了《关于做好哈军工史料、实物征集工作的通知》的文件后，我们通过点、面结合，摸底与征集结合的方式，截至2012年5月，征集到哈军工各类实物共1636件，哈军工时期地板约15000平方米（180余个房间使用中）。其中，筹建办工作人员通过到我校哈军工时期的建筑，逐个摸底，找到哈军工实物270件；在图书馆领导同志的大力支持和协助下找到哈军工时期教材1129本；发动校内军工校友捐赠188件；校友办征集及档案馆存档的哈军工实物49件。

这其中不乏比较珍贵的实物，如我国第一台舰载计算机的研制者柳克俊教授为其课题组成员培训计算机知识而手写的《333讲义》，由哈军工严师的代表卢庆骏教授授课的《高等数学》课堂笔记，顾懋祥、高伯龙院士编写的教材，马明德教授创建风洞实验室时制作的木质螺旋桨叶，军工教师学员参加"东风113"研制任务时的合影，我国第一艘水翼试验快艇以及近日由恽良教授捐赠的从未公开的我国第一艘气垫船海试的照片等珍贵实物。

问：学校党委日前下发的《哈军工实物保护条例（暂行）》的

文件和纪念馆的筹建工作是什么关系？

答：随着学校的不断发展建设，很多单位都经历了搬迁、调整，在这个过程中，有很多军工时期的物品都有可能面临遗失、损坏的危险。哈军工时期的实物是哈军工留给我们的宝贵历史遗存，这些实物见证了哈军工的辉煌，凝结了哈军工的精神，是我们传扬哈军工文化的重要物质依托。学校制定这个条例，目的在于使我校现存的哈军工实物得到有效的保护和规范的管理。

我们通过第一轮摸底，确定将进行实物保全的哈军工大型或不可移动实物149件。近期学校将召开哈军工实物征集动员暨哈军工实物保护责任书签字仪式。届时，学校将与各有关单位签订实物保护协管责任书，启动第一批的哈军工实物保护工作。

问：过去的一年里，筹建办还做了哪些工作？

答：第一，我们起草了若干个筹建工作文本，包括《"哈军工纪念馆"总体设计方案》《"哈军工纪念馆"总体建设维修改造意见》《"助学超市"搬迁建议》《哈军工纪念馆史料、实物征集启事》《哈尔滨工程大学"哈军工实物"保护条例（暂行）》等。近日，在前一阶段充分研读哈军工相关史料的基础上，筹建办成立了一个文本起草组，初步完成了纪念馆文本大纲；

第二，在筹建工作宣传、联络方面，策划、编辑纪念馆筹建工作简报，向校内外，包括哈军工各地校友会，纪念馆筹建顾问及时发布纪念馆筹建信息。在《工学周报》编辑部的大力支持下，开辟了"军工往事"专栏，借助筹建办征集到的哈军工时期珍贵的历史文物，与广大校友、师生共同回顾哈军工的辉煌历史。统一了对外联络的标识，包括名片、信封、档案袋、公文纸等；

第三，建设了哈军工纪念馆网络馆。网络馆是展馆发展的必然趋势，哈军工纪念馆网络馆的建设是对实体馆的仿真模拟，对于哈军工纪念馆实体馆的建设有重要的佐证和参考作用。经过了6个月的试运行，哈军工纪念馆网站在进一步丰富完善的基础上，经学校批准，近期即将正式链接至学校主页。这个网络馆将成为国内第一个以哈军工为主题的纪念网站；

第四，启动了国家级文物鉴定工作，邀请了省内相关文物鉴定专家做了文物鉴定准备工作方面的讲座，明悉了国家级文物鉴定流程及标准，并初步确定了拟第一批申请文物鉴定的水翼试验快艇等5件哈军工实物。目前正在积极准备定级所需的佐证材料。力争在纪念馆开馆前能够有若干件哈军工实物被鉴定为国家级文物；

第五，筹建顾问方面，筹建办成立伊始，已经代表学校向筹建顾问颁发了聘书。近日我们整理了一年来纪念馆筹建工作资料汇编，送抵每位顾问手中，并发放了纪念馆筹建工作反馈意见表；

另外，去年我们还邀请到刘居英老院长为哈军工纪念馆题写了馆名。

问：下一阶段的主要筹建任务有哪些？难点是什么？

答：从现在开始相当长的一段时间我们面临的最主要的筹建任务主要有两个。首先，文本方案的起草，这是筹建工作的重中之重，也是兄弟院校建馆普遍面临的难度比较大的一项工作。其次，珍贵实物的征集工作。这里面主要的困难在于：一是哈军工分建后校友遍布祖国各地，很多已经辞世，从其家属、子女着手难度较

大；二是历经了"文革"，很多珍贵实物都没有保存下来，随着校友的辗转遗失了；三是军工六校现在都在着手校庆相关工作，包括建设展馆，都在搜集实物资源；四是保存下来的实物对校友的意义重大，感情上难以割舍捐赠。

针对文本起草这个难点，筹建办成立之初就给予高度重视，确定了"谙熟史料、准确把握，抓住线索、重点突出"的文本起草思路，在充分阅读收集到的哈军工史料基础上，准确把握史实，梳理重大事件和任务，整理重点展示文本大纲。目前这项工作正按计划推进。

珍贵实物的征集方面，我们将采取一对一的定向征集方法。筹建办在研读史料过程中，整理出了珍贵实物征集线索大纲，保证了定向征集目的明确；在起草征集启事的基础上，设计了实物征集手册，确保实物征集资料齐备；策划了包括无偿捐赠、复制仿制、实物代管、实物借展、有偿捐赠等多种实物征集方式，供校友灵活选择，无后顾之忧。定向征集工作的原则是"经济高效、知己知彼"。经济高效就是以地点为中心，归类实物征集线索，赴一地力争多拜访几位校友；知己知彼是我们的"感情战术"，我们要求每一位实物征集的工作人员，在赴异地征集实物前，充分搜集征集对象资料，使征集工作更加有的放矢。相信，经过我们充分的准备，一定能够为哈军工纪念馆带回更多有价值的实物。

问：请您简要总结一下一年来纪念馆的筹建工作。

答：如果让我总结一下，我想是八个字"目标清晰、稳步推进"。近日，我们陆续收到了筹建顾问读了筹建工作年报后，给我们的回信。回信中字字渗透着真情，让我们备受鼓舞。尚法尊顾问在信中说，"当我读完你们起草的筹建工作推进计划和对调研资料的分析意见，以及17次会议纪要后，对你们的工作热情、敬业精神、扎实作风和严谨态度，由衷地佩服"；李慧芬顾问来信表示，有什么需要哈军工北京校友会做的工作，一定及时联系她；高学敏顾问认为我们的筹建工作中体现了"用哈军工精神筹建哈军工纪念馆"，由他主笔的《哈军工编年史》已出样书，很快会送到哈尔滨；吴新明顾问在信中激动地说，"看了你们的汇报材料我很振奋！你们的工作做得很扎实，这就为纪念馆的建设奠定了基础。从材料的撰写上看，我认为你们已经很详细地掌握了哈军工的历史，包括过程和事件，这很好"。

在这里借这个机会，我也想代表我们筹建办，向全校师生发出倡议，希望大家都能够多多地关注纪念馆的建设工作，积极提供实物征集线索，也欢迎大家提出更多对建馆有益的宝贵意见和建议，为我们出谋划策。我想在学校领导的亲切关怀下，在全校师生和哈军工校友的大力支持和帮助下，我们一定能在60周年校庆时圆满完成哈军工纪念馆的建设任务，不负学校党委之托，不负哈军工校友之望。

哈军工纪念馆筹建工作简报特刊——哈军工实物专辑

哈军工纪念馆筹建办工作人员赴祖国各地走访哈军工学人

与哈军工后裔国防科技大学座谈

与哈军工后裔南京理工大学座谈

与哈军工后裔解放军理工大学座谈

与哈军工后裔装甲兵工程学院座谈

与哈军工后裔防化指挥工程学院座谈

与哈军工后裔中航空气动力研究院座谈

▌与哈军工北京校友座谈

▌与哈军工成都校友座谈

▌与哈军工大连校友座谈

▌与哈军工福州校友座谈

▌与哈军工广州校友座谈

▌与哈军工昆明校友座谈

与哈军工绵阳校友座谈

与哈军工南京校友座谈

与哈军工上海校友座谈

与哈军工深圳校友座谈

与哈军工沈阳校友座谈

与哈军工石家庄校友座谈

▌与哈军工天津校友座谈

▌与哈军工无锡校友座谈

▌与哈军工武汉校友座谈

▌与哈军工西安校友座谈

▌与哈军工厦门校友座谈

▌与哈军工郑州校友座谈

哈军工纪念馆馆舍情况

哈军工历史建筑牌

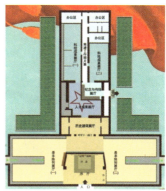

哈军工纪念馆平面图

哈军工纪念馆实景预审

哈军工教师、学员对哈军工纪念馆
实景预审

哈军工子弟、研究者对哈军工纪念馆
实景预审

黑龙江省文化厅领导、专家对哈军工纪念馆实景预审

哈尔滨工程大学领导对哈军工纪念馆实景预审

建成后的哈军工纪念馆

▍哈军工纪念馆序厅

▍哈军工纪念馆历史陈列展厅

▍哈军工纪念馆科研成果展厅

▌哈军工纪念馆将军院士展厅

▌哈军工纪念馆纪念与传扬展厅

▌哈军工纪念馆景观：军工大门

哈军工纪念馆景观：文庙

哈军工纪念馆景观：王字楼

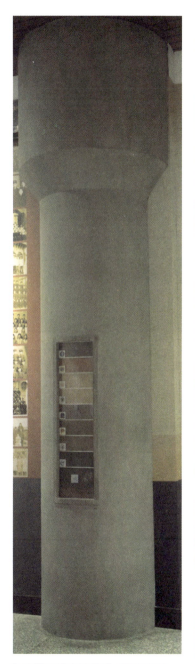

哈军工纪念馆景观：聚沙成塔

哈军工纪念馆景观：甘为人梯

哈军工纪念馆开馆仪式

▌远道而来参加哈军工纪念馆开馆仪式的人们

▌哈军工纪念馆开馆仪式

哈军工纪念馆对外开放

▎新生入学教育——参观哈军工纪念馆

▎党的群众路线教育实践活动——参观哈军工纪念馆

不忘初心　牢记使命主题教育——参观哈军工纪念馆，重温入党誓词

党史学习教育走进哈军工纪念馆

小学生红色研学实践活动——参观哈军工纪念馆

中学生传承红色基因主题教育——参观哈军工纪念馆

院士参观团参观哈军工纪念馆

某部队干部战士参观哈军工纪念馆

▌参加国际会议的国际友人参观哈军工纪念馆

▌越中友好协会参观团参观哈军工纪念馆

▌哈军工校友参观哈军工纪念馆

▌黑龙江省直某单位参观哈军工纪念馆

┃哈尔滨市某单位退休干部参观哈军工纪念馆

┃外国专家参观哈军工纪念馆

军工风范·主题展览

　　围绕哈军工历史事件和人物不定期策划主题展览，是对哈军工纪念馆育人空间的有益补充和延伸。作为相较于网络时代较为传统的信息传递和文化传播方式，主题展览具有很好的流动性，可以为参观者提供更为便捷的参观感受，有效提高师生的参观频次。近几年，哈尔滨工程大学围绕哈军工首任院长陈赓大将、哈军工苏联顾问团、哈军工党建工作等主题策划了若干主题展览，有力地配合学校新生入学教育、各类主题教育等教育活动，为其提供了生动的教育载体。

　　主题展览是一种更加开放的教育形式，与纪念馆的展示内容相辅相成，是行走的红色文化育人课堂。在哈军工文化的研究中发现主题，锁定主题有针对性地搜集、整理、编研，将史料、照片围绕主题集中呈现。主题展览既内容聚焦，每张照片背后又有不同寻常的故事，辅以较为完整的文字说明，让参观者即使在没有讲解员的情况下，也能通过展览本身的呈现，达到教育目的。当主题展览达到一定数量和规模，就形成了一个红色文化育人的矩阵，为哈军工红色文化育人在更广泛的范围传播奠定了基础。

哈军工教书育人工作图片展

　　哈军工是在特殊的历史背景下创办的一所以培养高级军事工程技术人才为目标的高等学府，她的创建是我国国防现代化建设中具有划时代意义的里程碑。在其办学过程中，也形成了独特的办学思想和教育理念，并影响深远。教书教人，就是哈军工一贯秉承的教育思想。该图片展展示的就是在一批哈军工大师级人物的引领下，并通过他们"作风严谨、一丝不苟"的治学态度，"潜心教学、精心育人"的奉献精神和"以身作则、言出必行"的表率作用，春风化雨，润泽校园，在军工大院逐步形成了良好的教风、学风，并传承至今的点点滴滴。

HARBIN ENGINEERING UNIVERSITY

哈军工党建工作图片展

哈军工作为我国第一所高等军事技术院校，承担着重要的历史使命，凝聚了党和人民的重托。哈军工的党建工作一直贯穿哈军工办学始终。该展览从组织制度、思想政治建设、教师队伍建设、干部队伍建设、"又红又专"人才培养定位、"教研结合"人才培养方法、"端盘子"服务保障思想等七个方面，全面展示了哈军工党建工作的理念、实践与经验。

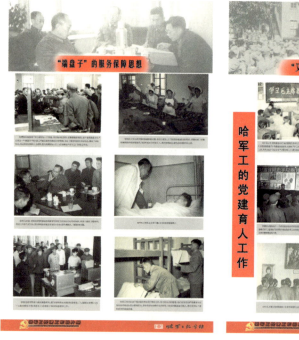

历史的见证　文化的传承——哈军工纪念馆馆藏文物图片展

　　哈军工文物是哈军工发展历程中流传至今的物质遗存，它们展现了哈军工的办学历程、科研成果和生活细节，反映了当时的社会背景和政治环境。哈军工文物具有重要的历史、科学、纪念和教育的价值。哈军工纪念馆自筹建伊始，就注重对征集的哈军工史料、实物所固有的文物价值进行挖掘，在征集的万余件实物中选取了部分具有重要价值的藏品进行文物鉴定，取得初步成果，现已有500余件被鉴定为国家文物。这次馆藏文物图片展，就是尝试从哈军工文物的价值与意义的角度去解读哈军工的历史与精神文化。

跃马太行山——陈赓在抗日战争中图片展

2015 年是中国人民抗日战争胜利暨世界反法西斯战争胜利 70 周年，作为世界反法西斯战争东方主战场，中国抗日军民始终把日本主力牢牢地牵制在中国战场，共产党所领导的敌后战场钳制和消灭了日军的大量兵力，并逐步发展为抗日的主战场。陈赓同志正是我党所领导的敌后晋冀豫根据地创建的参与和领导者，曾任太岳纵队司令员。在抗战中，陈赓领导太岳敌后根据地的军民浴血奋战，为抗日战争的全面胜利做出了卓著功勋。哈军工纪念馆搜集整理了陈赓在抗日战争期间的照片和日记手稿，以其所指挥的战斗为主线，全面展示了陈赓及其所属部队的抗战历程。

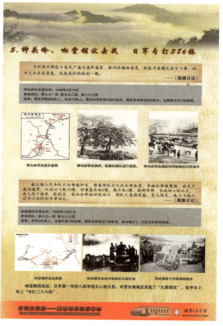

红军永远是红军——纪念陈赓诞辰 110 周年图片展

2014 年 3 月 18 日，该展览在哈尔滨党史纪念馆开展。展览展出的 275 张图片中，很多是陈赓家属珍藏的首次公开的图片、手稿及文物等，形象生动地再现了陈赓大将的传奇一生。图片展分为十个展区，即投笔入黄埔、南昌红旗竖、中国的"契卡"、苏区带红军、太岳扫日寇、上党到昆明、奋战破强虏、创建哈军工、"两弹一星"殊以及落我凌霄雨，从各个侧面真实地再现了陈赓将军的戎马生涯。此图片展的主题为"红军永远是红军"，出自 1937 年 9 月的陈赓日记。"红军永远是红军，我们始终为了共产党的光荣而奋斗，现在虽然是民族革命的阶段，但一切努力牺牲都是为了将来社会主义的胜利。"

哈军工两院院士展

　　哈军工的院士学员是哈军工优秀学员的代表。他们用毕生的追求诠释了什么是胸怀祖国、服务人民的爱国精神；勇攀高峰、敢为人先的创新精神；追求真理、严谨治学的求实精神；淡泊名利、潜心研究的奉献精神；集智攻关、团结协作的协同精神。该展览分为"两弹一星　国之重器""服务海军　谋海济国""雄鹰展翅　气贯长虹""银河璀璨　光耀九州""国防利器　固我中华""高筑壁垒地下长城""宇宙探索　奥秘无穷"七个部分，展陈了哈军工院士们各领域开创性的科学成就，所体现的崇高的科学家精神。

国际情谊　历久弥新——20 世纪 50 年代苏联专家在哈军工图片展

　　20 世纪 50 年代，有这样一群人，他们胸怀国际主义精神，携妻带子远涉重洋，义无反顾地投入到新中国的社会主义建设中，为新中国工业现代化、国防现代化的奠基作出了巨大贡献。他们就是苏联专家。自 1953 年 4 月—1960 年 8 月，哈军工聘请的苏联顾问和专家共计 141 人。苏联专家对哈军工的援建，加快了学院的建设步伐。教学制度的建立，教学过程的管理，苏联顾问都尽到了应尽的职责。苏联顾问团的正、副首席顾问都牺牲在了哈军工的工作岗位上，把他们最宝贵的生命都交给了哈军工。该展览就是为了纪念这段中苏合作的日子，表达哈军工的后继者的缅怀和纪念。

"你"在前方——纪念谢有法、刘居英、张衍将军诞辰 100 周年展

在历史的长河中，总是有些人能够随着时间的推移、空间的变换而永远铭刻在人们的记忆里、沉淀在我们的心上。在军工大院里，就有这样一群人，时常被后人缅怀。我们依然记得，作为哈军工政治委员的谢有法在哈军工分建、新建的严峻任务面前那坚定的声音；我们依然记得，作为哈军工第二任院长的刘居英，如何贯彻并创造性地发展陈赓办学思想，推动哈军工跻身全国著名高校前列；我们依然记得，作为哈军工创建中的"三驾马车"之一的张衍与哈军工的创建者们一道艰辛建院的身影。谢有法、刘居英、张衍等哈军工的前辈们走过的道路是一次没有终点的伟大远征，他们用行动孕育出来的哈军工精神，是推动后辈们走好属于新时代的哈军工人的"远征路"的精神力量。你们虽已走远，但你们就在前方；你们从未离开，你们的精神永远与我们的事业同在……

1958年1月，谢有法同志调任军事工程学院政治委员、党委第二书记，1961年任党委书记。作为学院政治上的掌舵人，谢有法带领哈军工党委，坚持陈赓的办学思想和"又红又专"的学员培养目标，坚持以教学科研为中心，依靠"两老办院"，从严治校，为国防现代化建设培养了一大批优秀人才。

谢有法政委（右一）向徐风俊教授颁奖

谢有法政委给学员颁发毕业证书

在下放劳动中，谢有法政委深入工厂第一线生产实践，图为他在车床上加工零件。

谢有法政委（左四）和刘居英副院长（左二）根据实习工厂安排，动手把柴油机起动机零件。

1954年，刘居英奉调回国，毛主席亲自签署任命状，任命其为军事工程学院副院长。1961年3月16日，刘居英接任院长。刘居英在哈军工任职长达16年，是哈军工办学历程的主要领导者和见证者。他坚持贯彻并创造性地发展了陈赓同志的办学思想，推动哈军工跻身于全国著名高校前列，使之成为我国高等军事技术人才的摇篮和先进武器装备的发祥地。

1954年2月27日，由毛泽东主席签署、中华军委任命刘居英为军事工程学院副院长。

1955年1月8日世界军工程系空气动力学家的聚会上，刘居英副院长在成立仪式上向首任实验室主任马明德教授讲述毛主席嘱望。

1956年，在党中央"向科学进军"和"八大"精神的感召下，教学和科研工作蒸蒸日上，图为哈军工积极培训苏联翻译使顺利的课外教学以及观摩教学方法观员，并听取苏青年教员意见的教学方法介绍。

刘居英副院长在召开教授会讨论教学工作

1957年6月，遵照陈赓院长"走出国门，开阔眼界，把苏联和东欧社会主义国家军事院校办学经验学到手"的指示，刘居英副院长率中国人民解放军军事院校访问团出访苏联、波兰和捷克斯洛伐克三国。

参观团抵达苏联发机场

参观波兰苏联席科夫斯基空军学院参观

1958年，装甲兵工程系和机械工艺教授会合作研制成功"机电班号"履带拖拉机，图为刘居英副院长在大操场上驾驶拖拉机。

1958年3月26日，刘居英院长主持学院第一期学员的毕业典礼，哈军工第一期颁发毕业证书。

1952年，中华军委决定以中国人民解放军第二高级步校为基础，创建军事工程学院，张衍随部调任政治部副主任、主任，协助陈赓创建哈军工。他是学院筹建过程中"三架马车"之一，负责政治工作。工作中，他依据我党我军政治工作的基本原则和工作实践，紧密围绕培养"政治上坚定、无限忠于党和人民、忠于祖国、具有高度的爱国主义与国际主义精神"的军事工程师的人才培养目标，在学院积极展开了卓有成效的政治工作，为哈军工的人才培养做出了卓著贡献。

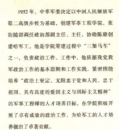

张衍任军事工程学院政治部副主任留影

张衍在文化教育动员大会上讲话，为学员鼓励加油。

1953年初，哈军工针对各部队选送的学员文化水平普遍较薄弱的实际情况，成立了学员大队，为他们进行本科前的基础复习及军政素质教育。

1954年，张衍在预科学员入伍宣誓大会上给学员作参加入伍思想教育，对预科的政治教育工作，张衍曾指出，"无论政治教育为什么课，学什么内容，都要始终把解决认识世界观为目的。"

与祖国共成长——哈尔滨工程大学历史图片展

　　2019 年是中华人民共和国成立 70 周年。中国高等教育作为共和国历史的重要组成部分，70 年来与祖国共成长的历史，折射出了社会主义祖国的兴旺发达，是我国综合国力和社会主义现代化的标志性体现。哈尔滨工程大学身处高等教育洪流中，与祖国一起发展着，进步着；哈尔滨工程大学人作为哈军工的传人，为祖国的"三海一核"事业贡献着，快乐着。为庆祝祖国母亲 70 岁生日，策划举办"与祖国共成长"历史图片展，在学校办学的每一年，选择 1~2 张历史档案照片，与师生共同回顾我们与祖国一起走过的发展之路。

哈军工两老的报国情怀主题展

陈赓院长在哈军工王字楼的就职演说里提出了"两老办院"的理念，"既要承认长征两万五，也要承认十年寒窗苦"。老将军、老战士和老专家、老教授一样，是哈军工办学过程中的两根柱子，缺一不可。"你"从战场扛枪归来，"我"从海外学成归来，"两老"齐心协力，以赤诚之心，忠于国家的教育事业，为哈军工的人才培养、科学研究，为国防现代化建设贡献了自己全部的力量。"两老"的报国情怀，令后人永远感念。

军工风范 · 图书 · 电视片 · 画册

　　哈军工人及其家属、后裔，围绕传承哈军工精神，讲好哈军工故事，做了诸多的研究、实践和传播工作。哈军工校友滕叙兖出版了获中宣部"五个一"工程奖的《哈军工传》。由哈军工北京校友会和当代中国出版社合作拍摄的五集电视文献纪录片《揭秘哈军工》在央视一套节目（CCTV–1）《见证栏目》播出。广东省艺术家协会、南方广播影视传媒集团联合制作的《哈军工》专题片获"中国电视金鹰奖"和"中国红色纪录片经典作品奖"。电视片《寻根哈军工》获得黑龙江省优秀教育电视专题片一等奖……

　　红色文化类图书、电视片、画册的组稿、编辑及出版过程，要坚持"严谨、严密、严格"的原则，体现红色文化的严肃性。同时，表现形式要满足新媒体时代读者的接受习惯，以一种更加立体、生动的展示方式，营造一个文字、照片（视频）、史料的立体三维展示空间。这些出版物、电视片、画册是哈军工红色文化育人的珍贵教材，它们以纪实手法再现了哈军工这所中国人民解放军历史上具有里程碑地位的历史与传奇，展现了哈军工人在各自的岗位上所取得的辉煌成就。编研制作这些成果，就是为了让后人们在前人们留下的宝贵精神财富中获得滋养。

图书《啊，哈军工》

本书以哈尔滨军事工程学院学生聂军五年的学习生活为主线，将他与媛媛一段甜蜜而痛苦的初恋穿插其间，着力刻画了他如何在军工这座大熔炉里捶打成一名战士的过程。再现了20世纪60年代初期，聂军及其战友为献身国防现代化所承受的重重考验。

1

2

HARBIN ENGINEERING UNIVERSITY

图书《陈赓大将创建哈军工》

　　由曾任哈军工副院长的李懋之将军编著的《陈赓大将创建哈军工》共分为"历史使命　英明决策""建院方针　三边并举"等10个篇章。李懋之作为陈赓院长的助手，是哈军工办学的亲历者。全书字数不多，却第一次将这个承担光荣使命的神圣且神秘的高等学府展现在世人面前。

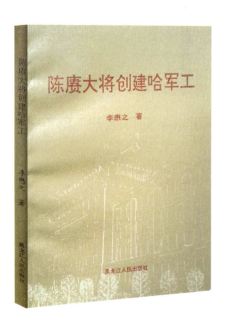

图书《永远的"哈军工"》

本书共8章，较为完整、系统地记述了"哈军工"的筹建、发展历史。该书作者任学文曾参加哈军工筹建工作，先后任哈军工政治部干事、宣传部干事、学院党委秘书等职。本书旨在为后人们研究"哈军工"历史时作参考。

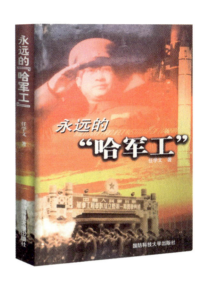

从哈军工走来
HARBIN ENGINEERING UNIVERSITY

图书《王牌军校——哈军工》

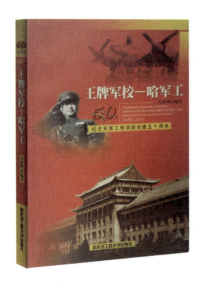

　　本书作者追踪了哈军工成长的历史足迹，探析了她快速办成"王牌军校"的诸多原因，解读了哈军工办得如日中天的时候，突然离开了军队建制，而后被分建的历史之谜。从政治、军事、教育等不同的视点，对哈军工办学的历史经验及"哈军工精神"的表述作了认真严肃的探讨。

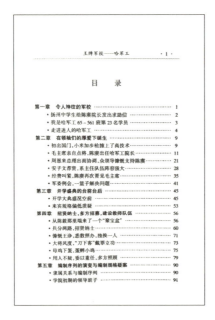

图书《难忘的哈军工》

哈军工建校 50 周年之际，哈尔滨工程大学的同志们为了纪念这段历史，回忆、搜集、整理出版了这本书。这套书上、下两册，共分为 9 个章节，从各个侧面记录了这段不寻常的史实，引起了哈军工人对往事的回忆和共鸣。

图书《陈赓日记》

　　《陈赓日记》的书名是邓小平同志题写的。这份日记绝不仅仅是陈赓同志个人的生活经历，而是一份珍贵的党史军史资料，是革命先辈留给后人的一份丰厚的精神遗产。为了便于阅读，编者对日记加了若干注释，尽可能对日记中提到的人物、事件等加以简要说明。此外，把陈赓同志 1944 年写的自传也选录于后，作为对日记的补充，以便读者能对陈赓同志的生平及其日记的历史背景，有更多的了解。

图书《哈军工传》

《哈军工传》以新中国50年历史为时代大背景，多层次、全景式地重现了一代名校哈军工以及继承者——国防科学技术大学、哈尔滨工

程大学等军工六校，在半个世纪的风风雨雨中所走过的艰辛曲折、光荣辉煌的道路。该书详细描述了哈军工在陈赓大将领导下艰苦创业的光辉而曲折的历程；生动描写了毛泽东、邓小平等老一辈无产阶级革命家对哈军工的关爱；热情讴歌了陈赓大将和哈军工老干部、老教授以及一代又一代哈军工学子的自强精神。全书分上、下两卷，164万余字，含珍贵历史图片200余幅。

图书《哈军工魂——中国国防科技人才培养纪实》

《哈军工魂——中国国防科技人才培养纪实》是 2005 年由中共中央党校出版社出版的一本图书，作者是罗来勇。全书十个篇章，以纪实的文学手法从教师、学生、科研工作等多个维度，系统地将哈军工军事工程人才培养等方面的发展历史展现于世。

图书《漫游中国大学·哈尔滨工程大学》

本书由重庆大学出版社于2008年9月出版，全书约25万字。该书用漫游的方式、轻松的笔触、充满哲思的记录，扣响了工程大学的精神文化之门。开卷激情澎湃、掩卷静水深流。这是一次激动人心、振奋精神的精神探寻，更是一次体现了哈军工厚重历史感、鲜明时代感的精神之旅。

图书《从哈军工校园走出的院士们》

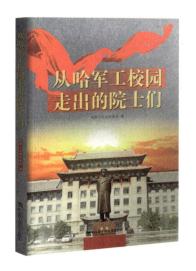

哈军工虽历史短暂，但却孕育了40位两院院士。本书分教员篇和学员篇，教员篇依当选院士的年代为序，而学员篇则依哈军工1到13期入学先后为序。本书将他们的经历与业绩汇集成册，通过哈军工院士群体的呈现，让世人感受到哈军工的教学严谨、学习刻苦、授业求新的为学治学之道。

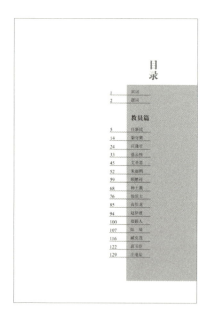

图书《哈军工史诗》

作者温国材毕业于哈军工。该书成功地浓缩了哈军工的发展历史，歌颂了党中央、国务院和中央军委对哈军工建设的关怀和支持，歌颂了学院创始人陈赓大将和老一辈哈军工领导、专家、教授艰苦创业的精神，歌颂了广大哈军工儿女发奋图强献身国防的精神，歌颂了哈军工后裔对"哈军工精神"的继承和弘扬。

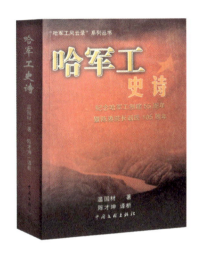

图书《王牌军校高端访谈》

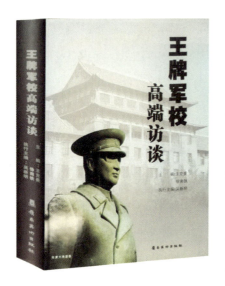

　　这是一本与《哈军工》纪录片同步的书。书中的访谈经编者进一步整理，尽量保持了受访者本人的语言风格。书的承载内容有限，编者花费了大量心血对采访的素材进行整理，统编。本书让我们看到了哈军工的精神没有过时，哈军工人依然活跃在我国国防科技的重要岗位上。

106

图书《开国元勋的子女们——哈军工高干子女传记》

《开国元勋的子女们——哈军工高干子女传记》揭开中国高干子弟最集中之地的神秘面纱，再现开国元勋子女们的真实生活。父辈的辉煌铸就了他们非凡的出身，然而正是这样的光环，让他们在"文革"中倍受磨炼……这里面有刘伯承之子、罗荣桓之子、陈毅之子等高干子女的真实生活写照。

图书《哈军工之歌》

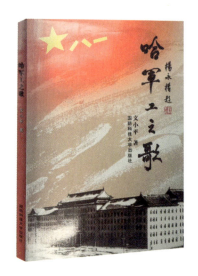

　　文小平是哈军工第二期学员，毕业后留校任教。由于作者早期入学哈军工和长期工作于哈军工的经历和感受，使他对哈军工的感情更为深厚。2013 年在纪念哈军工创建 60 周年的时候，文小平出版了他的诗集《哈军工之歌》。这些诗歌作品都是以宣传哈军工和弘扬哈军工优良传统为主题的。

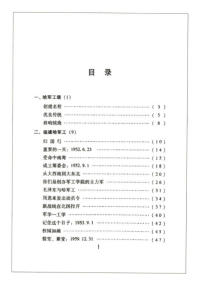

图书《百家访谈哈军工》

《百家访谈哈军工》是《王牌军校高端访谈》的姊妹篇。书中将没有在《王牌军校高端访谈》中得以展现的采访素材，进行整理，更加注意故事的完整性和人物的生动性。可以说，这是一本追求哈军工话题普遍性和广泛性的书。

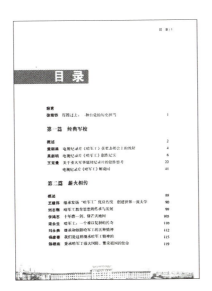

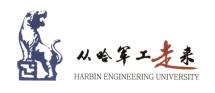

图书《军中名校哈军工》

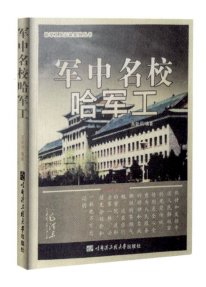

作者吴新明曾就读于哈军工导弹工程系。《军中名校哈军工》从教育学的角度科学地总结了哈军工办学的成功经验，揭示了哈军工人才辈出的规律，尤其是拔尖人才培养的成功经验——做人与做事和谐统一的教育观等。本书图文并茂，对大批从哈军工走出的，战斗在各条战线上的工程技术人员，也饱含激情，以浓墨重彩作了大篇幅的刻画和描述。

图书《哈军工　永远难忘的记忆》

　　本书是国防科技大学杨昂岳教授为了迎接国防科技大学建校 60 周年，根据自己的亲身经历，以记事的手法描述了哈军工的成立、发展、南迁长沙，以及对于哈军工校园原来美丽景色和南迁长沙后校园的变迁的描述。书中充满了作者对哈军工母校的回忆、热爱、对母校所取得的成就感到无比自豪的情怀。

图书《陈赓大将图传》

陈赓大将是中国人民解放军的卓越领导人和杰出的无产阶级革命家、军事家，是一位极富传奇色彩的人物，威名赫赫，在广大人民群众中享有崇高声望。他的一生不仅为中国人民的解放事业、为中国人民解放军的创建和发展、为新中国的国防科技事业做出卓越贡献，还为中国共产党隐蔽战线、统一战线和对外军事斗争工作建立了不朽功勋。《陈赓大将图传》通过大量第一手资料和近 600 幅历史图片，以图文结合的形式，全面、立体、直观、生动地再现了他光辉的一生，许多珍贵照片是第一次公开发表。

图书《陈赓大将与哈军工》

本书以全新的历史视角，塑造了离开战场的陈赓大将在风云变幻的年代逐渐成为一位杰出的军事教育家的形象，通过追寻他创建哈军工时形成的教育思想体系和开拓以"两弹一星"为标志的新中国国防科技事业的历史足迹，再现了这位旷世英雄丰厚的人文情怀。作者力求用细腻的笔法、沉雄凝练的话语，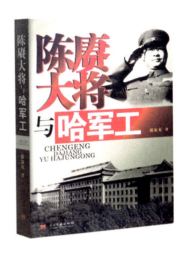描述陈赓的内心世界；以 20 世纪 50 年代中期为大背景，着力于陈赓和他身边的老干部、老教师两大群体精神内层的描写，对 20 世纪那个特定年代里人们的心灵品格和命运际遇做出了冷静的分析和剖示。

图书《名将名师——哈军工"两老"传记》

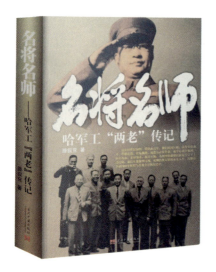

本书以鲜为人知的丰富史料，再现20世纪中叶一批老干部、老教师（"两老"）跟随陈赓大将创建哈军工奋斗、激情、成功、坎坷的一生。作者以真诚细腻和满怀激情的笔触描写出了张述祖、徐立行等33位哈军工先贤的人生历程，凸显了这些名将名师的高风亮节和嘉言懿行，高扬了以陈赓大将为校魂的哈军工精神。

图书《哈军工将军画传》

这本画传是以陈赓大将为首的 15 位开国将军的集体相簿。500 余幅珍贵的老照片中既有他们在战火中的勃勃英姿，也有他们在哈军工辛苦办学的身影；特别是与夫人相濡以沫的深情和含饴弄孙的温馨，亲切感人。纵览全书，可谓画中有传，传中有史，史中有情。

图书《走进哈军工纪念馆 走近哈军工》

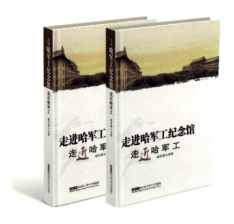

全书约 30 万字，由哈尔滨工程大学出版社于 2013 年 7 月出版。这是由一群筹建哈军工纪念馆的人们用溢满真情的笔触铺就的哈军工历史文化之旅。本书用全新的"读馆"方式带您走进哈军工纪念馆，进而了解哈军工。本书以客观的文字、历史的图片、崭新的视角，再现哈军工历史、弘扬哈军工精神。

图书《续写哈军工辉煌》

作为解放军报特约记者的王握文一直对哈军工怀有深厚感情。本书以哈军工后裔国防科技大学的视角切入，全方位展现了该校沿着哈军工的轨迹，在发展中不断续写着新的辉煌的奋斗故事。从哈军工到国防科大，近半个世纪的办学历史，是我军工程技术院校发展的一个缩影，更是党的三代领导核心关心重视军事人才培养和国防科技发展的生动写照。

图书《忠诚的印迹　哈军工—哈船院—哈工程》

该书由光明日报出版社于2018年8月出版，全书约17万字。该书以文化为主线，以历史档案为依据，按照哈军工—哈船院—哈工程的历史脉络，客观记录了学校65年来在奋进中崛起，在发展中跨越的办学历程。

图书《军工添翼——哈军工空军工程系并入西北工业大学史话》

1970年哈军工航空工程系西迁西安，整建制并入西北工业大学，成为西工大三大脉源之一。洗去历史的铅华，探寻文化的基因，本书以事话史，截取人物和事件的横断面，着重突出亮点和重点，客观呈现了哈军工在国防现代化建设历程中那些可歌可泣的篇章，记录哈军工空军工程系并入西工大的发展历程。

图书《导弹工程系》

本书全面讲述了在哈军工诞生中国第一个导弹工程专业的历史；完整地记叙了从筹备导弹工程专业、成立导弹专科，到导弹工程系的创建和发展，再到学院改制、改建为国防科技大学的全过程；再现了从哈军工导弹专科的核武器专业到导弹工程系原子科（五科），再到原子工程系的筹建、成立的全过程，以及导弹工程专业诞生的沃土——空军工程系的拓荒和创建的岁月。

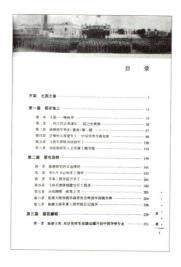

电视剧《魂系哈军工》

《魂系哈军工》是 1998 年为纪念哈军工建校 45 周年，由黄仁忠导演拍摄，杨绍林、祝希娟等人主演的 8 集电视连续剧。电视剧播出后，在哈军工学员教员，家属子弟中引起了强烈反响，将人们的记忆带回到那段忠诚的红色岁月。

纪录片《揭秘哈军工》

由中共哈尔滨市委宣传部、哈军工北京校友会、当代中国出版社合作拍摄的五集电视文献纪录片《揭秘哈军工》，2009 年 11 月 26 日在哈尔滨工程大学举行了首播式。该片先后在中央电视台、黑龙江电视台、哈尔滨电视台和湖南电视台、陕西电视台等陆续播出。《揭秘哈军工》以纪实手法全景再现了哈军工这所中国人民解

放军历史上具有里程碑地位的学校的历史与传奇，揭示了哈军工创造世界军事科技教育史上奇迹的精神力量是对国家的忠诚、对人民的热爱、为国防建设事业献身，是坚忍不拔、刻苦努力、无私奉献的高贵品格。

纪录片《哈军工》

《哈军工》于 2008 年 1 月顶着大雪在哈尔滨开机，摄制组追寻哈军工校友足迹，北到黑龙江，南至广州，东到鸭绿江边的丹东，西至青海湖以北大漠深处的原子城，纵横 13 个省、市，采访了哈军工时期的院、部首长以及干部、教员、学员累计 120 人。纪录片通过展现历史图片、人物访谈等形式，生动再现了哈军工的发展历史和辉煌成就，后在央视播出。

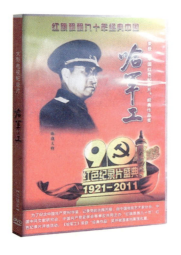

电视片《寻根哈军工》

本片由上海交通大学出版社2013年7月出版。该片以哈军工校友的孙女在哈军工建院60周年之际，代替他前往哈尔滨的军工大院寻根为线索，借校友孙女的视角，以游览的表现方式，展示军工大院及哈军工纪念馆馆舍周边景观、馆舍内部陈列，进而介绍哈军工的历史、传扬哈军工精神。

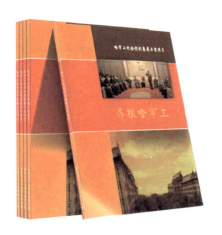

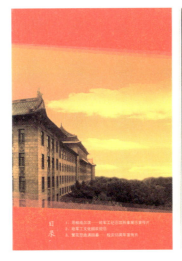

画册《辉煌的哈军工》

　　这本画册是哈军工后裔哈尔滨工程大学为了纪念军事工程学院创建50周年而策划出版的。本画册包括训词、题词、亲切的关怀、军工历史概况、军工发展进程、今日之军工、哈尔滨军事工程学院大事记、母校新貌等内容，用生动丰富的历史图片展现哈军工的辉煌。

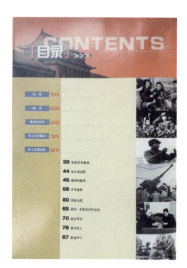

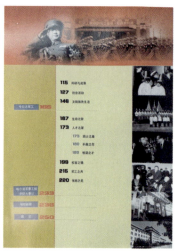

画册《刘居英画传》

但愿人长久，辉煌青史留。应哈军工广大校友的呼声，哈军工北京校友会筹划出版了这本《刘居英画传》。画传以图文并茂的形式，比较全面地记载了刘居英院长参加革命 70 多年的光辉历程。从这些珍贵的照片中，我们不仅可以看到刘居英院长的革命经历，还可以看到共和国创建和发展的历史画面。这些都是哈军工后人十分宝贵的精神财富。

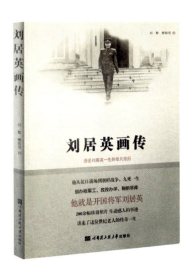

画册《难忘五十年》

　　《难忘五十年》画册是哈军工后裔国防科技大学为纪念哈军工建校 50 周年而编撰的。这本画册中一幅幅珍贵的历史画面，一个个感人至深的故事，让人感慨万千。这是难忘的 50 年，这是开拓奋进的 50 年，这是取得辉煌成就的 50 年。从当年的军事工程学院到现在的国防科学技术大学，已走过了半个世纪的光辉历程，画册忠实记录了学校发展建设的每一步。

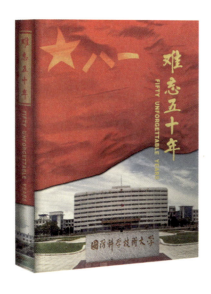

画册《"三海一核"的前世今生》

"三海一核"，即"船舶工业、海军装备、海洋开发、核能应用"。它是哈尔滨工程大学传承哈军工海军工程系的学科基因，对自己所服务的国家战略性领域的概括。它既是学校忠心报国的初心所在，也是学校服务国家的使命所在；它既是学校的优势和特色所在，更是学校的成绩和贡献所在。画册以"三海一核"的历史发展脉络为线索，较为系统的回顾了"三海一核"从哈军工时期开始蓄势孕育，经历了哈船院时期的凝练积淀，发展到了工程大学时期上升为学校的特色办学方略的历史过程。

目 录

127

画册《我的大学·哈尔滨工程大学·手绘图册》

"我的大学是有生命的，它有着和人一样卓然不群的风格。土地、建筑构成了它的躯体，氛围风气构成了它的精神，这里的长者更是努力锻造着它为高素质的青年人成长成才俯首的灵魂。"这本画册用创新的手绘方式，将军工大院的景物以别样的方式呈现在读者面前。

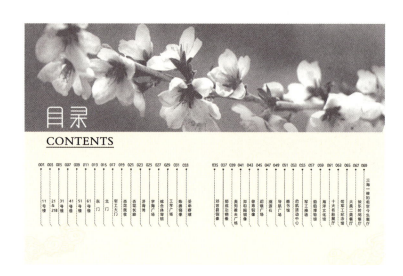

画册《我的大学 · 哈尔滨工程大学 · 时光记忆》

　　"我的大学，有着辉煌激荡的历史底蕴。有着至真至善的美丽。现今随着时间长河的不断前行，所有一切都将成为闪光的记忆，在时光的记忆中永存。"这本画册以新老照片对比的方式，将军工大院里的学习生活雕刻在读者的记忆里。

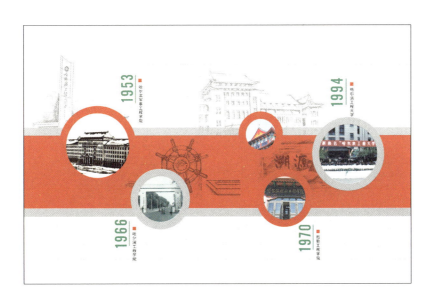

读本《哈尔滨工程大学校史读本》

读本以历史档案为依据，按照哈军工—哈船院—哈工程的历史脉络进行编写。编写过程中主要参考了《哈尔滨工程大学年鉴》、工学周报、《漫游中国大学·哈尔滨工程大学卷》《走进哈军工纪念馆·走近哈军工》《忠诚的印记 哈军工—哈船院—哈工程》。读本发放给刚刚步入大学校门的新生，以便于其加深对学校历史文化的了解，激发其对学校校风、教风、学风的内在认同。

读本《哈军工历史百问》

编印《哈军工历史百问》的想法最初是由哈尔滨工程大学的一位老教师提出来的。他建议用一种简明地要的方式，让人在最短的时间里可以了解到哈军工的历史概况。后来编者采纳了这个建议，以重要事件、重要成果、重要人物为线索，整理编辑了哈军工历史的一百个问题，以自问自答的方式呈现哈军工历史。

CONTENTS
目录

军工风范 · 网络展馆 · 微信公众号

　　"互联网+"时代的到来，使各个行业与互联网的融合不断深入，互联网思维也在不断影响着其他业态，同时也为红色文化的传播、育人提供了新的载体和方式。网络平台不仅为哈军工纪念馆提供了网络展示平台，也使展馆、展览的形式变得更加具有趣味性和参与性，使得更多人能够随时随地以更加轻松的方式接受到哈军工红色文化的洗礼。

　　依托网络平台传播哈军工红色文化，哈尔滨工程大学现在已经建立起"两馆三微"的网络文化传播模式，即哈军工纪念馆网络馆、陈赓院长专题网络馆以及HEU哈军工纪念馆微信公众号、哈尔滨工程大学文博在线微信公众号、哈工程讲解团微信公众号，并在"两馆三微"基础上搭载哈军工纪念馆智慧文博服务、智慧语音讲解服务和AR展示服务。这种基于信息技术的红色文化育人渠道，寓教于乐，也更加符合当代年轻人的生活与学习习惯，变得更容易被青年学生所接受。这种红色文化的传播方式，可以供青年学生多次、反复学习，可以供青年学生依据自己的兴趣点，进行有针对性的深入学习，提高红色文化传播的有效性。

网络展馆：哈军工纪念馆

网络展馆：陈赓院长专题馆

微信公众号：哈尔滨工程大学文博在线

微信公众号：HEU 哈军工纪念馆

微信公众号：哈工程讲解团

军工风范·军工文创

文化创意产品是以文化为基础要素设计、研发的产品。随着经济社会的发展，人们对精神世界的渴望越发强烈，消费心理也从追求基本的实用功能转变为精神层面的体验享受。李克强总理曾在一次国务院常务会议中，明确地将文化创意产品的开发界定到"提升社会文明水平和国家软实力"的重要位置，发展文化创意产业已经成为一种趋势。

提取哈军工红色文化中的要点、要素和精髓，利用新颖的设计和一些比较特殊的处理方法，将红色元素注入哈军工红色文创产品当中，形成独具特色的军工文创产品，传达红色情感，彰显红色文化。军工文创产品作为哈军工红色文化的载体，能够传承红色文化，并以其独特的创意性和现代性，吸引消费者的购买，帮助消费者体会红色文化的魅力所在。随着时代的进步和发展，人们对于红色文化的认识更加深刻，方式也更加多元，红色文创产品也被赋予了更加丰富的内涵，并承载了更大的教育、传承意义。军工文创产品可以与哈军工红色文化元素相呼应，产生抽象到具体的传递效果，通过红色元素的嵌入式表达，红色图形的再现式表述，红色精神的隐喻式传递，进一步打通人与红色文化之间的互动关系。

哈军工邮折

　　哈军工邮折是哈军工纪念馆开馆时开发设计的，含首日封和纪念邮票各一枚。

运筹纪念条

运筹纪念条主体图案是彩绘的油画《运筹》。油画《运筹》再现的是 1952 年 9 月在中南海居仁堂，周恩来总理主持召开筹建哈军工联席会议时的场景。在中国教育史上，由政务院总理亲自主持、召集如此多的军政要员专门研究一所大学的建设问题，尚无二例。

训词竹简

我国早期的文字刻在甲骨和钟鼎上，由于其材料的局限，极大地限制了文化和思想的传播，这一切直到竹简的出现才得以改变。竹简是中国历史上使用时间最长的书籍形式，是造纸术发明之前主要的书写载体和传播媒介。"训词"指的是 1953 年 8 月 26 日，毛泽东主席为哈军工成立暨第一期学员开学颁发的《中央人民政府人民革命军事委员会训词》，训词对学院的办学宗旨、培养目标、工作与学习作风等提出了具体的要求，是哈军工的办学指导思想。将训词刻在竹简上，意喻着哈军工的办学传统将被后人们篆刻、记载、传播并发扬光大。

永远的哈军工摆件

　　永远的哈军工摆件采用的是"巴玉"也就是青白玉材质，属于变质岩中硬度较高的一类。"玉有九德""君子比德于玉""君子无故，玉不去身"，均从不同方面说明了玉在中国人心目中的地位。设计者用"巴玉"的坚硬度来反映哈军工人英朗的军人作风。摆件形态采用的是"玉环"形态，在中国历史上表示修好、认可之意，发展到现代引申为美好、和谐的意境，与后人对哈军工的铭记和崇敬之情相合。

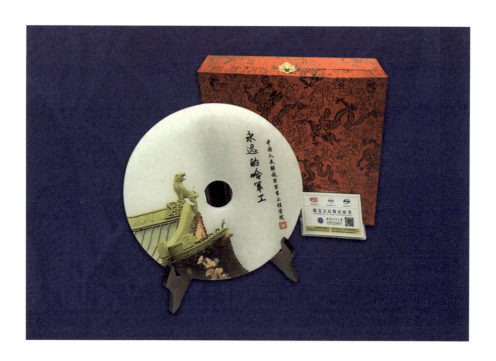

回纹工学印章

"回纹工学"印章顶端的"回纹"是我国汉民族传统的吉祥纹样，在哈军工的建筑墙围处被广泛使用，是哈军工传统建筑风格的印证之一。印章底部的"工学"二字是哈军工开学时毛泽东主席为学院题写的院报名，这个名字一直被哈尔滨工程大学校报沿用至今。

军工文化笔筒

笔筒中部采取了可以转动的设计，将毛主席的训词和哈军工大楼印制在可以转动的转轴上。办公学习之余，随时可以研学训词、浏览大楼雄姿。

至真至善筷子

　　"至真至善"筷子采用的是天然红檀木，"大工至善"筷和"大学至真"筷合成一双。"大工至善、大学至真"是哈尔滨工程大学的校训，由毛泽东主席当年为哈军工题写的院报名"工学"二字构造而来，代表了人类认识世界和改造世界的最高境界。"筷子"在中国民间寓意广泛，送朋友，寓意"平等友爱、和睦相处"；送老师，寓意"耿直不弯、无私奉献"；送外国友人，传播中华文化，源远流长。

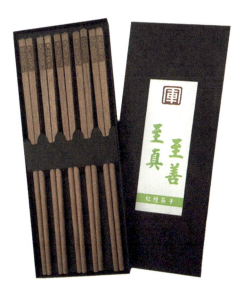

训词茶罐

　　琉璃是中国古代文化与现代艺术的完美结合，其流光溢彩、变幻瑰丽，是思想情感与艺术的融会。中国古代制造琉璃最初的材料，是从青铜器铸造时产生的副产品中获得的，经过提炼加工然后制成琉璃。古时由于民间很难得到，所以当时人们把琉璃甚至看成比玉器还要珍贵。2008年6月，琉璃烧制技艺入选国家非物质文化遗产名录。罐身所刻有的"训词"指的是 1953 年 8 月 26 日，毛泽东主席为哈军工成立暨第一期学员开学颁发的《中央人民政府人民革命军事委员会训词》，训词是哈军工的办学指导思想。

精美包装 / 收藏证书 / 丝绸内胆 / 相关配套

校训镇纸

"大工至善、大学至真"是哈尔滨工程大学的校训,由毛泽东主席当年为哈军工题写的院报名"工学"二字构造而来,代表了人类认识世界和改造世界的最高境界。镇纸前端的"啸天虎"是哈军工建筑中最标志性的特色文化标识,是哈军工筹建时一个年轻的设计师陈星浩设计出来的。"啸天虎"回眸仰视、虎尾弯弯上翘的模样很有气势。

院士寄语书签

　　"院士寄语"书签是从哈军工走出的两院院士的真迹。这些真迹是院士们结合自身的成长、学习及科研工作经历，总结出来的真情实感和人生信条，现在陈列在哈军工纪念馆的院士展厅中，成为激励后人的金玉良言。

啸天虎摆件

啸天虎是哈军工物质文化遗存中具有代表性的标识。当年哈军工的教学大楼在设计时，主要的设计理念是要延续中国的传统建筑风格。大屋檐是中国传统建筑的代表，但大屋檐上的五脊六兽带有明显的封建色彩，后由年轻的建筑设计师陈星浩将大屋檐正脊两端的神兽加以改良，设计出一个虎头回望，虎尾上翘的啸天虎。当年，陈赓院长看到这个设计，夸赞道："这个设计非常好，老虎很威风。以后谁要是敢侵略咱们，咱们就要像这个老虎一样，咬回去。"

新中国高等军事技术教育的记忆明信片

哈军工是我国第一所高等军事技术院校，是我军历史上第一所高水平、正规化的综合性军事科技大学，她的创建是我国国防科技现代化建设中具有划时代意义的里程碑。明信片以历史照片为蓝本，翻开了新中国高等军事技术教育的记忆。

哈尔滨工程大学校园地标明信片

　　建筑、景观是文化的缩影与见证。校园地标明信片以手绘形式展示了学校十大校园地标性建筑和景观，别有一番意蕴。

哈尔滨工程大学陈赓雕像

哈尔滨工程大学奥列霍夫广场

哈尔滨工程大学31号楼

哈尔滨工程大学图书馆

哈军工文化园党史学习路线图

　　这是哈尔滨工程大学党史学习教育领导小组办公室策划的哈军工文化园党史学习路线图。路线图以军工大院为基础，将院内的物质文化景观、展馆、哈军工旧址、实验室等教育元素加以整合，按照红色文化传承路、特色文化体验路、宣讲闯新路的方式加以整合，清晰地再现了军工大院丰富深邃的文化教育资源。

舞台剧《传承》

原创校园红色舞台剧《传承》是由哈尔滨工程大学机关党委依托机关青年理论学习小组自编自导自演，作为庆祝建党百年的献礼剧目。该剧经过 1 年的反复打磨，2020 年 12 月 4 日、2021 年 5 月 28 日、2021 年 6 月 15 日 3 次公开演出，受到师生、校友和校内外专家的肯定，圆满完成任务，达到预期效果。

舞台剧以传承"哈军工"精神为主线，以哈工程机关人开展党史学习教育为切入点，以舞台剧的表演方式，以"小切口、大视角"的表现方式，展现哈军工人及其后裔们坚守"为党育人、为国育才"初心使命、践行"三个第一"，即"以祖国需要为第一需要，以国防需求为第一使命，以人民满意为第一标准"的价值追求的生动故事。

话剧《谭国玉》

2007 年 12 月 16 日，在哈尔滨工程大学启航活动中心剧场首演了由该校计算机学院"青柠檬"话剧社自编自导的话剧《奔流》，2 个小时的话剧再现了哈军工学员谭国玉"人在阵地在"的刻苦学习经历。经后期改编，2011 年底，该话剧再次上演，正式定名为《谭国玉》。

军工风范 · 历史档案

　　历史是最好的教科书。红色历史档案存史、资政、育人的价值不可小觑。哈军工红色文化育人的关键一环就是要让哈军工历史说话，用哈军工史实育人。而历史与档案密不可分。在哈军工红色文化育人的过程中，要让哈军工历史档案"唱主角""当主演"，认真谋划，大力挖掘哈军工历史档案背后的故事，让青年学生从红色档案中汲取养分、获得启迪、重温初心、振奋精神。

　　历史档案"关于成立军事工程学院的报告"【档案号SW.JNG.1952.1】千余字，深刻论述了成立军事工程学院的背景、必要性、迫切性等一系列问题，足以看出新中国对强国安邦的渴望。历史档案"哈军工分建报告"【档案号 SW.JNG.1959.1】论述了哈军工分建的可行性和必然性，体现了哈军工对自己所服务的国防科技事业以及自己在国防事业中所承担的历史使命的高度自觉。这些档案背后的忠诚故事，刻骨铭心、浸润人心，熠熠生辉、彪炳史册。要全力以赴唱好红色档案展览展示这场"重头戏"，唱好红色馆藏利用"压轴戏"，红色档案编研"连场戏"，引导青年学生从哈军工红色历史档案中寻找理论滋养、精神支柱，在学习哈军工历史中鼓舞斗志、明确方向，坚定信念、凝聚力量。

《成立军事工程学院的报告》

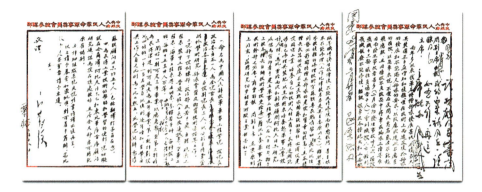

朱、周、林副主席审阅后报主席：

两年多以来，我军各特种部队发展甚快，成绩亦大。其装备正日益增加和复杂。唯在技术上面远落后于部队的发展和不能满足部队的要求，以致屡次造成不应有的损毁，以空军来说，不仅在夜间及恶劣气候不能起飞应敌，且因操纵不良致空中停车或编队互撞等原因而发生事故者甚多，重则机毁人亡，轻则飞机报废不能修复。舰艇、战车及各种火炮和工兵机械等机件发生故障后，不能及时修复而影响战斗，甚至根本不能修理。虽然某些较复杂的修理技术有苏联专家热情帮助，但长此以往，则势必影响特种兵部队的建设和质量的提高。且各特种兵武器的供应，不能长期依赖苏联的帮助，必须从建设国防工业、培养自己的技术人才上着手，求得逐渐能够自己修理与装配，以至于将来培养起军事工业设计工程人才。为此，曾经两次和副总顾问柯托夫同志研究，认为有即着手建立军事工程学

院（在人力、财力、物力上较各特种兵自办技术学校较经济）藉以培养军事工程技术干部之必要。前曾面报周副主席，业已原则上同意。兹将研究初步结果所拟方案报告如下：

一、命名为中国人民解放军军事工程学院，设院长、政治委员各一人，为全院首长，另设副院长三人，以分别主持掌管关于学术研究，部队掌管及物资技术保证等工作。

二、院部下设训练部、政治部及若干处，另辖：炮兵工程系、装甲工程系、普通工程（工兵及通讯）系、空军工程系、海军工程系等五个系，系辖若干科，每科设二、三班，每班十五至廿人不等。

三、开始一期可定三年毕业，以应急需，至第三期时，为求得深造，则可延长为五年毕业。第一期计划设七十四个班，一千一百名学员，以后则逐年增加。至学员与工作人员之比例为一比二点五。此学院开办，需请苏联顾问同志约五十人（包括翻译打字员在内）。

四、为求得工业技术的帮助和学习的便利，院址拟设在哈尔滨。柯托夫同志已和东北军区首席顾问研究过，认为设在该处较好，且房舍大部亦可将就原有调剂。

五、详细组织系统及说明书待译出后再呈。

以上请予审查，如蒙批准，则可着手筹办。特此报告，是否有当，请予示遵。

致以敬礼！

聂荣臻　粟　裕

三月十八日

毛泽东主席为哈军工成立颁发的《训词》

军事工程学院陈院长和全体教授、助教学员、工作人员同志们：

当你们开学的时候，我向你们致以热烈的祝贺。在此时机，我并向热诚帮助我们计划和创办这个学院的苏联政府、苏联顾问表示衷心的感谢！

中国人民解放军军事工程学院的创办，对于我国的国防事业具有极重大的意义。为了建设现代化的国防，我们的陆军、空军和海军都必须有充分的机械化的装备和设备，这一切都不能离开复杂的专门的技术。今天我们迫切需要的，就是要有大批能够掌握和驾驭技术的人，并使我们的技术能够得到不断的改善和进步。军事工程学院的创办，其目的就是为了解决这个迫切而光荣的任务。

向苏联学习，这是我们建军史上的优良传统，无论任何时

候，任何工作部门，都应当如此。这点，对于你们这个学院，有更加重要的意义。我们必须学习苏联的先进科学和技术知识，学习苏联军事工程建设的丰富经验，学习苏联顾问同志的学习态度和工作态度，学习苏联顾问同志高度的爱国主义和国际主义精神。在学习上应该是虚心诚恳，不要学到一点就自满和骄傲。

保持和发扬中国人民解放军的光荣传统，特别是全心全意为人民服务的精神和自我牺牲的英雄气概，这在你们的学院，是和全军一样，必须充分领会和一刻也不可忘记的。

希望你们团结一致，办好学院，尊重顾问，努力学习，为完成人民革命军事委员会给予你们的光荣任务而奋斗！

主席 毛泽东

一九五三年八月二十六日

《哈军工分建报告》

林、贺、聂副主席并报军委：

由于我军技术装备和科学研究工作的迅速发展，工程技术干部的需要量日益增大，军事工程学院的任务也日趋复杂、繁重。建院初期，只有常规武器方面的几个系，培养目标是维护使用工程师和研究设计工程师两者兼顾。根据当时情况，建设这种综合性学院是有利的。以后各军、兵种不断要求增加招生人数，特别是导弹、原子等尖端技术增加进去以后学校是越滚越大了。现在，在校学生人数已达到七千人，仍不能满足需要。从长远考虑，尖端技术方面的任务必须扩大，但学院在校学生总定额有一定限度（一般地说，超过一万人的学校就不好管理了），如果面面照顾，势必削弱尖端技术各系的发展。根据军委规定以导弹为重点的方针。建议对军事工程学院的任务作如下调整：

一、将现有空军、海军、炮兵、装甲兵、工程兵、导弹等六个系和防化兵的三个专业改变为五个系，即保留空军工程系、海军工程系、导弹工程系，把附属导弹系的原子武器科扩大为原子武器系，把空军、海军、炮兵三系中的雷达、无线电专业集中起来并加以扩大，建立电子工程系（包括雷达、导航、自动控制、电子计算机等）。其余炮兵工程系、装甲兵工程系、工程兵工程系和防化兵专业，移交有关兵种，并入指挥学院。

二、规定军事工程学院的培养目标是研究设计制造工程师；学制订为八年左右，分作两个阶段；前五年属大学性质，

招高中毕业生，后三年属研究生性质，吸收本校优秀毕业生和研究设计单位中大学毕业、有培养前途的工程技术人员，进行深造。至于空军、海军维护使用工程师的培养任务，则交空、海军自己解决。

这样调整以后，全军在培养工程师方面的体制大体是：

——培养研究设计制造工程师的学院一所；

——已经军委批准由空军、海军、炮兵组建，为导弹技术培养维护使用工程师的学校三所；

——为空、海军培养飞机、舰艇维护使用工程师的学校二所；

——为炮兵、装甲兵、工程兵培养维护使用工程师的学校三所；

防化兵所需维护使用工程师数量较少，如何培养，另议。

这样调整以后，好处是：第一，把维护使用工程师的培养任务，移交各军、兵种后，可以适当扩大招生名额，满足各军兵种的需要；同时，军事工程学院也可以腾出手来，为尖端技术和与它有关的航空、造船培养研究设计制造干部。第二，可以把提高和普及结合起来，既能迅速满足维护使用方面的大量需要，又可培养一批基础理论较为雄厚的较高级的研究设计人员，作为今后继续发展尖端技术的骨干。

实施这个调整方案最大的困难是师资问题。属于专业方面的师资，原则上可由军事工程学院移交，但基础课教员，因军事工程学院的任务并未减少，只能个别支援，不能满足需要。

出路在于自力更生和请国家分配大学理科毕业生。考虑到这个问题不能很快解决，全部调整工程应分作几个阶段：第一步，海军已有第二海校担负培养维护使用工程师的任务（收高中毕业生、学制五年，和军工课程相差不多），现在就可把军事工程学院海军工程系和二海校的任务划分清楚。第二步，争取1960年暑假把装甲兵工程系和工程兵工程系交出去。第三步，1961年暑假再把为空军培养维护使用工程师的任务和炮兵工程系交出去（空军需准备把一所中等技术学校升级）。

其次，军事工程学院的招生工作今年已经中央政治局批准列为重点院校，但培养目标提高以后，对学生的政治、学业水平的要求亦随之提高，因此，需请中央批准在重点学校招生范围内优先挑选。鉴于这些国防绝密专业无法公开宣传，招生时改用党委审查保送的办法。

其三，新建学校（或系）需要一些基本建设，增添一些教学设备（专业专用的教学设备，由军事工程学院移交）；军事工程学院需增加少数教授，增聘若干专家。这些问题比起基础课师资问题来，都较易解决，不再赘述。

总之，今后无论尖端或常规，所需工程技术干部数量都会增长很快，全军只办一所综合性学院无论如何不能满足需要，势在必分。从现实可能性看，军事工程学院常规武器各系，已具有一定规模，分建的条件已经基本具备，至于基础课师资问题，只要抓紧，划分阶段，也是可以逐步解决的。这个问题，即使再推迟三五年，也同样有困难。与其晚分，不如现在就有

步骤的分。培养人才的工作要五六年乃至七八年以后才能见效，规划迟了一步，就要耽误很久。因此，建议军委及早把这个方针确定下来，以便有关部门及早筹划。不妥之处，请予指示。

　　此致

敬礼！

陈　赓

1959 年 11 月 19 日

哈军工走出的两院院士名录

姓名	院别	学科类别	哈军工履历
任新民	学部委员	导弹总体和液体发动机技术专家	炮兵工程系副主任 教授
梁守槃	学部委员	导弹总体和发动机技术专家	空军工程系教授
庄逢甘	学部委员	空气动力学家	空军工程系教授
慈云桂	学部委员	计算机专家	海军工程系副主任 教授
文圣常	学部委员	物理海洋学家	空军工程系讲师
朱起鹤	科学院院士	物理化学家	物理教研室主任
顾懋祥	工程院院士	船舶与海洋工程专家	海军工程系教授
杨士莪	工程院院士	水声工程专家	海军工程系副教授
徐滨士	工程院院士	表面工程专家	海军工程系讲师
高伯龙	工程院院士	理论物理学家	物理教研室副教授
赵伊君	工程院院士	光学专家	原子工程系讲师
李　坪	工程院院士	地震构造专家	工兵工程系讲师

续表

姓名	院别	学科类别	哈军工履历
郑颖人	工程院院士	岩土工程专家	空军工程系讲师
陆　埮	科学院院士	天体物理学家	防化工程系讲师
臧克茂	工程院院士	火炮控制专家	海军工程系讲师
钟　山	工程院院士	制导系统工程专家	空军工程系一期学员
邢球痕	科学院院士	固体火箭发动机技术专家	炮兵工程系一期学员
郭桂蓉	工程院院士	通信与电子系统专家	导弹工程系二期学员
宋文骢	工程院院士	飞机设计专家	空军工程系三期学员
王泽山	工程院院士	火药专家	炮兵工程系二期学员
钱七虎	工程院院士	防护工程及地下工程专家	工兵工程系三期学员
李鸿志	工程院院士	弹道学专家	炮兵工程系四期学员
马远良	工程院院士	水声工程专家	海军工程系四期学员
王景全	工程院院士	渡河工程专家	工兵工程系四期学员
周兴铭	科学院院士	计算机专家	海军工程系五期学员
宫先仪	工程院院士	水声工程专家	海军工程系五期学员
王哲荣	工程院院士	坦克车辆设计专家	装甲兵工程系五期学员
王兴治	工程院院士	飞行器总体设计专家	导弹工程系五期学员
黄瑞松	工程院院士	导弹技术专家	导弹工程系五期学员
李　明	工程院院士	飞机自动化设计专家	空军工程系六期学员
杨凤田	工程院院士	飞机设计专家	空军工程系七期学员
刘怡昕	工程院院士	弹道学专家	炮兵工程系七期学员
彭先觉	工程院院士	原子核物理学专家	原子工程系七期学员
李　钊	工程院院士	地震爆破专家	工兵工程系八期学员
顾金才	工程院院士	岩土工程与防护工程地质力学专家	工兵工程系八期学员

姓名	院别	学科类别	哈军工履历
刘永才	工程院院士	飞航导弹武器专家	导弹工程系八期学员
徐玉如	工程院院士	船舶与潜艇操纵性能研究专家	海军工程系九期学员
丁伯南	工程院院士	直线感应加速器专家	原子工程系十期学员
卢锡城	工程院院士	计算机专家	计算机系十三期学员

创办哈军工的将军名录

军衔	姓名	职务	曾任职务
大将	陈赓	第一任院长兼政委	志愿军代司令 解放军副总参谋长 国防部副部长
中将	谢有法	代政委 政委	志愿军第九兵团政治部主任 解放军政治学院政委 沈阳军区副政委
少将	刘居英	副院长 院长	志愿军铁道兵前线指挥司令部司令兼政委 海军政治部主任 铁道兵副司令
少将	刘有光	院副政委	志愿军第三兵团政治部主任 国防部五院政委 国防科工委政委
少将	唐铎	空军工程系主任	苏联红军教官 辽宁大学副校长
少将	唐凯	工兵工程系主任	四野特种兵政治部主任 军委民航局副局长 工程兵副司令

续表

军衔	姓名	职务	曾任职务
少将	李开湘	导弹工程系政委 院副政委	志愿军第三兵团干部部部长 国防科委三十一训练基地司令员 政委
少将	贺振新	炮兵工程系政委	南京炮兵工程学院副院长 新疆生产建设兵团副政委
少将	李懋之	副院长	志愿军第三兵团副参谋长 第二炮兵副司令
少将	张 衍	院政治部副主任 主任	第二高级步兵学校政治部副主任 国防科工委副主任 国防科技大学校长
少将	徐立行	教育长	第二高级步兵学校教育长 国防部第六研究院副院长 第三机械工业部第六研究院副院长
少将	张子明	教育长 院副政委	昆明军区副政委 铁道兵副政委
少将	徐介藩	装甲兵工程系系主任	装甲兵工程学院副院长
少将	薛克忠	工兵工程系系主任	工程兵工程学院政委 工程兵学院政委 工程兵副司令员
少将	吴振挺	工兵工程系副主任	洛阳工程兵学校政委 工程兵工程部政委

哈军工培养的将军名录

上　将

姓名	军衔	在校履历	主要任职
李安东	上将	空军工程系 13 期	总装科技委主任
迟万春	上将	空军工程系 13 期	总装备部政委
唐天标	上将	工兵工程系 8 期	总政治部副主任
彭小枫	上将	导弹工程系 11 期	第二炮兵政委
黄献中	上将	导弹工程系 12 期	沈阳军区政委

中　将

姓名	军衔	在校履历	主要任职
陈启智	中将	503 教研室主任 副教授	国防科大校长
谢　光	中将	空军工程系 1 期	国防科工委副主任
杨　桓	中将	海军工程系 1 期	第二炮兵副司令员
金　矛	中将	海军工程系 8 期	海军副司令员
沈椿年	中将	装甲兵工程系 2 期	国防科工委副主任
周友良	中将	工兵工程系 8 期	总后勤部副部长
郭桂蓉	中将	导弹工程系 2 期	国防科大校长 总装科技委主任
陈达植	中将	导弹工程系 4 期	国防科大校长 总装科技委主任
栗前明	中将	导弹工程系 4 期	第二炮兵副司令员
臧　穗	中将	导弹工程系 5 期	兰州军区空军政委

续表

姓名	军衔	在校履历	主要任职
罗东进	中将	导弹工程系 7 期	第二炮兵副政委
粟戎生	中将	导弹工程系 9 期	北京军区副司令员
张　翔	中将	原子工程系 9 期	第二炮兵副司令员
张建启	中将	原子工程系 12 期	总装副部长
李凤洲	中将	计算机系 10 期	总装科技委副主任
卢锡城	中将	计算机系 13 期	总装科技委副主任
张庆珠	中将	空军工程系 13 期	越南国防部副部长

少　　将

姓名	军衔	在校履历	主要任职
赵嘉详	少将	哈军工政治教员	怀柔国防科委技术指挥学院政委
李秉彝	少将	哈军工政治教员	国防科委技术指挥学院政治部主任
汪　浩	少将	基础部副教授	国防科大政委
郑颖人	少将	空军工程系讲师	后勤工程学院教授　院士
徐滨士	少将	海军工程系讲师	装甲兵工程学院副院长　院士
黄庆华	少将	装甲兵工程系教员	装甲兵工程学院院长
张良起	少将	导弹工程系教授	国防科大校长
钟玉征（女）	少将	防化兵工程系教员	防化指挥技术学院教授
齐治昌	少将	电子工程系教员	国防科大副校长
陈火旺	少将	计算机系教员	国防科大研究生院院长
吴国平	少将	哈军工教员	国防科大训练部部长
黄　序	少将	空军工程系 1 期	绵阳空气动力研究试验基地司令员
关士英	少将	空军工程系 3 期	海军航空工程学院副院长

姓名	军衔	在校履历	主要任职
王昌祺	少将	空军工程系 4 期	绵阳空气动力研究试验基地司令员
杨易正	少将	空军工程系 4 期	绵阳空气动力研究试验基地副司令员
苏恩泽	少将	空军工程系 5 期	空军指挥学院副院长
傅玉春	少将	空军工程系 5 期	空军指挥学院副院长
刘凤山	少将	空军工程系 9 期	空军工程大学校长
邵子钧	少将	空军工程系 9 期	海军工程大学校长
唐其正	少将	空军工程系 9 期	呼和浩特空军试验基地司令员
聂庆荣	少将	空军工程系 10 期	安徽省军区副司令员
吴代明	少将	空军工程系 11 期	总装综合计划部副部长
王滨生	少将	空军工程系 13 期	某核试验基地参谋长
刘志勤	少将	空军工程系 13 期	总装技术指挥学院训练部部长
贺　平	少将	空军工程系 13 期	总参装备部部长
翁　杰	少将	空军工程系 13 期	太原卫星发射基地副司令员
王成科	少将	炮兵工程系 1 期	军械工程学院院长
郑光耀	少将	炮兵工程系 6 期	总装备部科技委员
王济涵	少将	炮兵工程系 7 期	成都军区政治部副主任
刘怡昕	少将	炮兵工程系 7 期	南京炮兵学院教授
朱宗德	少将	炮兵工程系 7 期	国防科大副校长
潘培泰	少将	炮兵工程系 7 期	太原卫星发射中心总工程师
过传义	少将	海军工程系 2 期	海军试验基地副司令员
李玉崎	少将	海军工程系 3 期	空气动力学试验中心政委
王大华	少将	海军工程系 5 期	海军工程大学技术部长
孙旅师	少将	海军工程系 6 期	军械工程学院院长
王小闯	少将	海军工程系 9 期	海军装备部副部长

姓名	军衔	在校履历	主要任职
江敬灼	少将	海军工程系 11 期	军科运筹分析研究所所长
严江枫	少将	海军工程系 12 期	驻朝鲜大使馆武官
赵胜堂	少将	海军工程系 12 期	海军兵种指挥学院副院长
段 旺	少将	海军工程系 12 期	海军工程大学副院长
陈阿溪	少将	海军工程系 13 期	海军北海舰队副司令员
车 颌	少将	装甲兵工程系 1 期	装甲兵工程学院训练部部长
王立春	少将	装甲兵工程系 2 期	航天远洋测量船基地司令员
陈荣乡	少将	装甲兵工程系 2 期	总装技术指挥学院院长
吴荣陶	少将	装甲兵工程系 2 期	总参装甲兵部副部长
赵起增	少将	装甲兵工程系 2 期	国防科委副参谋长
蔡康生	少将	装甲兵工程系 3 期	装甲兵工程学院院长
刘世参	少将	装甲兵工程系 4 期	装甲兵工程学院院长
杨士敏	少将	装甲兵工程系 5 期	装甲兵工程学院教授
赵连臣	少将	装甲兵工程系 5 期	陕西省军区政治委员
杨径田	少将	装甲兵工程系 7 期	装甲兵工程学院训练部部长
崔光祖	少将	装甲兵工程系 7 期	装甲兵工程学院副政委
解恩调	少将	装甲兵工程系 7 期	总参装甲兵部副部长
周培根	少将	工兵工程系 1 期	总参工程兵部部长
谭国玉	少将	工兵工程系 1 期	工程兵指挥学院院长
霍恩俊	少将	工兵工程系 1 期	总参工程兵部副部长
王祖光	少将	工兵工程系 2 期	军械工程学院院长
汪大圻	少将	工兵工程系 2 期	工程兵工程学院副院长
钱七虎	少将	工兵工程系 3 期	总参科技委副主任
何文山	少将	工兵工程系 4 期	徐州工程兵指挥学院

姓名	军衔	在校履历	主要任职
施元龙	少将	工兵工程系 5 期	工程兵工程学院院长
王应林	少将	工兵工程系 8 期	军事经济学院副院长
张广哲	少将	工兵工程系 8 期	兰州军区后勤部副部长
张玉波	少将	工兵工程系 8 期	武警交通总队副政委
李钊	少将	工兵工程系 8 期	工程兵技术装备研究所所长　院士
金春斌	少将	工兵工程系 8 期	工程兵指挥学院院长
张最良	少将	导弹工程系 2 期	军事科学院研究员
侯勉	少将	导弹工程系 2 期	空军导弹学院院长
黄宁	少将	导弹工程系 4 期	国防科委综合计划部副部长
孙柏林	少将	导弹工程系 5 期	军科科研指导部副部长
王泰铭	少将	导弹工程系 6 期	总参外事局
王锡仁	少将	导弹工程系 6 期	解放军防化指挥工程学院院长
叶选宁（岳枫）	少将	导弹工程系 6 期	总政联络部部长
张寿刚	少将	导弹工程系 6 期	远洋测量船基地政委
段才正	少将	导弹工程系 6 期	国防科大院务部长
王惠悫	少将	导弹工程系 7 期	海军某试验基地司令员
刘太行	少将	导弹工程系 7 期	空军指挥学院副院长
李福才	少将	导弹工程系 7 期	海军葫芦岛试验基地高工
邓先群（女）	少将	导弹工程系 8 期	总政群工部部长
李呈良	少将	导弹工程系 8 期	第二炮兵装备部科研部总工程师
李秉桥	少将	导弹工程系 8 期	海军航空工程学院院长
常显奇	少将	导弹工程系 8 期	总装技术指挥学院院长
王允刚	少将	导弹工程系 9 期	海军装备部副部长
包富红	少将	导弹工程系 9 期	第二炮兵工程学院院长

姓名	军衔	在校履历	主要任职
许延滨	少将	导弹工程系 9 期	装甲兵工程学院副院长
李文光	少将	导弹工程系 9 期	海军某试验基地司令员
陈丹淮	少将	导弹工程系 9 期	总装备部科技委专职委员
吴吉相	少将	导弹工程系 9 期	海军某试验基地副司令员
杨俊生（女）	少将	导弹工程系 9 期	武警技术部长
沙基昌	少将	导弹工程系 9 期	国防科大教授
谢名苞	少将	导弹工程系 9 期	总装载人航天办公室主任
韩福辰	少将	导弹工程系 9 期	海军航空工程学院副院长
张必训	少将	导弹工程系 12 期	总参三部研究员
陈知建	少将	导弹工程系 12 期	重庆警备区副司令员
张光东	少将	导弹工程系 13 期	石家庄陆军指挥学院副院长
余鲁生	少将	导弹工程系 13 期	广东省军区副司令员
高学敏	少将	导弹工程系 13 期	海军工程大学政治委员
蓝晓石	少将	导弹工程系 13 期	总政联络部广州局局长
霍玲（女）	少将	导弹工程系 13 期	海军某试验基地总工
石洪祥	少将	防化兵工程系 8 期	防化指挥技术学院院长
侯铭远	少将	防化兵工程系 8 期	总参兵种部
梁荫绥	少将	原子工程系 6 期	某核试验基地司令员
罗 箭	少将	原子工程系 7 期	总装备部后勤部副政委
喻铭德	少将	原子工程系 7 期	某核试验基地研究员
马国惠	少将	原子工程系 8 期	某核试验基地司令员
华钟亮	少将	原子工程系 8 期	总参防化学兵部副部长
赵文泷	少将	原子工程系 9 期	新疆军区副参谋长
刘小荚	少将	原子工程系 13 期	总参三部副部长

续表

姓名	军衔	在校履历	主要任职
阮朝阳	少将	原子工程系 13 期	总装综合计划部部长
徐师询	少将	电子工程系 4 期	国防科工委技术指挥学院训练部部长
左继章	少将	电子工程系 7 期	空军试验基地总工、空大教授
李怀甫	少将	电子工程系 9 期	总参四部
董钢铁	少将	电子工程系 12 期	空军工程大学副政委
曾晓安	少将	电子工程系 13 期	海军航空兵政治部副主任
史永善	少将	计算机系 11 期	江阴基地
徐阿文	少将	计算机系 13 期	海军某基地参谋长
窦文华	少将	计算机系 13 期	国防科大计算机学院副院长
刘德普	少将	哈军工 2 期学员	酒泉卫星发射中心总工
何春瑞	少将	哈军工 2 期学员	某基地政委
郝维新	少将	哈军工 2 期学员	总师
刘云涛	少将	哈军工 6 期学员	国防科委技术指挥学院副院长
陈福接	少将	哈军工 6 期学员	国防科大计算机系主任
唐正其	少将	哈军工 9 期学员	呼和浩特空军试验基地司令员
王惠宗	少将	哈军工学员	通信指挥学院院长
孙　三	开国少将	高级班学员	装甲兵司令部技术部部长

哈军工重要科技成果名录

序号	科技成果名称	主要研发单位	提出、使用单位	完成时间	结束方式
1	军用地形速测仪	工兵工程系	总参谋部	1956 年	完成研究任务
2	小型超音速风洞研究	空气动力学教授会	自提	1956 年	完成研究任务
3	军用起重运输机的应用研究	工兵工程系	工程兵	1957 年	完成研究任务
4	双管 37 毫米自行高炮	炮兵工程系	总参谋部	1958 年	完成研制任务
5	240 千米自行迫击炮	炮兵工程系	总参谋部	1959 年	全炮设计、试验
6	502 潜艇无线电通信设备	海军工程系	海军	1959 年	完成实验样机
7	901 电子数字计算机	海军工程系	国防科委	1958 年	生产样机
8	331 型舰用数值电子计算机	海军工程系	自行试制	1958 年	装备快艇舰艇
9	"松花江 8 号"煤气拖拉机	装甲兵工程系	黑龙江省政府	1958 年	完成试制任务
10	鱼雷快艇雷达反干扰跳波设备	海军工程系	海军	1959 年	研制 1 部样机
11	坦克电台	装甲兵工程系	装甲兵工程系	1959 年	生产样机 2 台
12	水陆两用坦克	装甲兵工程系	装甲兵司令部	1959 年	生产 3 部样机

序号	科技成果名称	主要研发单位	提出、使用单位	完成时间	结束方式
13	101 轻型坦克	装甲兵工程系	装甲兵司令部	1959 年	完成样车
14	快艇导航及鱼雷攻击用电子计算机	海军工程系	海军司令部	1959 年	完成样机
15	振动电堆焊机床	装甲兵工程系	装甲兵司令部	1959 年	完成样机
16	超声波水雷探测器	海军工程系	海军	1959 年	完成性能样机
17	声速度梯度测量仪	海军工程系	海军	1959 年	完成性能样机
18	331 型快艇雷达	海军工程系	海军	1959 年	试制样机
19	快速通信终端电讯设备	海军工程系	海军	1959 年	制作性能样机一部
20	舰内电视机	海军工程系	海军	1959 年	完成样机
21	舰内通信设备	海军工程系	海军司令部	1959 年	完成样机
22	水翼艇（123K鱼雷快艇改装）	海军工程系	海军司令部	1959 年	装备部队
23	高速高通过性登陆艇设计（33 号艇）	海军工程系	海军司令部	1959 年	制作试验艇
24	双管 37 毫米自行高射炮车体	装甲兵工程系	总参谋部军械部	1959 年	设计试制
25	装甲运输车	装甲兵工程系	装甲兵司令部	1959 年	完成样机，经鉴定达到技术要求
26	轻型自行舟桥器材	工兵工程系	工程兵司令部	1959 年	

序号	科技成果名称	主要研发单位	提出、使用单位	完成时间	结束方式
27	中型自行舟桥	工兵工程系	工程兵司令部	1959 年	完成技术设计
28	032 小型潜水艇	海军工程系	海军司令部	1959 年	设计试制
29	地空导弹系统指挥自动化设备	空军工程系	地空导弹部队	1960 年	靶场实验良好，装备部队
30	543 地空导弹系统指挥自动化装置	电机系 705 教研室	导弹高专	1960 年	制作样机，装备部队
31	600 毫米 ×600 毫米超音速风洞	空军工程系	空军、海军	1960 年	进行 Ma=2.5 歼击机吹风试验
32	543 自动驾驶仪静态实验装置	电机系 704 教研室	导弹高专	1960 年	定型后装备部队
33	导弹控制系统磁滞马达	电机系 702 教研室	国防科委	1960 年	列入国家微特电机序列
34	火箭等离子热流发生器	电机系 701 教研室	国防科委	1960 年	完成样机实验台
35	土壤加固	空军工程系	自提	1960 年	机场路段使用
36	电子模拟计算机	海军工程系			
37	超声波加工	装甲兵工程系	装甲兵司令部	1960 年	完成
38	非触发沉底水雷专用引信	海军工程系	海军司令部	1960 年	设计试制
39	火箭发动机喷嘴试验台	空军工程系 导弹工程系	第二炮兵高专	1960 年	安装在火箭发动机实验室
40	火箭发动机减压器试验台	空军工程系 导弹工程系	第二炮兵、基地	1960 年	投入使用

序号	科技成果名称	主要研发单位	提出、使用单位	完成时间	结束方式
41	单元燃烧过程试验台	空军工程系导弹工程系	第二炮兵、基地	1960 年	投入使用
42	导弹武器绝缘电阻的自动测试	空军工程系导弹工程系	第二炮兵、基地	1960 年	安装在地地导弹测量设备上
43	舰舰导弹控制系统检查设备	空军工程系导弹工程系	海军、院校	1960 年	在海军导弹控制实验室使用
44	地地导弹测量自动化	导弹工程系	第二炮兵	1960 年	试制样机
45	舰舰导弹转台调整器	空军工程系	海军、导弹高专	1960 年	安装在海军控制实验室
46	导弹无线电遥控实验设备	空军工程系	基地、空军	1960 年	安装在空军无线电遥控实验室
47	53 式重机枪轻型枪架	炮兵工程系	总参谋部某部军械部	1960 年	中央军委批准项目定型
48	营用 82 毫米无座力炮	炮兵工程系	总参谋部某部军械部	1960 年	中央军委批准小批量生产
49	鱼雷快艇导航攻击用电子计算机	海军工程系	海军	1960 年	研制出一部样机
50	海军 07 舰通信系统	海军工程系	海军	1960 年	07 舰广播指挥会议系统设备
51	导弹驱逐舰方案设计	海军工程系	海军	1960 年	完成方案设计及舰船模型试验

续表

序号	科技成果名称	主要研发单位	提出、使用单位	完成时间	结束方式
52	新型坦克自由活塞式燃气轮机	装甲兵工程系	装甲兵	1960年	完成研制任务，进行设计加工
53	坦克火炮自动装填机构	装甲兵工程系	装甲兵司令部	1960年	试制成功
54	130自行加农炮试制	炮兵工程系	总参谋部某部	1960年	全炮设计、试验
55	2.5倍超音速歼击机设计试制	空军工程系	中央军委	1961年	完成设计图纸理论计算
56	舰用新型高速大功率柴油机	海军工程系	海军司令部	1961年	设计试制
57	地空导弹单通道模拟台	空军工程系导弹工程系	空军导弹高专	1961年	兄弟院校推广使用
58	液体火箭发动机综合性试验台	空军工程系导弹工程系	第二炮兵高专	1961年	完成全套设备，投入使用
59	高射导弹舵的硬式操纵系统设计	空军工程系导弹工程系	国防部五院	1961年	完成研制任务
60	两级中程火箭的空气动力研究	空军工程系导弹工程系	国防部五院	1961年	完成研制任务
61	导弹摇摆发动机和摇摆结构设计	空军工程系导弹工程系	国防部五院	1961年	完成研制任务
62	地空导弹自动控制系统设计	空军工程系	空军	1961年	完成研制任务

序号	科技成果名称	主要研发单位	提出、使用单位	完成时间	结束方式
63	导弹横编系统设计及加速度表研制	空军工程系	国防部五院	1961 年	完成研制任务
64	奋斗 1 号探空火箭控制系统	电机系	靶场、第二炮兵	1961 年	完成研制任务
65	磁放大器	电机系		1961 年	试制样机
66	核爆炸光辐射高温测量装置	原子工程系	基地、部队	1961 年	完成研制任务
67	三公分波导测量装置	电子工程系	海军、空军	1961 年	安装在空军无线电遥控实验室
68	远距离地面炮兵雷达	电子工程系	总参谋部某部军械部	1961 年	完成总体计算装置
69	军、师、团用 12千米战术火箭	空军工程系导弹工程系	炮兵	1962 年	批量生产、装备部队
70	地舰导弹自动控制系统设计	空军工程系导弹工程系	海军	1962 年	完成研制任务
71	非触发沉底水雷	海军工程系	海军	1962 年	海军 24 号任务
72	舰用远程对海警戒雷达	电子工程系	海军	1962 年	提供样机
73	海军水声通信机	电子工程系	海军	1962 年	完成性能样机
74	海军晶体管化901 型计算机	海军工程系	国防科委	1963 年	完成样机总调，开始运转
75	1060 系统的反设计	导弹工程系	自提	1963 年	开始研究

续表

序号	科技成果名称	主要研发单位	提出、使用单位	完成时间	结束方式
76	单发地空导弹命中概率研究		五院	1963 年	开始研究
77	543 自动驾驶仪反设计研究	导弹工程系	五院	1963 年	开始研究
78	高压倍加器	物理教研室、电工教研室和原子工程系核武器设计教研室		1963 年	完成研制任务，1965 年液弹设备设计工程交公司安装
79	航空三自由度实验设备	空军工程系	国防科委	1963 年	完成研制任务
80	东风 113 航空专用数字计算机	空军工程系	国防科委	1963 年	试制一台实验样机
81	901 军用晶体管化电子计算机式鱼雷指挥仪	海军工程系导弹指挥仪系统教研室	国防科委	1963 年	完成样机总调，开始运转
82	600 毫米 ×600 毫米超音速风洞	空军工程系	自提	1963 年	调整完毕
83	720 毫米 ×540 毫米跨音速风洞	空军工程系		1963 年	开始改装
84	441-B 晶体通用电子数字计算机	电子工程系	自提	1963 年	完成计算机 1 台
85	液压动力式积分加速度计	海军工程系	海军司令部	1963 年	完成研制任务
86	超高压下金属状态研究	原子工程系	自提	1964 年	

序号	科技成果名称	主要研发单位	提出、使用单位	完成时间	结束方式
87	超音速弯扭机翼气动力研究	空军工程系	空军六院	1964 年	完成研制任务
88	起爆控制系统	原子工程系	军事工程学院	1964 年	投入使用
89	模拟核爆炸用力学激波管	原子工程系	军事工程学院	1964 年	完成研制任务
90	核爆炸用四种测量仪器	原子工程系	国防科委、21 基地	1964 年	参加第一次原子弹爆炸试验
91	舰艇船体总振动计算方法	海军工程系	中央军委	1964 年	实船试航，数据记录良好
92	037 舰艇适航性能改进研究	海军工程系	七院一所	1966 年	
93	高速钢及硬质合金刀具的黏结	教务部	军事工程学院机械工艺教研室	1965 年	扩大使用
94	冲压管发动机试车台	空军工程系		1965 年	安装完毕
95	高精度同步器	空军工程系	六院	1965 年	完成加工设计，进行试验
96	120 单缸机试验	海军工程系		1965 年	完成试验台设计
97	远程导航体制的论证	海军工程系 电子工程系	总参谋部通信部	1965 年	完成远程导航基本理论与技术
98	441-A 小型电子管通用数字计算机改装	电子工程系	自提	1965 年	扩大内存储器容量，进行改装

续表

序号	科技成果名称	主要研发单位	提出、使用单位	完成时间	结束方式
99	潜艇用鱼雷攻击指挥仪	海军工程系	国防科委	1966 年	完成设计定型
100	强击机起落架改用高强铝合金材料	空军工程系	空军六院	1965 年	完成研制任务
101	改装高速摄影机动力装置	空军工程系	空军	1965 年	完成研究任务
102	歼 -5 飞机框架裂纹研究	空军工程系	空军	1965 年	提出技术报告
103	垂直起落飞机方案研究	空军工程系	空军六院	1965 年	进行了方案设计
104	反应堆结构的热变形问题	原子工程系	国防科委	1965 年	完成研究任务
105	单水翼快艇的阻力计算方法	海军工程系	海军七院	1965 年	完成研制任务
106	海军水声抗干扰接收机	海军工程系	海军	1965 年	完成样机，进行海上试验
107	航向型电罗经随动系统分析	海军工程系	国防科委	1965 年	完成研究任务
108	高速齿轮及蜗杆传动装置	海军工程系	海军	1965 年	完成研究任务
109	多波道侦察接收机	电子工程系	国防科委	1965 年	完成研究任务
110	空军回答式电子干扰机	电子工程系	空军	1965 年	完成研究任务
111	2.5 米 ×3.5 米大低速风洞	空军工程系	国防科委	1965 年	安装完毕，投入使用

序号	科技成果名称	主要研发单位	提出、使用单位	完成时间	结束方式
112	核爆炸冲击波压力自记仪	原子工程系	国防科委、21基地	1966年	参加核爆实验
113	潜艇导航长河2号水下接收、长河2号自动跟踪	电子工程系	海军十院	1966年	完成设计定型
114	双37及双130数字指挥仪		国防科委	1966年	完成样机
115	靶场数据处理机		国防科委	1966年	交付使用
116	雷达导弹目标模拟器	导弹工程系	雷达部队	1966年	完成研制任务
117	防空系统歼击机引导实时数据处理电子数字计算机	电子工程系	国防科委	1967年	完成研制任务

哈军工苏联顾问专家名录

姓名	工作时间	职务	所在部门或系
瓦·依·奥列霍夫 （中将）	1953年4月28日— 1957年3月29日	首任首席顾问	学院
费·阿·普罗托波波夫 （少将）	1957年12月29日— 1959年4月10日	第二任首席顾问	学院
依·依·叶果洛夫 （上校）	1953年4月28日— 1956年6月25日	首任副首席兼科 学教育顾问	科学教育部
康·尼·诺维克 （上校）	1954年10月1日— 1957年9月15日	首任副首席兼政 治教授会顾问	政治教授会
格·尼·柯瓦了夫 （中将）	1956年12月13日—	第二任副首席兼 科学教育顾问	科学教育部
谢·克·舒里加 （上校）	1953年4月28日— 1956年11月	顾问	合同战术 教授会
勒·维·费道罗夫 （上校）	1953年4月28日— 1954年	首任主任顾问	空军工程系
弗·弗·斯维契尼科夫 （上校）	1954年11月21日— 1957年9月5日	第二任主任顾问	空军工程系
巴·华·沃龙诺夫 （上校）	1957年2月10日— 1958年4月	空中射击教授会 专家、系专家组 组长	空军工程系
尼·比·贝日科 （上校）	1952年4月28日— 1957年6月9日	首任主任顾问	炮兵工程系
阿·费·叶夫列莫夫 （上校）	1957年3月27日— 1959年8月	炮兵弹药专家、 系专家组组长	炮兵工程系

姓名	工作时间	职务	所在部门或系
波·德·季莫菲耶夫（上校）	1953 年 4 月 28 日—1954 年	首任主任顾问	海军工程系
阿·米·谢诺夫	1954 年 8 月 25 日—1957 年 9 月 15 日	第二任主任顾问	海军工程系
格·阿·普罗卡维洛夫（中校）	1956 年 9 月 13 日—1958 年 11 月 27 日	舰艇设计专家、系专家组组长	海军工程系
格·弗·柯瓦了夫（少校）	1957 年 12 月 12 日—1958 年 12 月	水音器材设计专家、系专家组组长	海军工程系
彼·尼·卡普斯金	1953 年 4 月 28 日—1956 年 8 月	首任主任顾问	装甲兵工程系
瓦·阿·费道托夫（少将）	1956 年 10 月 28 日—1958 年 2 月 10 日	第二任主任顾问	装甲兵工程系
亚·波·舍尔巴科夫	1953 年 4 月 28 日—1957 年 7 月 4 日	首任主任顾问	工兵工程系
特·谢·克里沃佐勃（上校）	1957 年 1 月—1959 年 2 月	军用电工教授会专家、系专家组组长	工兵工程系
亚·阿·古洛夫	1954 年 8 月 18 日—1957 年 10 月 1 日	航空雷达专家	空军工程系
保·亚·贝科夫	1954 年 8 月 25 日—1956 年 12 月 19 日	航空无线电通信专家	空军工程系
戈·阿·日尔内赫	1954 年 8 月 29 日—1956 年 4 月 21 日	航空兵器专家	空军工程系
尼·依·马祖林	1954 年 8 月 29 日—1956 年 12 月 19 日	高空气象及天气学专家	空军工程系
尼·尼·叶尔莫拉耶夫	1954 年 8 月 29 日—1957 年 10 月 2 日	机场勘察及设计专家	空军工程系

续表

姓名	工作时间	职务	所在部门或系
瓦·尼·查依切夫	1954 年 9 月 1 日—1957 年 9 月 5 日	飞机构造及强度设计专家	空军工程系
叶·瓦·罗捷诺维奇	1954 年 9 月 5 日—1957 年 6 月 12 日	飞机航空发动机修理专家	空军工程系
安·弗·捷米道夫	1954 年 9 月 5 日—1957 年 7 月 25 日	航空弹药专家	空军工程系
依·米·新捷耶夫	1954 年 9 月 1 日—1957 年 3 月	飞机电气设备及电气供应专家	空军工程系
格·塞·斯穆洛夫	1954 年 10 月—1957 年 3 月	空气动力学专家	空军工程系
戈·弗·施美施良也夫	1954 年 10 月—1957 年 8 月 15 日	轰炸兵器专家	空军工程系
列·弗·莫尔克诺夫	1954 年 11 月 28 日—1957 年 9 月 15 日	航空无线电航行专家	空军工程系
依·依·保戈旦诺夫	1954 年 12 月 19 日—1956 年 6 月 18 日	航空电机专家	空军工程系
尼·卡·尼柴科	1954 年 4 月 17 日—1957 年 3 月	空中射击原理专家	空军工程系
亚·波·哈里车诺夫	1955 年 3 月 27 日—1957 年 7 月 25 日	火箭与远距离操纵武器专家	空军工程系
尼·彼·库茨涅佐夫	1955 年 3 月 29 日—1956 年 4 月 20 日	自动调压原理及航空仪表专家	空军工程系
维·射·沙拉保夫	1955 年 5 月 11 日—1957 年 10 月 2 日	机场建筑及维护专家	空军工程系
戈·米·布尔洛夫	1955 年 7 月 3 日—1957 年 9 月 15 日	军事气象专家	空军工程系

姓名	工作时间	职务	所在部门或系
依·米·卡洛了夫	1955 年 7 月 10 日— 1957 年 8 月 18 日	飞机及发动机修理技术维护专家	空军工程系
弗·依·格里申	1955 年 7 月 29 日— 1957 年 8 月 4 日	航空远距离操纵与自动无线电设备专家	空军工程系
阿·阿·阿夫契尼柯夫（中校）	1956 年 12 月 26 日— 1957 年 9 月	自动学和航空仪表专家	空军工程系
阿·阿·巴尔松柯夫（中校）	1957 年 1 月 16 日— 1958 年 12 月 12 日	轰炸与轰炸瞄准具专家	空军工程系
格·弗·克拉夫契柯（中校）	1957 年 6 月 8 日— 1958 年 11 月	航空雷达专家	空军工程系
弗·廉·苏达柯夫（上校）	1957 年 11 月 11 日— 1958 年 12 月	航空无线电设备维护专家	空军工程系
列·米·施少夫（上校）	1957 年 12 月 12 日— 1958 年 12 月	航空战术与后勤专家	空军工程系
华·格·果洛宁（上校）	1957 年 12 月 19 日— 1958 年 11 月	飞机电器特设专家	空军工程系
叶·华·新柯夫斯基（中校）	1957 年 12 月 23 日— 1958 年 12 月	红外线技术专家	空军工程系
弗·建·加勃里也维克（上校）	1957 年 12 月 23 日— 1959 年 4 月	航空导弹专家	空军工程系
戈·瓦·巴甫洛夫	1954 年 7 月 4 日— 1957 年 6 月 5 日	弹药设计与生产专家	炮兵工程系
尼·马·普拉东诺夫	1954 年 7 月 18 日— 1957 年 3 月	内弹道学专家	炮兵工程系
依·依·拉金	1954 年 7 月 18 日— 1957 年 6 月 5 日	外弹道学专家	炮兵工程系

续表

姓名	工作时间	职务	所在部门或系
叶·米·戈尔巴托夫	1954年7月28日—1957年10月2日	计算装置与动力传动专家	炮兵工程系
阿·戈·莫里保戈	1954年7月28日—1957年10月2日	炮兵雷达专家	炮兵工程系
亚·瓦·列巴享	1954年8月1日—1957年6月5日	射击原理专家	炮兵工程系
瓦·戈·舍格列英	1954年8月11日—1957年6月9日	火箭专家	炮兵工程系
卡·卡·格列登	1954年8月15日—1957年9月22日	炮兵兵器专家	炮兵工程系
阿·尼·维诺格拉多夫	1954年8月22日—1957年7月25日	步兵兵器专家	炮兵工程系
弗·弗·扎木克维茨	1954年9月19日—1956年6月	火箭武器设计专家	炮兵工程系
依·瓦·贝斯特洛夫	1955年1月9日—1957年9月5日	火箭炸药专家	炮兵工程系
戈·瓦·哈赫洛夫	1955年1月30日—1957年3月	炮兵雷达专家	炮兵工程系
亚·谢·托普契耶夫	1955年8月3日—1958年8月	炮兵射击指挥仪专家	炮兵工程系
华·尼·华西奇（上校）	1957年12月12日—1958年12月	炮兵雷达（侦察与干扰）专家	炮兵工程系
叶·康·党申（中校）	1957年12月12日—1958年12月	地面炮兵雷达专家	炮兵工程系
格·阿·伊万诺夫	1958年1月—1959年1月	炮兵机械牵引专家	炮兵工程系

姓名	工作时间	职务	所在部门或系
安·黑·罗莫夫（中校）	1954 年 4 月 24 日—1958 年 6 月	通信观察器材与设计专家	海军工程系
伊·波·舒什列宾	1954 年 8 月 25 日—1957 年 3 月	水雷鱼雷武器专家	海军工程系
叶·约·西洛霍夫	1954 年 8 月 25 日—1957 年 3 月	舰（潜）艇电工设备专家	海军工程系
尼·阿·杰米多夫	1954 年 8 月 25 日—1957 年 6 月 6 日	航标设备器材专家	海军工程系
纳·阿·柯罗连柯	1954 年 8 月 25 日—1957 年 6 月 9 日	舰用及空投雷达指挥仪原理制造设计专家	海军工程系
巴·亚·安尼西莫夫	1954 年 8 月 25 日—1957 年 6 月 12 日	舰用电话海防电线与电报器材及设计专家	海军工程系
伊·叶·查理巴也夫	1954 年 8 月 25 日—1957 年 7 月 17 日	声呐及水声通信器材专家	海军工程系
维·瓦·雅尔金	1954 年 8 月 25 日—1957 年 7 月 25 日	水雷鱼雷武器专家	海军工程系
尼·依·斯克瓦尔佐夫	1954 年 8 月 25 日—1955 年 7 月	引信、弹药构造与设计专家	海军工程系
亚·依·费道洛夫	1954 年 8 月 25 日—1957 年 8 月 7 日	海道大地测量专家	海军工程系
阿·米·西多洛夫	1954 年 8 月 25 日—1957 年 9 月 5 日	无线电收发设备的构造与设计专家	海军工程系
安·里·杜德尼科	1954 年 8 月 25 日—1957 年 9 月 25 日	雷达设计专家	海军工程系

续表

姓名	工作时间	职务	所在部门或系
弗·罗·马克西米欧克	1954 年 8 月 25 日—1957 年 9 月 29 日	舰炮设计及战斗使用专家	海军工程系
依·德·扎木确洛夫	1954 年 8 月 25 日—1957 年 9 月 29 日	舰艇设计专家	海军工程系
尼·米·乌里扬金	1954 年 10 月 13 日—1957 年 9 月 5 日	触发、非触发水雷武器设计专家	海军工程系
包·谢·柯罗特柯夫	1954 年 10 月 20 日—1957 年 4 月	海道测量专家	海军工程系
伊·叶·波沃茹克	1954 年 10 月—1955 年 7 月	射击指挥仪设计专家	海军工程系
阿·依·季莫菲耶夫	1954 年 11 月 7 日—1956 年	潜艇设计与造船工艺专家	海军工程系
尼·依·康诺诺夫	1955 年 3 月 9 日—1957 年 9 月 25 日	舰船蒸汽动力装置专家	海军工程系
亚·戈·古尼金	1955 年 6 月 5 日—1957 年 6 月 29 日	鱼雷武器与鱼雷射击指挥仪专家	海军工程系
亚·弗·别契尼柯夫	1955 年 8 月 25 日—1957 年 6 月 5 日	舰船内燃机动力装置专家	海军工程系
伊·阿·阿尔巴	1955 年 9 月 6 日—1957 年 8 月 15 日	舰船原理与舰船结构力学专家	海军工程系
米·依·科契道夫斯基（上校）	1955 年 11 月 13 日—1958 年 8 月	触发与非触发扫雷反潜武器及设计专家	海军工程系
雅·谢·波里先柯（上校）	1956 年 8 月 8—1958 年 11 月 6 日	舰船射击指挥仪专家	海军工程系

续表

姓名	工作时间	职务	所在部门或系
奥·依·鲁尼柯夫（中校）	1956 年 11 月 11 日—1958 年 8 月	舰炮战斗使用专家	海军工程系
谢·尼·加夫里诺夫（上校）	1957 年 12 月 5 日—1958 年 12 月	蒸汽燃气透平机设计专家	海军工程系
康·阿·叶果洛夫（上校）	1957 年 12 月 5 日—1958 年 12 月	水雷武器设计专家	海军工程系
巴·彼·乌沙柯夫（上校）	1957 年 12 月 5 日—1958 年 12 月	鱼雷快艇设计专家	海军工程系
弗·依·费南根（少校）	1957 年 12 月 12 日—1959 年 1 月	舰艇动力系统专家	海军工程系
弗·斯·莫基里尼柯夫（中校）	1957 年 12 月 12 日—1958 年 6 月	电子传动设计专家	海军工程系
叶·马·安托诺夫（上校）	1957 年 12 月 12 日—1958 年 12 月	舰艇锅炉装置设计专家	海军工程系
雪·雪·沙沃林斯基（上校）	1958 年 1 月 3 日—1959 年 1 月	内燃机专家	海军工程系
维·华·包包夫（上校）	1958 年 10 月 28 日—1959 年 4 月 28 日	海道测量专家	海军工程系
何·依·列宾	1958 年 1 月 3 日—1958 年 11 月	船舶电气设备专家	海军工程系
乌·乌·莫克沙诺夫	1958 年 1 月—1959 年 1 月	鱼雷武器专家	海军工程系
波·依·萨文	1960 年 1 月—1960 年 8 月	无线电导航专家	海军工程系
瓦·纳·拉比库拉	1954 年 6 月 27 日—1957 年 6 月 6 日	无线电电气设备与构造专家	装甲兵工程系

续表

姓名	工作时间	职务	所在部门或系
维·里·得米特里耶夫	1954 年 6 月 27 日—1957 年 9 月 19 日	坦克汽车修理专家	装甲兵工程系
弗·来·日加列夫	1954 年 7 月 14 日—1957 年 3 月	汽车设计专家	装甲兵工程系
巴·米·沃尔科夫	1954 年 7 月 18 日—1956 年 12 月	坦克设计专家	装甲兵工程系
依·依·古得尔曼	1954 年 7 月 18 日—1957 年 9 月 19 日	坦克发动机专家	装甲兵工程系
罗·亚·涅斯捷洛夫	1955 年 5 月 25 日—1957 年 3 月	无线电与电气设备专家	装甲兵工程系
弗·西·沃什纽克（上校）	1957 年 2 月 12 日—1958 年 12 月	坦克教授会专家	装甲兵工程系
伐·尼·乌斯金诺夫斯基（少校）	1957 年 12 月 8 日—1958 年 11 月	坦克无线电通信专家	装甲兵工程系
弗·阿·尼克拉耶夫（上校）	1957 年 12 月 13 日—1958 年 11 月	坦克使用教授会专家	装甲兵工程系
米·米·巴拉莫诺夫（上校）	1957 年 12 月 15 日—1958 年 11 月	坦克工程勤务专家	装甲兵工程系
阿·格·吉普洛夫（中校）	1957 年 12 月 15 日—1958 年 11 月	坦克修理专家	装甲兵工程系
尼·盖·加留洛夫（上校）	1958 年 1 月 3 日—1959 年 1 月	装甲兵战术教授会专家	装甲兵工程系
弗·瓦·包列索夫	1954 年 8 月 11 日—1957 年 8 月 25 日	筑城专家	工兵工程系

姓名	工作时间	职务	所在部门或系
尤·尼·格尼也夫	1954 年 8 月 22 日—1957 年 6 月 6 日	水力水工学专家	工兵工程系
瓦·康·拉里昂诺夫	1954 年 9 月 1 日—1957 年 3 月	工程结构与设计专家	工兵工程系
瓦·华·布尔尼诺夫	1954 年 10 月 13 日—1957 年 9 月 5 日	工程设计与使用专家	工兵工程系
伊·加·舍霍夫佐夫	1954 年 11 月 12 日—1957 年 9 月 5 日	非防御建筑专家	工兵工程系
米·波·采维了夫	1955 年 2 月 23 日—1959 年 9 月 15 日	房屋非防击及防击设施专家	工兵工程系
叶·依·卡拉晓夫	1955 年 2 月 23 日—1959 年 9 月 15 日	工程机械专家	工兵工程系
尼·阿·尼文	1955 年 3 月 9 日—1957 年 6 月 6 日	军用道路与桥梁建筑设计与计算专家	工兵工程系
维·尼·柯良根	1955 年 7 月 15 日—1957 年 10 月 9 日	爆破与地雷障碍专家	工兵工程系
维·彼·高良	1957 年 7 月 15 日—1957 年 10 月 2 日	爆破与地雷障碍专家	工兵工程系
格·彼·克拉夫佐夫（上校）	1957 年 7 月 15 日—1958 年 12 月	伪装教授会专家	工兵工程系
华·依·康尔聂夫（上校）	1957 年 12 月 19 日—1958 年 12 月	工兵战术专家	工兵工程系
依·安·康莫洛夫（上校）	1957 年 12 月 29 日—1958 年 12 月	筑城教授会专家	工兵工程系

续表

姓名	工作时间	职务	所在部门或系
巴·弗·新佐夫（上校）	1957年1月9日—1959年7月	航空导弹专家	导弹工程系
阿·安·契尔内赫（中校）	1957年12月19日—1959年3月	航空导弹专家	导弹工程系
尼·依·谢略金	1958年9月—1960年8月	发动机设计与实验室装备专家	导弹工程系
阿·帕·杜其金	1958年9月—1960年8月	地—空火箭控制仪专家	导弹工程系
阿·比·比留科夫	1958年9月—1960年8月	地—空火箭构造和设计专家	导弹工程系
符·季·瓦罗比约夫	1958年12月—1960年8月	地—空火箭设备战斗使用专家	导弹工程系
阿·罗·格鲁沙柯夫	1958年9月—1960年8月	岸对舰瞄准站专家	导弹工程系
菲·伊·拉巩	1958年9月—1960年8月	地—空导弹弹内仪器专家	导弹工程系
格·米·涅格拉恩柯	1958年11月—1960年8月	导弹飞行动力学和飞行实验专家	导弹工程系
菲·基·布拉柯夫	1958年11月—1960年8月	原子爆炸杀伤因素分析专家	导弹工程系
瓦·维·斯科瓦尔卓夫	1958年12月—1960年8月	岸对舰火箭构造与设计专家	导弹工程系
瓦·阿·库佐夫金	1958年12月—1960年8月	地—空导弹发射专家	导弹工程系

续表

姓名	工作时间	职务	所在部门或系
维·尼·扎哈洛夫	1958 年 9 月 26 日 — 1960 年 8 月	控制仪器专家	导弹工程系
马·约·依里恩	1960 年 4 月— 1960 年 8 月 12 日	导弹飞行原理专家	导弹工程系
格·斯·马策略克	1960 年 4 月— 1960 年 8 月 12 日	导弹飞行原理专家	导弹工程系
依·法·拉斯美斯洛维奇	1958 年 11 月— 1960 年 8 月	剂量探测仪器专家	防化兵工程系
谢·尼·华西尼也夫	1960 年 2 月— 1960 年 8 月	消毒专家	防化兵工程系

军工风范 · 革命文物

党的十八大以来，以习近平同志为核心的党中央对革命文物工作高度重视，中共中央总书记、国家主席、中央军委主席习近平对革命文物工作作出重要指示指出，革命文物承载党和人民英勇奋斗的光荣历史，记载中国革命的伟大历程和感人事迹，是党和国家的宝贵财富，是弘扬革命传统和革命文化、加强社会主义精神文明建设、激发爱国热情、振奋民族精神的生动教材。习近平强调，加强革命文物保护利用，弘扬革命文化，传承红色基因，是全党全社会的共同责任。

哈军工革命文物的育人工作要求我们，要从见证革命历史、记录伟大历程的高度充分认识哈军工革命文物的重要价值，从弘扬革命精神、传承红色基因的高度充分认识做好哈军工革命文物工作的深远影响，从鼓舞革命斗志、奋进崭新征程的高度充分认识做好哈军工革命文物工作的独特作用，切实把哈军工革命文物保护好、管理好、运用好，发挥好哈军工革命文物在党史学习教育、革命传统教育、爱国主义教育等方面的重要作用，激发青年学生的精神力量，信心百倍为全面建设社会主义现代化国家、实现中华民族伟大复兴中国梦而奋斗。

哈军工实物征集动员会

哈军工实物保护协管责任书

哈军工实物保护协管责任书

　　为加强对哈军工不可移动实物的保护与管理，切实抓好哈军工实物的保护工作，学校与不可移动的哈军工实物所在单位、部门负责人签订本协管责任书，各单位、部门实物保护责任人对本单位、部门辖区内的哈军工实物负有以下责任：

　　一、带头执行《哈尔滨工程大学哈军工实物保护条例（暂行）》的规定，对本单位、部门辖区内哈军工实物的保护负总责，协助学校对该实物进行管理。

　　二、抓好本单位、部门教职员工对《哈尔滨工程大学哈军工实物保护条例（暂行）》的学习工作，提高对哈军工实物保护意识。

　　三、结合本单位、部门实际，抓好贯彻执行《哈尔滨工程大学哈军工实物保护条例（暂行）》的工作，确保职责范围内无损毁哈军工实物的行为发生。

　　四、自觉遵守《哈尔滨工程大学哈军工实物保护条例（暂行）》规定，接受学校和监督部门的监督检查及群众监督。

　　五、责任人因工作失职导致职责范围内发生哈军工实物灭失、损毁等事件，按照《哈尔滨工程大学哈军工实物保护条例（暂行）》相关规定进行处罚，并追究其领导责任。

　　六、本协管责任书自签字之日起执行，在工作岗位任期内有效。责任书一式两份，学校与责任人所在部门各执一份。责任人因工作变动，由继任人履行保护协管职责，承担责任，并重新签订协管责任书。

中共哈尔滨工程大学委员会　　　实物保护单位
　　（盖印）　　　　　　　　　　　（盖印）

校领导（签名）：　　　　实物保护责任人

2012年5月17日　　　2012年5月17日

HARBIN ENGINEERING UNIVERSITY

《哈尔滨工程大学哈军工实物保护条例（试行）》

中共哈尔滨工程大学委员会文件

校党字〔2012〕20号

关于印发《哈尔滨工程大学哈军工实物保护条例（暂行）》的通知

各分党委、党总支、各处级单位：

哈军工时期的实物是哈军工留给我们的宝贵历史遗存，这些实物见证了哈军工的辉煌，凝聚了哈军工的精神，是我们传给哈军工文化的重要物质依托。为了使我校现有的哈军工实物得到有效的保护和规范的管理，学校制定了《哈尔滨工程大学哈军工实物保护条例（暂行）》，现印发给你们，请结合实际，认真贯彻执行。

中共哈尔滨工程大学委员会
2012年3月28日

**哈尔滨工程大学
哈军工实物保护条例（暂行）**

第一章 总则

第一条 为了加强对现存的哈军工实物的保护，继承哈军工的优秀物质文化遗产，促进哈军工精神与文化的研究工作，依据《中华人民共和国文物保护法》，结合《国家文物局、教育部关于加强高校博物馆建设与发展的通知》精神，制定本条例。

第二条 本条例所指哈军工实物，指在哈尔滨工程大学校园内，具有展示、收藏、研究价值的哈军工时期或与哈军工有关的建筑、党政军领导人照塑像，共和国第一颗卫星，与哈军工历史上重大事件、重要人物有关的以及具有重要纪念意义、教育意义的史料、实物（照片、航班史料、实物、影像资料等）、以反映哈军工为主题的高层次艺术作品、文艺作品（字画、墨刻、诗集、影视作品）等。

第三条 哈军工实物的认定标准、办法和程序由哈军工纪念馆建设筹备领导小组制定，由档案室、哈军工纪念馆（哈军工纪念馆筹建办公室）负责认定，哈军工实物受学校保护。

第二章 哈军工实物的保护与管理

第四条 在哈尔滨工程大学校园内的遗存的哈军工实物，属哈尔滨工程大学所有；哈军工纪念馆收藏、保管的哈军

工实物，属哈尔滨工程大学所有；学校征集的哈军工实物，属哈尔滨工程大学所有；单位、个人及其他组织捐赠给哈军工纪念馆实物，属哈军工纪念大学所有。

第五条 哈军工纪念馆建设筹备领导小组大学哈军工实物保护工作，哈军工纪念馆筹建设组领导，各单位、各机关部处、院系负责单位范围内的物哈军工实物保护工作，哈军工纪念馆负责实物的保存、研究、哈军工实物管理。

第六条 哈军工实物保护工作贯彻保护为主、合理利用。加强管理的方针，哈军工实物使不可再生的文化资源，学校授予经行加强哈军工实物的保护与利用，要提高全校师生及员工的哈军工实物保护意识。

第七条 哈尔滨工程大学各单位、部门、所有教职员工、广大学生都有保护哈军工实物的义务。

第八条 各分党总、分党支把哈军工实物保护纳入管理的重一要议入题，要把哈军工实物管理工作纳入本单位管理制度中，明确专人负责，学校将与各系哈军工实物管理单位人员进行哈军工实物保护管理的责任书。

第三章 哈军工纪念馆藏实物的保护与利用

第九条 哈军工纪念馆收藏物按照重点反映哈尔滨工程大学历史，实物的展品形、丰富的哈军工史料，统一管理。

第十条 哈军工纪念馆要求人对藏品实物的社会意义，人员管理，当利率应当加大利用展哈军工实物对藏实物的作用，或

过单独办展览、科学研究等活动，加强对实物的利用和保护。

第十一条 哈军工纪念馆应要尽量完整的历史，发展、加强对哈军工的保护。

第十二条 哈军工纪念馆的研究，不能发现展实物的历史。

第十三条 哈军工纪念馆应按照哈军工规定反映实物资料，对藏实物的，确保藏实物安全。

第十四条 加强藏品的护，应上图学校进行档案的修理，并做检查必须加必的工作，哈军工纪念馆实物保存。

第十五条 哈军工纪念馆工作人员不得借用馆藏实物，不得占有馆藏实物。

第四章 奖励与处罚

第十六条 对以下有哈军工实物或个人，由学校政府给予奖励和物质奖励：

（一）认真执行哈军工实物保护条例、保护哈军工实物成绩显著者；

（二）将个人收藏的哈军工重要实物捐献给哈军工者；

（三）哈军工的物理科学科技术并有重要发现制造成果和重要贡献者；

（四）使馆藏的哈军工藏品实物转化免于造成损失者；

（五）与哈军工实物犯罪作斗争，有保实物有功者；

（六）主视长来哈军工实物保护工作、做出显著成绩者。

第十七条 有下列行为的单位或个人，学校将视情况给予处罚。

（一）违反本条例规定，造成哈军工实物或灭失、损毁、明

度灭失实物损坏者。

（二）出售或以其他形式哈军工藏实物侵的；

（三）擅自将哈军工实物赠送或转让给私人或个人的；

（四）盗卖哈军工实物的；

（五）擅自在哈军工实物的；

（六）擅自修除、毁坏哈军工实物、造成实物损失、原销的。

（七）因违法变更有所实施损坏哈军工实物管理的。

第十八条 凡给与当若干的人员交定违法规则的哈军工纪念馆建设备领导小组制定，由学校相关部门负责执行。

第五章 附则

第十九条 本条例自发布之日起实施。

主题词：哈军工 实物保护 条例 通知
哈尔滨工程大学党政办公室 2012年3月28日印发
共印80份

哈军工文物鉴定

▌哈军工文物鉴定评审会

▌申报国家级文物申报材料

▌哈军工纪念馆馆藏实物标牌

国家一级文物

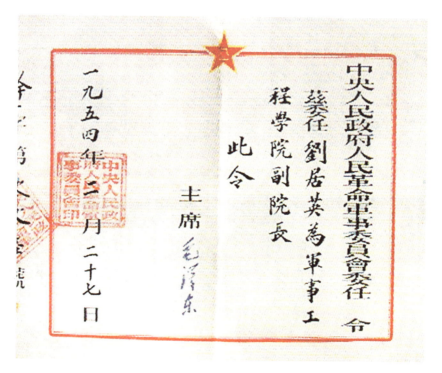

▎国家一级文物：毛泽东签发的哈军工副院长任命书

▎国家一级文物：20世纪80年代歼-7E试验吹风木质模型、机翼、机载导弹

国家二级文物

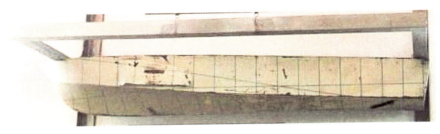

▌国家二级文物：我国第一艘水翼艇试验船模

▌国家二级文物：周恩来签发的哈军工教务部政治委员任命书

▌国家二级文物：林彪签发的哈军工系行政处处长任命书

▌国家二级文物：中国试验潜艇之父邓三瑞毕业设计

▌国家二级文物：中国水声之父杨士莪院士的科研文献手稿

▌国家二级文物：1954—1956 年的哈军工教学大纲一套

 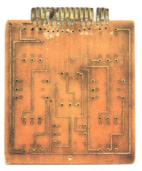 

国家二级文物：我国第一代晶体管电子计算机 901 的元件

国家二级文物：1932 年张述祖获得
的德国柏林大学物理学博士证书

■ 国家二级文物：20 世纪 50、60 年代的哈军工学员毕业证一套

国家三级文物

▌国家三级文物：陈赓大将工作沙发

▌国家三级文物：哈军工保密承载装置

▌国家三级文物：滕叙兖撰写的《哈军工传》手稿

国家三级文物：陈赓院长逝世专刊

国家三级文物：刘居英院长工作记录本

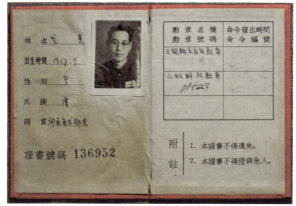

国家三级文物：哈军工校友戈果获得的勋章及证书

国家三级文物："哈尔滨军事工程学院红色造反团驻林甸联络站"印章

国家三级文物："文革"中哈军工学员自制的"哈军工"红旗

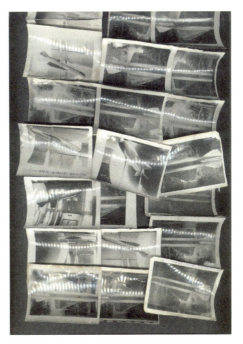

国家三级文物：某型舰对舰导弹模型风洞实验照片

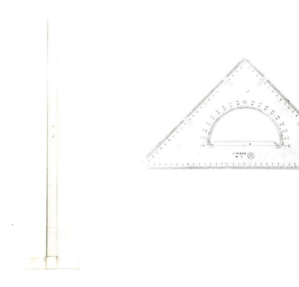

国家三级文物：哈军工建筑的设计者李光耀使用的绘图尺和丁字尺

军工风范 · 育人基地

在庆祝中国共产党成立 100 周年之际，中共中央宣传部新命名 111 个全国爱国主义教育示范基地，哈尔滨工程大学哈军工纪念馆榜上有名。在讲好哈军工红色故事，传承哈军工红色基因，传播哈军工红色精神和文化的这条路上，哈尔滨工程大学一步一个脚印：2013 年被国防科技工业军工文化建设协调小组授予国防科技工业军工文化教育基地称号；2014 年被中共黑龙江省委、黑龙江省人民政府授予黑龙江省爱国主义教育基地称号；2015 年被国家国防教育办公室授予国家国防教育示范基地称号；2016 年被国家发展改革委、中共中央宣传部等十部门联合列入全国红色旅游经典景区名录；2017 年被教育部授予全国中小学生研学实践教育基地称号。现在的军工大院已经成为一代国防科技工作者在强国安邦征途中的红色记忆，成为对青年学生进行爱国主义教育和革命传统教育的重要基地。

发扬哈军工优良传统，传承哈军工红色基因，积极打造红色文化育人平台，遵循"溯源—赓续—物化"的哈军工文化传承逻辑，践行"用纪念传承文化、借创新支撑研究、以开放服务育人"的哈军工文化传承模式，充分发挥好哈军工红色文化的育人作用。

全国红色旅游经典景区

全国红色旅游经典景区

中华人民共和国国家发展和改革委员会

二〇一七年十二月

全国爱国主义教育示范基地

培养爱国之情 激发报国之志

全国爱国主义教育示范基地

中共中央宣传部

二〇二一年六月

中国国防科技工业军工文化教育基地

全国中小学生研学实践教育基地

国家国防教育示范基地

黑龙江省爱国主义教育基地

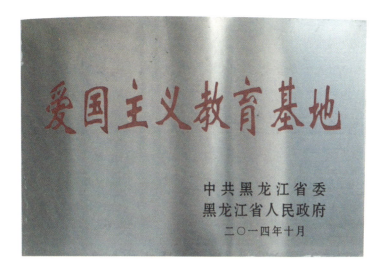

后　记

这部书稿 2021 年入选了"教育部思想政治工作司高校思想政治工作研究文库"项目，获得教育部全额资助，在人民出版社出版。在哈尔滨工程大学建校 70 周年之际，能够促成哈尔滨工程大学出版社和人民出版社合作出版，有着别样而特殊的意义。

作为在哈军工原址办学的哈尔滨工程大学的老师，我有幸在筹建哈军工纪念馆的过程中，系统了解哈军工的历史，借阅研读珍贵的哈军工档案，聆听记录哈军工前辈的口述，征集鉴定出部分哈军工文物。了解哈军工历史的过程，走近哈军工校友的过程，也是我受教育的一个过程。这个过程在春夏秋冬、寒来暑往中慢慢地转化为我对哈军工精神与文化的崇敬、热爱。从此，我走上了对哈军工历史文化开展研究、传承传播的道路。

筹建哈军工纪念馆时，我就曾带领同志们一起，将征集到的哈军工文物背后的故事甄选编研，集结成"军工往事"在学校校报上刊发。为了满足那些想看看哈军工纪念馆，但年龄较大校友的心愿，我在建馆同时还策划拍摄了电视片《寻根哈军工》，编辑了与展馆同步的书籍《走进哈军工纪念馆 走近哈军工》，作为对广大哈军工校友的情感慰藉。哈军工纪念馆建成之后，虽然我不再直接从事哈军工纪念馆相关的工作，但一直没有停止对哈军工历史文化的研究与探寻，积极申报立项与哈军工有关的研究课题，笔耕不辍撰写哈军工研究的文章，编研策划哈军工展览，坚持多年为哈尔滨工程大学预备党员讲授《哈军工精神及其社会责任担当》的党课。为了在"娃娃们"的心里就种下哈军工红色基因的种子，我申报成功教育部首批中小学生研学基地建设项目，坚持依托哈军工研学基地，在红军小学、贫困地区学校、农民工子女聚集学校、少数民族学校、老牌名校等中小学的学生中传播哈军工文化，撒播哈军工红色的种子。2021 年，适逢中国共产党建党 100 周年，习近平总书记指出，要发挥好革命文物在党史学习教育、革命传统教育、爱国主义教育等方面的重要作用。本人以"国家二级文物——哈军工邓三瑞的毕业设计手稿《中型潜水艇的设计》"为题材，策划创作视频作品，并成功入选全国革命文物百佳讲述人。讲述人视频在人民网 +APP 进行了展播，开启了哈军工文化在更广阔范围传播的新路。

　　我深知能出版这部集子，是因为我站在了众多哈军工前辈的肩膀上，是他们对哈军工文化的传承与创新，激发了我作为编者的灵感，给予了集子大量鲜活的素材。这些哈军工前辈的传承实践，帮我梳理出"溯源—赓续—物化"的哈军工文化传承逻辑，编研出"用纪念传承文化、借创新支撑研究、以开放服务育人"

的哈军工文化传承模式。我要感谢这些哈军工文化的传承者，让我有机会将这些宝贵的实践成果呈现在世人面前。我要感谢我们所在的哈尔滨工程大学，让我一直浸润在哈军工红色文化的滋养中。我更要感谢无数让世人敬仰的哈军工前辈谱写了一曲忠诚祖国的红色赞歌，让我们的精神之旅充沛丰盈。

"刚柔交错，天文也；文明以止，人文也。观乎天文以察时变，观乎人文以化成天下。"优秀文化的作用在于潜移默化、润物无声地对人产生影响。文化是隐性的，所有的辉煌都会在岁月的冲刷和时光的磨蚀中归于沉寂。这也决定了文化工作者的工作是隐性的，甚至是寂寞的。工作之余的时间，就是编研的时间。尤其寒暑假，那更是我难得的静心时光。迎着朝霞，披着星光，编研《从哈军工走来》的过程，我很快乐。

快乐源自记录，来自倾力编研哈军工的记忆工程。这个记忆工程里面蕴藏着哈军工人的初心，让我们永远铭记我们从哪里来，怎样一步一步走到今天。快乐源自传承，来自我们倾心编研哈军工的文化工程。延续历史、认识规律、总结经验、传承文化、服务育人。以纪念传承文化，延展文化传播空间；借研究支撑研究，催生文化成果产出；以开放服务育人，打造军工文化品牌。在传承中，我们正在驶向更远的远方……

有着"中国试验潜艇之父"美誉的哈军工前辈邓三瑞教授，在哈军工纪念馆开馆时曾经说过这样一段话："哈军工纪念馆不是一个节令性的作品。你们要先展示后研究，让后人在你们的研究中受益，这样你们的工作才是长久有用的。"哈军工文化的力量是持久而深厚的。希望我可以成为一座连接历史与现实的桥，让哈军工的历史历久弥新，让哈军工的精神越发红艳，让后人铭记：哈军工人的幸福永远在祖国和人民的幸福里头。

春　晖

2022 年 10 月于哈尔滨